Alexandra Lapierre

Artemisia G.

ROMAN

Aus dem Französischen
von Marie Rahn

* *
*

Diana Verlag
München Zürich

Titel der Originalausgabe: Artemisia. Un duel pour l'immortalité
Originalverlag: Éditions Robert Laffont, S. A., Paris

Copyright © 1998 by Éditions Robert Laffont
Copyright © 1998 der deutschsprachigen Ausgabe
by Diana Verlag AG, München und Zürich
Umschlaggestaltung: Zero Werbeagentur, München
Satz: Filmsatz Schröter GmbH, München
Druck und Bindung: Franz Spiegel Buch GmbH, Ulm
Printed in Germany

ISBN 3-8284-0022-1

Für meinen Vater,
mit einem liebevollen
Augenzwinkern

Prolog

BLEIERNE STUNDE

London am 11. Februar 1639

Der Bug eines flachen Bootes teilt den Nebel über der Themse. Schwerfällig legt es im Klang der *Totenklage* an, die die düster gekleideten Kapuziner am Anleger anstimmen. Dort, im verlöschenden Licht Hunderter von Kerzen ragt im Nieselregen ein riesiger, schwarzer Katafalk empor. Eine bedrohliche Menge hat sich am Geländer der Anlegestelle zusammengerottet. Sie drängt sich an den Teppich, den der Trauerzug bis zur Somerset Hall, der Residenz der Stuarts, entlanggehen wird. Auf der Schulter von sechs Trägern nimmt der Sarg seinen Weg über den Steg.

Dann taucht eine einsame, aufrechte Frauengestalt aus dem Nebel auf. Sie schreitet hinter dem Trauerzug. Ihr weiter Umhang entzieht sie allen Blicken. Wen beweint sie unter ihrem Schleier? Ihren Mann? Ihren Geliebten? Diese Frau weint um ihr Leben, um den Mann, der darin Mittelpunkt war: um ihren Vater.

»Es ist vor vier Tagen verstorben der berühmte Maler Gentileschi, sehr betrauert von Seiner Majestät, sehr betrauert von allen Kunstliebhabern, die sein Talent zu schätzen wußten.« So drückt es der Abgesandte des toskanischen Großherzogs in seinem Bericht über Karl I. und den englischen Hof aus.

Der Künstler, den man hier am frühen Morgen im Londoner Nebel zu Grabe trägt, ist in der Tat in ganz Europa bekannt. Philipp IV. von Spanien, Ludwig XIII. von Frankreich, Papst Urban VIII., sie alle versinken in der Betrachtung seiner Bilder. Er hat in Rom im Petersdom und im Quirinalspalast gearbeitet, in Paris im Palais du Luxembourg und in London im Hampton Court. In Pisa und Florenz, in Genua und Turin, in Paris und

London hat er ein Werk hinterlassen, das ihn in den Rang der größten Maler erhebt. Seine Konkurrenten, die einzigen, mit denen man ihn noch zu vergleichen wagt, heißen Rubens und van Dyck. Sie werden ihn nur um wenige Jahre überleben.

Als Katholik und »Papist« konnte dieser italienische Maler nicht auf ein würdiges Begräbnis auf Ketzerboden hoffen. Der Bürgerkrieg, der Glaubenskrieg, der schon bald den Fall der Stuarts und die Enthauptung von Karl I. nach sich ziehen wird, dräut bereits in allen Ecken Londons: Man wirft dem König vor, zuviel Sympathie für den katholischen Umkreis seiner Frau zu zeigen, die geschworen hat, ihn zu bekehren.

An diesem düsteren Februarmorgen können die Männer, die die sterblichen Überreste Orazio Gentileschis tragen, sich nur mühsam einen Weg durch die Menge der feindlich gesonnenen Puritaner bahnen. Dieser Zug ist nach dem Vorbild römischer Prozessionen gestaltet – mit Silberleuchtern, Kruzifixen, Monstranzen und Reliquiaren – und diese Pracht zu Ehren eines »Götzendieners«, eines Bildermachers, der zu zeigen wagte, was niemand abbilden darf, all dieser Pomp erregt den Zorn der protestantischen Bilderstürmer.

Der schwarze Zug der Mönche schlängelt sich zwischen den Brunnen des Parks, zwischen den Statuen, den nackten Frauengestalten, Göttinnen oder Nymphen, hindurch, die der Verstorbene aus Italien hat herschaffen lassen.

Mit langsamen Schritten geht am Ende des Zuges seine Tochter durch den Triumphbogen, der westlich vom Palast errichtet wurde. Dieses provisorische Gebilde aus Gips und Pappmaché markiert den feierlichen Übergang des Sarges auf den Vorplatz der Somerset Hall.

Die Menge folgt dem Trauerzug auf dem Fuße, überquert den Rasen und drängt sich vor dem Bogen zu Ehren des Toten: Sie will die Zeremonie sehen, die sie doch verdammt. Es geht das Gerücht, daß Gentileschi die besondere Auszeichnung zuteil wird, unter dem Altar in der Kapelle der Königin beerdigt zu werden. Um diese Kapelle von ihrem Mann, dem König von England, zu bekommen, hat Henriette Maria von Frankreich zehn Jahre gebraucht: Sie ist ihr Triumph als Frau, als Königin und Katholikin. Wenn nun hier der katholische Hofmaler bestattet wird, während die Unruhen grollen, die bald in einen Königsmord münden, dann setzt man damit ein Ausrufezeichen hinter das, was Europa in der ersten Hälfte des 17. Jahrhunderts ausmachte: ein Europa, in dem die Monarchen die Staatskassen leerten, um ihre ästhetische Leidenschaft zu befriedigen.

Mit einer Gier, die weder Maß noch Ziel kannte, entwickelten sich Könige, Minister und Päpste zu besessenen, skrupellosen Sammlern. Zu allen Zeiten diente die Kunst als sichtbares Zeichen des Reichtums. Doch in den Händen der Mäzene des 17. Jahrhunderts werden Maler und Bildhauer zu Wechselgeld, zu Propagandawerkzeugen, zu Erpressungsmitteln. Italien hat Bernini, Spanien Velázquez, Flandern Rubens. Jeder spielt mit der Begehrlichkeit seines Nachbarn, bietet Titel und Provinzen, Krieg oder Frieden gegen die Leistungen eines Genies, das der eine oder andere Machthaber hat an sich binden können. Kurz gesagt: Im Jahre 1639 ist die Kunst zum Eckstein der Macht geworden und der Künstler ihr Werkzeug. Wer sonst könnte sich einem Monarchen hinter verschlossenen Türen nähern, unter dem Vorwand, sein Porträt zu malen? Welcher Botschafter, welcher Diplomat, welcher Spion würde jemals in den Genuß solch alltäglicher Vertrautheit kommen, wie sie zwischen dem Künstler und seinem Modell herrscht? Wer hätte bei solch intimen Stunden besser Zeit und Gelegenheit, mit dem König zu plaudern, seine Gedanken und vielleicht sogar seine Entscheidungen zu beeinflussen? Und die Möglichkeit, bei allen Intrigen eines ausländischen Hofes die Hand im Spiel zu haben? Sowohl Rubens als auch Velázquez waren Geheimbotschafter. Genau wie Orazio Gentileschi. Im Dienste ihrer Nation oder ihres mächtigsten Auftraggebers hielten sie in dem einen oder anderen Moment das Schicksal Europas in ihren Händen. Doch hatten sie immer nur einen einzigen Gebieter: die Kunst. Dies war die große, die einzige Sache in ihrem Leben. Das, was Rubens in seinen Briefen »das große Abenteuer« nennt.

Und wenn der Maler Orazio Gentileschi im Alter von siebenundsiebzig Jahren in Verzweiflung stirbt, dann liegt das daran, daß er in diesem Februar 1639 die Erde verläßt, ohne seine Mission zu Ende gebracht zu haben. Die »Musen«, die er für die Decke des großen Vestibüls in der Residenz der Königin in Greenwich konzipiert hat, werden nur in seiner Vorstellung gelebt haben. Sein großes Werk, Zeichen und Beweis seines Genies, wird unvollendet bleiben. Die nicht zu Ende gebrachte, letzte Schöpfung, die er sich als Krönung, als Triumph seines Lebens erdacht hatte, reduziert die Bestrebungen seines Lebens zu einem Nichts und verdammt ihn dazu, vergessen zu werden. Außer, ein Wesen von seinem Fleisch und Blut, ein Wesen, das er geformt, beneidet und gebrochen hat, nimmt die Herausforderung an: seine Tochter Artemisia.

Zur Stunde seines Todes ist Artemisia Gentileschi noch berühmter als er. Sie arbeitet für Philipp IV. von Spanien und für alle gekrönten Häupter Europas. Sie ist berühmt, ja. Und schön. Und aufsehenerregend. Denn sie hatte, als sie mit siebzehn Jahren durch den engsten Mitarbeiter ihres Vaters vergewaltigt wurde, den Mut, die Angelegenheit vor Gericht zu bringen. Daraus entwickelte sich ein sensationeller Prozeß, der mehrere hundert Seiten mit Zeugenaussagen füllte. Der erste große Vergewaltigungsprozeß des Jahrhunderts. Das war 1612.

Fünfundzwanzig Jahre später gilt sie als eines der Weltwunder, und Dichter rühmen die Virtuosität ihrer Hand. Sie gilt in den Augen ihrer Zeitgenossen als eine der größten Malerinnen in der Geschichte, vielleicht als die genialste. »Ihr findet in mir eine Cäsarenseele im Herzen einer Frau«, schreibt sie an einen ihrer Mäzene.

Hastig haben die Wachen des Königs die Pforten der Somerset Chapel hinter ihr geschlossen. Der Sarg ruht nun unter einem Samtbaldachin mit silbernen Quasten.

Seit den Begräbniszeremonien Raffaels in Rom und Michelangelos in Florenz sind keinem Künstler mehr solche Ehrungen zuteil geworden, wie England sie an diesem Morgen dem Italiener Gentileschi erweist. Doch das Kirchenschiff ist düster und die Atmosphäre beklemmend. Kein Zentimeter Stein, Metall oder Holz ist zu sehen. Die geometrischen Steinplatten, die Deckenkassetten, das Ebenmaß, die Perfektion der Proportionen: All dies ist unter einem riesigen Baldachin aus schwarzem Trauerflor verschwunden. Statt dessen eine Explosion wallender Falten und Halskrausen, schwellender Schleifen und Rosetten. Hinter den Fältelungen, im Schatten der Drapierungen, schaukeln und schwingen die Totenköpfe. Unsichtbare Musiker lassen ein *Dies irae* erklingen. Ihr Atem läßt die Drapierungen erzittern: Es sind die Toten, die singen.

Zu Füßen des Katafalks, zum Hintergrund der Kirche gewandt, sitzen zwei Gestalten aus Stuck, die eine Sense und eine Sanduhr halten und die Tribüne zu grüßen scheinen. Ein großes, geflügeltes Skelett hält die Bahnen eines Vorhangs zurück, der durch einen Spalt Orazios Tochter im Dunkeln erahnen läßt.

An diesem Februartag 1639 ist Artemisia in diesem fremden Land auf sich gestellt. Sie hört die entfernten Schreie eines Volkes, dessen Sprache sie nicht versteht, und betrachtet die sterblichen Überreste eines Menschen, der der Mann ihres Lebens war: ihr Vater.

Aus dem tiefsten Italien ist sie auf den Ruf des alten Künstlers herbeigeeilt: Sie wird sein Werk für ihn vollenden. Für ihn wird sie es mit *Vater und Tochter Gentileschi* signieren. Vater? Oder Tochter? Wer von beiden hat den anderen beeinflußt? Wer war der Lehrer? Wer der Schüler? Was sie einander gaben, haben sie auch immer zurückgenommen. Heute herrscht Friede zwischen ihnen; und dieser Friede heißt Tod. Sie akzeptiert es. Orazio hat sie alles gelehrt. Nun gibt Artemisia ihm alles zurück.

In einer Zeit, da die Töchter als Besitz ihres Vaters galten, da die Kunst eine Angelegenheit auf Leben und Tod war, da Pinsel und Dolch oft von derselben Hand geführt wurden, waren beide bereit zu töten, um die Überlegenheit ihres Talents zu beweisen. Beide haben mehr als nur vom Verschwinden des anderen geträumt. Ging es um Vatermord? Um Inzest?

Wenn Artemisia ihren Vater zur letzten Ruhe bettet, wenn sie Orazios Werk vollendet, so weiß sie, daß sie dadurch den Kreis des Schicksals schließt. Sie wird wohl weitermalen können. Doch ihre wahre Kunst und ihr wahres Leben liegen hinter ihr. Ihr »großes Abenteuer« endet hier, in London, im Februar 1639.

Erster Teil

DAS GROSSE ABENTEUER

Rom am Vorabend des 17. Jahrhunderts

PIAZZA DI PONTE SAN ANGELO,
Ort der Hinrichtung von
Beatrice Cenci

SANTA MARIA DEL POPOLO,
Kirche, in der am
26. Dezember 1605 Artemisias
Mutter bestattet wurde

SANTO SPIRITO IN SASSIA,
Kirche, in der Artemisia
am 29. November 1612
heiratete

GEFÄNGNIS TOR DI NONA,
wo Artemisia am 14. Mai 1612
in Gegenwart Agostino Tassis
gefoltert wurde

Porta del
Popolo

Borgo

Santo Spirito

Engelsburg

Tor di Nona

Tiber

Via del Banchi

San Salvatore
in Lauro

Via dei Coronari

Monte
Giordano

Palazzo
Santa
Fiora

Via Giulia

Corte Savella

Palazzo
Farnese

Ponte Sisto

Piazza
Navona

San Luigi dei
Francesi

Pantheon

San Giacomo

Augustus-
Mausoleum

Santa Maria
in Campo
Marzio

Piazza della
Trinità dei
Monti

Colonna

Santa Maria
del Popolo

GEFÄNGNIS CORTE SAVELLA,
wo Artemisia am 1. Mai 1612
Agostino Tassi besucht

14

Das Künstlerviertel

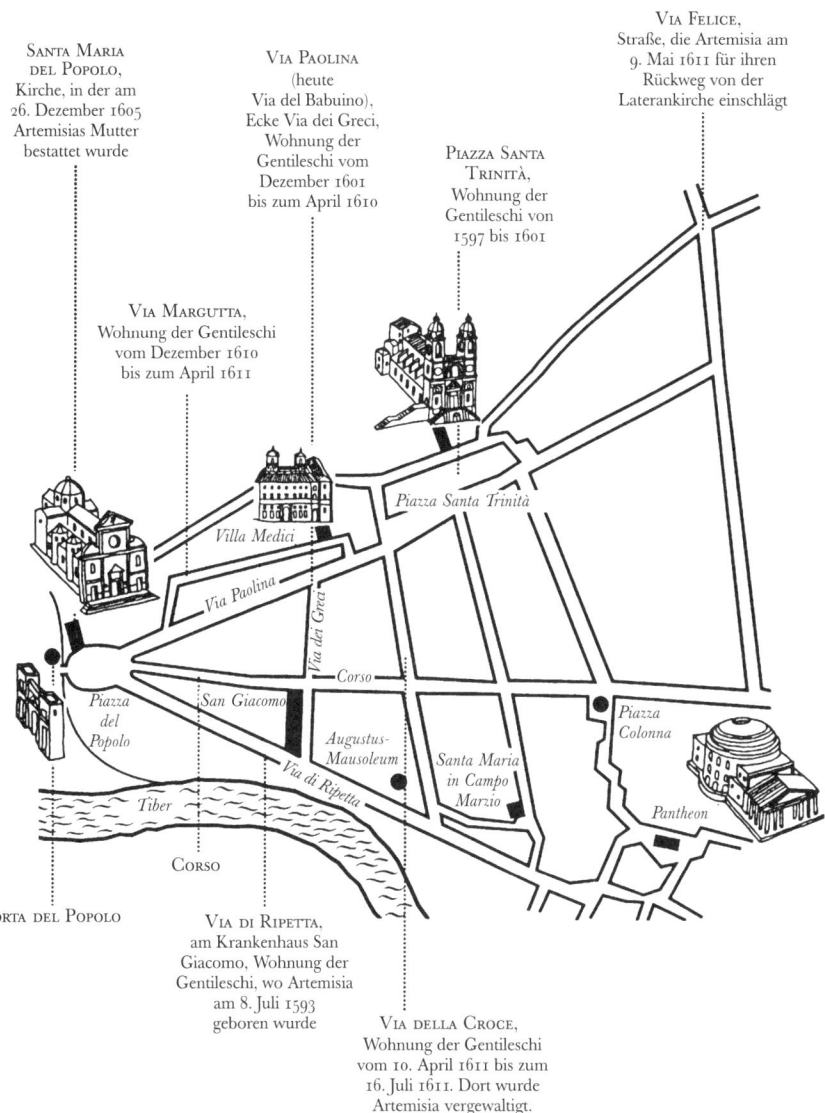

SANTA MARIA
DEL POPOLO,
Kirche, in der am
26. Dezember 1605
Artemisias Mutter
bestattet wurde

VIA PAOLINA
(heute
Via del Babuino),
Ecke Via dei Greci,
Wohnung der
Gentileschi vom
Dezember 1601
bis zum April 1610

VIA FELICE,
Straße, die Artemisia am
9. Mai 1611 für ihren
Rückweg von der
Laterankirche einschlägt

PIAZZA SANTA
TRINITÀ,
Wohnung der
Gentileschi von
1597 bis 1601

VIA MARGUTTA,
Wohnung der Gentileschi
vom Dezember 1610
bis zum April 1611

Villa Medici

Piazza Santa Trinità

Via Paolina

Via dei Greci

Piazza
del
Popolo

San Giacomo

Corso

Augustus-
Mausoleum

Santa Maria
in Campo
Marzio

Piazza
Colonna

Pantheon

Via di Ripetta

Tiber

Corso

PORTA DEL POPOLO

VIA DI RIPETTA,
am Krankenhaus San
Giacomo, Wohnung der
Gentileschi, wo Artemisia
am 8. Juli 1593
geboren wurde

VIA DELLA CROCE,
Wohnung der Gentileschi
vom 10. April 1611 bis zum
16. Juli 1611. Dort wurde
Artemisia vergewaltigt.

15

Kapitel I

SUSANNA UND
DIE ALTEN

Rom zu Caravaggios Zeiten
1599–1611

1

Engelsbrücke

11. September 1599

Das Licht, zusammen mit dem beißenden Geruch von Schweiß, Staub und Blut, blendete Tausende von Blicken. Und nur Gott wußte, ob diese Augen überhaupt sehen wollten! Hinter dem Schafott brachte die gleißende Sonne die Kuppel der Vatikansbasilika zum Glühen; sie bleichte den Marmor der großen Statuen des heiligen Petrus und des heiligen Paulus, die an der Brüstung am Anfang der Brücke das Schwert des Martyriums und die Schlüssel zum Paradies schwangen.

Die unruhige, fiebrige Masse hatte sich am Ufer des Tiber versammelt oder drängte sich auf Kähnen, die zwischen dem Morast des sandigen Uferstreifens und den Strömungen des Flusses gefährlich schwankten. Die Dächer waren schwarz vor Menschen und drohten einzubrechen. In der Hitze der Hundstage drängten sich Frauen und Kinder barhäuptig an Fenstern, auf Terrassen und Loggien. Sogar die Laufgänge der Gefängnisse, die Schießscharten des Tor di Nona und die Zinnen der Engelsburg wimmelten von Strafgefangenen, denen die Gnade gewährt worden war, diesem *Spettacolo edificante* beizuwohnen. Die Wagen der Adligen hingegen blockierten das gesamte Viertel. Die zahllosen Karossen machten die Straßen und Plätze bis zur San Giovanni in Laterano unpassierbar. Und für die Aristokratie war dieses Schauspiel auch gedacht.

Es handelte sich um die Auslöschung einer der wichtigsten Familien Roms: der Familie Cenci, die wegen Mordes verurteilt worden war. Die drei Kinder und die zweite Frau von Francesco Cenci hatten den Patrizier durch Hammerschläge auf den Kopf getötet. Angestiftet zu diesem Verbrechen hatte die Tochter des Opfers: Beatrice Cenci. Ein Vatermord also, begangen von einem achtzehnjährigen Mädchen.

Mit der öffentlichen Hinrichtung aller Familienmitglieder – denen ihr Adelsprivileg doch das Recht auf eine nichtöffentliche Exekution gewährte – und der Tatsache, daß alle, sogar die Frauen, grausamster Folter unterzogen wurden, übermittelte der Papst eine ganz bestimmte Botschaft an seine Lehnsherren …

Am Vorabend der Feierlichkeiten anläßlich des Übergangs ins 17. Jahrhundert, die 500 000 Pilger in die Heilige Stadt locken sollten, wollte Papst Klemens VIII., daß Rom ein Beispiel für eine neue Ordnung gab, welche in den Augen der Welt das Modell einer Regierung verkörpern sollte, die durch ein politisches Konzept beseelt war. Der Papst war nicht nur geistiges Oberhaupt der Christenheit: Als weltlicher Herrscher und absoluter Monarch regierte er über die Domänen der Kirche, die sich in Mittelitalien, zwischen der Adria und dem Mittelmeer, erstreckten. Er mußte also wie alle anderen Regenten, und vielleicht sogar noch intensiver als sie, die Tradition der Zügellosigkeiten, Gewalttätigkeiten und Greueltaten brechen, die für die großen Feudalherren seiner Gebiete charakteristisch waren. Das Verbrechen der Beatrice Cenci bot ihm dafür die Gelegenheit. Nach dem Konzil von Trient herrschte eine neue Rechtsordnung. Eine Rechtsordnung, die nicht mehr nur repressiv, sondern auch präventiv vorging. Das Prinzip der Angemessenheit hatte dort nicht den geringsten Platz.

Denn jeder, der sich an diesem brennend heißen Septembertag auf der Engelsbrücke befand, wußte, daß der Fürst Cenci, das Opfer also, dessen Mörder der Papst heute zu strafen vorgab, genau zu der Kaste grausamer Aristokraten und tyrannischer Ungeheuer gehört hatte, die Klemens VIII. dezimieren wollte. Mit sechzehn Jahren war die unberührte, makellose Beatrice in eine Festung gesperrt, mißhandelt und vergewaltigt worden. Durch den Mord hatte das junge Mädchen lediglich seine Ehre gerettet. So zumindest lautete die öffentliche Meinung. Doch der Kirchenvater hatte mehr Weitblick, hatte Höheres im Sinn. Er brauchte den Kopf der jungen Frau für die Ewige Stadt. Daher hatte er sich geweigert, ihren Verteidigern Gehör zu schenken, und war sogar so weit gegangen, sie grob dafür zu beschimpfen, daß sie sich überhaupt mit ihrer Verteidigung befaßten. Die umfangreichen Verschönerungsarbeiten von St. Peter leerten die Kassen. In diesem Jahr 1599, dem Vorjahr zur Jahrhundertwende, gingen die Mittel zur Neige ... Die Familie Cenci aber war reich. Und Klemens VIII. liebäugelte damit, die Cappella clementina mit den sterblichen Überresten seines Schutzheiligen zu vollenden, indem er sich das Familienvermögen aneignete und ihre Güter konfiszierte. Spätestens am Ende des Jahres 1600 sollten die Mosaiken in den Gewölbezwickeln einer der kleinen Kuppeln von St. Peter, diese Mosaiken, an denen bereits eine Gruppe von mehr als fünfzig Künstlern arbeitete, bis auf wenige Meter entfernt von den Reliquien des Mannes glänzen, der der engste Gefährte von Christus und der erste Kirchenvater gewesen war.

Die besagte Künstlergruppe übrigens drängte sich wie alle Maler aus dem Künstlerviertel auf der Brücke. Sie legten bei dem Versuch, sich dem Schafott zu nähern, eine derartige Ungeduld, Heftigkeit und Leidenschaft an den Tag, daß man den Eindruck bekommen konnte, eine ganz besondere Grausamkeit charakterisiere diese Zunft. In Wahrheit jedoch handelte es sich nur um berufliches Interesse. »Um die Martyrien darstellen zu können, muß man Hinrichtungen beiwohnen«, verfügten die Lehrbücher der Malerei. »Um einen Eindruck von den Qualen der ersten Christen zu bekommen, muß man die zum Tode Verurteilten beobachten. Wichtig sind ihr Gesichtsausdruck, wenn sie aufs Schafott steigen, ihre Gesichtsfarbe, die Bewegung ihrer Augen, sogar das Runzeln ihrer Stirn ...«

Die Künstler, die der Künstlervereinigung der Accademia di San Luca ihren Jahresbeitrag entrichtet hatten, profitierten von einer Sondergenehmigung, die sie einzeln oder in Gruppen den Schergen präsentierten, welche ihnen daraufhin die besten Plätze zuwiesen. Man konnte in der ersten Reihe den Günstling des Kardinals del Monte erkennen, einen untersetzten, dunkelhaarigen Burschen, Michelangelo Merisi da Caravagio, »Caravaggio« genannt, für den sein Mäzen gerade einen prächtigen Auftrag erwirkt hatte, die *Berufung des heiligen Matthäus* und sein *Martyrium* nämlich, für eine Kapelle von San Luigi di Francesi. Die Konkurrenten Caravaggios murrten darüber, daß er in der vorangegangenen Woche die Kerker des Corte Savella aufgesucht hatte ... durch Protektion! Um das Gesicht von Beatrice in aller Ruhe aufs Papier zu bannen, durfte er sie in ihrer Zelle malen, als Judith oder als heilige Katharina. Während sie sich damit begnügen mußten, einen flüchtigen Eindruck von ihr zu bekommen. Sie mußten in dieser Hitze, in diesem Gestank ihr Gesicht und ihr Leiden in Erinnerung behalten! ... Darüber zumindest beschwerte sich mit lauter Stimme der alte Lehrer von Caravaggio, der äußerst elegante Cavalier d'Arpino, der es noch nicht verwunden hatte, von seinem genialen Schüler ausgestochen worden zu sein ... Er führte die Gruppe an, die an der Ausschmückung des Querschiffs von San Giovanni in Laterano arbeitete. Dies war die Kirche, die dem Papst als Bischof von Rom zugeordnet war. Die Anfertigung eines Porträts der Beatrice Cenci vor ihrer Hinrichtung hätte also rechtmäßig ihm zugestanden!

Neben dieser illustren Gestalt, direkt unter dem Schafott, befand sich ein älterer Mann, der in der Szene Roms gleichermaßen bekannt war: der Maler Orazio Gentileschi. Er war einer der Schützlinge von Monsignore Pietro Aldobrandini, dem mächtigsten Prälaten unter dem Papst. Dieser Mann unterschied sich durch die Schmucklosigkeit seiner Kleidung von seinen Kollegen. Man bemerkte ihn schon von weitem, da er ein Kind auf seinen schmächtigen Schultern trug. Es war ein sechsjähriges Mädchen, dem er das Ziel dieses »erbaulichen Schauspiels« erklärte. Während er dem Mädchen die Einzelheiten des Vorgangs und den Ablauf der zu erwartenden Strafen erzählte, bahnte sich ein junger Mann – den niemand je gesehen hatte – einen Weg durch die Menge und schlüpfte gewandt bis zur Plattform. Geräuschvoll und lebhaft gestikulierend gesellte er sich zur Gruppe der berühmtesten Künstler und sprach mit ihnen, als wären sie alte Bekannte. Beiläufig stellte er sich im Verlauf des Gesprächs vor: »Agostino Tassi, Maler.« Er erzählte, auch er habe Beatrice Cenci im Gefängnis porträtieren dürfen. Im März habe er sich dort kurzzeitig aufgehalten. Damals war er einundzwanzig Jahre alt und kam gerade aus Florenz. Er war kurz nach seiner Rückkehr in seine Heimatstadt Rom im Künstlerviertel festgenommen worden. Aufgrund einer Anklage wegen Beleidigung und Körperverletzung einer Dirne, die sich geweigert hatte, ihm zu Diensten zu sein. Lachend erzählte er von der Abreibung, die er ihr verpaßt hatte. Die Sache war ziemlich weit gegangen, da er versucht hatte, sie unter übelsten Beschimpfungen mit einem Messer zu verletzen. Seine Worte zergingen den Nachbarn während ihrer Zeugenaussagen auf der Zunge: »Hure, Schlampe, Nutte, ich schmeiß' dir einen Eimer Scheiße ins Gesicht! Laß dich doch vom Henker mit seiner Rute ficken! Ich jedenfalls durchbohre dich mit dem Stiel meines Pinsels!«

Soweit war das nichts Ungewöhnliches im Künstlerviertel. Die Pontifikalgerichte nahmen keinerlei Anstoß an derartigen Obszönitäten, von denen die Prozeßakten, die Verhöre und die Polizeiberichte zahllose Beispiele gaben. Die Menschen im 17. Jahrhundert waren nicht prüde, sie nahmen kein Blatt vor den Mund und hatten keine Scheu, die Dinge beim Namen zu nennen.

Was den jungen Agostino Tassi im März 1599 eigentlich teuer zu stehen kam, war das Messer, das im Bericht der Häscher erwähnt wurde. In Rom war das Führen von Waffen polizeilich verboten. Die Gassen des Künstlerviertels gehörten jedoch weiterhin zu den furchterregendsten Lokalitäten in ganz Europa. Und die Nächte in der Heiligen Stadt zu den gewalttätigsten und leidenschaftlichsten im christlichen Abendland. Die Umschichtung und Neugruppierung von Menschen gleicher Nationalität, ihr Leben in Verbänden, führte zu allen Formen von Ausschreitungen. Die Wechselfälle in der europäischen Politik rechtfertigten die Streitereien zwischen den Sippen und bedienten den Konkurrenzneid zwischen Berufskollegen. Jeden Abend ließen die Maler rivalisierender Cliquen von Franzosen und Spaniern einander über die Klinge springen, und zwar unter dem spöttischen Blick italienischer Gruppierungen, die sich untereinander abmetzelten, die Toskaner die Bologneser, die Neapolitaner die Römer. Daher durfte sich niemand mit einer Waffe auf der Straße zeigen, es sei denn, er war Adliger oder Inhaber einer mit dem Stempel der Präfektur versehenen Genehmigung. Wehe dem, den die Häscher mit einem Dolch in der Tasche erwischten …

Agostino Tassi hatte sich zudem unglücklicherweise auf frischer Tat nachts mit einer Prostituierten ertappen lassen. Es gab so viele Huren in Rom, daß die Päpste versucht hatten, sie in einer Einfriedung am Tiber, am *Ortaccio di Ripetta*, zusammenzupferchen, die nur wenige hundert Meter vom Künstlerviertel entfernt lag. Die Damen verließen natürlich ihr Ghetto, um auf den umliegenden Straßen zu verkehren. Wenn ihre Anwesenheit auch geduldet wurde, so war es ihnen doch verboten, sich nach Sonnenuntergang zu zeigen. Sobald die Glocken zum Ave Maria läuteten, begann die Sperrstunde, und die Häscher streiften unsichtbar in ihren großen, braunen Umhängen durch die Stadt.

Doch vom Wirtshaus zum Bordell, vom Atelier zur Weinstube spazierten Maler, Huren und Totschläger weiterhin in bewaffneten Gruppen umher. Wenn die Bevölkerung der Stadt die Hunderttausend nicht erreichte, lag das an ihrer männlichen, ledigen, jungen, fremdstämmigen, ehrgeizigen und kampfeslustigen Mehrheit … Wie sollte unter diesen Bedingungen die öffentliche Ordnung aufrechterhalten werden? Die Kriminalität stieg zusätzlich durch die zahlreichen »Freizonen« an, durch die Örtlichkeiten, die unantastbar waren. Unmöglich, Delinquenten in einer Kirche zu ergreifen – und es gab mehr als vierhundert Kirchen, in denen sich Diebe und Mörder verstecken konnten. Das gleiche galt für Krankenhäuser, Hospize und Klöster. Ebenso für die Paläste der Kardinäle und einiger adliger Familien. Und innerhalb der Mauern von Botschaftsgebäuden, wo jede Nation ihr eigenes Recht ausübte, nach eigenen Gesetzen und mit eigener Exekutive … Die Häscher mußten die Schuldigen also auf frischer Tat ertappen, und dies erklärte auch die Schnelligkeit ihrer Bewegungen und die Willkür ihrer Festnahmen; es erklärte ebenfalls ihre Dienstkleidung, den großen Mantel in der Farbe der Finsternis.

Aber im letzten März hatte die päpstliche Gerichtsbarkeit Agostino Tassi wundersamerweise freigelassen, ohne ihn aus Rom zu verbannen. Als Strafe hatte er nur die Winde zu spüren bekommen. Mit auf dem Rücken gebundenen Händen war er mehrere

Meter in die Höhe gezogen worden. Eine halbe Stunde hatte er dort an der Ecke Via del Corso und Via dei Greci gehangen, mitten im Künstlerviertel. Das war die Strafe, die normalerweise Unruhestiftern zukam, eine Züchtigung, bei der die Schultern ausgerenkt wurden, die jedoch keinen dauerhaften Schaden verursachte. Und nur Gott wußte, ob Klemens VIII. sich so kurz vor den Feierlichkeiten gewissenhaft an die Vorschrift hielt, streng gegenüber den Verdächtigen und grausam gegenüber den Schuldigen war. Gehemmt hatte die normalerweise äußerst tüchtigen römischen Richter in den letzten Monaten der Cenci-Prozeß, der alle Gemüter erregte. Man sprach nur noch von der Strafe dieser Patrizierfamilie, von den beiden Brüdern, der Schwester und der Stiefmutter, die man des Mordes an ihrem Vater und Ehemann verdächtigte. Vor allem aber sprach man von der jungen Tochter, der Blutschande und Vatermord zur Last gelegt wurden.

* *
*

Agostino Tassi hatte sich mit Hilfe seiner Ellbogen bis an die Stufen herangekämpft, die die Verbrecherin erklimmen sollte. Er stellte sich direkt unter dem Schafott auf, neben dem Maler Orazio Gentileschi, der gerade seine Tochter auf den Boden setzen wollte: Sie sei zu schwer, sagte er. Aber das Kind sträubte sich heftig. Es klammerte sich an ihn und flehte, es noch ein paar Minuten auf seinen Schultern zu lassen.

»Die Kleine hat recht«, mischte sich Agostino ein. »Sie wird nichts mehr sehen … Willst du auf meinen Arm?«

Das Kind wandte sich schweigend ab.

Orazio bückte sich, packte das Mädchen an der Taille und stellte es fest auf den Boden.

Plötzlich wogte es auf dem Tiber, als ob ein Windstoß die Kähne zum Schaukeln brächte, die Massen gegen die Balkone und gegen die Brüstungen von Fluß und Brücke drängte; ein enormer Druck, der die ersten zehn Ränge gegen die Reihe der Schergen schob.

Wenige Meter vom Schafott entfernt zogen vier Mönche vom Johanniterorden in ihren langen schwarzen Kutten aus grobem

Wollstoff, vier Brüder des Ordens, der sich um die Hinzurichtenden kümmerte, aus der Kapelle für die Verurteilten die Frau von Beatrices Vater, die Komplizin des Vatermordes und Mitwisserin der Blutschande. Sie würde als erste sterben. Sie taumelte leichenblaß durch das Spalier der Häscher, das zum Richtblock führte. Zwei Mönche faßten sie unter den Achseln. Der dritte flüsterte ihr ins Ohr und ermahnte sie, in Würde zu sterben. Der vierte hielt ihr eine bemalte Holztafel wie einen Spiegel dicht vors Gesicht, so daß sie das Schafott nicht sehen konnte. Auf dieser Tafel war das Haupt von Johannes dem Täufer auf einem Silberteller abgebildet. Doch die Mühe war vergeblich: Als die Verurteilte den Henker und sein Beil sah, die auf dem Podium auf sie warteten, fiel sie in Ohnmacht. So zog man nur eine arme, bewußtlose Frau aufs Schafott und kippte sie über den Richtblock. Kein Spektakel, sondern nur ein simples Abschlachten. Das Schauspiel sollte noch kommen. Aus der Kapelle trat nun allein und mit raschem Schritt Beatrice. Die ganze Stadt taumelte. Mitleid, Bewunderung und Zorn, ganz Rom, von den Gefängnissen bis zu den Palästen, schien durch dieselben Gemütsbewegungen erschüttert.

Mit Ausnahme der Künstler unter dem Schafott, die ruhig blieben. Mit Stift und Papier in der Hand verspürten sie nichts als die Angst, etwas zu verpassen. Auch wenn die Todesstrafen sich häuften – drei, vier, ja bis zu fünf pro Woche kurz vor der Jahreswende –, so waren Hinrichtungen, deren Heldin eine so edle, so schöne und so junge Frau war, doch selten … Fast ein Kind noch, dem man nachsagte, daß es mit unglaublicher Tapferkeit neun Stunden Folter ertragen habe, ein Kind, das alle hier für unschuldig hielten. Das römische Volk sah in der Tapferkeit dieser blutjungen Frau – die sich jetzt zu Fuß der Menge näherte und dem Tod entgegenstieg, aufrecht, selbstsicher, Gott anbetend und den Papst verfluchend – die Festigkeit, mit der die heilige Katharina, die heilige Ursula und die heilige Cäcilie gestorben waren, all jene Märtyrerinnen, die die Gegenreformation dem Gedächtnis der Christen mit Hilfe der christlichen Maler anempfahl.

Rasch war es still. Das junge Mädchen hatte seinen Kopf auf den Richtblock gelegt. Dann sah man, wie der Henker die Arme hob. Man sah das Beil weiß in der Sonne aufblitzen. Und man sah nur das: die Sonne, das Beil und den Petersdom. Dann fielen die Arme. Man hörte ein dumpfes Geräusch von der Axt. Die Klinge war auf den Richtblock aufgeschlagen.

Etwas rollte bis zum Rand des Podiums. Die langen dunklen Haare, die bis dahin von einem Tuch gehalten worden waren, breiteten sich, blutig, zur Menge hin aus. Das Volk schrie auf, ein Schrei des Entsetzens, des Mitleids und Hasses angesichts dieses verstümmelten Kopfes einer jungen Frau, die zur Märtyrerin väterlicher Tyrannei und zur Märtyrerin päpstlicher Ungerechtigkeit geworden war.

Unter den Malern, die aus nächster Nähe dem Spektakel beigewohnt hatten, befanden sich nur zwei Personen, die das Entsetzen nicht lähmte. Ein Vater und seine Tochter. Orazio Gentileschi und die kleine Artemisia.

Ohne das Ende der Hinrichtungen abzuwarten – der ältere Bruder von Beatrice mußte noch geköpft, geviertelt und in alle Winde verteilt werden –, drängelte sich der Maler Orazio Gentileschi durch die Menge und zog sein Kind hinter sich her.

Er war damals fünfunddreißig Jahre alt und hatte eine Frau und vier kleine Kinder; das jüngste war gerade geboren. Also sechs Mäuler zu stopfen. Als letzter Sproß einer Familie von Goldschmieden hatte Gentileschi seine Heimatstadt Pisa verlassen, um in Rom zu arbeiten. Er betätigte sich seit fast fünfundzwanzig Jahren als Miniaturenmaler und Münzpräger. Wenn er auch auf all den großen Baustellen mitarbeitete, wenn er auch zu jener Zeit zur Gruppe um Cavalier d'Arpino in der Laterankirche gehörte, so stagnierte seine Karriere doch. Bis zum September 1599. Der Maler Orazio Gentileschi hatte gerade durch die Vermittlung eines gewissen Cosimo Quorli, eines Furiers der päpstlichen Kammer, eines alten Bekannten der Familie, der wie Orazio und wie Klemens VIII. Toskaner war, die Ausschmückung der Tribüne von San Nicola in Carcere zugesprochen bekommen. Diese Kirche stand unter dem Schutz des Kardinals Monsignore Pietro Aldobrandini, der dem Papst als sein Neffe am nächsten stand. Pietro Aldobrandini war außerdem der Pate der hingerichteten Beatrice Cenci, ihr Beschützer, der Vermittler, dem das junge Mädchen seine letzte Hoffnung anvertraut hatte, vom Papst begnadigt zu werden. Wer hätte je sagen können, ob der Kardinal seine Sache mit so viel Nachdruck vortrug, wie er behauptete? Er war der Günstling, und Klemens VIII. gedachte ihn zu einem der ersten Nutznießer der Hinrichtung der Cencis zu machen. Er hatte ihm schon einige ihrer Burgen und Ländereien zugesprochen.

Ob nun als Akt der Reue, als Geste des Bedauerns oder aus einem völlig anderen Grund: Der Kardinal jedenfalls hatte dem Maler, der sich mit der ikonographischen Planung von San Nicola befaßte, den Auftrag erteilt, über der neuen Tribüne, die er im Sinn hatte, als Fresko eine Heilige darzustellen, die das Gesicht derer trug, deren Kopf an jenem Morgen gefallen war. Denn unter dem Hochaltar der sehr alten Kirche von Pietro Aldobrandini ruhte ein Schatz: die Reliquien dreier Märtyrer, zweier Brüder und einer Schwester, einer Familie, die in Rom unter Diokletian verfolgt worden war. Die Brüder waren enthauptet, die Schwester erdrosselt worden. Nun war diese Heilige – ein Fingerzeig Gottes, Ironie des Schicksals oder Zufall? – war diese Heilige die heilige Beatrice! Und ihr Maler Orazio Gentileschi.

2

Corte Savella, Gefängnis
Sala della Cancelleria

vier Jahre später, am 12. September 1603

»Horatius, Sohn des Giovan Battista, gebürtig aus Pisa, würdet Ihr uns bitte sagen, wie und warum Ihr ins Gefängnis gekommen seid?«

Der kleine, magere Orazio Gentileschi mit den knotigen Knien trat einen Schritt näher an den langen Tisch, an dem der stellvertretende Richter der römischen Kurie und der stellvertretende Staatsanwalt des Vatikanstaates saßen.

»Ich wurde heute morgen verhaftet, und den Grund kenne ich nicht.«

Er trug ein einfaches Wams aus braunem Tuch und kastanienfarbene Baumwollstrümpfe. Eine düstere Gestalt, die anonyme Gestalt all der Nachtschwärmer Roms, die versuchten, den Häschern zu entgehen, indem sie im Dunkel der Nacht aufgingen.

»Könnt Ihr schreiben?«

»Ich kann schreiben, allerdings nicht sehr gut.«

Er sprach im reinsten der toskanischen Dialekte, welcher die Amtssprache in Rom geworden war; das Volk mischte sie mit mundartlichen Elementen. Er nicht. Seine Aussprache, sein Auftreten und eine gewisse Kenntnis der Sitten und Gebräuche konnten den Eindruck erwecken, daß er ein weltläufiger Mann war. Irrtum: Dieser Mann lebte von seiner Hände Arbeit. Das Öl, das seine Fingerspitzen gelblich gefärbt hatte, die Farbpigmente unter seinen Fingernägeln ließen keinen Zweifel über seinen Beruf zu. Und doch verlieh etwas Gebieterisches, Rachsüchtiges, ein unruhiger, gequälter Ausdruck seinem Blick, seiner gesamten Gestalt

Gewicht; eine Schwere und Präsenz, die Interesse weckten und Respekt schufen.

Am Morgen bei seiner Einweisung ins Corte Savella hatte der *Soldano* ihn ohne weiteres in die Abteilung der »Nicht-Armen« gesteckt. In den römischen Gefängnissen unterschied man die Häftlinge nicht nach der Schwere ihrer Vergehen – oder der Anklage, die über ihnen schwebte –, sondern nach ihrem sozialen Status. *Poveri, non poveri* und *vecchi*: Arme, Nicht-Arme und Alte lauteten die Kategorien.

Während der Zeit seiner Haft würde Orazio Gentileschi also selbst für seine Bedürfnisse Sorge tragen. Er würde für Nahrung und Leibwäsche aufkommen und für den Barbier und die Reinigung seiner Kleidung bezahlen. Er würde Matratze und Bettzeug mitbringen. Wäre er ohne Familie gewesen, ohne Frau, die seine Mahlzeiten in der Cancelleria ablieferte, ohne Kind, das ihm sein Bett brachte, dann wären die Kosten seiner Haft zu Lasten der Ankläger gegangen. Bei ihm schien sich die Frage erst gar nicht gestellt zu haben. Die Häscher hatten ihn von seiner Wohnung in der Via del Babuino direkt in Einzelhaft gebracht, in eine der Zellen auf den unteren Fluren des Gefängnisses, jene Kerker, die von der Welt abgeschnitten und für die Untersuchungshäftlinge vorgesehen waren.

Nur die Anhörungen in diesem kleinen, weißgekalkten Saal, der mit dem Kruzifix und einem langem Tisch versehen war, würden Orazio seiner Einsamkeit entreißen. Von dort aus konnte er die Stimmen im Hof hören, die Glocken der Kapelle, den Lärm aus dem Speisehaus – all die Geräusche des Übergangsbereichs für die Gefangenen, die sich auf ihre Verteidigung vorbereiteten.

Die Verhöre der beiden Stellvertreter würden ihm endlich Informationen über die Art und das Ausmaß des Unglücks verschaffen, das über ihn hereingebrochen war.

»Wenn Ihr Eure Schrift sähet, würdet Ihr sie wiedererkennen?«

»Ich glaube, ja.«

Er hielt sich sehr gerade vor seinen Richtern und hatte die Arme über seiner mageren Brust gekreuzt. Aber das Zittern der Mütze in seiner Hand, das Beben der Feder an seiner Hüfte verrieten, wie aufgeregt und nervös er war.

»Habt Ihr schon einmal diesen Brief gesehen?«

Er riß die grauen Augen auf und warf einen Blick auf das Papier. Die zu fein gezeichneten und geschwungenen Lippen blieben fest zusammengepreßt. Er war wohl an die Vierzig. Vielleicht aber auch viel jünger. Denn Orazio Gentileschi gehörte zu der Sorte Menschen, die schon frühzeitig alt erscheinen und deren Gesichtszüge sich von der Wiege bis zum Grab nicht sonderlich verändern. Sein lichtes braunes Kinnbärtchen verbarg nur unzureichend das eigenwillige Kinn und die bleichen Wangen. Es lag Leidenschaft in diesem spröden Gesicht, Glut in diesem nervigen Körper. Trotzdem blieb dieser Mann auf der Hut. Und das mit Recht! Was seine Unwissenheit über die Gründe seiner Verhaftung betraf, war er bis dato aufrichtig gewesen. Dies war nämlich eine der Grundlagen von Ermittlungsverfahren: Der Angeklagte mußte völlig darüber im unklaren gelassen werden, wessen man ihn eigentlich beschuldigte. Gentileschi war um so mehr auf der Hut, als er bis zu diesem Tag keinerlei Erfahrungen mit römischen Gefängnissen gemacht hatte.

Eigentlich war dies ziemlich erstaunlich. Bis zum vierzigsten Lebensjahr sollte Orazio Gentileschi nicht mit der Justiz in Kontakt gekommen sein? Nicht eine Verhaftung? Keinerlei Klage gegen ihn? Keinerlei Prozeß?

Nicht daß ein Aufenthalt im Tor di Nona, im Corte Savella oder auf der Engelsburg vollkommen normal gewesen wäre. Aber selten waren sie doch, die Maler, die nicht nur dem Gefängnis, sondern auch der Schikane des Rechtssystems entkamen. Niemand schien prozeßerfahrener gewesen zu sein als die Bewohner des Künstlerviertels. Schuldverschreibung und Schuldanerkennung, Vermietung und Untervermietung, Ankauf und Tauschhandel, Schenkungen, Anfechtungen und Widerrufe – auch noch die unbedeutendste Handlung wurde in einem Vertrag schriftlich niedergelegt, der dann ordnungsgemäß gegengezeichnet wurde. Daher verbrachte man viel Zeit beim Notar. Bei der kleinsten Meinungsverschiedenheit, beim kleinsten Streit wurde Anzeige erstattet. Und sehr schnell kam es dann zum Prozeß.

Davon bei Orazio Gentileschi jedoch keine Spur. Weder in Notarsakten, noch in Polizeiberichten. Und auch nicht in den Berichten der Ärzte über die Verletzten, die nachts in den Krankenhäusern erschienen. Nicht ein Streit also? Nicht eine Sauferei? War Orazio Gentileschi wirklich so lammfromm? Die Justiz hatte da ihre Zweifel.

Nachdem Orazio das Papier studiert hatte, welches man ihm hinhielt, erhob er sich und antwortete in aller Schlichtheit.

»Das ist der Brief, den der Notar heute morgen in meiner Wohnung beschlagnahmt hat.«

»Erkennt Ihr ihn also als den Euren an?«

Die Augen des Angeklagten leuchteten kurz auf. Orazio Gentileschi bekam eine Ahnung davon, was man von ihm wollte. Er wich zurück, zögerte.

»Ich habe ihn gesehen, aber ich erinnere mich nicht mehr.«

»Habt Ihr das Sonett auf der Rückseite gesehen?«

»Ich habe es gesehen, aber ich erinnere mich nicht mehr.«

»Ist das Eure Schrift bei diesem Sonett, bei diesem Brief?«

»Vielleicht ja, vielleicht nein. Ich habe mehrere Handschriften. Ich schreibe manchmal mit Tinte und manchmal mit Bleistift. Was Ihr mir da zeigt, ist vielleicht Tinte. Oder auch etwas anderes …«

Der Ankläger deutete eine Geste der Ungeduld an, lehnte sich in seinem Stuhl zurück und wechselte unvermittelt das Thema.

»Kennt Ihr den Maler Giovanni Baglione?«

Leugnen hätte nichts genützt. Giovanni Baglione und Orazio Gentileschi hatten beide auf allen großen Baustellen Roms gearbeitet. Beide gehörten dreizehn Jahre zuvor zu der großen Gruppe, die im Auftrag von Papst Sixtus V. die Vatikanische Bibliothek mit Fresken ausschmückte. Dann die Fenster in einem Seitenschiff der Basilika Santa Maria Maggiore. In der Laterankirche unter der Leitung von Cavalier d'Arpino und vor allem 1599 in San Nicola in Carcere war Gentileschi und seinen Gehilfen die Bebilderung der Tribüne zugeteilt worden, Baglione und seiner Werkstatt eine ganze Kapelle.

»Euer Gnaden, ich kenne alle Maler in Rom schon ziemlich lange. Ich wollte sagen, ich kenne die wichtigsten …«

»Und wer sind, Eurer Meinung nach, die wichtigsten Maler in Rom?«

»Cavalier d'Arpino, Caravaggio, die Brüder Carracci, Giovanni Baglione und andere, deren Namen mir jetzt nicht einfallen, die aber auch Maler ersten Ranges sind.«

»Und wer davon sind Eure Freunde? Nennt auch Eure Feinde.«

»Ich bin mit allen befreundet … obwohl natürlich eine gewisse Rivalität zwischen uns herrscht …«

Das war stark untertrieben! Was Orazio so artig »Rivalität« nannte, erwies sich bei ihm und Baglione geradezu als Heimsuchung des Schicksals. Während der darauffolgenden dreißig Jahre sollten in Rom und Mantua, in Paris und London diese beiden Maler Aufträge von denselben Mäzenen bekommen, sich dieselben Gelder teilen und sich an denselben Wänden streiten.

»Zum Beispiel, Euer Ehren, mit Giovanni Baglione … Als ich für die San Giovanni dei Fiorentini ein Bild des Erzengels Michael anfertigte, malte Baglione neben mir eine *Himmlische Liebe*. Und diese *Himmlische Liebe* hat er nur deshalb gemalt, um mit Caravaggio zu konkurrieren, der gerade eine *Irdische Liebe* für den Kardinal Giustiniani fertiggestellt hatte. Die *Himmlische Liebe* von Baglione hat dem Kardinal nicht so gefallen wie die *Irdische Liebe* von Caravaggio. Und doch hat Baglione für sein Bild eine Goldkette bekommen. Ich für meinen Teil habe ihm gesagt, daß ich sein Bild für sehr unvollkommen halte. Diese *Himmlische Liebe*, verkörpert von einem Engel, hätte ein kleiner, nackter Junge sein müssen. Und er hat einen massigen Kerl daraus gemacht, der als Krieger verkleidet war …«

»Wie lange habt Ihr schon nicht mehr mit Baglione oder Caravaggio gesprochen?«

»Nach dieser Sache mit dem Engel habe ich nicht mehr mit Baglione geredet. Und vorher auch schon nicht. Denn er meint, wenn wir uns in der Stadt begegnen, müßte ich ihn zuerst grüßen. Er hofft, daß ich als erster meinen Hut ziehe. Und ich meine, das müßte er eigentlich. Bei Caravaggio ist es dasselbe. Obwohl wir befreundet sind, erwartet Caravaggio, daß ich ihn zuerst grüße, was natürlich nicht in Frage kommt. Mit Caravaggio habe ich jetzt etwa sechs bis acht Monate nicht mehr gesprochen. Aber er hat von mir eine Kapuzinerkutte und Engelsflügel abholen lassen, die ich ihm für ein Bild ausgeliehen habe. Die Kutte hat er mir vor ungefähr zehn Tagen zurückgeschickt ...«

»Erkennt Ihr Eure Schrift bei diesem Gedicht?«

> *Du holst dir deine Scheiße hoch,*
> *zum Malen, eitler Geck Giovan.*
> *Häng deine goldne Kette doch*
> *an deine Bücklingshoden dran.*
> *Beweg dein fettes Hinternloch,*
> *gehörnter, hintergangner Mann,*
> *von jedem weg, der immer noch*
> *Geschmier als Scheiß erkennen kann.*

Man hätte nicht sagen können, ob die Grimasse, die den natürlich verlegenen Gesichtsausdruck Gentileschis unterstrich, durch die Form oder den Inhalt des Gedichts hervorgerufen worden war. Die Anspannung legte sein Gesicht noch mehr in Falten. Er wußte nun, daß viel für ihn auf dem Spiel stand, daß das Verbrechen, dessen man ihn verdächtigte, einem Mord gleichkam und die päpstliche Justiz ein besonderes Interesse an der Bestrafung dieses Verbrechens hatte. Denn als weitere Folge der Hinrichtung von Beatrice Cenci bestrafte ein schrecklicher Erlaß alle »Verleumder«.

Am Tag nach der Hinrichtung des jungen Mädchens war die Stadt von kleinen Gedichten, Schmähschriften gegen den Papst, überflutet worden, dem man vorwarf, eine Heilige aus Habsucht beseitigt zu haben. Die mutmaßlichen Verfasser waren auf der Stelle hingerichtet worden. Und am 12. Januar 1601 verkündete Klemens VIII. ein Gesetz gegen die, die ohne Furcht vor Gott und der Justiz von »schändlicher Sprache« Gebrauch machten, Rundbriefe schrieben, Gedichte, Falschnachrichten verbreiteten und die Ehre und den guten Ruf anderer schmähten und verleumderisch ruinierten. Die Verleumder sollten von nun an durch die Inquisition verfolgt werden und konnten durch einen anonymen Brief oder eine öffentliche Anzeige beim Strafgericht des *Governatore di Roma* verraten werden.

Nun war am 28. August des Jahres 1603 an diesem Tisch die Verleumdungsklage von einem der berühmtesten und mächtigsten Maler Roms eingegangen, von einem Maler, der sich in Kürze zum »Oberhaupt der Accademia di San Luca«, zum offiziellen Leiter der Künstlervereinigung, wählen lassen wollte: Giovanni Baglione.

»Seit mehreren Monaten streifen Caravaggio und seine Busenfreunde, der Architekt Onofrio Longhi und die Maler Filippo Trisegni und Orazio Gentileschi, die auf mein Werk neidisch sind, in der Stadt umher, reden schlecht über mich und schmähen meine Arbeiten. Sie haben verleumderische Gedichte geschrieben, die mich in meiner Ehre angreifen. Diese Gedichte haben sie in zig Exemplaren kopiert und unter dem gesamten Berufsstand verteilt. Ich lege ein Exemplar davon bei: *»Du holst dir deine Scheiße ...«*

Die Sache stand schlecht für Caravaggio, den man ebenfalls festgenommen hatte. Aber schlechter noch stand sie für Gentileschi! Bei den Künstlern war allgemein bekannt, daß die Beziehung einen weitaus giftigeren Charakter angenommen hatte, als der Begriff »Rivalität« ausdrückte, den der Angeklagte vor seinen Anklägern benutzt hatte. Ein Vorwand hatte genügt, um die Sache zum Eskalieren zu bringen. Das war im vorangegangenen Jahr geschehen, im November 1602.

Von seiner Wallfahrt nach Loreto hatte der sehr konventionelle Baglione für seine Freunde kleine Münzen mit dem Bildnis der Madonna mitgebracht. Münzen aus Gold, aus Silber und aus Blei, die die Künstler sich an die Kappe steckten. Die kostbareren hatte Baglione den großen Malern Roms geschenkt, Cavalier d'Arpino zum Beispiel, und allen, auf die er bei seiner Wahl in der Accademia di San Luca zählte. Die aus Blei: allen anderen. Orazio Gentileschi hatte eine aus Blei bekommen.

In seinen freundschaftlichen Gefühlen verletzt und in seiner Eigenliebe gekränkt, hatte sich Gentileschi damals den Luxus eines Schmähbriefes geleistet. Zwar blieb der Brief ohne Unterschrift, doch konnte über den Verfasser kein Zweifel bestehen. Geiz, Eitelkeit, Bedeutungslosigkeit: Baglione hatte sein Fett weggekriegt.

Diesen Brief hatte Giovanni Baglione aufbewahrt; und gerade für die Ermittlungsakte abgegeben. Als Beweisstück. Ein Detail irritierte: Man konnte dort einen Satz lesen, der fast identisch war mit einem Vers aus dem Gedicht. »Häng dir deine Goldkette doch an deine dreckigen, stinkigen Hoden!« Eine scharfzüngige Anspielung auf das Halsband, das Baglione von Kardinal Giustiniani für die besagte *Himmlische Liebe* geschenkt worden war, für ein Werk, das Gentileschi verabscheute und auf dessen Erfolg er neidisch war.

Sollte es dem stellvertretenden Staatsanwalt nun gefallen, sich ein bißchen sorgfältiger über die vor ihm angehäuften Papiere zu beugen, sollte es ihm gefallen, die Schrift auf der Vorder- und Rückseite des an sich harmlosen Briefes, der an diesem Morgen beim Angeklagten beschlagnahmt worden war, zu vergleichen mit der des anonymen Briefes und der des Verleumdungsgedichtes, dann wäre der Fall entschieden. Orazio Gentileschi würde die nächsten fünf Jahre auf den päpstlichen Galeeren rudern.

* *
*

Wie Gentileschi sich aus dieser Lage befreit hat, ist den Verfahrensakten nicht zu entnehmen. Die Quellen geben dagegen an, daß Caravaggio auf eine Intervention des französischen Botschafters hin den Fängen Klemens' VIII. entkam. Am 25. September 1603 war Caravaggio frei. Darf man annehmen, daß seine Komplizen mit ihm freigelassen wurden? Oder verdankte Gentileschi seine wundersame Nichtbestrafung der Protektion einer der Apostolischen Kammer nahestehenden Person, der Unterstützung dieses Beamten, der ihm bereits den ersten großen Auftrag seiner Laufbahn verschafft hatte, die Fresken der Tribüne von San Nicola in Carcere? Dem Furier des Papstes, Cosimo Quorli? Der Einfluß dieses mächtigen Freundes reichte jedoch nicht so weit, um die Folgen des »Verfahrens Baglione« für das Schicksal Orazios zu verhindern. Wenn diese Verleumdungsaffäre angesichts der Verbrechen, die man Caravaggio zur Last legte, auch nicht schwer wiegt, so kostete sie Gentileschi doch viel. Er mußte dafür mit seinem Nachruhm bezahlen.

Vierzig Jahre später sollte Giovanni Baglione seinerseits zur Feder greifen. Er wurde zum Biographen, um seine Version von der Lebensweise und dem Talent seiner Zeitgenossen aufzuschreiben. Sein Kapitel über Orazio Gentileschi sollte seine Rache werden! *Vite dei pittori, scultori e architetti* von Baglione ist bis heute eines der großen Nachschlagewerke, eine der wertvollsten Quellen über das Leben und Werk italienischer Künstler im 17. Jahrhundert. Die einzige große Untersuchung Gentileschis, die umfassendste Kritik seines Werkes ist voreingenommen und verheerend und stammt von seinem ärgsten Feind, einem Maler, den Orazio Gentileschi in einer Nacht im Jahre 1603 lächerlich machte.

3
Santa Maria del Popolo

am 26. Dezember 1605 bei Sonnenuntergang

An diesem feuchten Dezembertag schlugen die Frauen am Waschplatz auf der großen Piazza del Popolo ihre Wäsche. Die Kühe, die kleinen schwarzen Schweine, die Maulesel und die streunenden Hunde versammelten sich an der Tränke. Die Reisenden, die durch das Stadttor gekommen waren, sammelten neue Kräfte und setzten sich dazu auf die Schäfte der Säulen, die man durch den Sand bis zum Fuße des Obelisken gewälzt hatte. Die Krapfenverkäufer und Wasserträger ließen ihre Rufe rund um den Brunnen erschallen. Hier, zwischen der Piazza del Popolo und der Piazza di Spagna, befand sich das Künstlerviertel. Mit mehr als zweitausend Künstlern – Franzosen, Flamen, aber auch Bolognesern, Florentinern und Römern. Mehr als zweitausend Künstler unterschiedlichster Herkunft waren in einem Umkreis von weniger als fünf Kilometern untergebracht. Die zahllosen Herbergen nahmen die Neuankömmlinge auf. Und die Häuser am Hügel des Pincio boten lichtsuchenden Kunstschaffenden Platz. Diese taten sich mit Landsleuten zusammen und belegten die obersten, hellsten – und billigsten – Stockwerke, immer zu zweit oder zu dritt in einem Zimmer, das ihnen auch als Atelier diente. Aus den hintersten Winkeln aller Länder strebten die Männer, die vom Traum der Schönheit beseelt waren, auf diese wenigen Straßen zu. Maler, Bildhauer, Vergolder, Sticker und Goldschmiede kamen hierher, um ihre Kenntnisse zu erweitern, natürlich, doch auch, um ihr Glück zu machen! Und der Angst der Päpste, ihrer Besessenheit, alles daranzusetzen, um die Ketzerei des Protestantentums auszulöschen, verdankte die Christenheit die Entstehung dieses kosmopolitischen Viertels am Nordeingang der Stadt. Zu Beginn des

17. Jahrhunderts erkannte fast halb Europa die Autorität des Papstes nicht mehr an. Rom brauchte eine riesige Menge an Arbeitskräften, um der Welt ein erneuertes, schöneres, triumphierendes Gesicht zeigen zu können. Der neue Glanz sollte allen Städten der Welt die Überlegenheit Roms zeigen. Die Größe, die Erhabenheit und die Schätze der Stadt sollten die Augen der Pilger blenden. Die Pracht ihrer Kirchen sollte die Körper niederwerfen, die Zweifel hinwegfegen und die Seelen erleuchten. Und die Besucher sollten durch diese Offenbarung verwirrt, zitternd und überzeugt von der offensichtlichen Überlegenheit der katholischen Kirche in ihre Länder zurückkehren.

Dies war das Ziel des politischen Programms, das aus den Beschlüssen des Konzils von Trient gegen die Grundsätze der Reformation hervorging und in der Folge zu dem führte, was die Geschichte später »die Kunst des Barock« nennen sollte. Der üppige Gebrauch von Gold, Marmor und Edelsteinen – von den seltensten und glänzendsten Materialien also – die Effekthascherei, die Anleihen beim Theater, die Begeisterung für Trompe-l'œil-Effekte und optische Täuschungen: eine derartige Inszenierung ergab sich zum Teil aus dem ideologischen Kampf der Päpste, aus obengenannter Kampfstrategie gegen Luthers und Calvins Lehren.

In jenem Jahr 1605 fand Rom zu seinem einstigen Glanz zurück. Es mobilisierte seine letzten Kräfte. Doch heraus kam eine wahre Feuersbrunst. In den Schmelzöfen der päpstlichen Schmieden sollten schon bald die vierzig Tonnen Bronze brodeln, die dem Pantheon entrissen worden waren. In dreißig Jahren würden sich die gewundenen Säulen des Altarhimmels im Petersdom zum Firmament schwingen.

Die Nacht brach herein, und das Viertel würde bis zum Morgengrauen dem düsteren Schlagen der Totenglocken ausgesetzt sein. Man erwartete mit Ungeduld den Trauerzug. Er mußte von rechts, aus der Via del Babuino, genau hier ankommen. Die Verstorbene hatte nur ein paar hundert Meter entfernt gelebt, in diesem weißen, vierstöckigen Haus an der Ecke zur Via dei Greci, das dem Kunsttischler Francesco Magnessi gehörte. Dreimal in zehn Jahren hatte der Tod an diese Tür geklopft. Es war eine ovale Tür mit einem bronzenen Türklopfer, der die Form einer antiken Maske aufwies, die Maske der Tragödie, die weinende, Unglück bringende Maske.

Der Zug war an der Mauer des Augustinerklosters entlanggegangen und endlich auf dem Platz angekommen. Die Glocken läuteten immer noch und erzeugten eine dumpfe, stetige Schwingung, ein Dröhnen, das noch nicht einmal vom Wäscheklopfen der Frauen unterbrochen wurde.

Kurz vor Einbruch der Dunkelheit hatte der Prozessionsführer im goldenen Chorhemd den Trauerzug in Bewegung gesetzt. Hinter ihm kam der Träger des Kreuzes und schwenkte ein mit Edelsteinen versehenes Silberkreuz gen Himmel, das die Geistlichen der Santa Maria del Popolo nur zu großen Anlässen benutzten. Nie hätte man gedacht, daß ein Maler aus dem Viertel es sich hätte leisten können, für seine Frau eine derart festliche und imposante Beerdigung zu erwirken.

Für sie, für Prudenzia, die Tochter von Ottaviano Montonis aus Rom, *uxor Horatii Gentileschi pittoris*, für diese mit dreißig Jahren am Ende ihrer siebten Schwangerschaft im Wochenbett gestorbene Frau, hatte Orazio eine Beerdigung angeordnet, die einer Fürstenfamilie würdig war. Diese Totenglocke, die auf sein Geheiß seit den Morgenstunden läutete, wieviel kostete die ihn? Das ganze Viertel rechnete. Und wieviel der Priester, der die Sterbesakramente vollzogen hatte? Wieviel die Repräsentanten der Bruderschaften, wieviel die Priester, die Vikare, die Küster und all die Kapläne der Gemeinde? So viel, daß die Heirat einer geliebten Tochter, für die man die Mitgift zu sparen hatte, durch dieses Begräbnis unmöglich wurde.

Um jeglichen Streit mit den Pfarrkindern zu vermeiden, hatten die Augustinermönche an die Tür ihrer Kirche eine Preisliste für ihre verschiedenen Dienstleistungen angeschlagen. Orazio Gentileschi hatte alles bezahlt, was man von ihm verlangte, sogar die zwanzig Fackeln für die Adligen, die nicht von ihrer Hände Arbeit lebten. Gott allein wußte, wie viele Bilder, Fresken und Münzen er würde anfertigen müssen, um diese Schulden zu tilgen! Wäre seine Frau ohne Sakramente der Kirche verschieden, hätte ihr Tod weniger gekostet. Man hätte sie vielleicht vor die Porta del Popolo geschafft, die wenige Meter von der Kirche entfernt lag, zu den Renegaten, Ketzern, Juden und »unbelehrbaren Prostituierten«, die man wahllos an der Aurelianischen Stadtmauer aufeinandertürmte. Dort, an der Muro Torto, erstreckte sich das, was man als einzigen Friedhof von Rom hätte bezeichnen können. Der Überlieferung nach befand sich dort das Grab des großen Christenverfolgers Nero und das Reich der Geister und untreuen Frauen.

Prudenzia hatte gebeichtet, die Kommunion und die Letzte Ölung empfangen; zehn Messen würden für ihr Seelenheil gesprochen werden. Der einzige Luxus, den Orazio seiner geliebten Frau nicht hatte bieten können, war ein Sarg nebst Grabplatte in der Kirche.

Die Verstorbene war die jüngste Tochter einer der zahllosen Kardinalssekretäre gewesen, eines Kollegen von Cosimo Quorli in der Apostolischen Kammer, und sie hielt sich daher für etwas Besseres. Bei ihrer Hochzeit war sie siebzehn und Orazio dreißig gewesen. Sie brachte als Mitgift weder Gold noch andere materielle Güter. Sondern ein Netz von Beziehungen, eine Reihe von Gönnern, die ihren Ehemann in die »Klientel« mächtiger Mäzene schleusten. Während der Aushandlung des Ehevertrags hatte Cosimo diesen Punkt bei Orazio mit großem Nachdruck vertreten: Die Eltern von Prudenzia Montonis genossen die Gunst der großen Familien.

Der Stand der Persönlichkeiten, die bei der Taufe der sechs Gentileschi-Kinder vorangingen, illustrierte eindrucksvoll die Argumentation Quorlis. Erst im vergangenen Jahr war der jüngste Sohn von Orazio und Prudenzia gerade hier in der Santa Maria del Popolo von einem Verwandten des venezianischen Dogen zum Taufbecken getragen worden, von Marco Cornaro, dem späteren Bischof von Padua. Um die Wahrheit zu sagen, hatte sich der Prälat bei der Zeremonie von seinem Sekretär Francesco Cavazzi vertreten lassen, so wie die erlauchten Gönner von Orazio Gentileschi – die Familien Altemps, Olgiatti, Pinelli – zum Begräbnis ihre Diener und ihre leeren Karossen geschickt hatten. Diese Folge von Dienern und mit Wappen versehenen Wagen diente Orazio als Sprungbrett für seine Karriere; sie zeugte von Ansehen und Ruhm. Die römischen Maler waren sich darüber im klaren. Cavalier d'Arpino, auch er ein Pate von einem der Gentileschi-Kinder, folgte mit zahlreichen Vertretern der Accademia di San Luca dem Trauerzug. Caravaggio und Giovanni Baglione fehlten. Ja, die Ehre zwang Orazio zu solchen Ausgaben. Aber vor allem die Liebe zwang ihn dazu. Was hätte er für Prudenzia nicht getan?

Bei jeder Trennung hatte er befürchtet, sie nie mehr wiederzusehen. Die beiden Winter in der alten Abbazia di Farfa hatte er wie eine Prüfung durchgestanden; wie eine Züchtigung Gottes, der ihn für sein Glück strafte. In der feuchtkalten Dunkelheit der Kapellen hatte er auf seinem Arbeitsgerüst gesessen, todmüde von der Knochenarbeit der Freskenmalerei, und hatte den Himmel für diesen zu schweren und zu langen Auftrag, hatte die Mönche für ihre Ungeduld und ihre Gier verflucht. Wie oft hatte er sich ihrer Aufsicht entzogen, die unvollendeten Werke im Stich gelassen, den *Triumph der heiligen Ursula*, den *Christus am Ölberg*, um auf seinem Maultier die Sabiner Berge hinabzustürzen und zu seiner Frau nach Rom zu eilen? Prudenzia würde für immer die Frau seines Lebens bleiben.

In den kommenden dreißig Jahren würde Orazio Gentileschi unermüdlich ihr zartes Madonnengesicht malen, ihre samtige Haut, ihr durchscheinendes, leuchtendes Fleisch … All seine Madonnen und Heiligen würden den unaussprechlichen Zauber und die Zerbrechlichkeit von Prudenzia besitzen. Auf sie hatte er all seine Zärtlichkeit gerichtet. Mit ihr gingen all seine Freundlichkeit und Fröhlichkeit dahin.

Man hatte die sterblichen Überreste von Prudenzia Gentileschi in das rechte Seitenschiff vor die Cappella Cerasi gebracht. Die Fürbitte war gesprochen. Das Licht der zwanzig großen Wachskerzen, die die Totenbahre umgaben, erhellte das Gesicht ein letztes Mal. Ihr Kopf mit den geschlossenen Augen ruhte auf ihrer Schulter. Mit den leicht geöffneten Lippen sah sie aus, als schliefe sie nur. Ihre Hände waren auf dem Bauch zusammengelegt, der durch ihre Mutterschaft noch ganz geschwollen war und ihr totes

Kind barg. Die Windeln des Kindes und die Bahnen des Leichentuchs hoben sich weiß gegen den grünen Samt ihres Gewandes ab. Und ihr Rock mit den allzu schweren Falten lastete auf ihren Schenkeln und betonte die Knie. Sie war barfüßig. Ihre Schuhe und der leichte Schleier, der während der Messe ihre langen Haare bedeckt hatte, befanden sich schon in den Händen der Leichenträger: Gemäß der Tradition hatten sie Anspruch auf den weiblichen Zierat.

Drei von ihnen stießen wenige Meter von dem Fackelspalier entfernt ihre Piken als Hebel in eine der zahlreichen schwarzen und weißen Rosetten des Bodens. Die Rosetten hatten zwei Löcher und boten Zugang zu einem Massengrab. Das Untergeschoß von Santa Maria del Popolo teilte sich solchermaßen in etwa fünfzehn Räume, wo, mit oder ohne Sarg, mehrere Generationen von Pfarrkindern ruhten.

Es waren die letzten Augenblicke, die wenigen Minuten, in denen weder Kinder noch Frauen anwesend sein durften, da man hysterische Szenen befürchtete: Wenn die Leichenträger erst einmal die Rosette angehoben hätten, würde sich die Kirche mit unerträglichem Gestank füllen.

Die Priester, Vikare und Kapläne hatten sich zurückgezogen. Es standen nur noch vier Personen bei der Leiche: ein Ordensbruder, zwei Männer und ein Mädchen, das auf Knien betete. Wie hatte Artemisia die Erlaubnis bekommen, ihre Mutter bis zur letzten Ruhestätte zu begleiten?

Selbst so zusammengesunken schien sie groß, zu groß für ihr Alter. Der Körper war in seiner Form angelegt, die Gesichtszüge bereits ausgeprägt. Das ovale Gesicht, die sinnlichen Lippen, der dunkle, intensive Blick würden sich nicht mehr verändern. Sie würde zweifellos noch wachsen und fülliger werden. Aber sie war schon eine Frau; sie war bald dreizehn Jahre alt; sie mußte bald verheiratet werden.

So dachte der Freund der Familie, Cosimo Quorli, dessen Anwesenheit bei dem Witwer und der Waise in diesem schrecklichen Moment durch seine enge Freundschaft mit dem Ehepaar Gentileschi gerechtfertigt wurde, das er dreizehn Jahre zuvor zusammengebracht hatte. Er war so klein wie Orazio, der ihm gegenüber stand, aber fett, bärtig, mit beginnender Glatze. Quorli hielt seine Stirn gesenkt, und sein Schädel leuchtete im Kerzenschein.

Er stand hinter Artemisia und betrachtete ihr Profil, das nicht mehr das eines Kindes war. Der Schal, der ihren Kopf bedeckt hatte, war ihr auf die Schultern geglitten. Er faßte den nackten, gebeugten Hals ins Auge, den zarten, bleichen Nacken, wo sich ungebärdige Haarsträhnen ringelten ... Und die Konturen der Wange, wo das Licht endete, die winzigen Brüste, die sich im Halbdunkel abmalten.

Quorli trat näher, um sie besser betrachten zu können. Sie hatte eine hohe, gleichmäßige Stirn, gerade Augenbrauen und Mandelaugen. Die Lider schienen sich unter den langen Wimpern bis zu den Schläfen zu ziehen. Aber die untere Hälfte ihres Gesichtes wirkte im Vergleich zur Stirn zu gedrängt. Das runde Kinn gleich unter dem Mund wurde von einem Grübchen geziert, das Quorli jetzt nicht sehen konnte. Artemisia spürte seinen Blick und senkte den Kopf noch tiefer.

Hinter ihrer betenden Gestalt erhellten acht Fackeln die Bilder von Caravaggio und Carracci, den Rivalen ihres Vaters. Am Ende der Kapelle öffnete die Madonna in einem purpurroten Gewand weit die Arme; sie erhob sich aus ihrem Grab, um die Seele von Prudenzia mit sich zu nehmen.

Plötzlich trat der Mönch zu der Toten vor. Er hatte die Stangen der Leichenträger erblickt, die die Steinplatte direkt an der Ecke zwischen Kapelle und Mittelschiff kippten. Der üble Gestank verschlug allen den Atem. Orazio und Cosimo wechselten einen Blick: Der Moment des Abschieds von Prudenzia war gekommen ... Aber etwas am Gesichtsausdruck Gentileschis zwang Cosimo Quorli, zurückzutreten, sich zu entfernen. Er durchschritt das Querschiff und verschwand durch die Seitentür. Welche Rolle hatte er vor der Heirat in Prudenzias Leben gespielt? Diese Frage hatte sich Orazio nie gestellt. Warum hatte Cosimo für dieses junge Mädchen eine wenn auch äußerst geringe Mitgift aus eigenen Mitteln bereitgestellt? Und aus welchem Grund hatte der Vater von Prudenzia, ein Kardinalssekretär, dem es nicht an Beziehungen mangelte, eingewilligt, seine Tochter einem mittellosen Mann zur Frau zu geben, der von seiner Hände Arbeit lebte?

Cosimo lieferte jedem die Antwort, der sie hören wollte: Er selbst hatte die Verlobte entehrt, indem er sie entjungferte.

Gentileschi, der an sich ein eifersüchtiger Mann war, blieb der einzige in Rom, der von den Gerüchten, die der Furier verbreitete, nichts mitbekam. Er fühlte, daß eine Prüfung der Umstände, unter denen er mit einer Frau verheiratet worden war, die ihm Sanftmut und Zärtlichkeit schenkte, ihn in Verzweiflung gestürzt hätte. Also hatte er sich unbewußt und verwirrt entschlossen, nicht darüber nachzudenken. Diese wahrhaftige Verblendung, diese äußerst authentische Fähigkeit, die Augen zu verschließen, war der Grund vieler seiner Verhaltensweisen. Und wehe dem, der ihn zwang, das zu sehen, was er lieber ignoriert hätte! Der Ausbruch seines Widerstandes gegen das, was enthüllt wurde, das Ausmaß seiner Wut und seines Grolls waren immer unverhältnismäßig in bezug auf die Situation. Cosimo Quorli, der die Heftigkeit Orazios kannte, achtete daher sorgfältig darauf, seine Prahlereien, üblen Nachreden und Verleumdungen nicht an die Ohren des Freundes dringen zu lassen. Im übrigen schnitt er gern auf, dieser Cosimo Quorli. Und wenn er sich ohne Unterlaß auch rühmte, alle Jungfrauen in Rom entjungfert zu haben, so rechtfertigte nichts an seiner Person einen derartigen Erfolg bei den Frauen. Außer vielleicht eine Hartnäckigkeit in seinem Begehren, ein Mangel an Skrupeln und an Eigenliebe, die ihn unempfindlich gegen jede Verachtung, gleichgültig gegenüber jeder Abfuhr, taub gegenüber allen abschlägigen Antworten machten. Quorli gehörte zu denen, die, zur Tür hinausgeworfen, zum Fenster wieder hereinkamen. Diese Beharrlichkeit erklärte vielleicht auch seine glänzende Karriere, die selbst das Ableben seines Gönners Klemens VIII. und die Wahl zweier neuer Päpste nicht hatten gefährden können.

Er war kürzlich zum Ersten Furier des Papstes ernannt worden und kümmerte sich nunmehr seit fast zwanzig Jahren um die beweglichen Güter der Apostolischen Kammer. In seinem Verantwortungsbereich lagen der Ankauf und die Instandhaltung von Möbeln, Portieren, Teppichen und allen Gegenständen, mit Ausnahme religiöser, in den Palästen des Quirinals und des Vatikans. Sein Amt verlieh ihm eine ungeheure Macht über die Handwerker. Denn vom Furier hingen die Aufträge – und die Bezahlung – für eine Tapete, die Reparatur einer Wasserkanne, die Instandsetzung eines Rahmens ab. Sticker, Vergolder und Stukkateure rissen sich um seine Gunstbezeigungen und Auszeichnungen. Und was die Maler betraf, so war er es, Cosimo Quorli, der sie – oder auch nicht – dem Papst, seinen Neffen und den reichen Prälaten um sie herum für Deckenfresken oder die Ausschmückung einer Galerie empfahl. Durch dieses Amt hatte er zudem noch das Recht auf zahlreiche Privilegien. Er bezahlte weder für Feuerholz noch für Salz, Öl oder Wein. All das waren Geschenke des Papstes.

Heute, mit vierzig Jahren, war Cosimo Quorli der glückliche Besitzer von vier Häusern im Stadtteil Borgo und mehrerer Läden im Trevi-Viertel, die er an Handwerker vermietete. Seine Frau, die junge und fügsame Clementia Romoli, die er im Jahre 1600 geheiratet hatte, hatte eine Mitgift von zweitausend Talern und verschiedene bewegliche Güter in die Ehe gebracht. Im Gegensatz zu Gentileschi hatte Quorli eine gute Partie gemacht. Er hatte seine älteste Tochter für das Klarissinnenkloster vorgesehen und seine beiden Söhne für die Verwaltung. Sein Erstgeborener ruhte in der Kirche Santa Marta neben dem Petersdom, die als letzte Ruhestätte der »Leute« aus dem Hause des Papstes, für die *Famiglia del papa*, diente. Sein Name, Quorli, würde dort für immer in Marmor gemeißelt sein. Das war mehr, als Gentileschi von sich behaupten konnte.

Prudenzias Leiche schwankte auf den Seilen, die sie in das Massengrab hinabsenken sollten; eine unheimliche, weiße Mumie. Langsam sank der Körper durch das klaffende Loch in der Platte in die Tiefe. Prudenzia würde dort mit ihren toten Kindern ruhen, ihren Söhnen, sechs und zwei Jahre alt, beide mit Vornamen Giovan Battista geheißen, die sie selbst 1601 und 1603 dort begraben hatte, und mit ihrem Baby, das man auf ihren Leib, unter dem Leichentuch, gewickelt hatte.

Artemisia stand am Rand des Grabs und beobachtete mit starrem, fast visionärem Blick diesen langsamen Abstieg ihres Glücks in den Abgrund. Auch für sie würde Prudenzia ihr ganzes Leben lang alle Wärme, alle Zärtlichkeit und alle Menschlichkeit dieser Welt verkörpern. Und die Erinnerung an diese Lichtgestalt, die Sehnsucht nach dieser Mutterliebe würden die Heranwachsende von Orazio entfernen, von diesem Vater, der keine Zärtlichkeit mehr kannte.

Tief versunken in seinen eigenen Schmerz, sah er seine Tochter nicht. Sie blieb unschlüssig über den ekelerregenden Abgrund gebeugt. Nicht ein Schrei, nicht eine Klage, nicht einmal ein Seufzer entrang sich ihrer schmalen Brust.

Orazio hatte sie in all diesen Jahren so nahe bei sich gewußt, daß er nie auf die Idee gekommen wäre, daß sie auch andere Bande der Zuneigung hätte knüpfen, ihre Mutter, ihre kleinen Brüder oder irgend jemanden außer ihm hätte lieben können. In seiner unendlichen Verzweiflung konnte er nicht ermessen, daß die Trauer sie genauso grausam traf.

Artemisia war wie ihr Vater am 8. Juli geboren, dreißig Jahre nach ihm. Ihren ungewöhnlichen Vornamen verdankte sie ihrer Patin Artemisia Capizucchi, einer Dame der römischen Aristokratie. Der Mann, der sie zum Taufbecken in San Lorenzo in Lucina getragen hatte, war der Nuntius des Papstes in Florenz und Venedig gewesen. Die Kleine hatte einen guten Start ins Leben gehabt. Am 12. Juni des Jahres 1605, am zweiten Sonntag nach Pfingsten, war sie mit allen jungen Mädchen der Gemeinde in der Laterankirche gefirmt worden. Die Wahl des Paten für dieses Sakrament war für das Leben des Kindes noch wichtiger als die bei der Taufe. Diesmal handelte es sich um Vincenzo Cappelletti. Er war ein Aristokrat aus Pisa, sehr befreundet mit Orazios beiden älteren Brüdern, die Maler waren wie er. Cappelletti schien dem zweiten Bruder besonders nahezustehen, Aurelio, der in den Kirchen von Pisa, Florenz und Genua arbeitete.

Mehr als ein Vierteljahrhundert vorher, im Jahre 1575, hatte dieser Aurelio nach dem Ableben des Vaters, des wunderbaren Goldschmieds Giovan Battista Lomi, den jüngsten der Familie, Orazio, von Pisa nach Rom gebracht. Der Zwanzigjährige und der Dreizehnjährige hatten zusammen studiert, die gleichen Ateliers besucht, sich dieselben Lehrlingsstuben geteilt. Der erste sollte nach Pisa zurückkehren, der zweite in Rom bleiben. Als Orazio Lomi von Francesco Gentileschi, dem Bruder ihrer Mutter, welcher den hervorragenden Posten eines Hauptmanns der Wache in der Engelsburg innehatte, in Dienst genommen wurde, hatte Orazio beschlossen, den Familiennamen seiner Mutter anzunehmen, um Karriere zu machen. Seitdem kannte man ihn unter dem Namen Orazio Gentileschi.

Alle Mitglieder der Familie, ob sie nun »Lomis« waren oder »Gentileschis«, ob sie in Pisa, Rom, Genua oder Florenz wohnten, lebten durch und für die Malerei. Die Zeit schien gekommen, die Ahnenreihe fortzusetzen und die Fackel weiterzugeben. Aurelio hatte keine Kinder. Er zählte auf seine Neffen, die Söhne von Orazio.

Aber dem Himmel hatte es gefallen, Orazio Gentileschi zuerst eine Tochter zu schenken. Seit ihrem fünften Lebensjahr zerstieß Artemisia für den Vater die Farbpigmente, bereitete seine Leinwand vor, erhitzte seinen Firnis. Von ihm erhielt die Kleine eine Ausbildung, um die sie all seine Schüler nur beneiden konnten. Francesco, der jüngere Bruder, konnte ihren Vorsprung nicht einholen. Sie schien immer schneller, fleißiger und begabter als die anderen zu sein. Nur war sie ein Mädchen. Ein Mädchen, von dem man sich früher oder später trennen mußte, um es Gott oder einem Mann zu überantworten. Ein Mädchen, das durch das Begräbnis seiner Mutter ohne Mitgift blieb. In der Auflösung und Einsamkeit.

Die sterblichen Überreste von Prudenzia waren verschwunden. Die Leichenträger hatten die Seile wieder hochgezogen und die Rosette, die als Deckel zum Massengrab diente, zurück an ihren Platz gelegt. Die Totenglocke war verstummt. Die Küster sammelten das Wachs ein und beeilten sich, die großen Kerzen zu löschen. Die Kapellen, die Statuen und Bilder verschwanden im Dunkel.

Orazio und Artemisia Gentileschi erschienen gemeinsam auf der Vortreppe der Kirche. Die Wäscherinnen des Viertels um Santa Maria del Popolo waren es gewohnt, Vater und Tochter Seite an Seite vorbeigehen zu sehen, über den Platz, am Obelisken und am Brunnen vorbei: zwei dunkle, schmale Gestalten, nunmehr gleich groß, die sich bei den Händen hielten. Wie zwei Kinder oder zwei Liebende.

Es sollte das letzte Mal sein.

Dabei hatten sie diesen Weg so viele Jahre gemeinsam zurückgelegt.

Schon direkt nach der Geburt Artemisias hatte dieser Mann, dessen Unfreundlichkeit viele seiner Kollegen zu spüren bekommen hatten, sich zärtlich über die Wiege seiner Tochter gebeugt. Geschickt hatte er dieses kleine Wesen hochgenommen, das ihm zwar nicht ähnelte und seiner geliebten Frau Prudenzia auch nicht, das ihn aber zutiefst rührte, so wie alles Schwache und Unschuldige. Stammte ihre enge Bindung von diesem ersten Blick Orazios? Die Kleine hatte ihre winzige Faust um den Daumen ihres Vaters geschlossen und nicht mehr losgelassen. Bis zum zweiten Lebensjahr sollte sie die Straßen von Rom auf den Schultern ihres Malervaters durchstreifen, der sie überallhin mitnahm.

In der Menge verlängerte das Kind die magere Gestalt Orazio Gentileschis: Man sah immer diesen Körper mit zwei Köpfen, dieses Haupt mit vier Augen.

Woher rührte diese so spontane und starke Begeisterung von Orazio, die ihn dazu brachte, seine Tochter immer an seiner Seite haben zu wollen, wenn nicht von der Tatsache, daß sie die Erstgeborene einer Familie war, die er spät gegründet hatte und zwar mit einer Frau, die er verehrte? Die Ankunft weiterer Kinder, und dieses Mal von Jungen, hatte Artemisia im Herzen ihres Vaters nicht entthront.

Von dem Moment an, da sie laufen konnte, hatte er sie auf die Gerüste seiner Baustellen geführt, dieses kleine Wesen auf wackligen Beinen, das sich an seine Rockschöße klammerte. Er hatte sie häufig hierher zur Santa Maria del Popolo gebracht, so wie zu allen Örtlichkeiten, wo sie sich mit dem vertraut machen konnte, was er für große Malerei hielt. Orazio, dessen Bewunderung selten, aber dann glühend war, nahm sich viel Zeit, um ihr das »Sehen« beizubringen. Er zeigte ihr die Mosaiken der alten Meister, Raffael zum Beispiel, und die Gemälde zweier großer zeitgenössischer Künstler, Annibale Carracci und Caravaggio.

»Sieh sie dir an! Sieh sie dir alle an! Schau mal, wie Carracci hier die Apostel gemalt hat. Er hat Raffael so genau studiert, daß seine Figuren direkt aus der *Verklärung Christi* zu sein scheinen. Du erinnerst dich doch an das Bild, das wir in der Kirche San Pietro in Montorio gesehen haben?«

Die Augen des kleinen Mädchens glitten von den Personen der biblischen Geschichte zum Gesicht des geliebten Vaters. Sein Blick glühte vor Aufregung. Sie hörte interessiert, ja gierig zu. Sie ahnte, daß er versuchte, mit ihr das zu teilen, was ihm am teuersten war; daß er sie in Geheimnisse einweihte, zu denen er den Schlüssel hatte. Sie empfand die nicht enden wollenden Reden Orazios als Beweis seines Vertrauens und seiner Liebe. Und er wußte, daß sie jedes Wort, jedes Bild behalten würde. Unwichtig, daß sie nicht alles begriff! Orazio appellierte nicht an ihren Verstand, sondern an ihre Sinne. Er liebte nichts mehr, als sein Kind für die Freuden der Schönheit empfänglich zu machen.

»... Und diese Gestalt dort, rechts unter dem Arm der Heiligen Jungfrau, erinnert sie dich nicht an einen Apostel von Michelangelo?« fuhr er fort. »Sieh mal, wie gleichmäßig das Licht ist ... Geh mal näher ran. Siehst du? Sogar die Farbschichten scheinen glatt zu sein. Keinerlei Überlagerungen ... Wie bei Caravaggio ...« Er schwieg einen Moment nachdenklich, dann wandte er sich einem Bild links von ihnen zu. »Aber Caravaggio! Schau dir mal die *Kreuzigung Petri* an: Woran siehst du, daß Petrus sich am Kreuz wieder aufrichtet? Nur an der Verkürzung des Oberkörpers und an seinem Arm in der Diagonale ... Dabei zeichnet Caravaggio nicht vor. Dieses Schwein benutzt kein Kästchenpapier als perspektivische Hilfe! Er malt direkt auf die Leinwand ... Sieh dir diesen Hintern vom Henker an, der uns ins Gesicht furzt: Alles stimmt! Kein einziger Perspektivfehler! ... Wie erreicht dieser Schuft nur ein derartiges Gleichgewicht in seinen Kompositionen? Die Zeichnung, das Licht, die Farbe, ich will alles! Ich will Raffael und Michelangelo, ich will Carracci und Caravaggio … Ich – du und ich«, verbesserte er sich, »wir werden niemals nur einer Schule angehören. Warum sollten wir uns beschränken?«

Was Orazio ihr allerdings verschwieg, war die Tatsache, daß er Caravaggio und seiner neuen, revolutionären Sichtweise den größten ästhetischen Schock seines Lebens verdankte.

Bis dahin war die Karriere Gentileschis nur ein langes Vorwärtsschreiten, ein unruhiger, tastender, schmerzhafter Marsch gewesen, eine Suche voller Irrtümer, bei der er oft unvermittelt nach vorne geprescht und rasch in eine archaisierende Ästhetik zurückgefallen war. Diese Suche hatte er all die Jahre inbrünstig und hartnäckig fortgeführt. Orazio war mit sich nicht nachsichtiger als mit anderen. Der allzu leichte Erfolg gewisser Rivalen bewirkte bei ihm Wutausbrüche, die nicht frei von Eifersucht waren. Aber in dieser Sache war Orazio Gentileschi zu Zugeständnissen nicht bereit. Mittelmäßigkeit war ihm ein Greuel, und die Angst, ihr anheimzufallen, trieb ihn immer wieder dazu, über sich hinauszuwachsen.

Heute, mit zweiundvierzig Jahren, hatte er fast all seine Ängste überwunden und fühlte sich im Vollbesitz seiner Fähigkeiten. Sein Talent war ausgereift. Er arbeitete so viel, daß es nur noch selten Lehrlinge gab, die es länger als sechs Monate in seinen Diensten aushielten. Er preßte das Letzte aus ihnen heraus, forderte das Unmögliche von ihnen. Diese Suche nach Perfektion entfernte ihn von der Welt. Doch unter Einsamkeit mußte Orazio nicht leiden: Er bestand darauf, daß seine Kinder, sogar sein jüngster Sohn, immer bei ihm im Atelier waren. Er brauchte sie, brauchte sie alle, zur Unterstützung bei seiner Arbeit. Und von dem Tag an, da er in seiner Tochter Fähigkeiten entdeckt zu haben glaubte, die seinem Ehrgeiz vielleicht entsprechen würden, hatte er sie nie mehr von seiner Seite gelassen.

Als Lehrer war er großzügig und versuchte, ihr von Sonnenaufgang bis Sonnenuntergang sein Wissen zu übermitteln. Er fürchtete, sie würde niemals genügend wissen, und gönnte ihr keine Pause.

»In welcher Reihenfolge plaziert man die angerührten Ölfarben auf der Palette?« fragte er sie beim Wecken.

»Die hellen Farben nahe beim Daumen, die dunkleren weiter hinten.«

»Wieviel reine Farben gibt es?«

»Höchstens neun ... bleiweiß«, leierte das Kind vor seinem Abendbrot herunter, »ockergelb, zinnober, ockerrot ...«

»Wenn man aufgehört hat zu malen, wie konserviert man die Ölfarbe, die noch auf der Palette ist?«

»In Wasser.«

»Und das Bleiweiß?«

Die Kleine legte ihren Löffel nieder und zögerte. Als Orazio die Geduld verlor, sah er sie von der Seite an. Mit dem starren Blick seiner grauen Augen schien er ihre Antwort aufsaugen zu wollen. Dieser Blick machte derartigen Eindruck auf Artemisia, daß sie hastig und ohne nachzudenken antwortete.

»In Öl.«

»In Öl!« tobte Orazio.

Solche Irrtümer konnten das Kind teuer zu stehen kommen.

»In Wasser«, verbesserte sie sich rasch.

Zwischen zwei Donnerwettern nahm Orazio sie sich wieder vor, ließ sie, wenn auch nicht geduldig, so doch beharrlich, die Lektion wiederholen. Aber wehe, wenn sie nochmals einen Fehler machte!

Fügsam und eifrig bemühte sie sich, ihn zufriedenzustellen. Sie empfand für ihren allwissenden Vater, der die Leidenschaft seines Lebens mit ihr teilte, für ihren Vater, der sich Tag und Nacht mit ihr beschäftigte, eine grenzenlose Bewunderung. Er fragte, sie antwortete. Er gab, sie nahm.

Nur Prudenzia war es in all diesen Jahren gelungen, den leidenschaftlichen Eifer von Vater und Tochter zu dämpfen. Wenn die beiden erschöpft und unzufrieden mit sich selbst auftauchten, hüllte ihre mütterliche Zärtlichkeit, ihre eheliche Hingabe sie ein und beruhigte sie. Prudenzias Pragmatismus und ihr Sinn für die Wirklichkeit besänftigten die Angst, diese Unruhe, die sie nie verließ. Sie waren auf schmerzliche Weise zutiefst glücklich gewesen.

Die Malerei und die Liebe, diese beiden großen Abenteuer in seinem Leben, hatte Orazio mit der Heftigkeit der Jugend erst dann erlebt, als die meisten Männer bereits inneren Frieden gefunden oder resigniert hatten.

Wie viele Künstler hatte er bis zu seiner Hochzeit nur mit Dirnen des Viertels verkehrt. Er war vor seiner Bekanntschaft mit Prudenzia ein bekennender Frauenverächter gewesen. Doch das süße Eheleben hatte seine Gefühle erschüttert und ihn in den Kult um eine Weiblichkeit ohne Fehl, in die Verehrung der Madonna, der Mutterschaft und der Reinheit katapultiert.

Mit dem Ableben seiner Frau gab Orazio sein Bild von der Frau und der Liebe zwar nicht auf, doch fand er zu seinen alten Vorurteilen zurück. Er empfand Prudenzias Tod als Verrat und feige Flucht. Prudenzia verließ ihn, wie ihn schon seine Mutter verlassen hatte, als er dreizehn Jahre alt gewesen war – so alt wie Artemisia übrigens jetzt. Sie ließ ihn im Stich wie alle Frauen. In diesem Punkt teilte Orazio die Überzeugungen seiner Geschlechtsgenossen und verstand die Scherze seines alten Gefährten Cosimo Quorli. Alle Frauen waren Verräterinnen. Zumindest, wenn die Männer nicht aufpaßten …

Orazios Freude angesichts der Verfügbarkeit seiner Tochter, das Glück, das ihre Fortschritte ihm brachten, die Hilfe, die sie ihm war, hatten ihn davon abgehalten, sie wie ein weibliches Wesen zu betrachten. Er vermittelte ihr sein Wissen, er enthüllte ihr seine Geheimnisse, ohne daran zu denken, daß es Töchtern bestimmt war, ihren Vater für einen anderen Mann oder die Zurückgezogenheit des Klosters zu verlassen. Bis zu dem Augenblick, da er Prudenzias Aussage hörte, die sie in einem einzigen Atemzug auf ihrem Totenbett vorbrachte:

»Sieh dir unsere Artemisia an … Sie ist nun eine Frau, verheirate sie schnell, warte nicht länger, sonst weiß nur Gott, was geschieht!«

Dachte Prudenzia an das Drama ihrer eigenen Vergangenheit? Fürchtete sie, ihre Tochter könnte dasselbe Schicksal wie sie erleiden?

Auf dem Rückweg von der Beerdigung hatte die Heranwachsende ihre Hand in die ihres Vaters geschoben. Sie sollten nicht viel Zeit haben, sich aneinanderzuschmiegen. An der Ecke der Via del

Babuino gesellte sich Cosimo Quorli zu ihnen, während ein eisiger Nieselregen einsetzte.

Der Blick von Artemisia, ihr Ärger und ihre Unruhe entgingen den beiden Männern. Doch als Cosimo versuchte, sie seinerseits bei der Hand zu nehmen, riß sie sich los und lief weg. Cosimo Quorli – den haßte sie seit ihrer Kindheit! Es war eine Abneigung, die alle Vorhaltungen Prudenzias nicht hatten besiegen können.

»Ohne Prudenzia«, murmelte Cosimo, »wie willst du da mit diesem Mädchen zurechtkommen?«

Orazio antwortete nicht.

Er sah schmerzerfüllt der Heranwachsenden nach, die sich vor ihm aus dem Staub machte. Es verletzte ihn, daß Artemisia in einem solchen Augenblick seine Hand losgelassen, daß sie ihn so brutal im Stich gelassen hatte, wo er doch dermaßen ihre Liebe und ihren Trost brauchte.

Er erinnerte sich, wie sie vor dem Grab gekniet hatte. Artemisia war ins Gebet versunken gewesen und hatte keinen Laut von sich gegeben. Wenn sie geschluchzt hätte, geklagt oder gefleht, dann hätte er sie in seine Arme genommen. Sie hätten einander getröstet.

Mit Bedauern, ja schon mit Verdruß verglich er Artemisia mit Prudenzia. Artemisia, die keine Geste, kein Wort des Mitleids für ihn hatte; Artemisia, die starr und stumm blieb angesichts einer Katastrophe, welche er als den größten Schmerz in seinem Leben empfand. Mit Bitterkeit und Wut dachte er, daß seine Tochter weder das Mitleid noch die Sanftmut, noch die Demut der einzigen Frau geerbt hatte, die er je geliebt hatte.

»Du wirst sie zähmen müssen«, meinte Cosimo.

Rom war im Nebel versunken. Einem kalten, undurchdringlichen, klebrigen Nebel, der auf die Dächer drückte und sich an Mauern und Türen preßte. Undeutliche Lichter tauchten trügerisch da und dort in der Schwärze der nächtlichen Gassen auf.

Als Artemisia allein die Via del Babuino zu ihrem Haus zurücklief, weinte sie. Sie spürte weder den Regen noch die Tränen. Nur eine bodenlose Verzweiflung … Niemals mehr würde Cosimo

Quorli seinen Fuß in ihr Haus setzen! Dafür würde sie sorgen! Sie war fast dreizehn Jahre alt. Von nun an war sie die *Padrona di casa*, die einzige Frau in einem Männerhaushalt, die einzige Mutterfigur für ihre kleinen Brüder, von denen der jüngste noch nicht einmal zwei Jahre alt war, die einzige Gefährtin ihres Vaters. Und die einzige *Garzone* im gesamten Malerviertel.

4
Via Margutta
Atelier von Orazio Gentileschi

fünf Jahre später, Dezember 1610

»Du stinkst derart wie eine Hure, Artemisia, daß ich dich bis hierher rieche!« schrie Orazio quer durchs Atelier. Mit fieberhaftem Blick hatte er sich vor der Staffelei niedergekauert, um das Gemälde zu betrachten, das seine siebzehnjährige Tochter einen Moment zuvor verlassen hatte. Ruhig, vorsichtig, ja sogar sanft fuhr er mit der Handfläche über den ersten Farbbelag, das Blau des Himmels, über die Farben oberhalb der drei Figuren. Mit dem Finger verfolgte er die unvollendeten Silhouetten der beiden Männer, die Umrisse ihrer Köpfe, die am höchsten Punkt der Komposition zusammentrafen, den Entwurf eines kahlen Schädels, eines Vollbarts, den Umriß einer Hand, die der seinen ganz ähnlich war, den erhobenen Zeigefinger von einem der beiden »Alten«, der die begehrte Frau anwies zu schweigen. Im Vordergrund wandte »Susanna« sich ab und wies damit ihre Annäherungsversuche zurück. Ihre Schenkel, ihr Bauch, ihre Brüste fingen das Licht ein: Ihr Fleisch wirkte auf Blicke und Hände lebensecht. Die Hand von Orazio folgte den leichten Einschnitten in den Falten ihrer Haut und streifte die Leiste dieser »Susanna«, die Artemisia vollkommen nackt gemalt hatte, nach ihrem Ebenbild.

»Dein Geruch verseucht meine Zeichnungen!«

In Wahrheit stank der Raum nach Leinöl, Leim, Lösungsmittel und Firnis. Ein paar Schritte entfernt beugten sich zwei Lehrlinge in zerlumpten Kleidern über ihre Mörser und bearbeiteten mit höhnischer Miene Farbpigmente mit dem Stößel. Weißen Marmor für das Zinnober, roten Porphyr für das Lapislazuli. Dumpfe, regelmäßige Geräusche, eindringlich wie das Schlagen eines Herzens. Das Tageslicht fiel gefiltert durch einen mit Schweinefett bearbeiteten Papiervorhang vor dem einzigen Fenster und bildete einen großen gelben Fleck auf dem Parkett, wo Marco Gentileschi, ein siebenjähriger Junge, zwischen seinen nackten Beinen kleine Vierecke aus Leinen zuschnitt, die er zum Filtern der Präparate brauchte.

Mit all den Töpfen, Pulvern, Kesseln, Wannen, Tiegeln, Destillierapparaturen und Glaskolben erinnerte der Raum eher an das Laboratorium eines Alchimisten als an das Atelier eines Malers. Auch die vielen Stoffe, die purpurroten Samtstreifen, das weiße, in Falten gelegte Leinen, all die Accessoires eines Malers, die sich auf den Gestellen im Hintergrund des großen Raums häuften, die Kapuzinerkutten, die großen Engelsflügel, die Räder der Märtyrer und die Totenköpfe trugen zum Geheimnisvollen dieser Grotte, zum Unwirklichen und unterschwellig Beunruhigenden bei. Aus einem Ofen stieg schwarzer, dichter Rauch, der durch keinen Kamin entweichen konnte. Ein fünfzehnjähriger Junge, Francesco, der älteste Sohn, überwachte in einem roten, irdenen, unten plombierten Topf ein Öl, das wie Gold glänzte und das er langsam mit einer langen Feder umrührte. Aber die Feder fing an zu brennen und setzte einen Geruch nach abgesengtem Geflügel frei: Das war das Zeichen dafür, daß der gesamte Vorgang nochmals wiederholt werden mußte, der Beweis, daß das Öl noch nicht ausreichend entfettet worden war, so daß man es den Farbpigmenten beimengen konnte. Francesco würde ein zweites Mal das Öl mit heißem Wasser durchsetzen müssen; es einige Minuten in einem großen Glasgefäß schwenken; abwarten, daß die beiden Flüssigkeiten sich trennten, dann das Absinken der Verunreinigungen beobachten; das Öl aus dem Wasser abschöpfen, es mit frischem Wasser spülen; Kreidepulver, dann Sand und ein paar Brotkrümel hinzufügen; warten, daß die drei Stoffe die Verunreinigungen des Öls aufnahmen, das danach der Luft ausgesetzt und umgerührt wurde, damit sich kein Film bildete; weiterhin warten, daß es hell wurde und Sauerstoff aufnahm. Schließlich es erneut erhitzen und dem Federtest unterziehen. Wenn die Feder nicht anfing zu brennen, konnte Francesco dieses »entfettete« Öl durch die von seinem Bruder zugeschnittenen Leinenfilter geben. Dann, und erst dann, konnte es den Pulvern beigemengt werden, die die Lehrlinge vorbereitet hatten. Zumindest einigen von ihnen. Denn andere Pigmente verbanden sich nicht mit Öl, sondern mit Wasser, mit Eigelb oder Säuglingsharn und erforderten eine noch längere, noch kompliziertere und noch besser durchdachte Vorbereitung.

»Dieser Nuttengestank schlägt uns auf die Brust«, sagte Orazio abschließend, während er sich erhob. »Er klebt uns an der Haut, Artemisia, und bringt Unglück.«

»Na, dann verheiratet mich doch, Vater, verheiratet mich, ich warte ja nur darauf ...«

Mit dem Pinsel voran war sie aus dem Dunkel aufgetaucht.

Groß, fleischig, mit fragendem Blick und einem genießerischen, trotzigen Zug um die Lippen hielt Artemisia mit siebzehn Jahren all die ästhetischen Versprechen, die Cosimo Quorli am Abend der Beerdigung Prudenzias geahnt hatte. Ihr wunderbares kupferblondes Haar, das sie aufs Geratewohl zusammensteckte, fiel ihr in Locken auf Stirn und Schläfen. Die Frische ihres Teints, die Rundung ihrer Formen, ihre Schultern, ihre ausladenden Hüften, erschienen wie eine Hymne auf die Jugend, eine Aufforderung zur Liebe. Wenn ihr schlängelnder Gang auch davon zeugte, daß sie instinktiv um ihre Verführungsmacht wußte, so kümmerte sie sich doch nicht im geringsten darum. Keinerlei Ziererei. Keinerlei Affektiertheit. Keinerlei Koketterie. Ihre Finger und ihr Gewand waren fleckenübersät. Ihr Zauber ließ sich in einem einzigen Wort beschreiben: Natürlichkeit. Die Spontaneität Artemisias war zweifellos die verwirrendste ihrer Lockungen. Sie schritt rasch auf das Bild zu, mit dem Griff ihres Arbeitsinstruments an der Schulter. Dadurch wurde ihr Busen zusammengepreßt und der Reiz ihres Dekolletés noch betont. Artemisia hatte den langen Pinsel, den sie schwang, gerade in einen geheimnisvollen Lack getaucht, in einen Absud, den Orazio nicht auf seiner Palette hatte, sondern gesondert aufbewahrte, in einer Perlmuttmuschel, die mit Ölpapier bedeckt war. Die Technik bestand darin, daß nur ein kleiner Tropfen dieses Präparats direkt mit der fertigen Farbe vermischt wurde, und Orazio nutzte dies ausschließlich, um die

Transparenz bestimmter Körperpartien zu erreichen, diese Transparenz, die nur menschliche Haut hatte. Die Mischung mußte rasch aufgetragen werden, auf eine noch nicht getrocknete Farbschicht. Mit kleinen Pinselstrichen malte Artemisia das überaus strahlende Rosa von Orazio Gentileschis Farbpalette auf Susannas Brust.

»Verheiratet mich, ich will ja nichts anderes, als dieses Haus verlassen, in dem Eure Freunde, Cosimo und die anderen, in Eurem Auftrag hinter mir herspionieren!«

Das Atelier hallte täglich von ihren Wortwechseln wider. Die drei Brüder von Artemisia, die beiden Lehrlinge und der Barbier, der ihnen als Modell diente, sie alle hörten diese häuslichen Szenen mit an. Hier, in diesem großen Raum, der im letzten Stockwerk lag und nach Norden ging, zwischen den Rollen Faserhanf, aus denen sie ihre Leinwand fertigten, und den Holzleisten, die sie für ihre Rahmen zusammennagelten, zwischen all den Tiegeln, Kochern und Schemeln, arbeiteten Vater und Tochter Gentileschi, indem sie sich ständig beleidigten.

Doch beide empfanden stets das Bedauern über den Verlust ihres Einvernehmens, die Sehnsucht nach einer Zeit, in der sie im selben Traum vereint gewesen waren.

Direkt am Tag nach Prudenzias Beerdigung war Orazio zu seinen alten Junggesellengewohnheiten, zu seinem alten Umgang zurückgekehrt. Zwar arbeitete er wie ein Besessener, doch gab er seine Einkünfte mit derselben Leidenschaft aus und trank mit derselben Hemmungslosigkeit.

Von seinen Ausflügen in die Niederungen des menschlichen Lebens kam er voller Ekel zurück, unzufrieden mit sich und der Welt. Aber seine Kompositionen schienen nie ausgeglichener, seine Farben nie leuchtender, seine Engel nie überirdischer, seine Madonnen nie sanfter und edler als nach einem Saufgelage. Vorausgesetzt, er hatte, bevor er die Palette wieder in die Hand nahm, seine Wut gegen sich selbst, seinen Ekel über die eigenen Sünden auf das ihm Liebste und Nächste, auf sein zweites Ich übertragen: auf seine Tochter.

Bis Artemisia fünfzehn war, hatte sie die Attacken dieses Man-

nes hingenommen, der nur in der Malerei seinen Frieden fand –
in ihrer Nähe. Sie hatte für ihn alle Rollen übernommen und war
seine Gefährtin und sein Gewissen, seine Schülerin und sein Modell gewesen.

Orazio malte unermüdlich seine Tochter. Und wenn er sie auch
nicht zu begreifen, in ihr nichts anderes als die Fortsetzung seiner
selbst zu sehen schien, ein Alter ego, das nur durch ihn existierte,
fühlte und arbeitete, so konnte er doch genau den hoffnungsvol-
len Blick des jungen Mädchens wiedergeben, das Feuer, das in ihr
schwelte, ihre Unruhe ... Nie wurde Artemisia besser getroffen
als durch den Pinsel ihres Vaters, wenn er sie als Maria Magdalena zu Füßen des Heilands darstellte, wenn er voller Zärtlichkeit
das Oval ihres schönen Gesichtes, die gerade Linie ihrer Augenbrauen, den Schatten ihres Kinngrübchens auf Leinwand bannte.
Artemisia: die heilige Ursula, die heilige Cäcilie. Was sie betraf,
so empfand sie keinerlei Berufung zum Märtyrertum! Jetzt, mit
siebzehn Jahren, kämpfte sie Schritt für Schritt, gab sie Schlag um
Schlag zurück. Fassungslos erkannte Orazio in dieser so spät re-
voltierenden Frau nicht mehr das stets verfügbare Kind wieder,
das er so geliebt hatte.

Woher rührte die plötzliche Ungeduld seiner Tochter? Woher
diese Bestimmtheit?

Zehn Jahre lang hatte er sie geformt, zehn Jahre lang hatte er
sie für den begabtesten seiner Lehrlinge gehalten, ohne daß ihm
je die Idee gekommen war, daß auch sie Gefallen, ja den Taumel
der Begeisterung empfinden würde, einen Pinsel zu führen, daß
auch sie in der Lage sein könnte, ihre Sicht der Dinge auf Leinwand zu bannen.

Doch zweimal – zweimal nur – hatte er eine Ahnung von der
Malerin bekommen, die in ihr stecken könnte. Das erste Mal war
kurz vor der Hinrichtung Beatrice Cencis gewesen. Artemisia war
damals gerade sechs Jahre alt ... Bis dahin hatte Orazio sie nur
deshalb überallhin mitgenommen, weil er Gefallen an der Gesellschaft dieses Kindes hatte. Aber an den Richtplatz hatte er sie ab-
sichtlich geführt: Er wußte da schon, daß Artemisia eines fernen
Tages fähig sein mußte, diese Märtyrerszene nachzubilden.

Der Morgen, als Orazio das Talent seiner Tochter entdecken sollte, begann damit, daß er sie mit ihren kleinen Brüdern und allen Lehrlingen aus dem Atelier scheuchte. Einer seiner wichtigsten Auftraggeber hatte seinen Besuch angekündigt. Er wollte allein sein, wenn er seinen Kunden empfing. Aber während der gesamten Unterhaltung hatte er gespürt, daß Artemisia hinter der Tür stand und lauschte. Seltsamerweise hatte er nur für sie gesprochen:

»Monsignore, ich bemühe mich, lebendige Wesen zu malen, Menschen aus Fleisch und Blut, Personen, die atmen und sich bewegen ... Aber das heißt nicht, daß ich die Ausgewogenheit meiner Kompositionen oder die Vollkommenheit meiner plastischen Effekte vernachlässige ...«

Verstand das kleine Mädchen, was er sagen wollte?

»... Ich möchte, daß ein Maler sowohl Anleihen bei den alten Meistern machen wie auch nach der Natur malen kann ... Die Natur ist der wichtigste, der beste all unserer Meister. Wenn Ihr sie sorgfältig studiert, Monsignore, gelingt es selbst Euch, die Abstufungen des Lichts auf den exponierten Stellen des Kopfes zu treffen, diese Abstufungen, die Ihr so bei den Köpfen Raffaels bewundert ...«

Orazio hatte unvermittelt die Tür aufgerissen. Das Kind war geflohen.

Nachdem er seinen Kunden zur Kutsche begleitet hatte, war er zu ihr gegangen. Artemisia stand nun vor dem Küchentisch. Um sie herum lagerten Spachtel, Messer, Mahlsteine, der Pinselbehälter mit Öl und Wasser, all die Werkzeuge, die Orazio hastig aus dem Atelier hatte entfernen lassen. Wie alle Maler wußte er, daß ein Künstler sich vor seinen Kunden niemals als Handwerker präsentieren durfte. Ganz in Schwarz gekleidet, mit selbstsicherem Auftreten und ehrwürdiger Miene empfing er Gäste in seinem Atelier und machte sie glauben, daß die Malerei nichts anderes als eine geistige Angelegenheit sei. Aber er wußte, daß er ungeschliffen war, langweilig, unfähig, eine Geschichte zum Besten zu geben, im Gegensatz zu seinen Konkurrenten Giovanni Baglione oder Cavalier d'Arpino, die einen Großteil ihres Erfolges ihrer eleganten Sprache und ihren geschliffenen Manieren verdankten.

»Diese beiden haben nichts von der Malerei begriffen«, murmelte er und beugte sich zu seiner Tochter vor. »Sie gehen uns mit ihrer Kenntnis der Antike auf die Nerven, aber sie haben vergessen, daß die guten Maler ihre Motive in der Wirklichkeit finden! Sie kopieren Statuen, sie plagiieren alte Werke, aber durch sie wird die Kunst des Wesentlichen beraubt. Das Wesentliche ist das Leben! Ich lache über Baglione mit seinem Schmuckgeschäft, ich lache über Cavalier d'Arpino, der die Adligen nachäfft. Ich habe es nicht nötig, einen Degen zu tragen und in einer Kutsche zu fahren, um in der Welt hervorzuragen ... Aber auch ich will Perlen und Goldketten! Nicht, um wie die Papageien auf der Via del Corso herumzustolzieren, sondern um meinen Wert zu dokumentieren ... Nur dazu ist Gold gut ... als Mittel, den Wert eines Malers zu ermessen. Und Gold begründet das Ansehen eines Werks! All die Vergütungen, die diese mittelmäßigen Schmieranten bekommen, werde auch ich bekommen – und hundertmal mehr! Ich werde verkaufen, verkaufen und nochmals verkaufen, um meinen Wert hinauszuposaunen. Heute hat Monsignore Olgiatti versucht, mir weniger als ausgemacht zu bezahlen. Mein normaler Preis liegt bei fünfzig Talern pro dargestellte Person. Er wollte sich auf dreißig beschränken: Also kriegt er von jeder Figur etwas mehr als die Hälfte.«

Und während dieses Monologs fiel Orazios Blick auf ein großes Blatt Papier, das vor Artemisia ausgebreitet war. Mit den Werkzeugen aus dem Atelier hatte sie auch die Bleistifte mitgenommen.

Sie zeichnete die Gegenstände, die vor ihr auf dem Küchentisch lagen, die Pinsel, die Palette, die Schweineblasen, welche Farbe enthielten, die Becher, welche sie räumlich darzustellen versuchte. Sie hatte ihr Bild auf Kästchenpapier begonnen, wie sie es schon so viele Male bei ihrem Vater gesehen hatte. Und wenn das Gesamtbild auch nur aussah wie eine Kinderzeichnung – der Pinselbehälter ähnelte einem Trog, die Handstütze einem Spazierstock –, so ließ es doch einen ausgeprägten Beobachtungssinn, eine korrekte Einschätzung vom Spiel zwischen Licht und Schatten erkennen.

Angesichts dieser allerersten Anfänge hatte Orazio einen inneren Jubel gespürt, der ihn lange vor dem Bild festhielt. Er hätte nicht sagen können, woher seine Freude rührte – sie war wie die Ahnung kommender Freuden, wie das Versprechen auf Glück.

Dann hatte Orazio Gentileschi acht Jahre lang dieses Gefühl vergessen.

Besessen von seiner eigenen Arbeit hatte er die Idee zurückgewiesen, daß Artemisia Begabung hatte, zumindest eine persönliche Begabung, die unabhängig von ihm war.

Bis zu der überwältigenden Erkenntnis, die für immer Gentileschis Einschätzung seiner Tochter verändern sollte.

Dieses zweite Mal fand kurz nach dem Tod von Prudenzia statt. Artemisia kam ins heiratsfähige Alter. Am Ende eines langen Tages gemeinsamer Arbeit hatte er zwischen seinen eigenen Bildern eine kleine Madonna in Öl entdeckt, die nicht von ihm stammte. Er hatte keinen Zweifel, wer sie gemalt hatte: Artemisia. Instinktiv hatte er dazu geschwiegen. Keinerlei Kommentar. Kein Tadel, kein Lob. Er hatte den bangen Blick der Künstlerin auf seinem Rücken gespürt. Und so getan, als bemerke er ihn nicht.

In der Nacht war er zurückgekommen, um das Bild zu studieren … Die Körperform der Heiligen Jungfrau unter dem Faltenwurf, das durchsichtige Licht, die Behandlung der Zwischenräume hatten ihn mit köstlicher Hoffnung erfüllt, mit Hochgefühlen, mit einer Anwandlung von Vaterstolz. Ja, Artemisia war seine Tochter, sein zweites Ich, sie würde die Fackel übernehmen. Zusammen würden sie unsterblich werden!

Doch sehr bald beschlichen ihn heimtückisch Zweifel und verdarben ihm das Glücksgefühl … Hatte er nicht mit dem Feuer gespielt, indem er einen derart begabten Schüler ausbildete? Hatte er ein Feuer entfacht, das ihn verschlingen würde, ihn und sein Werk?

Hin und her gerissen zwischen heimlichem Künstlerneid und Vaterstolz legte er von nun an den Maßstab so hoch an, daß Artemisia ihn nicht mehr zufriedenstellen konnte. Er trieb sie zur Arbeit an und beobachtete ihre Fortschritte mit der Furcht, sie könne es nicht schaffen, und der Angst, sie könne es zu gut schaffen.

Sein Unbehagen in der Gegenwart seiner Tochter, diese neue Unruhe rechtfertigte er mit dem Mißtrauen, das jeder vernünftige Mann gegen das weibliche Geschlecht hegen mußte.

Die Heftigkeit ihrer Auseinandersetzungen stand den Grobheiten der Dirnen und den Beleidigungen, die Maler und Nachbarn austauschten, in nichts nach. Dieser Umgebung, dieser Promiskuität übrigens verdankte die Tochter von Orazio Gentileschi die Derbheit ihres Vokabulars. Diese Jungfrau – vorausgesetzt, sie war noch eine, und die Beleidigungen des Vaters gaben Anlaß, daran zu zweifeln – hatte allein aus dem Geschrei des Künstlerviertels einen ganz bestimmten Sinn für die Realität bekommen. Seit dem Tod ihrer Mutter schien Unschuld nicht mehr angemessen zu sein. Ihre von Orazio in die Hand genommene Erziehung hatte nichts Raffiniertes an sich. Artemisia konnte nicht schreiben. Sie konnte, wie etliche Frauen aus dem Kleinbürgertum, nur einige Wörter lesen, wenige Sätze entziffern. Sie hatte keinen Musikunterricht und konnte folglich weder singen noch ein Instrument spielen. Ihre Tante Lucrezia aus Pisa, eine Schwester Orazios, die einige Zeit bei ihnen lebte, nachdem sie ihrerseits Witwe geworden war, hatte alle Mühe, ihr die Grundlagen des Nähens beizubringen. Um die Küche, den Haushalt, all die Pflichten, die ihr als Frau zukamen, kümmerte sich Artemisia nicht im geringsten. Sie machte nicht die Betten und wusch nicht die Wäsche. Die Wäscherin Margarita holte die Wäsche ab und brachte sie wieder zurück. Artemisia Gentileschi ging nie aus dem Haus. Noch nicht einmal, um einzukaufen. Der Brauch wollte es damals, daß die Männer, die Oberhäupter der Familie, auf den Markt gingen und die Lebensmittel nach Hause brachten. Orazio vernachlässigte sogar diese Pflicht. Er wurde an seinen Arbeitsstätten festgehalten und konnte tagsüber nicht nach Hause kommen. Und die Nächte verbrachte er in der Kneipe und ließ seine Kinder ohne Abendbrot. Der älteste Sohn Francesco rannte also durch die Stadt, auf der Suche nach seinem Vater und etwas Geld. Meistens kam er mit Cosimo Quorli zurück.

Artemisia ihrerseits ließ sich nicht blicken. Im Gegensatz zu den Dirnen, die von ihrem Balkon aus die Freier anhielten, durfte sie sich nicht am Fenster zeigen. Es war ihr verboten, einen Fuß vor die Tür zu setzen. Verboten, auch nur auf der Türschwelle Luft zu schnappen. Und wenn die Bewohner der Via Margutta auch sehr gut ihre Stimme kannten, so konnten sich doch nur wenige rühmen, sie gesehen zu haben. Ohne weitere Begründung verbot ihr der Vater, gesehen zu werden. Er forderte von ihr, daß sie die Morgenmesse besuchte, verweigerte ihr aber den Besuch der Vesper – zu viele Leute – oder gar der Abendmesse, denn eine tugendhafte Frau ging nachts nicht aus. Keine Besuche, keine Spaziergänge. Lang war es her, daß Gentileschi sie an seine Arbeitsstätten mitnahm, zu den Bildern seiner Rivalen oder Nacheiferer. Jeder wußte, daß Orazio seit dem Tod seiner Frau seine Tochter versteckte. Seit sie im heiratsfähigen Alter war, schloß er sie ein. Selbst die reichen Edelmänner, die in sein Atelier kamen, selbst die Mäzene und Auftraggeber hatten sie nie kennengelernt. Orazio breitete entgegenkommend die Zeichnungen von Artemisia aus, öffnete ihre großen Zeichenmappen, ließ sie in jedem Winkel des großen Raums stöbern, forderte sie sogar dazu auf, die Bilder umzudrehen, zeigte ihnen die Klein- und Mittelformate, die er in Reserve hatte, ohne jemals über seine Tochter zu sprechen. Ohne daß seine Arbeitgeber die Vorstellung bekamen, daß die kleineren Arbeiten, die Orazio ihnen verkaufen konnte, von einem anderen als ihm ausgeführt worden waren.

Denn wenn auch die Wäscherin Artemisia so gut wie nie in der Küche herumwerkeln sah, so konnten die beiden Lehrlinge sie den ganzen Tag bei der Arbeit beobachten. Bei ihr lag mittlerweile die Verantwortung für das Atelier Gentileschi; von ihr hing die *Bottega* ab. Und niemand konnte diesem Mädchen, das sich so wenig zur Hausarbeit hingezogen fühlte, Eitelkeit oder Faulheit vorwerfen. Sie stand immer als erste auf, um die Eimer aus dem Brunnen zu ziehen, die Becken vom Regenwasser zu leeren, zig Wannen aus dem *Cortile* ins Atelier zu bringen. Mit bis zu den Ellbogen aufgerollten Ärmeln, bis zu den Hüften gerafften Rockschößen, mit Haarsträhnen in den Augen und wogendem Dekolleté, das sie aus Nachlässigkeit nicht bedeckte, machte sie Feuer, säuberte Pinsel, seihte den Gips durch, bereitete die Paletten vor, widmete sich den schwierigsten und unangenehmsten Aufgaben. Vorausgesetzt, es fand im Atelier statt. Das war ihre Domäne, das Reich, in dem Orazio ihr nach und nach die Schlüssel und die Herrschaft überließ. In Wahrheit hatte er kaum noch die Zeit, an der Staffelei zu stehen.

Mit siebenundvierzig Jahren schien Orazio Gentileschi auf dem Gipfel seiner Karriere angelangt. Wenn er auch nicht zum Haus eines Fürsten »gehörte«, wenn er sich auch nicht in der *Servitù particolare* einer wichtigen Persönlichkeit befand, wenn auch bis zu diesem Tag ihn niemand auf seiner Gehaltsliste stehen hatte, ihn beherbergte und ernährte, so hatte er doch auf allen großen Baustellen gearbeitet und war im Apparat des päpstlichen Mäzenatentums integriert. Die Fertigstellung des Petersdoms, die Ausschmückung eines Palastes, die Ausstattung einer Familienkapelle, die Gründung einer Privatsammlung: Durch all dies waren seine Werke überall zu sehen. Sein Altarbild in einer der wichtigsten Kirchen Roms, in der Basilika San Paolo fuori le Mura, sicherte ihm für die Gegenwart eine tägliche Reklame. Und für die Zukunft Unsterblichkeit. Er hatte überdies gerade einen Auftrag für die Ausschmückung eines Gewölbes im Konsistoriensaal das Quirinals ergattert, wo sich bald die Kardinäle aus der ganzen Welt unter der Ägide des Papstes versammeln sollten. Und schließlich war zur Krönung seines Glücks sein nächster Rivale, der Maler, dem er den größten künstlerischen Schock seines Lebens verdankte, der Maler, der ihm seine Begabung und deren schreckliche Begrenztheit bewußt gemacht hatte, Michelangelo da Caravaggio, gerade gestorben und hatte ihm das Feld überlassen. Geschwächt von der Malaria oder der Klinge der Malteser Ritter, deren Vertrauen er getäuscht hatte, war Caravaggio an einem Ort nördlich von Rom eine Woche nach dem siebzehnten Geburtstag von Artemisia zusammengebrochen.

»In meinem Alter haben Frauen normalerweise einen Ehemann. Es ist Zeit, höchste Zeit: Bald schon werde ich alt sein!«

»Und woher soll ich die Mitgift nehmen?«

»Die Bruderschaften, zu denen Ihr gehört, werden schon dafür sorgen. Oder mein Pate. Oder einer Eurer Auftraggeber, Monsignore Olgiatti zum Beispiel ...«

»Mit welcher Ehre soll dich denn einer meiner Mäzene, Monsignore Olgiatti oder ein anderer, ausstatten, wo du uns allen doch nur Schande machst!«

»Aber Ihr seid es doch, der alle fernhält, die sich um meine Hand bemühen könnten!«

»Warum sollten sie sich denn darum bemühen, wenn du dich nicht hinter meinem Rücken zur Schau stellen würdest? Du zeigst dich am Fenster, da bin ich mir sicher, du empfängst Herrenbesuch …«

»Wenn ich es zuließe, würdet Ihr mich für immer als Tochter dabehalten. Außer Ihr könntet mich an einen Eurer Kumpanen, Eurer Spione verkaufen … Zum Beispiel an das alte Schwein Cosimo?«

»Noch ein Wort und du schweigst ab morgen für immer! Ich buchte dich in einem Kloster ein!«

»Versuch es doch, Vater, versuch es, wenn du es wagst! … Wer wird dir dann die Leinwand zuschneiden, wenn du mich zur Nonne gemacht hast, wer wird sie dir auf Rahmen aufziehen, wer wird dir die Öle erhitzen? Glaubst du, Francesco wird dir jemals die Schutzschichten so machen können wie ich? Und wird Giulio dir je die *Imprimatura* im derart genauen Mischungsverhältnis von Leim und Gips zubereiten? Und diese beiden Trottel, die dir deine Farben zermahlen, glaubst du, sie könnten deine unvollendeten Bilder fertigstellen? Und die Kopien der Bilder, die du zurückbehältst, um sie später zu verkaufen, wer, wenn nicht ich, soll sie machen?«

Ihr Gesicht war gerötet durch das Feuer, über das sie sich gebeugt hatte, um das Öl zu überwachen, das Francesco nicht hatte reinigen können, und sie rief trotzig:

»… oder weist du vielleicht aus genau diesen Gründen die Heiratskandidaten zurück, die hier vorstellig werden? Weil du befürchtest, daß ich anderen das Geheimnis deines Bernsteinfirnisses oder des grünen Farbstoffs verrate, auf die du so stolz bist? Weil du Angst hast, deine Auftraggeber könnten entdecken, daß meine Kopien besser sind als dein Original?«

»Deine Fertigkeit liegt nicht in den Fingern, Artemisia, und ich habe mir vorgenommen, dir diese Fertigkeit auszutreiben!«

»Das wollen wir doch mal sehen! Du erwartest Monsignore Olgiatti. Deshalb bist du heute zurückgekommen, weil er deine Arbeit sehen will. Aber dieses Mal sperrst du mich nicht ein, und dieses Mal zeige ich ihm dieses Bild.«

»Dieses Bild, Artemisia, wurde von mir konzipiert. Von mir skizziert. Es sind meine Farben. Es ist mein Werk.«

»Nur daß links unten, siehst du … meine Unterschrift steht!«

»*Artemisia Gentileschi fecit. 1610*«, entzifferte er mit rauher Stimme. »Kannst du jetzt Latein und schreiben?«

»Nein, aber ich kann kopieren. Und du hast mir das beigebracht …«

»Sie stiehlt meine Bilder, diese Schlampe, sie raubt sie mir, noch bevor sie fertig sind!«

»Das hast du mir beigebracht«, wiederholte sie eigensinnig, »du hast mir alles beigebracht!«

»Nicht alles, Artemisia, nicht alles … Und diesen Rest muß ich dir noch beibringen!«

Orazio war verstummt.

Mehr als seine Drohungen, mehr als sein Zorn beeindruckte sie sein plötzliches Schweigen. Sie verhielt sich still. Er ging zum Bild zurück.

Er heftete seinen Blick auf die »Susanna« und schien plötzlich aufgesogen, ergriffen von diesem Gemälde. Selbst die Gehilfen waren überrascht von der Stille und hatten mit dem Zerstampfen aufgehört. Mit dem Abend senkte sich eine seltsame Ruhe über das Atelier.

Artemisia hatte sich ihrem Vater genähert. Sie beobachtete ihn im Halbdunkel. Sie beobachtete, wie sein Blick auf ihrer Arbeit ruhte, dieser starre, undurchschaubare Blick von Orazio, der ihr immer den gleichen Schmerz zufügte. Was dachte er in diesem Moment? Was sah er in ihrer Arbeit?

Sie war errötet. Gespannt, unbeweglich, stumm wartete sie. Feine Schweißtröpfchen rannen ihr über Stirn, Nasenflügel und Lippen. Das Warten war qualvoll. Es war Angst und Hoffnung zugleich. Der Wunsch und das Bedürfnis, die sie mit ihrem Körper, mit ihrer Seele zu ihm zogen, dem Richter und Teil ihrer

Kunst. Sie glühte, sie verzehrte sich seit ihrer Kindheit in diesem Traum, der sie glauben machte, sie könne ihn durch die Malerei erreichen. An diesem Abend würde sie ihn durch ihre Fähigkeit, durch ihre Begabung, durch die Schönheit dieses Bildes berühren. Ergreifen. Betören. Er würde sie endlich als seinesgleichen anerkennen. Artemisia, die Tochter von Orazio, Artemisia, das zweite Ich von Orazio … Vielleicht würde er sie lieben …

»Deine törichte Eitelkeit ist so groß wie deine Unkenntnis!«

Er hatte ein Messer ergriffen und nahm mit großen Hieben die Linie der Schultern, die Köpfe der beiden Alten wieder ab.

»Diesem Bild, auf das du so stolz bist, fehlt das Wesentliche!«

Stoßweise ließ er die Schutzschicht wieder abspringen, rammte brutal seinen kleinen Spatel in die erste Farbschicht und berichtigte mit einem Strich seiner Klinge die Position der Hand, die Gestaltung des Fingers, die sie angedeutet hatte.

»Selbst Monsignore Olgiatti, von dem du wer weiß was erwartest, sähe das, was du nicht siehst!«

Er nahm sich einen Pinsel.

Gewandt und rasch arbeitete er aufs neue den Umhang der Alten aus, vertiefte die Falten, schattierte die Drapierung.

»Du malst ohne Tiefe, Artemisia, du malst falsch! Falsch ist die Verkürzung dieses Arms. Falsch die Perspektive dieser Füße … Du kannst noch nicht mal das Grundlegende unserer Kunst: zeichnen! Ohne Zeichnen gibt es kein Malen. Für dich ist es bereits zu spät.«

Versteinert beobachtete sie, was er tat. Sie beobachtete, wie ihr Vater ihr Bild veränderte, entfernte, zerstörte. Und was sie sah, verstörte sie.

Sie sah eine Komposition entstehen, die unendlich viel besser war als die ihre. Ein Gleichgewicht, eine Harmonie, die alles überstieg, was sie jemals hatte ersinnen und verwirklichen können.

Diese Enthüllung, diese Offenbarung erfüllten sie mit Bewunderung. Und stießen sie in den Abgrund, ins Nichts: »Für dich ist es bereits zu spät.«

Ihre Signatur *Artemisia Gentileschi fecit* hatte nicht das Recht, dort zu stehen. Es war falsch. Falsch wie ihre Zeichnung. Der Maler, der einzige Maler in Rom mit dem Namen Gentileschi, hieß Orazio. Ihm, allein ihm und seiner begnadeten Pinselführung verdankte Artemisia dieses Wunder: Die Verwandlung ihrer *Susanna* in ein Meisterwerk.

5
Quirinalspalast, Konsistoriensaal

Februar 1611

»Was meinst du, Gentileschi«, donnerte eine Stimme acht Meter über Orazio in die Tiefe, »was macht der, der mit seiner Mutter schläft?«

»Was willst du jetzt hören, Agostino?«

»Was meinst du wohl? Was hältst du davon?«

Sie waren zu dritt in dem riesigen Konsistoriensaal. Zwei von ihnen hockten hoch auf dem Gerüst und vermaßen das Gewölbe. Der ältere von ihnen, der fettleibige und ungepflegte Cosimo Quorli, notierte die Zahlen, die der andere ihm diktierte. Der seinerseits hielt mit weit vorgestrecktem Oberkörper und ausgestreckten Armen sein Größenmaß an die Decke: Es war der Maler Agostino Tassi. Jener große Liebhaber der Huren, der die römischen Gefängnisse von innen gesehen und bei der Hinrichtung der Beatrice Cenci vor zwölf Jahren in der Menge neben Orazio gestanden hatte. Allerdings erinnerte sich keiner von beiden an ihr kurzes Zusammentreffen am Fuße des Schafotts.

Seitdem hatte Agostino in der Toskana viel Aufsehen – und Karriere – gemacht.

Elegant gekleidet, die Schnüre seines Umhangs keck nur an einer Schulter zusammengebunden, bewegte er sich gewandt auf der Plattform. Uneingedenk der Gefahr, unbeeinträchtigt vom Schwindel ließ er die Bretter erzittern und arbeitete rasch, ohne sein scherzhaftes Geplauder mit dem Dritten zu unterbrechen, der unten, mitten im Raum, an einem Tisch saß.

»Ich denke«, schrie Orazio mit hocherhobenem Kopf, »daß ein Fehltritt, den man leugnet, nie existiert hat!«

Durch die endlose Fensterreihe fiel kräftiges, blendendes Licht. Die weiße Wintersonne traf auf die frisch gekalkten Wände: Man befand sich auf der dem Garten zugewandten Seite im zweiten Stock des Quirinalspalastes.

Diese Mauern waren erst Ende Januar, vor weniger als einer Woche, fertiggestellt worden. Wenn die große Treppe auch immer noch wie ein Durcheinander von Baumaterialien wirkte – Marmorplatten, Stein, Tuff und Travertin –, wenn der linke Treppenteil auch kaum den Zugang zu den Räumen ermöglichte, so schritten die Arbeiten doch rasch voran. Der gesamte Hügel des Quirinals, das Wohnviertel, die Parkanlagen, der Palast, war eine einzige Baustelle!

Die Gehilfen des berühmten Guido Reni legten gerade letzte Hand an die Lünetten der päpstlichen Privatkapelle, der Cappella dell'Annunciata. Die größten Künstler aus Bologna hatten zwei Jahre lang an ihrer Ausschmückung gearbeitet. Sie war ein Kleinod, ein Juwel, mit dem Paul V. so zufrieden war, daß er seine Kardinäle bereits zu den vier Adventsmessen dorthin eingeladen hatte … Paul V. bestand auf seinen Wohnsitz am Monte Cavallo! Mehr noch als der Vatikan, dem seine Vorgänger ihren Stempel aufgedrückt hatten, war der Quirinalspalast sein Werk, das Vermächtnis von Papst Paul V. aus der Familie Borghese an die Ewige Stadt. Von Jahr zu Jahr hielt er sich länger dort auf und gestaltete die Zimmer und Empfangsräume, sobald die zahllosen Mitarbeiter das Feld geräumt hatten. Auf dem Quirinal wurde nichts ausgeführt, ohne daß Seine Heiligkeit die Pläne gebilligt hätte; ohne daß die Ausschmückung jeder einzelnen Türeinfassung, jedes Fensters festgelegt worden wäre. An warmen Tagen wurde die Audienz gewährt, während man auf den Gängen hin und her wandelte; die Körperertüchtigung, zwei Stunden täglicher Spaziergang, fand auf den Fluren statt.

Daher waren die Gespräche und Scherze der Maler nicht ganz ungefährlich: Der hochgewachsene Mann, der zwar kurzsichtig war, aber ein sehr feines Gehör hatte, konnte sehr wohl Zeuge ihrer Anzüglichkeiten werden.

Aber an jenem ersten Karnevalstag war die Ehre eines derartigen Besuchs weder zu fürchten noch zu hoffen. Jeder wußte, daß sich der Papst zu dieser Stunde in seinen Gemächern im Vatikan einschloß, da in den Straßen Roms die Ausgelassenheit des Volkes tobte. Tanzveranstaltungen, Lustspiele, Maskenbälle und Pferderennen würden zehn Tage lang um die Gunst der Stadt wetteifern. Bis zum Aschermittwoch. Dann wäre alles verwandelt, und die Religion käme wieder zu ihrem Recht. Die Kirche entrisse ihre Schäfchen dem Teufel. Der Klerus nähme den Sündern die Beichte ab, und Paul V. erteilte den Bußfertigen die Absolution.

»Also, was hältst du von einem Mann, der mit seiner Mutter schläft … oder mit seiner Schwester?«

Ein durchtriebener Ausdruck schlich sich in Gentileschis Augen. Er lächelte unbestimmt, während er auf dem Tisch die Zeichnungen ausbreitete, die er auf den Fliesenboden gelegt hatte.

»Ich sagte ja schon: Ein Fehltritt, den man geheimhält, existiert nicht!« schrie er. »Nur das Geständnis macht Schande!«

Er hatte die Kartusche entrollt, die er als Fresko in einer Größe von vier mal zwei Metern zu malen beabsichtigte, das riesige Wappen der Familie Borghese, den Adler direkt über dem Drachen, dem berühmten *Dragonetto*, der auf seinen Hinterbeinen stand, Feuer spuckte und die Flügel zum Flug weit ausgebreitet hatte. An jede Seite der Kartusche hatte Orazio zwei Engel gezeichnet, auf die er sehr stolz war. Zwei Engelsfiguren, die das Wappen hielten und der gegenwärtigen und kommenden Welt präsentierten, das Wappen mit der Tiara und den Schlüsseln des heiligen Petrus. Das Ganze würde sich im Zentrum eines gemalten Baugefüges aus Balkonen, Säulen und Loggien in einem riesigen Trompe-l'œil befinden, der durch eine Öffnung auf den blauen Himmel, auf einen Durchbruch des Unendlichen hinausweisen würde.

»Aber ich spreche jetzt von jemandem, der sich erwischen läßt …«

Die Stimme hallte lebhaft, volltönend, kräftig nach. Es war eine kehlige Stimme, die heiter über Orazio erklang.

»… Von jemandem, den man im Bett mit seiner Schwester erwischt … sie ohne Hemd, er ganz nackt …«

Diese Technik des Trompe-l'œil, diese Kunst, alle Grenzen durch das Bersten des Raums zu sprengen, verlangte Kenntnisse, die über Orazio Gentileschis Fähigkeiten hinausgingen. Er hatte sich an einen Szenographen wenden müssen, einen Mann, der für das Theater in Florenz gearbeitet und an der Inszenierung der Hochzeitsfeierlichkeiten Cosimos II. teilgenommen hatte und ein Virtuose der Perspektive war: Agostino Tassi.

Wenn sein Name in päpstlichen Gefilden auch kaum bekannt war, so erfreute er sich zu jener Zeit doch mächtiger Protektion. Der Maler Cigoli, dessen Abhandlung über *Die Bedeutung der Zeichnung in der Malerei* in der Accademia di San Luca allgemeinen Beifall fand, hatte ihn gerade für seine eigene Arbeitsstätte in Rom, den Palazzo di Firenze, angestellt. Cigoli war so zufrieden mit Tassi gewesen, mit seinen kleinen Landschaften, seinen Seestücken, so beeindruckt von seiner Technik, daß er ihn seinem eigenen Mäzen vorgestellt hatte, dem Kardinal Scipione Borghese, einem Neffen des Papstes. Zu dieser Empfehlung kam die Unterstützung eines alten Bekannten aus Florenz hinzu, der nun Furier des Papstes war: Cosimo Quorli. Und aus Sympathie, aus reiner Freundschaft befand sich Quorli nun mit Tassi auf dem Gerüst und schrieb für ihn die Maße des Gewölbes auf.

Dem Himmel hatte es gefallen, daß Orazio, dessen eifersüchtiges Wesen, dessen spärliche Freundschaftsbekundungen und dessen Rachsucht gegen Rivalen und Konkurrenten Quorli kannte, den ihm aufgezwungenen Mitarbeiter in sein Herz schloß.

Wie hatte sich sein Stolz mit der Anwesenheit eines Künstlers vom Kaliber Agostino Tassis an seiner Arbeitsstätte abfinden können? Das blieb ein Rätsel! Cosimo wußte um die Gegensätzlichkeit der beiden Charaktere. Tassi war zwar genauso leidenschaftlich wie Gentileschi, doch konnte er finster und wortkarg sein. Im Grunde betrachtete sich Cosimo als den einzig Vernünftigen der Gruppe, als den einzigen, der es verstand, in Weisheit zu leben. Wenn er auch von der Macht profitierte, die sein Amt ihm gewährte, so fand er doch das größte Vergnügen darin, als Person im Hintergrund zu agieren, den größten Stolz darin, die Fäden in der Hand zu halten. Als Mentor und Vermittler. Er besaß ein gewisses Talent, die Künstler den Mäzenen, die Frauen ihren künftigen Ehemännern zu präsentieren. Er war ein Weichensteller, der stets die Gunst der Stunde zu nutzen wußte. Er verkehrte bei aller Welt, war mit seinem Barbier und Schneider ebenso vertraut wie mit Prälaten und Hauptmännern. Er fürchtete weder Gott noch Teufel; und nur Krankheit brachte ihn dazu, an den Lippen der Prediger zu hängen. Er gab vor, alle Hintergründe der Macht, alle Geheimnisse der Ewigen Stadt zu kennen. Und das stimmte. Nichts Menschliches war ihm fremd. Und bei Menschen konnte man sich auf alles gefaßt machen. Außer bei seinen Freunden Orazio Gentileschi und Agostino Tassi.

Die Wahrheit gebot einzugestehen, daß auch Tassi das Seine dazu beigetragen hatte. Quorli hatte gesehen, wie er allen Stolz hatte fahrenlassen, hatte gehört, wie er seine üblichen Prahlereien gedämpft hatte, um dem älteren Künstler unterwürfig zu schmeicheln.

Agostino hatte es verstanden, Orazio Gentileschi mit tausend Aufmerksamkeiten zu umgeben, ihn mit Schmeicheleien ruhig zu stimmen. Er hatte ihm sogar dreißig Taler geliehen, ohne Zinsen zu verlangen. Eine derartige Großzügigkeit, eine derartige Selbstverleugnung waren nicht ohne Aufrichtigkeit. Tassi bewunderte Gentileschi. Die Zusammenarbeit mit ihm ehrte ihn.

Was Orazio betraf, so war er überrascht von so viel Freundlichkeit, betört durch so viel Aufmerksamkeit und schien mit einem Mal besänftigt. Seit ihrer Bekanntschaft hörte man ihn lachen. Noch nie hatte man ihn derart heiter, derart gelöst, derart selbstsicher auf einer Baustelle gesehen.

Das Trio Quorli, Tassi und Gentileschi war unzertrennlich. Die drei Gefährten teilten ihre Mahlzeiten und arbeiteten in bester Stimmung, ungeachtet der Glocke vom Kapitol, die die Karnevalszeit einläutete und die Arbeiter aus dem Palast rief.

»Ich will wissen, was du davon hältst«, insistierte Agostino und beugte sich gefährlich weit über das Geländer, »wenn er sich auf frischer Tat mit ihr ertappen läßt!«

»Dann freilich begeht er die schwerste Sünde überhaupt«, rief Orazio. »Ein schlimmeres Verbrechen noch, als hätte er sich selbst einen geblasen.«

Schallendes Gelächter beantwortete diese Zote. Tassi ließ die Bretter erzittern. Er war mittelgroß, untersetzt, beinahe dicklich und entsprach damit keineswegs den Maßstäben antiker Schönheit. Man konnte ihn kaum als Adonis und unmöglich als Apollo bezeichnen. Zumindest im ersten Augenblick. Denn es genügte, ihn in Bewegung zu sehen, ihn sprechen, scherzen, schwadronieren zu hören, um sich seiner Erfolge gewiß zu sein. Wie er mit wohlproportioniertem Körper dort so breitbeinig stand, schien er an körperliche Ertüchtigung gewöhnt zu sein. Er wagte sich weit über das Gerüst hinaus, kletterte über Leitern und nahm jedes Risiko auf sich, um die Arbeit zu verrichten, die er ohne ein Anzeichen von Mühe vollendete. Sein samtenes Wams war sehr auf Taille gearbeitet und betonte seine Brust. Er wedelte mit seinen langen, bauschigen Ärmeln, die breite weiße, rote und schwarze Streifen aufwiesen, so daß man sie schon von weitem wie eine Fahne sah. Obwohl er keine Stiefel trug, nur eine weiße Strumpfhose und Schleifenschuhe, schien er doch mit jedem Schritt Sporen klirren zu lassen.

Sein rundes, bewegliches Gesicht konnte alles mögliche ausdrücken, von Heiterkeit über Wut bis zur Bedrohlichkeit. Seine Haut war durch die Arbeit an der frischen Luft gebräunt, seine Augen waren dunkel und voller Feuer, ja sogar voller Unbändigkeit. Aber am meisten beeindruckte sein Mund. Es war ein gieriger Mund, ein Kindermund, der von seinem Schnurrbart nicht verdeckt wurde und den sein Kinnbart weiträumig umgab. Seine Lippen öffnete sich zu einem freimütigen und sehr strahlenden Lächeln. Tassi legte aus Eitelkeit viel Wert auf seine Zähne. Der Barbier kam regelmäßig an seine Arbeitsstätten, um sie ihm zu reinigen. Ansonsten mußte er verzweifelt mit ansehen, wie seine schönen dunklen Locken sich lichteten. Doch sein Spitzenhemd ließ er über einer männlichen, behaarten Brust offen. Mit dreißig Jahren verkörperte er einen ganz bestimmten südländischen, sinnlichen, selbstsicheren Typus. Seine Eleganz, Großzügigkeit und Kühnheit faszinierten seine Lehrlinge: Mit einem Lehrmeister wie Agostino Tassi schien ihre Zukunft gesichert.

»Frag Orazio doch mal, was er von einem Mann hält, der mit seiner Tochter schläft?« flüsterte Cosimo Quorli ihm zu.

»Was meinst du, Gentileschi, was tut der, der mit seiner Tochter schläft?« gluckste Tassi.

Doch bevor Orazio darauf antwortete, ergriff Quorli das Wort.

»Pah … weiß man denn je, ob man der Vater seiner Kinder ist?
Die Frauen sind erfinderisch im Betrügen! Wer von uns könnte
sich rühmen, eine ehrenhafte und treue Frau gefunden zu haben?
Sie alle haben nur Lügen für uns, und keiner kann sich vor ihren
Betrügereien schützen … Wenn ich zu Hause eine derart
heißblütige und schöne Tochter hätte wie Orazio, dann würde ich
das Risiko der Sünde auf mich nehmen, bevor sie hinter meinem
Rücken von einem x-beliebigen gevögelt würde!«

Wenn diese Anzüglichkeit nach Orazios Geschmack war, so
ließ er das nicht erkennen.

»So langsam wird er taub«, flüsterte Cosimo dem Freund ins
nahe Ohr.

»Er hat also eine Tochter?«

»Eine Schlampe.«

»Das sind sie doch alle!«

»Sicher. Aber diese … na, du wirst schon sehen. Ich mache dich
mit ihr bekannt. Die hat Brüste … einen Mund … einen Arsch …
sie ist so üppig, daß sie alle Heiligen im Paradies zur Verzweiflung
bringen könnte. Selbst unser Heiland, die Mutter Gottes möge
mir verzeihen, selbst er würde nicht widerstehen. Im Ernst … ein
richtiges Flittchen … Scalpellino, der Lehrling von Orazio, hat
mir gestanden, daß er sie gehabt hat … daß das ganze Atelier sie
gehabt hat … Sogar Pasquino, du weißt schon, der Hauptmann
vom Port de Ripetta … Scalpellino hat mir gesagt, daß auch er alles von ihr bekommen hat!«

»Weiß Orazio das?«

»Daß seine Tochter an allen Schwänzen des Viertels lutscht?«
Cosimo gluckste. »Auf jeden Fall ist Gentileschi eifersüchtig … Er
hat seit dem Tod seiner armen Prudenzia, sie ruhe in Frieden, keine Frau mehr besprungen, und er ist besessen von seiner Tochter.
Ich habe gehört, wie er eines Nachts, als er bei mir schlief, von ihr
träumte. Man sagt, daß er sie auszieht, um sie zu malen. Er bildet
sie nackt ab, als Susanna, als Maria Magdalena … Aber als Magdalena *vor* ihrer Bekehrung.«

»Hast du die Bilder gesehen?«

»Er versteckt sie, verdammt noch mal, wie seine Tochter!«

»Da tut er gut dran. Wenn ich meine Frau eingesperrt hätte,

hätte ich sie nicht umbringen müssen. Das hätte mir die Reisen nach Lucca und einige Unkosten in der Toskana erspart. Um das Geld ist es nicht schade. Geld ist mir egal, mein Pinsel verschafft mir genug davon. Aber man bestiehlt nicht einen Mann wie mich. Man läuft nicht mit seinem schlimmsten Feind davon. Was hat es der armen Maria gebracht? Schande und Tod! Im übrigen habe ich ihre Seele Gott überantwortet, nur er kann über sie richten … Ich habe die Briefe bekommen, auf die ich gewartet habe: Die Sache ist erledigt. Meine Ehre ist gerächt.«

Die Affäre, auf die Agostino Tassi anspielte, hatte ein ganzes Jahr lang an ihm genagt und ihm das Leben verleidet.

Im Mai 1610, als er sich gerade anschickte, von Livorno nach Rom zu gehen, hatte seine Frau Maria Cannodoli ihn verlassen und vierhundert Taler, zwei Goldbecher und ihren gesamten Schmuck mitgenommen. Den Schmuck von Agostino.

Das war keine gute Idee gewesen! Dabei hatte Maria geglaubt, ihre Chance genutzt zu haben, in der Nacht vom 28. auf den 29. Mai, am Vorabend des Tages, den Tassi für ihren Umzug in die Ewige Stadt vorgesehen hatte. Hatte sie gehofft, Agostino würde dem Ruf seiner ungeduldigen Auftraggeber zu der weit entfernt gelegenen Arbeitsstätte folgen und auf ihre Verfolgung verzichten? Das war ein Irrtum. Wenn der Ehrgeiz Agostino auch antrieb, schnell in die päpstlichen Gefilde zurückzukehren, so ließ sein Stolz doch nicht zu, daß man ihn zum Hahnrei machte.

Außer sich vor Zorn hatte er die Spuren der Ehebrecherin verfolgt, die Spuren ihres Liebhabers, eines Händlers aus Lucca. Gott allein wußte, was ihn diese Verfolgung kostete! Sie schmiß seine Pläne um und warf ihn in seinen Projekten zurück.

Zwei Monate vor Marias Flucht, im Februar 1610, hatte Agostino seiner Familie geschrieben, seiner Schwester Olimpia, die mit dem Gerber des Vatikans, Salvatore Bagellis, verheiratet war, und hatte seine Ankunft angekündigt. Er bat sie, ihn und Maria zusammen mit seinem Lehrling Filippo und dessen junger Frau Costanza, Marias Schwester, aufzunehmen. Costanza war vierzehn Jahre alt und schwanger. In seinem Brief verschwieg Agostino, daß er der Geliebte Costanzas und der Vater ihres Kindes war.

Dagegen hob er den vorübergehenden Charakter der erbetenen Gastfreundschaft hervor: Die kleine Gruppe sollte nur bei Olimpia bleiben, bis sie eine Unterkunft gefunden hatte, in der sie alle zusammen wohnen konnten.

Die Flucht von Maria verschob Agostinos Ankunft in Rom. Aber er hatte das junge Paar allein zu Olimpia geschickt. Er wollte sich ihm anschließen, sobald seine ehelichen Angelegenheiten geregelt waren. Aufgabe des Lehrlings Filippo war es in der Zwischenzeit, für ihren Unterhalt zu sorgen.

Mit seinen dreiundzwanzig Jahren hatte Filippo Franchini nur einen einzigen Meister gehabt: Tassi. Sein eigener Vater war bereits ein Gehilfe von Tassi gewesen. Filippo war mit dreizehn Jahren von Tassi angestellt worden, und seitdem war er ihm von Florenz nach Genua und nach Livorno als Mitarbeiter, Diener, ja als Sklave gefolgt. Als Tassi beschloß, ihm sein sogenanntes »Mündel« zur Frau zu geben, Costanza, die seit dem Tod ihrer Eltern von ihm versorgt wurde und die Schwester seiner eigenen Frau war, hatte Filippo keine Einwände gehabt. Zumal da Agostino, der sie zuerst in einem Kloster untergebracht hatte, sie mit einer Mitgift versah.

Filippo sollte fünfundzwanzig Taler bei der Unterzeichnung des Ehevertrags bekommen. Und weitere fünfundzwanzig Taler ... doch dazu später. Die Hochzeit von Filippo und Costanza war im Januar 1610 in Livorno gefeiert worden, nur kurz vor Agostinos Brief an seine Familie und vor der geplanten Abreise. Hatte der »Vormund« es bei dieser Gelegenheit verstanden, das Recht der ersten Nacht in Anspruch zu nehmen? Oder hatte Agostino Costanza schon lange vor der Hochzeit entjungfert? War die junge Frau schon bei der Trauung schwanger? Das würde für immer ein Rätsel bleiben. Jedenfalls schworen die Nachbarn aus Livorno, daß gerade die Liebschaft zwischen Agostino und seiner Schwägerin Maria dazu gebracht hatte, ihrem Mann Hörner aufzusetzen, da sie zu einer Ménage à trois wenig Neigung verspürte.

Als Agostino dreißig Tage nach Marias Flucht, am 28. Juni 1610, endlich zu Filippo und Costanza in Rom stieß, hatte er nur die von seiner Frau gestohlenen Gegenstände bei sich: die beiden Goldbecher, die Ketten und Ringe.

Schimpfend, fluchend und wild gestikulierend erzählte er jedem, der es hören wollte, sein Unglück: Er hatte Maria in Lucca gefunden. Aber es gelang ihm nicht, sie zurückholen. Sie hatte sich in einem Kloster verschanzt und genoß den Schutz wichtiger Persönlichkeiten, die Agostino nur die »Herrschaften« nannte. Der Hure würde nichts erspart bleiben! Auf seiner Rückreise über Florenz hatte Agostino Spezialisten für solche Fälle engagiert: Die Rechnung von Maria Cannodoli in dieser Welt würde bald beglichen sein!

Im August 1610 waren tatsächlich zwei Männer in der Wohnung von Olimpia und Salvatore Bagellis vorstellig geworden und hatten ihren Lohn verlangt.

Doch bevor Agostino sie bezahlte, hatte er sie bei einem seiner Freunde untergebracht, dem Maler Valerio Ursino. Er hielt sie bei Ursino zurück, um nach Lucca, Livorno und Florenz zu schreiben und eine Bestätigung der Nachricht zu bekommen, die diese Männer ihm überbracht hatten. Im Dezember 1610 erhielt Agostino sie durch Briefe. Und diese Briefe hatte er von da an ständig bei sich. Er zeigte sie allen, schwenkte das Bündel, das bewies, Agostino Tassis Ehre war wiederhergestellt: Maria war tot!

Den Preis für diesen Mord, zweihundert Taler, hatte Agostino gerade an seine Schergen bezahlt. Diese hatten Rom verlassen.

Mit wiederhergestellter Ehre, mit einem Ruhm, der frei war von jeder Schande, ging Agostino das neue Jahr 1611 mit größter Heiterkeit an. Er betrachtete die Affäre als beendet und sein Glück als wiederhergestellt.

Der Vorfall hatte ihn jedoch einiges gekostet: Die vierhundert von Maria gestohlenen Taler hatte er nie wiederbekommen, dazu kam noch der Preis für den Mord. Wenn seine Arbeit auf dem Monte Cavallo auch viel einzubringen versprach, so würde Tassi wahrscheinlich vor dem Frühling nichts davon sehen. Seine Schulden beim Farbenverkäufer Antinoro in der Via del Corso waren so hoch, daß er es kaum wagen konnte, seinen Fuß in das Geschäft zu setzen. Doch brauchte er Material, um das Fresko an der Decke des Konsistoriensaals zu malen. Wie sonst sollte er einem finanziellen Desaster entgegentreten als durch Eintreiben seiner eigenen Außenstände?

Einstmals, im Mai 1609, hatte sich sein Schwager Salvatore Bagellis nach Livorno um Hilfe gewandt, und Agostino, vermögend und großzügig, hatte ihm hundertacht Taler geliehen. Salvatore hatte sich vor einem Notar dazu verpflichtet, diese Summe noch vor Februar 1610 zurückzuzahlen. Die Frist war seit einem Jahr abgelaufen. Und Salvatore zahlte nicht.

Im Vertrauen auf gewisse Szenen, die er unter seinem Dach gesehen hatte, drohte Salvatore nun, der päpstlichen Justiz den Mord an Maria und die Liebschaft Agostinos mit Costanza zu enthüllen.

Auch wenn niemand ernsthaft daran dachte, Tassi den Mord an seiner Frau vorzuwerfen, wenn sowohl seine Freunde als auch seine Feinde der Ansicht waren, daß das ehrlose Betragen von Maria ihn gezwungen hatte, sich ihrer zu entledigen, wenn alle sich auch darin einig waren, daß nur ein feiger Hahnrei auf diese Rache verzichtet hätte, so verstieß das Verhältnis Agostinos mit seiner Schwägerin jedoch gegen jedes Gesetz und schockierte die Gemüter. Schon bei der ersten Drohung Salvatores hatte Tassi die Gefahr gewittert. Er war getürmt und hatte an der Sant'Onofrio-Steigung eine große Wohnung gemietet, eine ganze Etage, wo seine Ausschweifungen mit Costanza nur von Filippo gesehen werden konnten.

Aber Salvatore ließ nicht locker. Als er erneut zur Zahlung ermahnt wurde, fuhr er mit seiner Erpressung fort. Ende Januar hielt Tassi es für klug, sich vorübergehend vom Ehepaar Franchini zu trennen. Costanza und Filippo sollten einige hundert Meter entfernt in der Via della Lungara eine Wohnung beziehen. Er selbst hielt am Sant'Onofrio-Viertel fest, reduzierte aber seine Ausgaben, indem er auf die andere Straßenseite in ein Junggesellenzimmer zog. Nach diesen Vorsichtsmaßnahmen holte Tassi zum Gegenschlag aus.

Am 1. Februar ließ er seinen Schwager wegen der Schulden verhaften. Im Moment schmachtete Salvatore auf sein Betreiben hin in den Kerkern des Corte Savella.

Doch hatte Agostino mit der Reaktion seiner Schwester Olimpia gerechnet? Hätte er gedacht, daß just an diesem 4. Februar 1611 ein Brief über ihn in der Staatskanzlei des Tor di Nona landen würde? Daß Olimpia ihren eigenen Bruder in diesem Brief eines Verbrechens anklagen würde, das Moral und Religion aufs strengste verdammten? Sie klagte ihn der Blutschande an! Einer Blutschande, die Agostino zwar nicht mit ihr vollzogen hatte – doch ein Verbrechen blieb es doch ...

Das Gesetz untersagte sexuelle Beziehungen zwischen Familienmitgliedern. Schlief man mit der Frau seines Vaters, war das das Gleiche, als schliefe man mit seiner eigenen Mutter. Schlief man mit der Schwester seiner Frau, so war das das Gleiche, als schliefe man mit seiner eigenen Schwester.

Blutschande, dieser Gedanke, diese Sorge quälte Agostino. Und das mit Recht! Mit dieser Angelegenheit riskierte er seinen Kopf. Denn Rom verfolgte dieses Vergehen rücksichtslos und unbarmherzig mit der Todesstrafe durch Erhängen. Dafür sorgte Paul V.

Daher waren die Scherze, die im riesigen Konsistoriensaal zwischen Tassi, Quorli und Gentileschi hin und her flogen, ziemlich gefährlich. »Was macht ein Mann, der seine Mutter vögelt ... oder seine Schwester bespringt?« Sie alle drei waren von derselben Zwangsvorstellung besessen, dem Inzest, und jeder spielte sie auf seine Art durch, wies sie dem anderen zu, ohne daran zu zweifeln, daß sie diese Angst teilten. »Und der, der mit seiner Tochter schläft?«

»Im Grunde hat Orazio recht: Ein Fehltritt, den man leugnen kann, existiert nicht!« rief Tassi, während er die Leiter hinunterkletterte.

Rasch und gewandt bewegte er sich von einer Plattform zur nächsten, durchkreuzte von oben nach unten das Gerüst. Wie ein Farbfleck mit seinen weißen Strümpfen und seinen rot-schwarzen Ärmeln verlagerte er sich in rasender Geschwindigkeit, während hinter ihm, mit vorsichtigen Tritten, die graue, gewichtige Gestalt Quorlis den Abstieg langsam anging.

»Schuldig ist nicht der Mann, der sich auf frischer Tat ertappen läßt«, schloß Agostino und sprang auf den Boden, »schuldig ist der Dummkopf, der gesteht! Und bevor ich gestehe ...«

Mit seinen Maßen und Plänen unter dem Arm ging er auf Gentileschi zu. Herzlich schlug er ihm auf den Rücken, bevor er in sein herzerwärmendes Lachen ausbrach.

»… muß der Folterknecht noch geboren werden, der mich zum Beichten bringt!«

6

Via Margutta,
Wohnung der Gentileschi

5. Februar 1611

»Sie haben ihn gestern geschnappt, als er den Quirinalspalast verließ!«

Cosimo Quorli war im Gemeinschaftsraum aufgetaucht, wo sich ausnahmsweise alle um einen Tisch versammelt hatten: Orazio, Francesco, Giulio, Marco und der Lehrling Scalpellino, die gesamte Familie Gentileschi. Artemisia stand dem Abendessen vor. In diesem Moment kam sie aus der Küche und trug eine große Schüssel mit weißen Bohnen herein, die sie selbst zubereitet hatte. Einmal war keinmal.

»... Sie haben ihn bei Costanza erwischt! Anstatt direkt nach Hause zu gehen, hat dieser Idiot die Via della Lungara aufgesucht, angeblich, um Zeichenbücher zu holen, die Filippo für ihn aufhob.«

Mit einer Hand auf der Brust bemächtigte sich Cosimo eines Stuhls, den Artemisia ihm nicht angeboten hatte. Noch nie hatte man ihn in einem derartigen Zustand gesehen. Er war im Laufschritt die Stockwerke hinaufgeeilt. Das Haus ging am Hügel des Pincio terrassenförmig in die Höhe. Ein Labyrinth, das sich an den Hang schmiegte. Nachdem er die Vorhalle durchschritten hatte, mußte Quorli durch eine erste Gittertür, dann rechts an der Waschküche vorbei, in die Tiefe des Hauses zur Treppe; bis zum ersten Stock hinauf, dann nach links zu einer weiteren Treppe, hinaus auf den *Cortile*, eine Art Garten mit Brunnen und Wasserbecken auf halber Hanghöhe, schließlich durch die Küche in den Gemeinschaftsraum der Gentileschi. Dieser Aufstieg hatte ihn ins Schwitzen gebracht; große Tropfen liefen über sein Gesicht, während er nach Luft rang.

»Costanza haben sie auch festgenommen. Und Filippo!«

»Filippo?«

Orazio hatte seinen Löffel hingelegt und die Schale zurückgeschoben. Er schien niedergeschmettert.

»Warum Filippo?«

»Nach dem, was ich vom stellvertretenden Staatsanwalt der römischen Kurie erfahren konnte, hat Olimpia alle Einzelheiten in ihrem Brief geliefert. Nicht nur, daß Filippo nicht mit Costanza schläft, er läßt sich auch in der Küche einsperren, während sich Agostino in seinem Bett mit seiner Frau vergnügt. Es scheint sogar, daß Filippo selbst Costanza mit Gewalt Tassi zuführt, wenn sie sich sträubt. Und daß ab und zu Filippo den Ausschweifungen zusieht, wenn Tassi es ihm befiehlt. Inzest und Ehebruch also: Ich weiß nicht, wie ich ihn da wieder rausholen soll!«

Ruhig hatte Artemisia ihren Brüdern aufgetragen und verfolgte nun ohne Anzeichen besonderer Aufmerksamkeit das Gespräch. Sie bedachte die Gefährten ihres Vaters, und zwar ausnahmslos, mit der gleichen Verachtung. Daß Cosimo Quorli die Interessen von diesem Tassi so am Herzen lagen, genügte, diese Person näher einzuordnen und ein Urteil über sie zu fällen. Sie hatte auch durchaus die Sympathie bemerkt, die Orazio für seinen neuen Freund empfand. Sie hatte gehört, wie er seinen Namen sagte – Agostino Tassi –, seine Zeichnungen rühmte, sich über seine Pinselführung begeisterte, sogar Bewunderung über ein Instrument äußerte, das Agostino angeblich für seine Perspektivmalerei erfunden hatte. Was den Rest betraf, seine Schicksalsschläge und seine Laster, so interessierte sie sich nicht dafür, da sie ihn nie getroffen hatte. Der neue Auftrag im Quirinal bot für sie nur den Vorteil, daß er ihren Vater von zu Hause fernhielt und, wenn er geruhte, zurückzukommen, eine Stimmung bei ihm begünstigte, die von seinem üblichen Menschenhaß abwich. Dieser kurze Augenblick der Ruhe in ihrem häuslichen Leben fiel für Artemisia mit der Erfahrung eines neuen Gefühls zusammen. Sie entdeckte gerade ihrerseits die Freuden der Freundschaft!

Auf der gegenüberliegenden Straßenseite wohnten eine Mutter und ihre zwei jungen Töchter. Die kleinere, eine Range von zehn Jahren, hatte Artemisia ins Herz geschlossen. Als sie sie vom Fenster aus sah, hatte sie gewagt, sie anzusprechen und zu sich einzuladen. Das Kind hatte eingewilligt, nicht ohne vorher um Erlaubnis zu fragen. Es war in Begleitung seiner älteren Schwester gekommen, Faustina, die sechzehn Jahre alt war. Zwei Stunden später waren Artemisia und Faustina bereits unzertrennlich.

Die Mutter wurde, als sie ihre Töchter abholen wollte, von Orazio überrascht. Wider Erwarten war er ihr freundlich begegnet. Er plauderte einige Minuten mit ihr und erfuhr, daß sie mit einem Mann verheiratet war, der außerhalb von Rom arbeitete. Er ermutigte sie zu erneuten Besuchen und sagte, er könne sich glücklich schätzen, daß seine stets einsame Tochter von einer Dame von Ehre beaufsichtigt würde. Er überredete Tuzia Medaglia – so hieß die Frau –, ihm über die Leute zu berichten, die sich in der Nähe seiner Wohnung aufhielten. Er ging sogar so weit, ihr ein Arrangement vorzuschlagen, über das er mit ihrem Mann, Maestro Stefano, nach dessen Rückkehr sprechen wollte.

Für Artemisia begann eine glückliche Zeit voll weiblicher Zwiesprache, voller vertraulicher Mitteilungen und Liebesträumereien.

Denn Artemisia hatte einen Bewunderer. Und wenn ihr Vater sie der Liederlichkeit verdächtigte, der Lasterhaftigkeit anklagte, so waren seine Befürchtungen nicht ohne Scharfsinn und Instinkt. Ja, sie versuchte, die Blicke der Passanten auf sich zu lenken. Ja, sie zeigte sich am Fenster. Ja, sie stellte sich wie eine Prostituierte zur Schau und produzierte sich. Artemisia dachte nur noch daran: wie man einen Mann bekam, einen Ehemann.

Wenn auch die Aufgabe, sie zu verheiraten, Orazio oblag, so vernachlässigte er sie doch. Also würde sie an seiner Stelle dafür sorgen. Mit ihrer üblichen Entschlossenheit setzte sie ihre einzige Waffe ein: ihre Reize. Ihren Blick, ihr Lächeln, ihre Brüste, den Schwung ihrer Hüften ... die Schönheit von Artemisia Gentileschi eben.

Und zu diesem Karneval 1611 hatte sie ihr Ziel erreicht. Sie hatte sich einen Galan verschafft, einen Maler, der ihr den Hof machte, mit den besten Absichten, wie er sagte. Einen Freskenmaler aus Modena, der sie heiraten würde.

Er war zwanzig Jahre alt, hieß Girolamo und gehörte zum Haus von Kardinal Bandino.

Jeden Morgen begab er sich zu seiner Arbeitsstätte am Monte Cavallo, allerdings nicht, ohne einen Umweg über die Via Margutta gemacht zu haben. Er arbeitete in der Kirche San Spirito al Quirinale, nur wenige hundert Meter vom päpstlichen Palast und von Orazio entfernt. Mit anderen Künstlern aus Modena schmückte er die prunkvolle Cappella Bandino aus. Und abends, wenn er zum Schlafen zum Kardinal, seinem Mäzen, zurückkehrte, ging er noch einmal am Fenster von Artemisia vorbei.

Groß, mager, mit unsicherem Schritt und zögerndem Lächeln unterschied sich Girolamo Modenese von allen Gefährten Orazio Gentileschis. Gerade sein Ernst, seine Ruhe, seine Schüchternheit und Unbeholfenheit hatten das junge Mädchen berührt. Obwohl er verliebte Blicke auf sie richtete, hätte Girolamo zweifellos nie etwas versucht, nie etwas gewagt, wenn Artemisia ihm nicht eine Blume zugeworfen hätte. Er war ein Mann von Ehre.

Mehr wußte sie nicht. Aber sie träumte.

Die Neuigkeit von Agostinos Festnahme, der Donnerschlag, der an diesem Abend das Haus erschütterte, die Gefahr, die über einem aus dem Trio Gentileschi-Quorli-Tassi schwebte, sollte auf teuflische Weise die Angelegenheiten für Artemisia, ihre Herzensangelegenheiten, ordnen.

Orazio war damit beschäftigt, den Kopf seines Freundes zu retten, und kümmerte sich nicht um sie, vergaß plötzlich seine Besessenheit bezüglich der Tugend seiner Tochter. Er hatte seine Pinsel ruhen lassen, um sich schon im Morgengrauen in die Straßen von Rom zu stürzen. Man sah ihn die Höfe der Paläste belagern, die Treppen, die Vorzimmer, und die Sache seines Mitarbeiters vorbringen und, sogar vor den Kardinalssekretären, seinen eigenen Mäzenen, die Unschuld seines Partners verteidigen.

Diese bei Gentileschi sonst unbekannte Beredsamkeit, diese ungeheure Energie, die er im Dienste des anderen aufbrachte, wogen schwer zugunsten von Agostino. Und ließen Artemisia freie Bahn.

»Er hat Euch also sein Wort gegeben?« murmelte die Nachbarin Tuzia genüßlich, während sie ihren Jüngsten, einen dreijährigen Jungen, auf den Knien hielt.

»Wir haben uns Treue geschworen.«

»Wo?«

Tuzia warf einen Blick durch das Atelier. Artemisia malte dort nachlässig einen Korb mit Früchten. Seit der Szene mit der »Susanna«, seit den Auslassungen ihres Vaters über ihre mangelhaften Zeichenkenntnisse hatte sie sich auf typische Frauensujets zurückgezogen. Sie malte keine Historienbilder mehr. Nur noch Früchte, Blumen, das Porträt von Faustina, ihrer neuen Freundin, und dem kleinen Jungen von Tuzia. Echte Arbeit war zu schmerzhaft für sie. Vorbei war es mit den großen Plänen, den Träumen von Virtuosität und Unsterblichkeit.

Tuzia, die ihre Pappenheimer kannte, hatte ihr vorgeschlagen, bei ihren Bekannten für Aufträge zu sorgen – Madonnen, kleine religiöse Szenen, Abbildungen von Schutzheiligen und Miniaturen – die Artemisia gegen Bezahlung ausführen konnte, ohne daß Orazio unbedingt davon erfahren mußte. So konnte sie die Bänder, Tücher und Ohrringe bezahlen, die ihrem Verehrer gefallen würden.

Gentileschi hätte sich nicht träumen lassen, welchen Einfluß jemand wie Tuzia auf seine Tochter würde ausüben können, als er sie in sein Haus einführte.

»Wo habt Ihr Euren Geliebten empfangen?« wiederholte Tuzia und setzte ihren Sohn gerade hin. »Hier?«

»Hier? Dann hätte mein Vater doch davon erfahren! Wir treffen uns in der Kirche.«

»Schreibt er Euch?«

»Ich bekomme über meinen Bruder Briefe.«

»Als Maestro Stefano, mein Mann, und ich einander versprochen wurden, ließ auch er mir Briefe zukommen.«

Schwermütig stieß Tuzia einen Seufzer aus. Mit ihren festen Schenkeln, den breiten Schultern, den schönen Haaren, die ihr braun und ohne einen Silberfaden in die Stirn fielen, sah Tuzia aus wie eine Frau aus dem Kleinbürgertum, wie eine Matrone, die durch die Zeit und mehrere Schwangerschaften dick geworden, der man jedoch ansah, daß sie früher recht anmutig gewesen war. Sie hatte sich einen schelmischen Blick bewahrt, etwas Munteres, Impulsives. Was das Übrige betraf, so ging Tuzia Medaglia physisch wie moralisch in Mittelmäßigkeit auf. Sie war weder groß noch klein, weder dick noch dünn. Ihr Alter sah man ihr nicht an. Sie mochte an die dreißig Jahre sein.

»Und was schreibt er in seinen Briefen?«

»Daß ich vor Gott seine Frau bin ... Aber ich bin nicht ganz sicher, ich kann nicht gut lesen.«

»Ich werde sie Euch vorlesen. Aber Ihr müßt mir versprechen, brav zu bleiben. Was ich sagen will ... er hat Euch doch noch nicht ...?«

Der Pinsel von Artemisia blieb einen Moment lang über einem Apfel in der Schwebe. Sie runzelte die Stirn. Wußte sie, was der Lehrling Scalpellino über sie verbreitete?

»Entehrt?« ergänzte sie ernst. Sie blickte einen Moment lang streng, fast hart und ließ damit keinen Zweifel über die Ideale aufkommen, die sie bezüglich ihrer Tugend hatte. »Der Mann, der mich will, Signora Tuzia, muß mir zuerst einen Ring über den Finger streifen.«

»Also hat er Euch nicht angerührt? Nicht mal geküßt?«

»Nicht mal das.«

»Und Geschenke? Hat er Euch Geschenke gemacht?«

»Nein.«

»Dann meint er es auch nicht ernst! Dann liebt er Euch auch nicht. Dann wird er Euch nicht heiraten! Ihr müßt von ihm irgendeine Garantie bekommen, ihn zwingen, sich zu verpflichten ... Er soll Euch einen Ring geben, als Lohn für einen Kuß ... Der Herr wird nichts dagegen haben ... Er erlaubt alles oberhalb der Gürtellinie.«

Diese Frau war der reinste Teufel. Ein Teufel in grauer Terziarentracht. Denn Tuzia gehörte wie ihr Mann einem Laienorden an. Sie war eine lüsterne, geldgierige Frömmlerin.

»Für einen Ring, der mindestens einen Taler gekostet hat.«

Selbst während der Messen, zu denen sie auf Gentileschis Verlangen hin seine Tochter begleitete, zur Beichte in der Santa Maria del Popolo, zur Kommunion in der San Lorenzo in Lucina, unterbrach Tuzia ihre Einflüsterungen nicht. Während der Weihrauch den Fäßchen entwich, während die Glöckchen die Wandlung anzeigten, gab sie flüsternd ihren verführerischen Sermon von sich.

»Wenn der Ring zwei Taler wert ist, dann bedeutet Ihr Girolamo etwas. Laßt ihn Eure Brüste streicheln, die Madonna wird ein Auge zudrücken. Sie sieht nichts Schlechtes darin, wenn Ihr Euch Eure Zuneigung beweist. Bald seid Ihr Mann und Frau: Dann werden die Freuden der Liebe zur Pflicht.«

Sie sündigte in Gedanken, die fromme Tuzia, sie sündigte in Worten, und sie sündigte durch Unterlassung. Ihren unzüchtigen Träumen fügte sie ein weiteres Laster hinzu: das der Verführung.

»Außer wenn der Stein des Ringes kostbar ist, gewährt ihm nichts unterhalb der Gürtellinie. Gewährt ihm das Almosen einer kleinen Sünde, aber begeht keinen Fehltritt.«

Für Artemisia hatte sich durch diese Betreuung eine Öffnung aus ihrer rauhen Welt ins Glück ergeben.

Das junge Mädchen glaubte, in Tuzia die Wärme und das Mitgefühl ihrer verstorbenen Mutter wiedergefunden zu haben. Die Zärtlichkeit von Prudenzia. Das Verständnis von Prudenzia – die Liebe einer Mutter. Eine Großzügigkeit und Hingabe, die keinen Lohn verlangten und für die Zukunft sorgten: Hatte Tuzia sich nicht von selbst angeboten, Girolamo bei sich zu empfangen, damit sie sich treffen konnten?

Verwirrt vor Dankbarkeit, trunken vor Hoffnung überließ Artemisia sich mit Leib und Seele diesen Ratschlägen, diesen Verhaltensmaßregeln. Sie, die Signora Medaglia, würde ihre Heirat ermöglichen!

Im gleichen Maße wie die Versprechungen von Girolamo hatte die Freundschaft von Tuzia ihr Leben verändert.

Taumel. Tag und Nacht hörte sie nur wenige Meter von der Via Margutta entfernt die Musik des Karnevals, das Geschrei, das Lachen. Rom hatte sich in einen einzigen Maskenball verwandelt, in ein Theater, wo jeder lautstark die Rolle spielte, die sein Kostüm ihm gebot. Von ihrem Fenster aus hörte Artemisia, wie der Advokat die Passanten mit schrecklichen Prozessen bedrohte und der Staatsanwalt Frauen anhielt, um ihnen die Liste ihrer Liebhaber aufzusagen. Sie hörte, wie Bramarbas Arlecchino halb tot schlug und wie Capitano Pulcinella durchbleute.

Orazio hatte ihr selbstverständlich verboten, sich zu verkleiden. Doch zweimal hatte sie sich von Tuzia und ihren beiden Töchtern bis zur Piazza del Popolo mitnehmen lassen. Sie hatten den Höhepunkt des Karnevals gesehen, das Rennen der *Barbieri*, der berühmten Berberpferde. Fünfzehn mit Hafer vollgestopfte Rosse stampften, wieherten und trampelten vor dem Obelisken, während die Menge um sie herum schrie und lärmte. Ohne Zaumzeug und ohne Reiter, mit Spießen an den Flanken, die sie anspornen sollten, mit blutigen Bäuchen und Nüstern rannten sie den Corso hinauf und warfen die Gaffer um, die sich vorgebeugt hatten, um ihnen entgegenzublicken, Höllenpferde, die in tollem Galopp bis zur Piazza Venezia rannten.

Doch was ihnen am meisten gefiel, was sie wirklich zerstreute, wovon sie die schönsten Erinnerungen bis zum nächsten Jahr behielten, das waren die Wettrennen der nackten Männer. Drei Läufe über tausendfünfhundert Meter auf der Via del Corso. Lachend hatten sie beobachtet, wie die Juden im Adamskostüm unter den Sticheleien der Römer vorwärts stürzten. Und danach die Rennen der Alten und der Jungen *in naturalibus*.

Was kümmerten da Kälte und Feuchtigkeit des Februars! Die Lust zu leben hatte sich der Ewigen Stadt bemächtigt. Schnell und intensiv leben – vor den Kasteiungen der Fastenzeit. Und diese Trunkenheit beseelte auch Artemisia.

7
Via del Corso
Geschäft des Farbenverkäufers
Antinoro

am 25. März 1611

»Nein, Euer Gnaden«, mimte Agostino Tassi vor einem ausgelassenen Publikum, »nein, ich versichere Euch, daß ich nicht die geringste Ahnung habe, warum Ihr mich hier seit zwei Wochen festhaltet.«

Etwa zehn Künstler – Bildhauer, Maler und Vergolder – hörten zu, wie er bei dem Farbenhändler Antinoro seine Abenteuer erzählte. Das Geschäft an der Kirche San Carlo sul Corso diente als Briefkasten und Treffpunkt des Künstlerviertels. Die Maler kauften hier nicht nur Leinwand, Pinsel und Farben, sondern auch bunte Stoffe, die Antinoro höchstselbst färbte. Sicher, er war Farbenverkäufer. Doch außerdem Färber, Drogist und Apotheker. Bei ihm tauschte man über die Ladentheke Tratsch und Neuigkeiten aus. Man trank abends Schnaps am Kamin. Eine Berühmtheit, dieser Kamin von Antinoro. Er war der einzige Händler auf der Via del Corso, der einen besaß, eine Feuerstelle, die eines Palastes würdig war. Dort bereitete er für seine Kunden die ausgeklügeltsten Malereipräparate zu. Wenn unglücklicherweise in einem der Nachbarhäuser der Wind die letzte Kerze ausgeblasen hatte, dann kam man zu Antinoro, um sich Feuer für den Herd zu holen. Sein Geschäft war eine Höhle, eine Grotte. Der Wust seiner Waren glitzerte in der Dunkelheit wie eine Kriegsbeute.

»Oh«, rief Agostino aus und parodierte sich selbst, »ich habe nichts anderes getan, Euer Ehren, als ganz brav meine Lehrbücher zur Perspektivmalerei zu konsultieren, bevor ich nach Hause gehen und die ganze Nacht malen wollte. Es geht um das Fresko, das Seine Heiligkeit für seinen schönen Palast bei mir in Auftrag gegeben hat, Seine Heiligkeit hat es ja so eilig …‹ Um diesen drei Schwachköpfen zu imponieren, habe ich ihnen dieses ›Seine Heiligkeit‹ alle zwei Wörter an den Kopf geworfen. ›Was wird Seine Heiligkeit wohl sagen, wenn er hört, daß der Konsistoriensaal für die Versammlung der Kardinäle nicht fertig sein wird? Ich, Euer Ehren, mache mir keine Sorgen um mein Schicksal, ich habe Vertrauen in die Gerechtigkeit von Euer Gnaden … Aber das Werk? Das Werk, Euer Ehren. Seine Heiligkeit legt solchen Wert auf mein Projekt! Er legt auch Wert auf meine Unversehrtheit. Hat nicht sein Furier mir mein Bett gebracht und meine Mahlzeiten durch den Palastkoch zubereiten lassen?‹ Ich habe meine Folterknechte beschämt, habe ihnen Angst gemacht, indem ich ihnen die Wohltaten des Herrn Cosimo ins Gesicht schleuderte. Tja, und das war's.«

Tassi legte um der Wirkung willen eine dramatische Pause ein: »Als Cosimo Quorli dann plötzlich in der Staatskanzlei auftauchte und ihnen das vom Kardinal unterzeichnete Dokument unter die Nase hielt, habe ich geglaubt, den Staatsanwalt würde der Schlag treffen. Meine Begnadigung! Monsignore Scipione Borghese höchstpersönlich hatte mich begnadigt. Freispruch! Ich bin ein freier Mann. Der Richter Bulgarello hat mir sogar geschrieben, daß ich mit meiner Schwägerin zusammenwohnen könne, solange es mir gefiele. Ja, jetzt dürfen sie zittern, meine Schwester und mein Schwager, diese Idioten! Salvatore hat bereits seine Werkstatt geschlossen, jetzt ist es aus mit der Gerberei! Die Justiz hat sie gezwungen zu verkaufen, um mich auszuzahlen. Ich bin reich!«

Agostino nahm von der Theke eine Geldbörse voller Taler auf, die er vor dem Publikum klingeln ließ.

»Jetzt bezahle ich meine Schulden. Zuzüglich Zinsen. Und ich schmeiße eine Runde!«

Diese Worte, mit lautem Jubel aufgenommen, wurden durch das plötzliche Erscheinen Orazios unterbrochen.

»Ah«, rief Tassi, »da ist ja der Mann, dem ich alles verdanke!«

Mit finsterem Blick und vor Wut und Haß zitterndem Körper schrie Gentileschi: »Ich habe ihn gesehen. Er war bei uns!«

»Wer?«

»Der Mann, von dem ich dir schon erzählt habe. Der Geliebte meiner Tochter!«

Theatralisch wandte sich Agostino seinem Publikum zu.

»Bei der Ehre eines Freundes verstehe ich keinen Spaß – die ist mir heilig! Ich werde es dem schon zeigen, der es wagt, den ruhmreichen Namen Gentileschi zu beflecken! Gehen wir!«

Und sie stürzten davon.

8

Zeugenaussagen von Agostino Tassi und Tuzia Medaglia bei ihrem Prozeß 1612

Bericht über den Streit am 25. März 1611

»Ich werde Euch erklären, wie das Ganze passiert ist«, sollte Agostino ein Jahr später aussagen.

»An diesem Abend befand sich Artemisia in dem Glauben, daß Orazio zum Abendessen bei Cosimo Quorli sei und bis Mitternacht dort bleiben würde, so daß sie ihren Geliebten Girolamo Modenese zu sich einließ. Aber als Orazio nach seinem Fortgehen noch kurz mit Nachbarn plauderte, sah er, wie sich Girolamo ins Haus schlich. Er kam sofort zum Geschäft von Antinoro, dem Farbenhändler, an der Via del Corso, wo wir uns treffen sollten. Er erzählte mir alles und bat mich, ihn nach Hause zu begleiten. Ich ging freiwillig mit, um Schlimmeres zu verhüten. In meinem Beisein prügelte er mit einem Besenstiel auf Girolamo ein, traf ihn zwei oder drei Mal und vertrieb ihn. Ich habe mich dazwischengeworfen, um die beiden voreinander zu schützen, damit die Schlägerei nicht in Schlimmeres ausartete. Aber Girolamo nahm mir das übel, und noch Wochen danach machte er mich für alles verantwortlich. Eines Morgens, ich glaube Anfang April, eilte ich zum Quirinalspalast, als Girolamo und zwei Helfershelfer mich mit gezückter Klinge einkreisten. Niemand ist dabei verletzt worden. Aber wenn ich mich nicht zu verteidigen gewußt hätte, dann hätten sie mich umgebracht! Ein paar Tage nach dem Kampf haben wir durch die Vermittlung von Monsignore Bandino Frieden geschlossen, auf seinen Befehl und in seinem Hause. Die beiden anderen Angreifer, die wohl Brüder oder Vettern von Girolamo sind, waren dabei.«

Artemisia, die laut Aussage der Zeugen nicht dabei war, bewahrte über diese Angelegenheit absolutes Stillschweigen. Diese Tracht Prügel, die Agostino einem ihm unbekannten Mann verabreicht hatte, dieser Kampf wegen einer Sache, die ihn nichts anging, brachte ihm den Haß der Tochter und die Dankbarkeit des Vaters ein. Die Nachbarin Tuzia erzählte, daß Gentileschi geradezu vor Dankbarkeit dahinschmolz angesichts der Treue des Freundes, der ihm unter Einsatz seines Lebens zur Seite gestanden, sich seinen Zorn zu eigen gemacht und seine Ehre verteidigt hatte: die Ehre eines Vaters, der zu alt war, um sich selbst Gerechtigkeit zu verschaffen.

Durch die Dienste, die sie sich gegenseitig erwiesen hatten, wurden die beiden Männer noch fester zusammengeschweißt.

»Einige Tage später«, erzählte Tuzia weiter, »fragte mich Orazio, der mehr denn je eifersüchtig über die Tugend seiner Tochter wachte, ob wir nicht ein Haus zusammen mieten könnten. Ich antwortete ihm, daß ich mit meinem Mann darüber sprechen und versuchen würde, seinen Wünschen zu entsprechen. Ich hielt dies für eine gute Idee, weil ich Artemisia ins Herz geschlossen hatte. Als mein Mann am Karsamstag zurückkam, traf er sich mit Orazio und besprach mit ihm das Vorhaben. Wir fanden ein Haus in der Via della Croce und zogen zusammen. Wir hatten zwei miteinander verbundene Stockwerke. Die Gentileschis wohnten unten, wir oben. Aber wir konnten ohne weiteres in das Stockwerk der anderen kommen. Wenn Orazio aus dem Haus ging, sagte er mir wegen seiner Tochter Bescheid. Er forderte mich auf, sie zu beaufsichtigen. Er verlangte von mir, ihm die Namen derer zu nennen, die in seiner Abwesenheit ins Haus kamen. Er befahl mir mehrere Male, auf keinen Fall mit seiner Tochter über Männer oder über eine Heirat zu sprechen. Statt dessen sollte ich sie davon überzeugen, in ein Kloster einzutreten, sie ermutigen, Nonne zu werden. Aber sie antwortete mir immer wieder, daß ihr Vater nur seine Zeit verschwendete. Daß sie ihn hassen und als Todfeind betrachten würde, wenn er sie zur Nonne machen wollte.«

Die Freilassung von Agostino Tassi hatte das Ende des kurzen Friedens zwischen Vater und Tochter bedeutet.

»Girolamo wollte mich heiraten«, jammerte sie. »Er hatte schon mit seinem Lehrmeister gesprochen. Er wollte den Segen von Kardinal Bandino einholen. Er wollte bei dir um meine Hand anhalten.«

»Schande über dich! Dein ehrloses Betragen bringt uns noch mal um, deine Brüder und mich!«

Wenn Orazio nur noch den Namen »Agostino Tassi« im Munde führte, so sprach Artemisia ihn mindestens genausooft aus. Aber nicht im selben Ton. Sie hegte gegenüber diesem Unbekannten, der ihre Träume und ihr Leben zerstört hatte, einen Haß, den nur ihr Vater ermessen konnte.

Wie sollte sie jemals Girolamos Liebe wiedererlangen? Und sein Vertrauen – nach dieser Schmach, die er wegen ihr hatte erleiden müssen? Nach dieser Schande, dieser beschämenden Tracht Prügel?

Wenn Artemisias Anbeter auch die Sprache der Liebe beherrschte, so verabscheute er doch Stockschläge, dessen war sie sich gewiß. Er verabscheute sie mehr, als er ihre schönen Augen liebte. Girolamo Modenese war nicht vom Schlag eines Quorli oder eines Tassi. Er hatte mit ihnen den Stolz gemein, doch nicht die Zähigkeit. Unannehmlichkeiten und Schwierigkeiten ging er aus dem Wege. Und er verlor schnell den Mut. Drei Blicke vom Fenster aus, zwei Treffen in einer Kirche genügten nicht – dies betonte die gute Tuzia –, um einen Mann an sich zu binden. »Wie soll ich ihn denn jetzt wiederbekommen?« fragte sich Artemisia. »Wie hole ich ihn zurück? Und wie bringe ich ihn dazu, dem Zorn meines Vaters die Stirn zu bieten, wenn er um meine Hand bittet?«

Sie unterhielt sich endlos mit Tuzia darüber, wie sie sich nun verhalten sollte, welche Mittel zu gebrauchen, welche Vertraulichkeiten zu gewähren waren.

Nur die Freundschaft half ihr, rettete sie. Die Freundschaft und die Malerei.

Artemisia hatte sich wieder an die Arbeit gemacht und ihr großes biblisches Motiv vorgenommen, *Susanna und die Alten*.

Die Traurigkeit hatte von neuem Einzug in ihr Leben gehalten.

9

Quirinalspalast,
Konsistoriensaal

am 15. April 1611

»Artemisia läßt fragen, ob sie Signor Cosimo gehorchen muß?«
tönte die Stimme von Francesco Gentileschi, dem ältesten Sohn
Orazios, einem hübschen Jungen von fünfzehn Jahren, der zu der
Arbeitsstätte im Konsistoriensaal gekommen war. Er war die gesamte Strecke gerannt und nun außer Atem.

»Mein Gott, natürlich muß sie ihm gehorchen!« mischte sich
Agostino ein und beantwortete die Frage, die nicht an ihn gerichtet war.

Dieses Mal machten sie sich zu zehnt auf der Arbeitsbühne zu
schaffen. In der Mitte des Gewölbes prangte bereits das goldene
Wappen der Borghese, das von Orazios beiden großen Engeln getragen wurde. Voller Kraft und Anmut, die Muskeln an Armen
und Beinen vor Anstrengung gespannt, hielten sie die schwere,
prächtige Kartusche, die sich aus ihrer Verankerung gelöst zu haben schien, um zwischen Himmel und Erde zu schweben. Tassis
Fresko war bisher lediglich angedeutet. Man sah rot skizzierte
Säulen, die gewundenen Pfeiler der Brüstung, den Anfang eines
grauen Gefüges. In den Ecken erschienen unter dem Pinsel von
Gentileschi nach und nach vier Frauengestalten, die Kardinaltugenden, derer sich Papst Paul V. rühmte: Gerechtigkeit, Tapferkeit, Klugheit und Mäßigkeit. Selbst Giovanni Baglione, Orazios
Erzfeind, den er eines Winterabends im Jahre 1602 mit seinen Gedichten lächerlich gemacht hatte, selbst der mußte anerkennen,
daß Gentileschi nie etwas Schöneres vollbracht hatte als dieses
Deckengemälde. Im Kreise seiner Gehilfen trug Orazio das Ocker
der Drapierung auf den noch frischen Kalkputz auf.

»In Wahrheit, mein Vater«, gestand Francesco, der nun unter dem Gewölbe bei ihm stand, »schickt mich Signor Cosimo. Er steht in Begleitung seiner Frau mit seiner Kutsche vor unserer Haustür. Er wollte Euch Artemisia bringen, damit sie Eure Arbeit bewundern kann und die von Guido Reni gestaltete Kapelle und den Palast.«

»Und?« fragte Tassi, der nur wenige Meter entfernt arbeitete.

»Artemisia weigert sich, ihm zu öffnen. Sie weigert sich, in seine Kutsche zu steigen. Sie ruft, daß sie eingeschlossen wie eine türkische Frau lebt, daß es ihr verboten ist, Besuch zu empfangen oder gar auszugehen. In der Kutsche«, sagte Francesco zu Tassi gewandt, »befindet sich auch Eure Schwägerin Costanza.«

»Dann sollen sie kommen«, antwortete Tassi, bevor Orazio etwas sagen konnte. »Alle beide. Sollen sie zusammen kommen!«

»Sag Artemisia«, ergänzte Orazio, »daß ich es erlaube.«

»Sie wird meinen, daß ich lüge.«

»Sag ihr, daß ich es befehle.«

Es war ein wahrhafter Troß von Frauen, der unter der Ägide Cosimo Quorlis da im Palasthof von Paul V. ankam. Sicher war es ein Privileg, sich derart bei Seiner Heiligkeit ergehen zu dürfen. Doch zu jener Zeit stellte es kaum eine Schwierigkeit dar, die Privatsammlungen der Fürsten, den Glanz ihrer Schlösser zu besichtigen. Alle Stockwerke des Quirinalspalastes wimmelten nur so von Besuchern, Familienangehörigen der dort Arbeitenden, deren Neugier der Papst förderte: Paul V. aus der Familie Borghese genoß die Bewunderung seiner Schäfchen. Das Volk erging sich ohne Beschränkungen in den entstehenden Gärten, und sein Neffe, der Kardinal Borghese, ließ gerade in den Eingang seines Landsitzes folgendes gravieren: »Geht, wohin Ihr wollt; pflückt, was Ihr wollt; geht, wann Ihr wollt; diese Schönheit ist viel mehr zur Erfreuung des Besuchers gedacht als zu der des Besitzers …« Wollte der Kardinal mit diesen Worten wirklich solche Besucher anlocken, wie der Furier sie heute zum Quirinalspalast begleitete?

Cosimo Quorli hatte nicht nur seine eigene Frau und Costanza, die berühmte Schwägerin Tassis, mitgebracht; mit Artemisia waren auch Tuzia, ihr dicker, dreijähriger Junge und dessen zwei Schwestern angekommen. Insgesamt sechs Frauen führte er über die große Treppe. Ein seltsamer Troß ...

Die Älteste, Tuzia, stieg mühsam die Stufen hinauf, mit nackter Brust, da sie ihr Kind stillte. Die junge Costanza trug einen großen Bauch vor sich her, sie war im sechsten Monat schwanger. Die zweite Frucht von Agostino Tassis Umtrieben. Ihr erstes Kind hatte sie während ihrer Reise von Livorno nach Rom verloren: Hatte ihr der Mord an ihrer Schwester derart zugesetzt, daß sie mit einem toten Kind niedergekommen war? Da sie zur selben Zeit wie Agostino festgenommen worden war, hatte sie gerade mehrere Wochen im Gefängnis hinter sich. Und Costanza war erst fünfzehn Jahre alt.

Tuzia sollte später berichten, daß sich Costanza und Artemisia, die sich vorher noch nie gesehen hatten, bei der Hand hielten, als sie die Stufen der päpstlichen Treppe hinaufschritten. Welches Band war also im Wagen von Cosimo Quorli zwischen diesen beiden entstanden? Hatten sie beide zu dieser Zeit Unterstützung und Hilfe besonders nötig?

Artemisia trug ein unförmiges Gewand, das verwaschen und voller Farbflecke war. Sie hatte sich geweigert, etwas anderes anzuziehen oder sich zu frisieren. Aus ihrem dunkelblonden, fast roten Haarknoten, den sie erst um einen Finger gewunden und dann irgendwo auf dem Kopf festgesteckt hatte, hatten sich einzelne Strähnen gelöst und fielen ihr über Augen, Schläfen und Nacken. Sie zeigte einen starren Blick, ausdruckslos und undurchdringlich. Ihre Abneigung gegen Quorli, ihr Groll auf Orazio, ihr Haß auf Tassi, den sie laut Cosimos wiederholter Aussage in der Kutsche nun kennenlernen und mögen sollte, all dies verstärkte den inneren Aufruhr, den sie einfach nicht bezwingen konnte.

Hin und her gerissen zwischen ihrer Abwehr und ihrer Aufregung, sich im päpstlichen Palast zu befinden, sah Artemisia nicht, wie sich der Mann auf sie stürzte, der in Rom den Beinamen *il Smargiasso* – der Prahlhans – hatte: Agostino Tassi.

Ohne daß sie es merkte, hatte Cosimo sie direkt zu ihm geführt. Es war eine alte Idee von Quorli, diese beiden zusammenzubringen. Er heizte Tassi seit Monaten an. Die Klagen Orazios über Artemisias Verderbtheit hatten Tassis Neugier nur angestachelt, seine Phantasie entzündet. Der Streit, der Kampf, den er für eine ihm unbekannte Frau ausgetragen hatte, konnten in ihm nur den Wunsch erwecken, sie kennenzulernen. Aber er war nicht so dumm gewesen, Orazio zu bitten, sie ihm vorzustellen. Also hatte sich Quorli dieser Angelegenheit angenommen.

Die Anwesenheit Artemisias im April 1611 im Konsistoriensaal war Teil eines Plans, den die beiden Kumpane aufgestellt hatten.

In den ersten Sekunden fürchtete Cosimo, daß der Plan scheitern würde. Hatte er vor Agostino zu sehr die Reize von Gentileschis Tochter gerühmt? Hatte er diesen rosigen Mund, diese weißen Brüste in zu verlockenden Farben geschildert?

Gegen alle Erwartung war es nicht Artemisia, die mit Rückzug auf Agostino Tassi reagierte; nicht sie vollbrachte eine abwehrende Geste vor seinen effektvollen Ärmeln und seiner warmen, kehligen Stimme, sondern Agostino selbst war es, der zurückwich, weil er sie viel weniger schön fand, als er erwartet hatte. Der Blick, den er ihr zuwarf, zeugte von seiner Enttäuschung. Mit ihrem sackartigen Kleid, diesen Strähnen im Gesicht und den vom Öl gelb gefärbten Fingernägeln verkörperte sie nicht gerade das Bild der Versuchung, der Begierde und Liebe.

Was Artemisia betraf, so entsprach dieser lebhafte, kleine, junge Mann nicht ihrem Bild von dem Haudegen, der ihre Heirat zunichte gemacht hatte. Dabei befand sich Tassi zu dieser Zeit in Bestform. Die Farben seines gestreiften Wamses leuchteten in der Aprilsonne. Das Gold seiner Ringe, seiner Gürtelschnalle und des kleinen Dolches an seinem Schenkel glitzerte in ihren Strahlen. Das helle Licht des Morgens spielte fröhlich auf seinen Grübchen, auf den Rundungen von Stirn und Wangen und auf seinem hübschen Mund; es erhellte sein so wechselhaftes Gesicht, entzündete die tausend Ausdrücke seines Blicks.

Angesichts der Eilfertigkeit und des Entgegenkommens, die Quorli dieser Person gegenüber zeigte, begriff Artemisia, daß sie es mit Agostino Tassi zu tun hatte. Aber die junge Frau zeigte ebenfalls nicht die Reaktion, die Cosimo von ihr erwartete. Eingedenk ihres stürmischen Wesens hatte er sich ein aufsehenerregendes Spektakel vorgestellt, hatte gedacht, sie würde ihm ins Gesicht springen, er würde einer der Szenen beiwohnen, die er so oft zwischen Vater und Tochter erlebt hatte.

Sie hingegen tat so, als begriffe sie nicht, wen sie vor sich hatte, und starrte unaufhörlich jenseits der beiden Kumpanen in die Ferne. Wie eine unbewegliche Statue, ähnlich wie das kleine Mädchen von einst, das gleichmütige Kind in der Kirche Santa Maria del Popolo, das die Leiche seiner Mutter im Massengrab hatte verschwinden sehen.

Enttäuscht wandte sich Agostino schon auf seinem Gerüst ab, als er den schwülen Blick von Tuzia auffing, der auf ihm ruhte. Er sah ihre freiliegende Büste. Ihre nackte, geschwollene Brust. Ihre rotgesaugte Brustwarze. Und so nahm er Tuzia am Arm, um sie zusammen mit den anderen Frauen in die Mitte des Gewölbes zu führen.

»Unter all den Genres, denen ich mich gewidmet habe, meine Damen, glaube ich sagen zu können, daß die Wandmalerei das gewaltigste und schönste ist«, salbaderte er, während er sie nacheinander anblickte.

Agostino ahnte, daß eine Affäre mit Tuzia nicht lange auf sich warten lassen würde. Unwichtig, ob sie verheiratet oder verwitwet war. An diesem Abend noch würde sie das Lager mit ihm teilen; spätestens morgen früh würde ihn die Dämmerung in Tuzias Bett überraschen. Agostino betrachtete diese zweite Möglichkeit bereits als Tatsache. Er würde die Nacht im ersten Stock des Hauses in der Via della Croce verbringen. Übrigens hatte er keine andere Wahl. Schließlich konnte er unmöglich eine Frau in seine Junggesellenwohnung nach Sant'Onofrio bringen. Seine Schwägerin Costanza wachte dort. Mit ihren fünfzehn Jahren, ihrem großen Bauch und dem schmalen Opfergesicht machte sie ihm tüchtig Dampf. Seit dem Tod seiner angetrauten Frau, seit dem Mord an Maria, verstand Costanza es, alle Vorrechte einer Ehefrau in Anspruch zu nehmen. Sie war so unbeherrscht und eifersüchtig, daß er sich vor ihren Szenen fürchtete. Sie hielt nun die Hand über die Geldbörse der Ménage à trois, die sie zusammen mit dem Lehrling Filippo bildeten. Und wenn Agostino sie betrog, so verbarg er es wohlweislich vor den beiden.

»Und wißt Ihr, warum mir die Freskenmalerei die schönste zu sein scheint?« fuhr er fort und blickte wieder die fünf anderen Frauen an, die er im Konsistoriensaal herumführte.

War es der Geruch von Tuzia, dieser warme Geruch nach Milch, dieser kräftige Frauengeruch, der seine Lust, seine Begierde geweckt hatte? Oder die frömmelnde Miene von Tuzias Töchtern, der Zauber der Jungfrauen, die ihn berührten? Die erste schien noch nicht mal im heiratsfähigen Alter zu sein. Und die zweite? War eine häßliche Person. Aber sicherlich sehr zärtlich. Wer also hatte seine Stimmung derart geändert? Cosimos Frau? Sie schien so rosig, so frisch in ihrem Moirékleid, die Frau von Cosimo, deren Lasterhaftigkeit Agostino vom Hörensagen kannte. Wenn er es auch nicht wagte, daran zu denken, Quorli wirklich Hörner aufzusetzen – die Pflichten gegenüber der Freundschaft waren ihm immer noch heilig –, so erinnerte sich Agostino doch der Ausschweifungen, in die der Furier des Papstes seine junge und fügsame Frau laut seinen Prahlereien eingeführt hatte.

»Weil das Fresko uns Maler dazu zwingt, das in einem einzigen Tag zu realisieren, was wir bei anderen Genres in aller Ruhe erarbeiten können … In einem einzigen Tag«, wiederholte er hochtrabend. »Wieviel Zeit braucht Ihr, Signorina Artemisia, um ein Gemälde von der Größe der Tugendgestalt zu malen, an der Euer Vater gerade arbeitet?«

Er hatte sich zu ihr gewandt und blickte sie mit seinen dunklen, schlauen Augen direkt an. Dann ließ er seinen Blick zu ihrem Dekolleté wandern.

Da sie nicht damit gerechnet hatte, angesprochen zu werden, geriet sie in Verwirrung. Sie wurde rot. Schweigen trat ein. Ihr fiel nichts ein, was sie hätte antworten können. Kein Geistesblitz, keine Bosheit. Cosimo, der schon am eigenen Leib ihre Aufgewecktheit erlebt hatte, deutete ein Lächeln an. Noch nicht einmal eine bissige Bemerkung!

»Los, Signorina Artemisia, nennt uns eine Zeitspanne …«

Trotz ihrer zur Schau getragenen Gleichgültigkeit hatte Artemisia sofort Agostinos Geringschätzung ihr gegenüber bemerkt.

Sie hatte seine Enttäuschung und die Mißachtung ihrer Reize gespürt. Und diese Gleichgültigkeit hatte sie getroffen wie eine Ohr-
feige. Zu der Tragödie, in die dieser Mann sie gestoßen hatte, indem er Girolamo aus ihrem Leben jagte, kam nun noch diese
Demütigung hinzu. Diese beleidigende Ablehnung verursachte
eine Verwirrung, einen inneren Aufruhr in ihr, die mit Kaltblütig-
keit nichts mehr zu tun hatten.

»Wie lange würdet Ihr dafür brauchen, Signorina? Eine Woche? Einen Monat?«

Sie zuckte mit den Schultern. Sollte er sie doch in Ruhe lassen.
In diesem Moment wünschte sie, meilenweit von diesen Leuten
entfernt zu sein, von Quorli, von Tassi, sogar von ihrem Vater,
der sich aus der Höhe seines Gerüstes nach unten beugte, um das
Gespräch mit anzuhören ... Weit, weit weg von allem Druck und
aller Qual. Meilenweit weg auch von Girolamo Modenese. Sie
wollte alle vergessen. Vergessen, um endlich diese Gelegenheit,
dieses Geschenk, dieses Glück genießen zu können, das sich ihr
nie wieder bieten würde: Das Glück, zu sehen! Endlich die Arbeit
anderer Künstler zu sehen. Endlich das betrachten zu können,
was die besten Maler Roms vollbrachten. Das Talent der größten
Künstler bewundern zu können. Von ihnen lernen, sie vergleichen, sich mit ihnen messen zu können. Sich endlich ihren Rivalen zu stellen!

Sie hatte ihren Kopf gehoben. Was las Agostino Tassi in dem
kurzen Blick, mit dem sie ihn bedachte? Erbitterung? Haß? Oder
schrie sie ihm noch etwas anderes zu? Sie zuckte erneut mit den
Schultern. Spürte er den Stolz dieser jungen Frau, ihren unver-
nünftigen Hochmut, die verrückte, gefährliche, hochmütige Idee,
die sie sich von der Malerei machte und die sie von jedem anderen Zwang befreite? Ahnte er, welch große Ambitionen sie hatte,
was sie sich selbst schuldig zu sein glaubte, auf welchen Sockel sie
ihre Kunst seit ihrer Kindheit gestellt hatte, wodurch sie selbst un-
erreichbar wurde? Es huschte etwas über Agostinos Gesicht, etwas Begehrliches, Unruhiges, etwas von der Grausamkeit des Jä-
gers.

Cosimo begriff in diesem Moment, daß Tassi nicht mehr locker-
lassen würde.

»Die Schönheit, Signorina, muß Euer erhabener Vater in einem Tag erreichen. Er hat sieben Stunden, um zur Perfektion zu gelangen.«

»Das ganze Gewölbe in sieben Stunden?« äußerte Tuzia bewundernd und klammerte sich an seinen Arm.

»Nicht das ganze Gewölbe«, korrigierte Tassi mit einem Lachen, das durch den riesigen Saal schallte. »Ich wette, Signorina, daß Ihr nicht die Größe der Aufgabe ermessen könnt, an die wir uns herangewagt haben …«

Agostino sprach mit lauter Stimme, damit Orazio ihn hören konnte. Jener stand aufrecht auf der obersten Plattform, malte am Gewand seiner Tugend, spitzte die Ohren und überwachte aus dem Augenwinkel, wie die kleine Gruppe hin und her ging. Er sah Artemisia und Agostinos Schwägerin den Saal durchqueren, immer noch Hand in Hand. Spürte Costanza eine Bedrohung ihres Liebesverhältnisses, und versuchte sie, die Rivalin unter ihrer Obhut zu halten? Seite an Seite blieben die beiden jungen Frauen unter den Türverkleidungen stehen, bewunderten die Details der Umrahmung, gingen zwischen den Farbgefäßen umher und entfernten sich bis zu den Fenstern. Agostino folgte ihnen auf dem Fuße und spielte den Schloßführer.

Für die Tochter Gentileschis stellte dieser Spaziergang im prächtigsten Palast von Rom ein Wunder dar: Orazio wußte das. Er war sich aller Konsequenzen bewußt und fürchtete sie. Er wurde unruhig, als Tassi einige Augenblicke lang die Frauen seinem Blickfeld entzog und in die beiden Vorzimmer führte, in die Gänge, bevor er sie unter sein Gerüst zurückbrachte.

»Da Euer Vater mir so viel von Eurem Talent erzählt hat«, fuhr Tassi unermüdlich fort, »sagt mir doch, wie Freskenmalerei vonstatten geht? Ach, ich wette, sie weiß es nicht. Und Ihr, Signora Tuzia, wißt Ihr es?«

Tuzia zierte sich. Tassi wies auf die Decke.

»Seht Ihr dieses Gewölbe? Ich habe es zunächst mit einem Rauhputz bedeckt, mit dem *Arriccio*. Euer Vater, Signorina Artemisia, hat seine Vorzeichnung auf den frischen Verputz übertragen, indem er den Umriß seiner Zeichnung mit einem Stilett eingeritzt hat …«

Sie wollte nichts davon hören. Und doch hörte sie ihm zu. Und Cosimo, der sah, wie sie widerwillig an den schönen Lippen von Agostino hing, an diesen roten, geschwungenen, prallen Lippen, nahm diese Rede beifällig auf, welche Artemisias Traum, ihre Obsession zum Inhalt hatte: die Malerei.

»Euer Vater hat dann seine Skizze in mehrere »Tagwerke« aufgeteilt, bevor ein zweiter Verputz aufgetragen wurde, der *Intonaco*.« Er bombardierte sie mit Fachausdrücken, während sein Blick, seine Stimme von etwas ganz anderem sprachen als der Freskenmalerei.

»Aber denkt daran, daß er nur eine Partie des schönen Körpers seiner Tugend abdecken kann – ein Bein, einen Arm, den Busen – die an einem Tag fertiggestellt werden muß. In den berühmten sieben Stunden. Sieben Stunden, um die Zeichnung auf dem frischen *Intonaco* zu reproduzieren, sieben Stunden, um die Farbschichten und die Lasur aufzutragen. Könnt Ihr mir folgen, Signorina Artemisia?« fragte er in einem Tonfall, der wohl bedeuten sollte: ›Folgt mir! Ich habe vielleicht unrecht, was Euch betrifft, aber folgt mir!‹ »Im allgemeinen kann Euer Vater einen Quadratmeter Fresko pro Tag malen. Ich hingegen schaffe vier!« ›Ich habe Euren Liebhaber nur verprügelt, um ihm zu gefallen.‹ »Meine Technik erlaubt mir, viel schneller zu arbeiten, als die seine«, ›aber ich empfinde starke freundschaftliche Gefühle für Euch‹, »Euer Vater, Signorina, gehört noch zur alten Schule.« ›In einer derart brutalen Situation habe ich Euch, so glaube ich, ein ziemlich eindeutiges Zeichen meines Interesses, meiner Ergebenheit gegeben.‹ »Ich pause meine Zeichnung direkt auf die erste Putzschicht auf, indem ich die Linien meiner Skizze mit einer Nadel perforiere. Oder ich durchbohre sie mit meinem Stilett.« ›Die Mühe, die ich auf mich nehme, um halbwegs vernünftig mit Euch zu reden, beweist Euch mit ein bißchen Nachdenken die Heftigkeit eines Gefühls, das Euch nicht beleidigen kann …‹ »Ich tupfe meine Einstiche mit einem kleinen Gazesäckchen ab, das mit roter Farbe gefüllt ist.« ›Aber was habt Ihr von mir zu befürchten?‹ »Ich male in allen möglichen Positionen, sieben Stunden, genau wie Euer Vater, aber ich befeuchte meine Arbeit ständig mit nassen Leintüchern und Laken …«

Cosimo flüsterte ihm glucksend ins Ohr:

»Sprichst du von Fresken oder von Frauen?«

»Von ihren Feigen«, witzelte er leise. »Die Versäuberungsarbeiten, Signorina, die Überarbeitungen mache ich auf trockenem Grund«, sprach er mit lauter Stimme weiter. »Und das war's dann! Ein Meisterwerk für die Ewigkeit. Und Unsterblichkeit für mich.«

Kann man den Anfang der Ereignisse, von denen ein Jahr später, im Prozeß vom März 1612, einer von Agostino Tassis Lehrlingen berichtet wird, auf diesen Tag datieren? »Ich wußte nicht, ob sie Geheimnisse miteinander hatten, aber Cosimo erzählte mir, daß Agostino sich wahnsinnig in die besagte Artemisia verliebt hatte. Ich habe nie erfahren, ob das Gefühl erwidert wurde. Aber Cosimo sagte wieder und wieder, daß der arme Tassi *amoroso cotto* sei.«

»Nach der Besichtigung des Palastes«, erzählte Tuzia ihrerseits, »sind wir wieder in Cosimos Kutsche gestiegen, um bei ihm zu essen. Orazio und Agostino haben ausnahmsweise ihre Arbeit für den Tag ruhen lassen und sind zu Fuß dem Wagen gefolgt. Wir haben den Nachmittag alle zusammen bei Cosimo verbracht. Artemisia hat mit den anderen Frauen in einem kleinen Garten Krocket gespielt. Cosimo, Orazio und Agostino haben sie dabei beobachtet und über ihr Spiel gesprochen. Wir Frauen sind dann wieder gegangen, und Cosimos Kutscher hat uns zum Petersdom gebracht, damit wir die Kuppel und Orazios Werk betrachten konnten. Am Abend sind wir nach Hause zurück. Seitdem hat Agostino uns immer wieder besucht, zu allen möglichen Tageszeiten, wenn der Vater nicht da war …«

»Wir sind zur Via della Croce umgezogen«, bestätigte Artemisia. »Mein Vater hat die obere Etage an Tuzia vermietet, und das Zusammenleben sollte etwa zehn Monate dauern. Mein Vater war damals eng mit Agostino Tassi befreundet, der im Bemühen, sich ihm noch mehr zu nähern, angefangen hat, Tuzia den Hof zu machen und sie zu besuchen. Er ist oft gekommen, auch am 3. Mai letzten Jahres, am Tag der Kreuzauffindung.

Seit einiger Zeit sprach Tuzia nur noch von ihm. Sie versuchte, mich zu überzeugen, daß Agostino ein äußerst braver, höflicher Mann sei. Sie sagte immer wieder, daß wir gut zusammenpassen würden. Sie hat mich schließlich überredet, mit ihm zu sprechen. Das schaffte sie, weil sie mir sagte, einer unserer Lehrlinge, Scalpellino, den wir wegen seiner Faulheit entlassen hatten, würde schlecht über mich reden, und was er über mich erzählte, würde ich von Agostino erfahren. Da ich wissen wollte, was unser alter Lehrling über mich verbreitete, entschloß ich mich an diesem Tag, mit Agostino zu sprechen.

Tuzia brachte Agostino Tassi also zu mir. Er war gekommen, um mir zu sagen, daß Scalpellino damit prahlte, mich besessen zu haben, daß er angab, alles von mir bekommen zu haben, daß er sich beim Farbenverkäufer Antinoro darüber ausließ, daß ich ihm alles gegeben hätte. Ich antwortete, das sei mir egal, Scalpellino könne erzählen, was er wolle, und ich müßte doch wohl am besten wissen, was an seinem Gerede dran sei. Und ich wußte ja, daß niemand mich angerührt hatte! Agostino antwortete, daß er sich wegen der Verleumdungen von diesem Scalpellino Sorgen mache und daß er wegen des Geredes über mich sehr bekümmert sei, weil er für meinen Vater und mich tiefe Freundschaft empfinden und unseren Namen in Ehren halten würde. Er ist dann ohne ein weiteres Wort gegangen.«

* *
*

Man kann sich kaum die Not vorstellen, in die sie der Wahn ihrer Umwelt stürzte. Eingeschlossen im Herzen des Viertels, das von ihr besessen war, als Objekt der verschiedensten Begierden, kämpfte sie im Kreuzfeuer unterschiedlicher Interessen, Träume und Wünsche, die sie nicht berühren konnten. Glaubte sie. Aber am Ende ließ sie sich davon anstecken. Eine fixe Idee ließ ihr keine Ruhe. Sie wollte den entfleuchten Girolamo Modenese haben. Wollte sich an den einzigen Mann binden, der sie nicht verfolgte. Und diese Hochzeit vollziehen, um der Angst und dem Ekel zu entkommen.

Das Bewußtsein, verfolgt zu werden, verließ sie auch bei ihrer

Malerei nicht, so daß sie schließlich diejenigen abbildete, die ihr zusetzten. In *Susanna und die Alten*. Das Gesicht von einem der beiden, die Orazio so erbarmungslos entfernt hatte, wurde nun von Agostino Tassis schönen dunklen Locken umrahmt. Ohne Gesicht, ohne Augen, verschwand er hinter der anderen Gestalt, der des Älteren – Cosimo Quorlis? Es sei denn, diese weißen Haare, diese gerade Nase, diese Augenbrauen in Form eines Zirkumflexes deuteten auf jemand anderen hin: auf Orazio Gentileschi, den Vater.

10

Via della Croce,
Wohnung der Gentileschi

am 3. Mai 1611

»Hast du dich ausgezogen?« fragte Orazio in sachlichem Tonfall. Er mied es angelegentlich, sie zu betrachten, und machte sich an seiner Staffelei zu schaffen. Aber er hatte den Riegel vorgelegt und einen Stuhl vor die Tür zum Atelier gestellt. Artemisia entkleidete sich in einem Winkel, hinter einem Vorhang, den sie über ein Seil geworfen hatte. Sie löste rasch die Schnüre ihres Mieders und ihres Rocks, hüllte sich in den Vorhang ein und schritt eilends zum Podest, um sich zu setzen. Sie wußte, daß Orazio sich erst umdrehen würde, wenn sie ihre Pose eingenommen hatte. Das war eine Abmachung zwischen ihnen: Artemisia würde erst dann rufen, wenn sie sich dazu bereit fühlte. So konnte sie sich an die Scham gewöhnen, vor ihrem eigenen Vater nackt zu posieren. In einer solchen Situation taten sie beide äußerst gleichgültig, stellten professionelle Sachlichkeit zur Schau.

Wenn Artemisia nicht so wütend auf ihn gewesen wäre, hätte sie zweifellos die Befriedigung empfunden, die sie seit ihrer frühen Jugend kannte und die darin bestand, daß sie und ihr Vater im geheimen Einverständnis die Gesetze Roms unterliefen, laut derer ein Maler seine Modelle nicht entkleiden durfte.

Nackte Männer waren bei den Künstlern des Viertels üblich, doch wehe dem, der sich von echten Frauen für seine Bacchantinnen, für die Susanna, die Kleopatra und all die anderen nackten Heldinnen in der Geschichte der Malerei inspirieren ließ! Man gewann einen Eindruck vom weiblichen Fleisch und Körperbau, indem man sich an ganz jungen Männern orientierte und Rundungen hinzufügte oder indem man die Statuen antiker Göttinnen kopierte. Sicher, etliche Prostituierte verkauften sich bereitwillig, um zu posieren. Aber ihre Tarife waren angesichts des Risikos enorm, und ihre Reize entsprachen selten den Erwartungen der Maler. Orazio verfügte also über einen äußerst wertvollen Schatz, wenn er ohne Zeugen die enthüllte Schönheit seiner Tochter abbilden konnte.

»Eines Tages schnappen sie dich«, sagte sie mürrisch und kniete sich auf den Betstuhl, auf dem sie für die Maria Magdalena posieren sollte.

Ihr Vater hielt diesen Satz für das Anfangssignal und kam näher.

»Ist das eine Prophezeiung?« fragte er.

Ein Lächeln glitt über sein Gesicht. In diesen Momenten, da Artemisia ihm in ihrer Nacktheit ausgeliefert war, fand er fast zu seinem früheren Humor, seiner einstigen Freundlichkeit zurück. Er achtete sehr darauf, nicht ihr Schamgefühl zu verletzen, heizte das Atelier mit mehreren großen Feuerstellen und arbeitete so schnell wie möglich. Er war ihr unendlich dankbar für den Dienst, den sie ihm erwies, für diese große Gunst, die sie ihm gewährte. Sie ihrerseits war letzten Endes auch in der Lage, diese seltenen Momente zu genießen, in denen sie sich ohne Auseinandersetzung und ohne Streit betrachten konnten. Nie erfuhr sie soviel wie in diesen vertrauten Stunden, wenn sie ihren Lehrmeister beobachten konnte, der schweigend malte. Aber heute fühlte Orazio, daß ihr Blick ohne Liebe und ohne Nachsicht auf ihm ruhte.

»Ist das eine Prophezeiung?« wiederholte er scheinbar unbekümmert, »oder eine Drohung?«

Sie drehte zwischen ihren gefalteten Händen das Kruzifix, über das sich Maria Magdalena beugen sollte. Dann fing sie an zu spotten, wich der Frage aus.

»Ich werde dir immer überlegen sein, mein Vater! Ich brauche mich nur auszuziehen und vor meinem Spiegel zu posieren, um all die Frauen zu verkörpern, die du nicht haben kannst.«

»Und das heißt?«

»Daß ich in Zukunft diesen Vorteil nicht aus der Hand geben werde.«

Orazios Pinsel verharrte in der Schwebe. Dieser so ruhig ausgesprochene Satz war für ihn das Schmerzhafteste ihrer Auseinandersetzungen in den letzten Wochen. Er begriff, was er bedeutete: ein Auseinanderdriften ihrer Interessen, eine Kriegserklärung im Bereich der Malerei.

»Gut«, sagte er nur. »Du kannst gehen.«

Artemisia ließ sich das nicht zweimal sagen. Sie erhob sich und verließ den Betstuhl. Dieses Mal folgte Orazio ihr mit den Augen, während sie das Atelier durchquerte. Sie stolperte in ihrem Vorhang, versuchte, ihren Körper zu verbergen, sich vor ihm zu verstecken: Eva, die nach der Erbsünde vor ihrem Schöpfer floh. Er wandte seinen Blick nicht von ihr, selbst als sie gezwungen war, den Vorhang abzulegen und ihn wieder über das Seil zu werfen, um sich anziehen zu können. Da sah er sie in ihrer blendenden Nacktheit, wie er sie noch nie gesehen hatte. Er entdeckte die Brüste, den Bauch seiner Tochter, dieser geliebten Frau, die eines Tages einem anderen gehören würde.

* * *

»Habt Ihr Girolamo getroffen?« rief sie, als sie Tuzia auf der Treppe anhielt.

»Gott sei Dank, ja, ich habe ihn getroffen, und das war nicht ganz leicht«, antwortete die ältere Frau ernst.

»Was hat er Euch gesagt?«

»Daß er einverstanden ist, Euch zu besuchen.«

»Und wann?«

»Morgen früh … Er wird zu mir kommen … Nachdem Euer Vater gegangen ist. Sobald Ihr hört, daß ich jemandem aufmache, kommt zu mir.«

»Morgen früh! Dank Euch, Tuzia!«

Die neue Wohnung in der Via della Croce unterschied sich kaum von den vorherigen. Im Erdgeschoß befand sich das Geschäft eines Schneiders. Gegenüber von ihrem Haus lag der Eingang zu einem Seifenverkäufer. So fand man die Adresse, denn in den Straßen von Rom gab es nirgendwo Hausnummern. Wenn man durch die Eingangshalle gegangen war, lief man rechts an der Waschküche vorbei zur Treppe, die um einen *Cortile* herumführte. Im ersten Stock wohnte die Familie Gentileschi.

Dieses Mal besaß die Wohnung fünf hintereinander liegende Zimmer. Zuerst kam die Küche, dann der fensterlose Gemeinschaftsraum. Danach das Atelier mit zwei riesigen Fenstern zur Straße hin. Zwei Zimmer grenzten an das Atelier. Das hintere war für Orazio und seine drei Söhne, das andere direkt am Atelier für Artemisia.

Man konnte nicht verstehen, was oben gesprochen wurde, auf Tuzias Etage, aber man hörte die Schritte, das Kommen und Gehen, das Geräusch der Wohnungstür. Artemisia, die auf den Besuch Girolamos bei Tuzia wartete, war aufs äußerste gespannt.

»Morgen«, wiederholte sie freudig und dankbar.

Tuzia ließ sich von ihr umarmen, bevor sie weitersprach:

»Ich verhehle Euch nicht, daß ich wirklich Mühe hatte, ihn auf der Straße zu erwischen. Ich bin ihm gewissermaßen nachgerannt. Und ich fand ihn sehr kühl. Ich mußte ihn mit dem Versprechen beruhigen, daß Euer Vater mir sein Einverständnis gegeben hat.«

»Das stimmt ja auch. Zumindest fast, mein Vater hat fast sein Einverständnis gegeben. Er spricht schließlich nicht mehr vom Kloster.«

»Ihr werdet mir nicht den Gedanken austreiben, daß dieser Girolamo Modenese nichts für Euch ist. Er ist nicht gut genug. Was zum Teufel findet Ihr an ihm? Die Madonna wird mir verzeihen, wenn ich Euch sage, daß er nichts zwischen den Beinen hat, dieser Mann … Während Signor Tassi ein ganz anderer Mann ist! Das ist mal einer, der zu Euch paßt!«

»Ich verachte ihn!«

»Aber warum nur?«

»Er spioniert für meinen Vater!«

»Er ist ein höflicher Mann, der Eure Ehre verteidigt hat und dabei nur das Wohl Eurer Familie im Sinn hatte.«

»Er ist ein Hochstapler, der sich den Namen und die Freundschaft meines Vaters zunutze macht, um ihn zu besuchen und sich als Wache vor meiner Tür zu postieren.«

»Eine großzügige Seele, die einen beleidigenden Kampf vergessen kann und in allem Anstand mit Eurem Girolamo Modenese Frieden geschlossen hat.«

»Ein Heuchler, der meinem Vater schmeichelt, um ihn besser betrügen zu können.«

Tuzia stieß einen Seufzer aus.

»Was seid Ihr kompliziert!«

»Und Ihr, Tuzia, seid nicht mehr dieselbe seit diesem Treffen im Quirinalspalast«, sprach Artemisia heftig weiter. »Ihr mögt mich nicht mehr.«

»Ach, ich mag Euch nicht mehr? Morgen früh empfange ich in Abwesenheit Eures Vaters Euren Verehrer, aber ich mag Euch nicht mehr?«

Artemisia lächelte traurig.

»Ihr habt Euch verändert.«

»Ihr macht zu viele Umstände! Agostino ist gut aussehend. Er ist reich. Er ist Witwer. Ihr braucht einen Ehemann: Hier habe ich einen für Euch!«

»Ich habe mich Girolamo versprochen.«

»Aber Euer Vater würde Agostino vorziehen.«

»Aber ich habe Girolamo gewählt.«

»Wenn Ihr wollt, daß Euer Vater Euch eines Tages verheiratet, meine Kleine, dann wäre es besser, Ihr würdet ihm einen Mann nach seinem Geschmack präsentieren!«

11

Erste Zeugenaussage von Artemisia Gentileschi im Prozeß vom März 1612

Bericht der Ereignisse zwischen dem 4. und 9. Mai 1611

»Am nächsten Morgen, ich war noch im Bett und mein Vater hatte sich gerade verabschiedet, hörte ich Schritte auf der Treppe zu Tuzias Wohnung. Sie öffnete ihre Tür. Ich zog mich rasch an und lief, drei Stufen auf einmal nehmend, zu ihr hoch.

Als ich Agostino Tassi und Cosimo Quorli, den Furier des Papstes, erblickte, wandte ich mich an Agostino und sagte zu ihm: ›Und jetzt erlaubt Ihr Euch auch noch, mit dieser Person hier aufzutauchen?‹ Ich meinte Cosimo. Agostino entgegnete, ich solle mich beruhigen. Also beruhigte ich mich. Dann empfahl mir Cosimo, nett zu Agostino zu sein. Diese Bemerkung verärgerte mich. Er fügte hinzu, wenn ich mich schon so vielen Männern hingegeben hätte, könnte ich mich Agostino auch hingeben. Rasend vor Wut habe ich Cosimo entgegnet, daß ich die Worte von einem Schwein wie ihm noch nicht mal zur Kenntnis nehmen würde. Ich sagte ihm, er solle sich fortscheren, und wandte ihm den Rücken zu. Da sagte er, es sei nur ein Scherz gewesen, er mache nur Witze. Schließlich sind beide gegangen. Aber Cosimos Worte hatten mich erschüttert. Ich fühlte mich tagelang schlecht.

Obwohl ich meinem Vater davon nichts erzählt hatte, beklagte er sich über meine Reizbarkeit. Tuzia nutzte die Gelegenheit, um ihm zu sagen, daß ich an die Luft müsse, spazierengehen, daß es mir nicht gut täte, immer im Haus eingesperrt zu sein.

Am nächsten Tag ließ Agostino Tuzia durch seinen Lehrling ausrichten, daß er am Abend unbedingt mit mir sprechen müsse.

Als Dank für ihre Dienste schenkte er Tuzia einen Stoff, aus dem sie ein Kleid für ihre Töchter machen konnte. Tuzia übermittelte mir die Nachricht, und ich antwortete ihr: ›Sagt ihm, daß es sich nicht ziemt, abends mit jungen Mädchen zu sprechen.‹

Am nächsten Morgen sagte mein Vater zu Tuzia, wenn es wirklich so notwendig für meine Gesundheit sei, könne sie mich zu einem Spaziergang mitnehmen. Er hielt sie für eine ehrbare Frau und erteilte ihr die Erlaubnis, mich zur Kirche San Giovanni in Laterano zu begleiten.

An jenem Morgen, als wir zur Kirche aufbrachen, kamen Agostino und Cosimo, die zweifellos am Abend zuvor von Tuzia benachrichtigt worden waren, zu unserem Haus. Sie hatten sich mit Tuzia geeinigt, mich zu einem Haus außerhalb der Stadt zu bringen. Ich wurde wütend und sagte, daß ich keine Lust hätte, aufs Land zu fahren und daß sie sich fortscheren sollten. Sie gingen, und wir brachen zur Kirche auf.«

Artemisia konnte sich nicht denken, daß nicht Tuzia die beiden Komplizen von diesem Spaziergang in Kenntnis gesetzt hatte, sondern ihr eigener Vater.

Wie soll man sich auch vorstellen, daß Orazio verrückt genug war, Agostino Tassi und Cosimo Quorli mit der Überwachung seiner Tochter zu beauftragen? Doch in diesem Punkt sind die Zeugenaussagen eindeutig. Alle, die im Mai 1611 im Konsistoriensaal arbeiteten, bestätigten Agostino Tassis Version.

»An diesem Morgen kam Gentileschi zum Quirinalspalast, wo ich mich schon aufhielt«, berichtete Agostino vor seinen Richtern. »Er sagte, daß seine Nachbarin Tuzia und seine Tochter zur Laterankirche wollten. Und daß sie ein so dringendes Bedürfnis geäußert hätten, diese Kirche aufzusuchen, daß er Verdacht geschöpft hätte. Er wäre ihnen gerne selbst nachgegangen, nur um zu sehen, was sie vorhatten. Aber er konnte nicht. Er hatte seine Arbeiter beauftragt, im Morgengrauen frischen Kalkputz aufzutragen. Das Werk konnte nicht warten. Da ich mein Tagespensum noch nicht vorbereitet hatte, bedrängte Orazio mich, ihm den Gefallen zu tun und an seiner Stelle seine Tochter zu schützen. Ich tat es …«

Warum sollte man an der Aussage Tassis zweifeln?

In dem Fall schien sie glaubhaft. Orazio, der um Artemisias Abneigung gegen Agostino wußte, hatte nichts zu befürchten, wenn er ihn hinter ihr herschickte. Agostino hatte bei der Prügelei seine Ergebenheit für die Gentileschis hinreichend unter Beweis gestellt.

Doch Orazio sah wahrscheinlich nicht voraus, daß Agostino die Dienste Cosimos bei dieser Beschattung in Anspruch nehmen würde. Und daß die beiden Freunde, die schon seit langem durch die Klagen Gentileschis, durch seine Erzählungen, seine Befürchtungen, seine Verdächtigungen, von der Liederlichkeit Artemisias überzeugt waren, nun im Sinn hatten, in den Genuß der Freuden zu kommen, die sie dem ganzen Viertel zukommen ließ, dieser Freuden, über die sich Orazio verbreitete.

»Findest du nicht, daß sie mir ähnelt?« fragte Cosimo heiter, während sie sich auf den Weg zur Basilika machten.

»Artemisia? Ich weiß nicht.«

»Gewisse Züge in ihrem Gesicht. Die Augen ... die Augenbrauen ... Was würdest du sagen, wenn sie meine Tochter wäre?«

»Ich würde es nicht glauben!« antwortete Tassi lachend. »Es würde mir doch ziemlich verkommen erscheinen, die eigene Tochter zu begehren.«

»Nun sieh mal einer diesen Frömmler an! Wie hat sich deiner Meinung nach denn Loth fortgepflanzt? Und was die Verkommenheit betrifft, so ist schon der besudelt, der Umgang mit einer unzüchtigen Frau hat«, kommentierte Quorli ironisch die Worte von Jesus Christus.

»Hör auf zu sündigen, oder begehe den Fehltritt ohne Umschweife.«

Allein auf seiner Arbeitsbühne gravierte Orazio Gentileschi die Umrisse der Frau in den Putz, die die vierte Kardinaltugend verkörpern sollte, die Mäßigkeit. Was erwartete er? Was erhoffte oder befürchtete er von seinen seltsamen Gesandten? Er kannte doch die Sinnlichkeit seiner Gefährten, ermaß er nicht die Gefahr? Zog er ein heimliches Vergnügen daraus? Hatte er eine Ahnung von der Neigung Agostinos für Artemisia, und rechnete er damit, daß Tassi aus Eifersucht den Geliebten strafen – und verjagen – würde, den sie sich erwählt hatte?

Orazio fand in den Gefühlen der beiden, in Agostinos Liebe und in Artemisias Haß, eine hervorragende Verwirklichung seiner eigenen Leidenschaft, seiner eigenen Besessenheit von den beiden.

12

Basilika
San Giovanni in Laterano

Montag, 9. Mai 1611

»Nicht die Welt sollt Ihr lieben. Die Welt ist die Lust des Fleisches, die Lust der Augen, der Dünkel des Lebens!« Diese Worte flüsterte hinter dem Gitter des Beichtstuhls der Priester, der in seiner Gnade Artemisia die Fehler vergeben würde, die sie sich vorwarf.

»Nicht die Welt sollt Ihr lieben und nicht das, was in der Welt ist, meine Tochter. Die Liebe des Herrn ist nicht in dem, der die Welt liebt.«

Die Stimme drang aus dem Schatten, die Stimme des heiligen Johannes, der in seiner Kirche aus Gold und Marmor vor sich hinmurmelte.

San Giovanni in Laterano, die Kathedrale Roms und der Welt, *la prima chiesa dell'orbe cattolico*, die erste der Patriarchalbasiliken. Nicht zufällig wollte Artemisia hier ihre Sünden beichten. Der Besuch der Laterankirche einen Tag vor Christi Himmelfahrt brachte ihr die vollständige Vergebung ihrer Sünden und den Erlaß aller Strafen und Bußen ein, die ihr Beichtvater ihr zuweisen würde.

Sie kniete unter dem Bildnis von Christus am Kreuz, hatte die Stirn gegen das Gitter gedrückt und hörte inbrünstig zu: »Widersteht der Begierde, meine Tochter, der Begierde, die der Anfang allen Übels ist. Bezwingt das widerspenstige Fleisch durch Fasten und Entbehrungen …«

Tuzia und Francesco, der jüngere Bruder von Artemisia, sammelten sich ebenfalls in kleinen, dunklen Kabinen voll Geraune, die sich an den fünf Gängen der riesigen Kirche befanden. Die Orgel donnerte im Querschiff und kündigte das Hochamt an, das an diesem Tag viermal stattfand. Zwischen den Gewölbebögen des Schiffs pendelten sachte die silbernen Weichrauchfässer, und die Einlegearbeiten aus Edelsteinen warfen ihren Glanz in den dichten Dunst.

Seit Agostino ihr von den Verleumdungen des ehemaligen Lehrlings erzählt hatte, bedrückte Artemisia ein vages Unbehagen. Es war ein leichter Ekel, das unbestimmte Gefühl, einen Fehler begangen zu haben, den sie nicht näher zu bezeichnen wußte; es war eine Last in der Tiefe ihres Seins, eine bereits derart vertraute Last, daß sie den Grund dafür vergessen hatte. Manchmal erschauerte sie, überrascht von ihrem eigenen Ekel, ihrer Angst. »Was habe ich denn getan, um den Zorn Gottes so sehr fürchten zu müssen?« Sie fuhr auf und rief die Madonna als Zeugin an, daß sie keine Schuld auf sich geladen hatte. Nie hatte sie das Geringste mit diesem Scalpellino zu tun gehabt! Er war ein grober Klotz mit fettigen Haaren, ein Faulenzer, ein Versager, den Vater und Tochter Gentileschi nur kurz in ihrem Atelier als Modell genutzt hatten. Er posierte für den Kopf Goliaths und das Gesicht von Christi Henker. Sie hatte sich nicht sehr anstrengen müssen, um ihm zu widerstehen. Um die Wahrheit zu sagen, hatte sie von seinen schändlichen Begierden nicht die geringste Ahnung gehabt. Und die Triumphe, derer er sich rühmte, konnten bei vernünftigen Menschen keinen Glauben finden. Nur ihr Vater ließ sich von solchen Anschuldigungen verwirren. Nur Orazio und Artemisia. Schuldig. Sie war der Revolte und des Verrats gegenüber ihrem Vater schuldig. Denn sie betrog ihn, indem sie heimlich eine Heirat plante, die er mißbilligte. Sie verriet ihn, weil sie versuchte, ihn zu verlassen.

Das Gefühl, einen Fehltritt begangen zu haben, trieb Artemisia vor die Altare, es war ihre Suche nach Erleuchtung und Vergebung. Zermürbt von Zweifeln stürzte sie sich zum benebelnden Geruch des Weihrauchs, zum Dröhnen der Orgeln, zum Bild des Heilands am Kreuz, zu dieser Stimme, die sie ermahnte: »Folgt dem Beispiel des heiligen Johannes, des unbefleckten Apostels, dem Jesus auf dem Berg Golgatha seine Mutter anvertraute und der mit aller Macht Zeugnis ablegt, vor Euch, meine Tochter, vor allen Gläubigen, vor jedem von uns: ›Ihr, die Ihr Euch der Fleischeslust ergebt, laßt ab davon! Und Ihr, die Ihr in einer keuschen Ehe davon Gebrauch macht, denkt nicht an das Fleisch und entsagt Euren Sinnen.«

»Heilige Maria, Mutter Gottes«, betete sie inbrünstig, »gebt, daß mein Vater mich verheiratet, rettet mich!«

Ohne die Ratschläge und Verhaltensregeln von Tuzia, die sich neuerdings ihrer Verlobung mit Girolamo Modenese zu widersetzen schien, verlor Artemisia jeden Sinn für Gut und Böse, für Unschuld und moralischen Verfall. Die neuesten Anspielungen Cosimos, seine Grobheiten besudelten sie. Sie begann schließlich, an sich und der Reinheit ihrer Handlungen zu zweifeln.

»Denn Gott, der für die Ausschweifungen Abhilfe geschaffen hat mit der ehelichen Liebe«, fuhr der Priester fort, »zeigt durch diese geheiligte Abhilfe nur die Größe der Sündhaftigkeit. Sicher, die Heirat, auf die Ihr hofft, meine Tochter, diese Heirat ist etwas Gutes, weil es sich um ein Sakrament handelt, aber es ist etwas Gutes, das etwas Böses voraussetzt, das Böse der Fleischeslust. Die Heirat, meine Tochter, hält die Zügellosigkeit in der Tat in Schranken. Aber … aber, oh, Schwäche der elenden Menschheit, die man nicht genug beklagen kann, wie viele Schwierigkeiten bereitet es Euch, in den Grenzen der ehelichen Verbindung zu bleiben! Führt die Liebe zum eigenen Mann nicht dazu, alle anderen Männer zu begehren? Um solche Ausschweifungen zu vermeiden, sollen die Verheirateten keusch leben, das heißt, ohne sich der Befriedigung ihrer Sinne hinzugeben. Mein Kind, seid glücklicher als alle anderen Frauen, und verachtet das Fleisch, verachtet die Welt! Bleibt so unschuldig, und Ihr werdet wie die Engel des Herrn!«

Die Cherubim breiteten über den Beichtstühlen ihre kleinen, weißen Flügel aus. Tausend Putten aus Stuck mit runden Kindergesichtern flatterten in den Gesimsen und den Schlußsteinen der Kapellen. Der Erzengel Michael triumphierte zwischen den Säulen des Querschiffes über den Dämon, auf einem ungeheuren Wandbehang, der im Licht der aberhundert Kerzen wogte. Das Rot und Gold der Kirchenfahnen, die Spiralen und Ranken des Behangs: Alles schien im Luftzug des göttlichen Lichts zu zittern und zu beben.

Im hellen Morgenlicht wurden die Decken mit den Goldkassetten, die päpstlichen Wappen auf blauem Grund, die geometrische Farbenpracht der Böden – Rauten aus grünem und Rosetten aus purpurrotem Marmor –, wurde die ganze Kirche zu einer Explosion, einer Entladung, einem Regen von Farben in einem gleißenden Lichtstrom.

Feine, helle, fast greifbare Sonnenstrahlen fielen durch die hohen Fenster, um zum Hochaltar zu streben, an dem allein der Papst die Messe zelebrieren durfte. Die großen Kerzen, die Lüster und Kronleuchter, welche den goldenen Schrein mit den Köpfen der Heiligen Peter und Paul beleuchteten, verwandelten den Chor in einen Brennpunkt des Lichts. All dies riß Artemisia aus ihrer Weltlichkeit. Sie fühlte die Kraft, die heilige Macht des Ortes bis zu der finsteren Zelle, in der sie Frieden suchte. Die Stimme des Mönches drang zu ihr, modulierte seine Beschwörungen, hüllte sie in die Worte ein und schnitt sie von der Welt ab. »Sagt nicht: ›Ich bin ohne Schuld‹, und glaubt nicht, Gott hätte Eure Sünden vergessen, weil Ihr selbst sie vergessen habt. Widersetzt Euch nicht dem weisen Ratschluß des Heiligen Vaters, und braust nicht auf, wenn man Euch tadelt. Denn das wäre Hochmut im äußersten Maße, sich gegen die Autorität aufzulehnen, wenn sie vom Heiligen Vater stammt, und sich gegen den Stachel zu sträuben. Versucht nicht, mehr zu erfahren und zu wissen. Vertieft Euch nicht weiter in Eure Kunst. Verzichtet auf die Malerei, und versucht kein anderes Wissen als das über Euer Seelenheil zu erlangen. Jegliches andere Wissen ist eitel.«

Als Artemisia vom Priester den Ablaßbrief bekommen hatte, der sie von allen auferlegten Strafen und Entsagungen entband, als sie in einer Seitenkapelle ihre Gebete gesprochen hatte, gesellte sie sich zu Tuzia, die mit Francesco im Querschiff vor dem Altar auf sie wartete. Diesen Teil der Basilika hatte Papst Klemens VIII. im Jahre 1600 durch die Gruppe um Cavalier d'Arpino ausschmükken lassen, diese Gruppe, zu der auch Giovanni Baglione und Orazio Gentileschi gehört hatten. Ein Strom von Besuchern drängte unaufhörlich dorthin. Die Gläubigen verharrten in Andacht vor dem Tabernakel des Allerheiligsten, wandelten unter den

Fresken, besprachen die gemalten Motive. Im Chor hatte die Messe begonnen, ohne daß man um Ruhe gebeten hätte. Man konnte weiterhin umhergehen und mit lauter Stimme plaudern. Mit erhobenem Kopf versuchte Artemisia, unter den zwölf Aposteln weit oben zwischen den Fenstern den auszumachen, den sie der Pinselführung ihres Vaters zuordnen konnte.

Als sie die Orgel erreicht hatte und den *Heiligen Thaddäus* von Gentileschi ausgemacht zu haben glaubte, sah sie, halb verdeckt durch eine Säule, die mächtige Gestalt von Cosimo. Sie bemerkte auch die rotgestreiften Ärmel von Agostino.

Sie hielten sich auf den Bänken des Querschiffs auf, Agostino hatte sich zu seinem kahlköpfigen Gefährten geneigt und flüsterte ihm einen Scherz ins Ohr. Beide lächelten und ließen sie nicht aus den Augen.

Von der Szene, die nun folgte, berichtete Tuzia während ihrer zweiten Zeugenaussage am März 1612 ziemlich detailliert: »In der Kirche San Giovanni, unter den Aposteln, schrie Artemisia auf: ›Seht nur! Agostino und Cosimo! Wir gehen!‹ Ich stimmte zu, und wir gingen, ohne die Messe zu hören. Draußen fing Artemisia schnell zu laufen an, so schnell sie nur konnte. Fast rannte sie, um die beiden Männer abzuhängen.«

Die Flucht war einfach gewesen: Die Plazierung des *Heiligen Thaddäus* in der Kirche brachte Artemisia bis auf wenige Schritte vor den Ausgang. Es hatte genügt, unter der donnernden Orgel herzugehen, um auf den Vorplatz zu gelangen. Sie hielt mit über der Brust gekreuzten Armen den langen, braunen Schal, der ihre Haare bedeckte, am Körper fest und bahnte sich rasch einen Weg zwischen den Krücken der Bettler, den Tabletts der Krapfenverkäufer und den Körben der alten Stuhlflechterinnen, die auf den Stufen hockten. Ein ganzes Bettlervolk tummelte sich da auf dem staubigen Platz.

Sie ließ die beiden Glockentürme der Laterankirche hinter sich, die Benediktionsloggia und den Obelisken des ägyptischen Gottes Ammon, welchen Papst Sixtus V. mit einem riesigen Kreuz gekrönt hatte, und überquerte den Platz. Mit gesenktem Kopf kämpfte sie sich durch die Scharen von Ziegen und die schweren, schwarzen Karossen der Prälaten, deren Fenster mit Ledervorhängen bedeckt waren und die von jeweils sechs Pferden in raschem Tempo gezogen wurden. Dann schlüpfte sie schon in die Via Merulana, die sie geradewegs zur Basilika Santa Maria Maggiore führen sollte. Von dort aus wollte sie die Via Felice bis zur Kirche Trinità dei Monti nehmen. Dies war der Weg, auf dem Tuzia sie hergeführt hatte. Eine Strecke, die etwa fünfzig Minuten in Anspruch nahm. Dieses Straßennetz, das die großen Kirchen Roms miteinander verband, war von den Päpsten in einer ganz bestimmten Absicht angelegt worden: Es sollte den Besuch aller sieben Basiliken an einem Tag ermöglichen, die übliche Pilgertour in der Heiligen Stadt, welche von der Kirche einmal pro Jahr und vorzugsweise zur Karnevalszeit gefordert wurde. Die Gläubigen von den heidnischen Vergnügungen des Corso entfernen, sie den Pferderennen und Bällen entziehen, die Karnevalszüge durch spektakuläre Prozessionen, das emotionsträchtige Theater durch die verführerischsten, überwältigendsten Inszenierungen, durch den Glanz der religiösen Zeremonien und der Kirchen von Rom ersetzen – so sah das große Projekt der Gegenreformation aus.

Daher war die Via Merulana für Artemisia die Versinnbildlichung des Satzes, den Jesus an den Apostel Philippus gerichtet hatte: »Ich bin der Weg.« Sie symbolisierte den langen Weg eines Bewußtseins zur Wahrheit. Den Kampf zwischen dem Engel und dem Dämon an der Himmelsleiter der Heiligen Stadt. Den Kampf der Seele gegen das Fleisch mit den Mitteln, die Rom zur Verfügung stellte. »Cosimo und Agostino folgten uns in einiger Entfernung«, berichtete Tuzia später.

Diese Straße, in die sie alle einbogen, führte in ein einsames, morastiges Viertel. Hier war es schon fast ländlich. Die Klostermauern waren zusammengefallen und bedeckten riesige Flächen Ödland. Zwischen den steinernen Löchern ragten hier und dort wie Spieße auf Hügeln die rötlichen, zerklüfteten Trümmer mittelalterlicher Türme empor. Es würde bald anfangen zu regnen. Herden von Schafen grasten zwischen Balken und Brettern, die im Gras vor sich hinfaulten, zwischen den Überresten eines Stalls, den Ruinen eines Bauernhofs. Man sah in der Ferne, bis zur Aurelianischen Stadtmauer, zwischen dunklen Kiefern Rinder mit langen Hörnern weiden.

Gelbliches Licht auf den Wiesen kündete von einem nahen Unwetter. Die Luft roch nach Erde und Dung. Artemisia stolperte über den Schotter und die Steine der eingestürzten Mauern. Vor ihr überquerten freilaufende Hühner und Schweine die Straße. Auf den Anhöhen gerieten hier und da plötzlich Alleen mit Zypressen ins Blickfeld, die zu geheimnisvollen Wäldchen führten, in denen Landhäuser versteckt waren.

»Francesco, der Bruder von Artemisia, blieb zurück«, erzählte Tuzia. »Cosimo und Agostino hatten ihn schnell eingeholt. Sie waren sehr nett zu ihm und kauften ihm einen Krapfen. Francesco schloß sich mir an, während er fröhlich mit ihnen plauderte. Ich habe nicht gehört, worüber sie sprachen. Artemisia lief jetzt noch schneller. So schnell, daß wir ihr zuriefen, sie solle nicht so rennen.«

»Es ist gut möglich, daß ich mich ihr genähert habe«, gab Agostino zu, »und daß ich sagte: ›Was führt Euch so früh am morgen zur Laterankirche? Euer Vater hat mich geschickt, damit ich auf Euch aufpasse.‹«

Mit verschlossener Miene schwieg sie. Sie gingen jetzt Seite an Seite. Sie hatte sich in ihren Schal gehüllt, er ließ seinen Umhang im Wind flattern. Die Mauern schienen sie einzuschließen.

»In diesem einsamen Viertel könnte Euch leicht etwas zustoßen«, beharrte er. Er rannte fast, versuchte, sich ihrem Schritt anzupassen. »Und was Euch geschehen könnte, würden wir beide bereuen, wenn wir es Eurem Vater erzählen müßten.«

Sie warf ihm einen Blick zu. Und schwieg weiter.

»Wenn Ihr so vor mir weglauft, Artemisia, bereitet Ihr mir unsäglichen Kummer. Gott hat mir schon so manches Kreuz zu tragen gegeben, doch keins hat mir solche Pein verursacht wie das, mit dem Ihr mich heute morgen beladet.«

Er nahm sie mit Worten gefangen, mit seinem Rednertalent, das ihm in Rom den Spitznamen *il Smargiasso,* Prahlhans, eingebracht hatte.

»Aber ich verzeihe Euch, daß Ihr so verletzende Gedanken gegen mich hegt. Eure wahren Interessen sind mir teuer – trotz Eures Verhaltens – so teuer, daß ich mein Leben gäbe, um zu verhindern, daß das Werk Gottes, welches Ihr verkörpert, zerstört wird. Denn wenn Ihr Euch in der Kirche mit Männern trefft, wenn Ihr Euch denen hingebt, die Euch begehren, und somit Euren Vater betrügt, so zerstört Ihr Euch selbst, Artemisia!«

»Ich habe mich niemals mit jemandem getroffen«, empörte sich Artemisia.

Agostino mußte ein Lächeln unterdrücken: Sie hatte reagiert, die Schlacht konnte beginnen. Und er würde sie gewinnen.

»Wenn Ihr keine schlechten Absichten habt, warum lauft Ihr dann vor mir weg? Wenn Ihr keine sündhaften Gedanken habt, warum unterstellt Ihr mir dann welche?«

Sie kamen an der Baustelle von Santa Maria Maggiore an.

»Glaubt Ihr denn, Ihr seid die einzige, die hierherkommt, um Eure Andacht zu verrichten?«

Ohne zu zögern, ging Artemisia nach rechts, zur Villa des Kardinals Montalto, und um die Basilika herum. Hier sah es wieder anders aus. Das erhabene Rom bot sich an der Wegbiegung dar. Mauern aus Marmor, Brunnen, die man durch den Portikus mit den sechs Eingängen erblickte, der schneeweiße Vorbau unter dem bleifarbenen Himmel, die antiken Statuen zwischen den Orangenbäumen voller Früchte, all dies atmete Größe. Sie hatte sich einen Moment lang von Agostino entfernt. Doch an dieser Kreuzung blieb Artemisia stehen:

»Ihr seid mir verhaßt!«

Sie trat noch einen Schritt näher auf ihn zu und sah ihm ins Gesicht:

»Ihr nutzt die Freundschaft meines Vaters aus, um mich heimzusuchen.«

Sie zitterte vor kaum unterdrückter Erregung.

»Ständig kreuzt Ihr meinen Weg. Ihr verfolgt mich in die Kirchen, jagt mich bis zu den Beichtstühlen.«

Sie schrie:

»Eure Hartnäckigkeit ist mir lästig. Eure Zudringlichkeit beleidigt mich. Und Eure Unhöflichkeit widert mich an. Damit werdet Ihr nie etwas bei mir erreichen!«

Die Wirkung dieser Ansprache schien radikal. Agostino zuckte nicht mit der Wimper. Aber Überraschung, Wut und heftige Gefühle verzerrten sein Züge und brachten ein neues Gesicht zum Vorschein, in dem die Brutalität nicht mehr verborgen war. Beide waren aufs äußerste angespannt und maßen sich einen Moment lang mit Blicken.

»Laßt mich in Frieden oder ich erzähle meinem Vater von Eurem Betragen!«

Agostino räumte das Feld. Er wandte sich zu einer anderen Straße und ließ sie mit den Worten stehen:

»Nehmt Euch in acht!«

Tuzia und Artemisia berichteten später, daß sie ihn von der Kirche Santa Maria Maggiore bis zur Via della Croce nicht mehr sahen. Cosimo hatte es ebenfalls aufgegeben.

»Aber als wir am Haus ankamen«, sagte Artemisia, »traf ich auf die Geistlichen der Pfarrgemeinde, die auf mich gewartet hatten, um die Bescheinigung der Osterkommunion abzuholen. Sie traten ins Haus und ließen die Tür hinter sich offenstehen, und Agostino folgte ihnen. Als er die Priester sah, fing er an sich aufzublasen und murmelte zwischen den Zähnen, daß er sie verprügeln würde.«

Mit diesen anscheinend unbedeutenden Details, die Artemisia in ihre Zeugenaussage über das Benehmen Agostinos gegenüber den Priestern einfließen ließ, stellte sie ihm eine furchtbare Falle. Sie hob hervor, daß er gegenüber der Geistlichkeit keinen Respekt zeigte. Heimtückisch gab sie zu verstehen, daß er am Ostersonntag nicht zur Kommunion gegangen war. Dabei war die Osterkommunion eine fundamentale Christenpflicht, die einzige, die von der Kirche verlangt wurde.

Beim Abendmahl übergab der Priester den Gläubigen ein Papier, eine Art Bescheinigung. Wer diese Bescheinigung nicht beibringen konnte, riskierte, exkommuniziert zu werden. Oder gar auf dem Scheiterhaufen zu landen. Denn dieses Papier unterschied die Gläubigen von den Ketzern.

Im Krieg, der zwischen Agostino Tassi und Artemisia Gentileschi entbrannt war, kämpfte jeder mit seinen eigencn Waffen.

»Dann verschwand Agostino, um nach dem Fortgehen der Priester noch einmal aufzutauchen. Er hatte angefangen, sich darüber zu beklagen, daß ich mich ihm gegenüber schlecht benähme, daß ich ihn nicht mögen und dies noch bedauern würde. Ich antwortete ihm: ›Ich werde es noch bedauern? Was soll das heißen? Wer mich will, muß mir zunächst einen Ring über den Finger streifen.‹ Ich zeigte ihm meinen Ringfinger und wollte mit ihm über die Ehe sprechen. Er wandte mir den Rücken zu. Ich ging und schloß mich im Atelier ein. Dann verschwand er.«

13

Via della Croce
Atelier

am 9. Mai 1611

Auf der Staffelei präsentierte sich im hellen Tageslicht das fertige Bild: *Susanna und die Alten.* Aus einiger Entfernung begutachtete Artemisia ihr Werk. Ja, diesmal schien ihre Arbeit vollendet.

Sie zog die Staffelei in den hinteren Teil des Ateliers. Die Leinwand durfte nicht in der Sonne trocknen, sonst färbten sich Lasur und Firnis gelb.

Wie ein großer Spiegel schimmerte das Bild im Dämmerlicht. Aus der Ferne wirkten die Gesichter der drei Personen – Artemisia, Agostino und vielleicht Orazio – wie aus Glas. Ein Spiegel ohne Folie. Man sah nur noch die Formen, die pyramidenförmige Komposition von Orazio, die großen Linien der ursprünglichen Skizze, welche Artemisia erhalten hatte. Die Schultern der beiden Alten verbanden sich in einer Linie, in einer Krümmung, zu einem von Violett nach Rot verlaufenden Halbkreis, der den Raum abschloß und auf dem Körper der Susanna lastete, ihn niederdrückte.

Artemisia und alle Maler Roms kannten die Bibelstelle:

»Es wurden aber im selben Jahr zwei Älteste aus dem Volk als Richter bestellt; [...] In ihnen sah man die Führer des Volkes. [...] und wer eine Streitsache hatte, mußte [...] vor sie kommen. Und wenn das Volk mittags weggegangen war, pflegte sich Susanna im Garten [...] zu ergehen. Und als die beiden Ältesten sie täglich darin umhergehen sahen, entbrannten sie in Begierde nach ihr und wurden darüber zu Narren [...].«

Wer hatte ihr die letzten Verse aus dem Buch Daniel erzählt? War es ihr Vater, oder war es Cosimo gewesen, der sie ihr ins Ohr geflüstert hatte: »Sie waren beide zugleich für sie entbrannt, verrieten jedoch einander ihre Leidenschaft nicht [...]. Es sprach aber einer zum anderen: Komm, laß uns heimgehen! [...] Und sie gingen hinaus und trennten sich. Danach kehrte jeder wieder um, und sie kamen an derselben Stelle wieder zusammen. Als nun einer den anderen nach dem Grund fragte, bekannten sie beide ihre Begierde. Danach kamen sie miteinander überein, darauf zu warten, wann sie die Frau allein finden könnten. Und als sie auf einen günstigen Tag lauerten, kam Susanna nur mit zwei Mägden, wie es ihre Gewohnheit war, in den Garten, um zu baden; denn es war sehr heiß. Und es war kein Mensch im Garten außer den beiden Ältesten, die sich heimlich versteckt hatten und auf sie lauerten. [...] Als nun die Mägde hinausgegangen waren, kamen die beiden Ältesten hervor, liefen zu ihr und sagten: ›Siehe, der Garten ist zugeschlossen, und niemand sieht uns, und wir sind in Liebe zu dir entbrannt; darum sei uns zu Willen! Willst du aber nicht, so werden wir dich beschuldigen, daß wir einen jungen Mann allein bei dir gefunden haben. [...]‹ Da seufzte Susanna und sagte: ›In großer Bedrängnis bin ich! Denn wenn ich das tue, bin ich des Todes; tu ich's aber nicht, so komme ich nicht aus euren Händen. Doch ich will lieber unschuldig in eure Hände fallen als gegen den Herrn zu sündigen.‹ Und Susanna fing an, laut zu schreien; aber die Ältesten schrien gegen sie an. [...] Und das Volk glaubte den beiden Ältesten und Richtern im Volk, und man verurteilte Susanna zum Tode. [...]«

Auf dem Bild war Susanna in ihrer Nacktheit den Blicken ausgeliefert, doch sie widerstand.

14

Erste Aussage
von Artemisia Gentileschi im
Prozeß vom März 1612

*Bericht über die Ereignisse
am 9. Mai 1611*

»Am selben Tag, nach dem Essen, regnete es. Ich malte zum Vergnügen am Porträt von Tuzias kleinem Sohn, als Agostino zurückkehrte. Die Haustür hatte offengestanden, weil Maurer im Haus arbeiteten. Er überraschte mich bei der Arbeit und sagte: Ihr solltet nicht soviel malen! Er riß mir die Palette und die Pinsel aus der Hand und schleuderte letztere auf den Boden. Jetzt ist es genug mit der Malerei! Dann warf er die Palette durch das Zimmer und schrie Tuzia an: Verschwinde! Ich habe Tuzia angefleht zu bleiben, mich nicht mit ihm allein zu lassen. Sie aber sagte: Ich will nicht hierbleiben und mich an Eurem Streit beteiligen. Ich gehe. Sie hat gesehen, daß Agostino seinen Kopf auf meine Schulter gelegt hatte, doch sie ist trotzdem gegangen.

Sobald sie fort war, hat er meine Hand genommen und gesagt: ›Wir wollen ein wenig umhergehen. Ich kann nicht still sitzen, es ist mir unerträglich geworden, mich nicht zu bewegen.‹

Dann sind wir im Atelier hin und her gegangen.

Ich sagte, daß ich mich nicht wohl fühlte, daß ich wahrscheinlich Fieber hätte.

Er antwortete: ›Ich habe Fieber, und ich brenne mehr als Ihr!‹

Als wir uns dann meiner Zimmertür näherten, öffnete er sie plötzlich, drängte mich ins Zimmer und legte den Riegel vor. Er warf mich aufs Bett. Mit der Hand auf meiner Brust drückte er mich nach hinten. Er steckte sein Knie zwischen meine Schenkel, um mich daran zu hindern, meine Beine zusammenzupressen, und hob mein Kleid. Ich wehrte mich. Er hielt ein Taschentuch auf meinen Mund, damit ich nicht schreien konnte. Er ließ meine Hände los, die er festgehalten hatte, klemmte beide Knie zwischen meine Beine und fing an, mit seinem Glied zu stoßen, in mich einzudringen, und ich fühlte ein heftiges Brennen und hatte große Schmerzen. Weil er mir die Hand auf den Mund hielt, konnte ich nicht schreien, aber ich versuchte dennoch, so gut ich konnte, nach Tuzia zu rufen, ich zerkratzte ihm das Gesicht, riß ihn an den Haaren, und bevor er in mich eindrang, griff ich nach seinem Glied, um das zu verhindern, und schürfte ihm die Haut ab. Aber nichts hielt ihn auf, und er fuhr mit seinem Tun fort. Er blieb lange auf mir liegen, hielt sein Glied in mir, und nachdem er fertig war, zog er sich zurück und ließ mich los. Endlich befreit stürzte ich zum Tisch, nahm ein Messer, lief auf ihn zu und schrie: ›Ich bring' dich um, du hast mich entehrt!‹

Er öffnete sein Hemd und sagte: ›Dann los.‹

Ich wollte ihm einen Stich versetzen, doch er wehrte ihn ab. Sonst hätte ich ihn getötet. Ich verletzte ihn an der Brust. Er blutete. Aber nicht sehr, weil ich ihn nur geritzt hatte. Er knöpfte sein Hemd wieder zu.

Ich schluchzte, ich weinte, ich klagte verzweifelt über die Schande, die er mir angetan hatte.

Da sagte Agostino, um mich zu beruhigen: ›Gebt mir Eure Hand. Ich schwöre, daß ich Euch heiraten werde, Artemisia. Ich schwöre, daß ich Euch heirate, sobald ich dem Irrgarten entkomme, in dem ich im Moment gefangen bin.‹ Und dann fügte er hinzu: ›Aber ich warne Euch: Wenn ich Euch zur Frau nehme, dulde ich keinerlei Liederlichkeit.‹

Ich antwortete ihm: ›Ich glaube, Ihr habt heute gemerkt, daß ich niemals liederlich war!‹

Und mit diesem Heiratsversprechen hat er mich beruhigt, meine Verzweiflung besänftigt. Und mit diesem Versprechen hat er mich auch dazu gebracht, ihm zu Willen zu sein, ihm ein Jahr lang mehrere Wiederholungen zu gewähren.«

»[...] Ich lege großen Wert darauf zu betonen, daß ich nie einem anderen Mann gehört habe als Agostino Tassi. Auch wenn einen Tag, nachdem er mich genommen und entjungfert hat, Cosimo Quorli bei mir aufgetaucht ist, um das Gleiche zu fordern. Er hat ebenfalls versucht, mir Gewalt anzutun, hat alle Kraft aufgewandt, all sein Gewicht, um mich zu vergewaltigen. Aber ihm ist es nicht gelungen. Da sagte er, daß er sich rächen würde. Er würde in jedem Fall herumerzählen, daß er mich gehabt hätte. Das tat er auch [...] vor allem in Gegenwart von Agostino, der wütend auf mich wurde und mir drohte, sein Versprechen zurückzunehmen.

Aber dieses Versprechen hat er immer wieder bekräftigt, viele Male wiederholt. Und ich war um so sicherer, daß er es halten würde, als daß er alle anderen Gelegenheiten scheitern ließ, mich zu verheiraten, und so verhinderte, daß ich einen anderen als ihn zum Mann nahm.

Das also hat sich zwischen Agostino und mir abgespielt.«

Kapitel II

JUDITH

Rom zur Zeit Scipione Borgheses
1611–1612

15
Gefängnis Tor di Nona
Verfahren: Kurie und Staat gegen
Agostino Tassi
wegen Entjungferung
und Kuppelei

Verhör am Montag, den 14. Mai 1612

»Was würdet Ihr sagen, wenn Artemisia Gentileschi hierherkäme und vor Euch Ihre Aussage bekräftigen würde? Was würdet Ihr sagen, wenn sie jetzt durch diese Tür träte, um Euch ins Gesicht zu sagen, daß Ihr lügt?«

»Ich würde ein für alle Male feststellen, daß diese Frau nicht die Wahrheit sagt!«

Es war bereits das siebte Mal, daß Agostino Tassi während seines zweimonatigen Aufenthalts im Gefängnis verhört wurde. Am 16. März 1612 war er festgenommen worden. Es folgten zehn Tage Einzelhaft, bevor er das Tageslicht wiedersah. Seit dem 28. März, dem Tag seines ersten Verhörs, stellten ihm die Richter immer und immer wieder dieselben Fragen, und Agostino gab ihnen immer und immer wieder dieselben Antworten.

Heute hatte sich der Ton verschärft. Nachdem Tassi aus seiner Zelle im Corte Savella in die schrecklichen Kerker des Tor di Nona überführt worden war, mußte er sich nun der Hauptbelastungszeugin stellen – Artemisia Gentileschi –, bevor er selbst einen Anwalt nehmen durfte. Erst nach dieser letzten Gegenüberstellung konnte Agostino Tassi seine Verteidigung, seinen Gegenangriff vorbereiten.

Der Gerichtshof hatte sich vollständig versammelt. Anwesend waren die höchsten Würdenträger der päpstlichen Justiz. Girolamo Felice, Oberleutnant des Gouverneurs. Francesco Bulgarello, Richter der römischen Kurie. Porzio Camerario, Staatsanwalt. Der Notar Decio Cambri, Protokollführer des Gerichts. Und sein Stellvertreter Hostilio Tucco.

Letzterer hatte auch die erste Aussage von Artemisia Gentileschi aufgenommen, bei ihr zu Hause. Heute würde sie das erste Mal in diesem kleinen Saal der Cancelleria vor den Justizbeamten erscheinen. Doch der Gerichtshof hatte viel Zeit gehabt, sich eine Meinung über den Fall zu bilden: ein Skandal, der alle Künstler der Ewigen Stadt kompromittierte, all die Maler im Dienste des Papstes und dazu seinen Furier, einen der höchsten Beamten im Umkreis der Familie Borghese. Rom nahm an der Untersuchung leidenschaftlichen Anteil. Seit Beginn des Verfahrens waren Bildhauer, Lehrlinge und Modelle vor den Schranken des Gerichts aufmarschiert. Die Künstler, die während der letzten zehn Jahre in den verschiedenen Wohnungen Orazio Gentileschis zu Gast gewesen waren, kamen hierher, um über ihre Beziehung zu seiner Tochter zu berichten: »Ich persönlich habe sie niemals gesehen«, gestand jemand ein. »Aber im Laden von Antinoro, dem Farbenverkäufer am Corso, spricht man in den Abendstunden darüber. Man redet, wie in Rom üblich, über Wollust und Gewalt, über Samen und Blut.« »Und man streitet viel über die Tugend von Artemisia«, ergänzte ein anderer. »Die Händler, die sich auf Ultramarinblau spezialisiert haben, behaupten, daß sie noch Jungfrau war. Sie sagen, daß sie mit ihr zu tun hatten, weil sie das Atelier führte und Orazios Bilder gemalt habe.«

Die Richter des päpstlichen Gerichtshofs waren sich darüber im klaren, was auf dem Spiel stand, und ihre Überlegungen spiegelten ihre Notlage wider: War sie nun Opfer oder Täter, Heilige oder Hure, diese junge Frau, die auf der Suche nach einem Ehemann war? Und welche Beziehung, welches Einverständnis herrschte zwischen ihr und ihrem Vater? In seiner Anzeige behauptete Orazio Gentileschi, daß sie durch Agostino Tassi *stuprata più e più volte*, also *wiederholt vergewaltigt* worden sei. Der Widersinn einer solchen Anklage brachte die Richter dazu, sein Wort in Zweifel zu ziehen: »Wieder und wieder vergewaltigt«, wie vergewaltigt man in einer Zeitspanne von neun Monaten wiederholt eine Frau, ohne daß sie einverstanden und also mitschuldig ist? Und konnte man dann ernsthaft glauben, daß Gentileschi – den die Zeugen ja als äußerst eifersüchtig beschrieben – nichts von der Verbindung seiner Tochter mit seinem Partner gewußt hatte? Welche fixe Idee, welcher Wahn, welche Raserei brachten ihn nun dazu, seine eigene Schande vor der Öffentlichkeit auszubreiten? Denn schließlich wurde ja sein Name durch die Entjungferung seiner Tochter mit dem Stigma der Ehrlosigkeit versehen. Welches ungeheuerliche Interesse hatte er daran – und zwar so lange nach dem eigentlichen Vergehen –, seinen Mitarbeiter anzuzeigen?

Genau diese Fragen waren es, die die Justizbeamten Artemisia bald in der Folterkammer des Tor di Nona stellen würden.

Für Agostino war das eine üble Geschichte. Denn im Mai 1612 konnte Cosimo ihm nicht mehr helfen. Eine Steinplatte in der Kirche Santa Marta al Vaticano lastete auf seinen sterblichen Überresten.

Im Künstlerviertel war jeder der Meinung, daß die Angelegenheit so enden würde wie der Prozeß gegen Beatrice Cenci wegen Inzest und Vatermord dreizehn Jahre zuvor: auf dem Schafott.

16

Die ersten fünf Monate nach
der Vergewaltigung

Mai bis November 1611

Während der fünf Monate, die auf die Vergewaltigung folgten, hatte Agostino ein schönes Leben. Sicher, er hatte mit allem gerechnet, nur nicht damit, Artemisia noch unberührt vorzufinden. Doch die Jungfräulichkeit des Mädchens, über das der Dummkopf Orazio allerorten übelste Gerüchte verbreitete, machte das Abenteuer noch gefährlicher und damit aufregender.

Cosimo hatte zunächst die Methode Tassis zu schätzen gewußt, mit der er die Tränen Artemisias getrocknet, ihre Schreie, Vorwürfe und Verwünschungen, kurz ihre Nervenkrise beendet hatte, die auf die Entjungferung folgte. Als Tassi an diesem Tag die Wohnung der Gentileschi verlassen hatte, war er direkt zum Quirinalspalast gegangen. Um Orazio aufzusuchen. Er hatte ihm von seiner Beschattung in der Laterankirche berichtet. Dann hatte er ihn nach Hause begleitet. Er war bei Orazio zum Abendessen in der Via della Croce geblieben. Artemisia hatte gehört, wie sich die beiden Männer zusammen an den Tisch gesetzt hatten. Ihr Vater und ihr Liebhaber. Sie hatte sich in ihr Zimmer eingeschlossen und sich geweigert, zum Vorschein zu kommen.

Da hatte Agostino begriffen, daß er das Spiel gewonnen hatte. Wenn Artemisia ihn nicht sofort verriet, wenn sie nicht jetzt ihre Scham und Verzweiflung herausschrie, konnte sie nie wieder ihrem Vater davon erzählen.

Dreist hatte Agostino Gentileschi an diesem Abend noch überredet, Artemisia von ihm Nachhilfe in Perspektivmalerei geben zu lassen. Ihre Zeichnungen erschienen ihm schwach? Dann würde Tassi, der ein Meister der Zeichnung war, Abhilfe schaffen. Orazio ließ sich darauf ein. Agostino würde aus reinem Großmut den Lehrer geben, sobald seine eigene Arbeit ihm Zeit dazu ließ …

Leidenschaftlich, wütend und verzweifelt hatte sich Artemisia diesem geplanten Unterricht widersetzt. Doch Gentileschi, der jene Abneigungsbezeugungen als Garantie für die Tugend seiner Tochter betrachtete, hatte darauf bestanden. Er hatte sie gezwungen, sich zu fügen.

Am Ende vieler Auseinandersetzungen mit Orazio, den jeglicher Widerstand in seinem Beschluß bestärkte, hatte Artemisia schließlich gehorcht. Sie hatte es hinnehmen müssen – alles hinnehmen müssen.

Von nun an war ihre einzige Aussicht auf Rettung die Bindung an Agostino Tassi. Der einzige Ausweg war, ihn zu heiraten.

Was hatte sie sonst für eine Wahl? In den Augen der Leute war Artemisia Gentileschi von nun an eine gefallene Frau. Ein Leib, eine Seele, welche unrettbar verstümmelt und verloren waren. In dem Zustand, in den Tassi sie gebracht hatte, würde kein anderer Mann sie jemals in sein Haus aufnehmen. Nur Agostino besaß die Macht, alles »wiedergutzumachen«.

Sie war von ihm abhängig, von seinem guten Willen, seinem Vertrauen, von seiner Liebe vielleicht … Mußte sie ihm nicht ihre Ergebenheit beweisen? Ihn als ihren Herrn betrachten? War nicht er ihr Ehemann, der einzige Mann also, von dem sie alles erwarten und erhoffen konnte? Rettung. Rehabilitation. Tuzia hatte ihr gesagt, daß die Kirche gewisse Freiheiten gewährte – Küsse, Liebkosungen – vorausgesetzt, daß die Freuden der Liebe rasch durch eine Heirat legitimiert wurden. Tuzia bekräftigte heute, daß ein unter vier Augen gegebenes Versprechen zwischen Liebenden den gleichen Charakter hatte wie das durch die Kirche erteilte Sakrament.

* *
*

Von nun an besuchte Agostino Artemisia jeden Tag. Jeden Tag gab er vor, ihr Stunden in Geometrie, in Perspektivmalerei und anderen Disziplinen zu erteilen …

»Oh, die Perspektivmalerei, Signorina Artemisia!« rief er heiter, wenn er das Atelier durchquerte.

Artemisia blieb feindselig hinter der Türschwelle stehen. Sie hörte, wie laut er sprach. Sie wußte, daß er sorgfältig darauf achtete, vom ganzen Haus gehört zu werden.

»Kommt her!« tönte er. »Heute werdet Ihr lernen, wie man aufgrund mathematischer Berechnungen maßstabgetreu zeichnet.«

Er legte auf dem Arbeitstisch den großen Ballen mit den Instrumenten seiner Kunst ab, der metallisch klirrte, als Eisen, Glas, Messing und Holz gegeneinanderstießen.

»Stellt Euch dorthin! Nehmt das Winkelmaß!« brüllte er und schwenkte es vor ihrer Nase. »Hier den Zirkel.«

Übermütig stach Agostino sie damit leicht in den Arm. Sie machte einen Satz nach hinten und sah ihn mit drohendem Blick an. Aber er tat so, als bemerke er ihren Widerstand nicht.

»Das Lineal.«

Heiter deutete er eine Geste an, als wolle er sie damit schlagen. Sein marktschreierisches Gehabe war immer für ein fernes Publikum gedacht.

»Und hier«, rief er abschließend, »der berühmte Perspektivapparat von Leonardo, den Dürer für seine Stiche nachbildete und der perfektioniert wurde von ... Eurem ergebenen Diener.«

Er hielt ihr den Rahmen, den Stoff, die Schnur und die Lote hin. Dabei streifte er ihre Hände. Er streichelte ihre Handfläche, das Handgelenk und blickte der jungen Frau tief in die Augen. Jeder Blick, jede Berührung verwirrte, verstörte sie. Artemisia versuchte, seinen Augen auszuweichen, sie wollte sich ihm entziehen, versuchte zu fliehen. Die Anwesenheit Agostinos raubte ihr den Verstand.

Sie war überwältigt durch die gegensätzlichsten Empfindungen, spürte gleichzeitig Faszination und Abscheu; ein Gefühl der Angst, des Entsetzens sogar, das durch den verwirrenden Eindruck unterschwelligen Einverständnisses verstärkt wurde. Zwar widerte Agostinos Verlangen sie an, doch es gab ihr auch Sicherheit: Wäre er, nachdem er sie besessen hatte, gleichgültig gewesen, kalt, verächtlich, dann wäre ihr Entsetzen noch größer gewesen.

»Das Wesen der Geometrie, mein Kind«, salbaderte er, »ist die Beherrschung der Maße. Die Einzelteile dieses genialen Werkzeugs, das Ihr in Händen haltet, werden Euch erst später dienen, wenn Ihr die großen Probleme lösen könnt …«

Er breitete ein Blatt Papier vor ihr aus.

»Fürs erste werdet Ihr mir einen perfekten Bogen zeichnen, den Ihr durch acht Punkte unterteilt: A, B, C, D, E, F, G und H.«

Er stellte sich hinter sie und berührte leicht ihren Nacken …

»Ihr verbindet sie auf der Geraden durch P …« Er spielte mit Artemisias Locken, spürte, wie sie unter seinen Fingern erschauerte, und dieses Erschauern erregte ihn. »Durch P, sagte ich!« schrie er. »Versteht Ihr nicht, was ich von Euch will?«

Er beugte sich über sie, stützte sich auf ihre Schulter.

»Hier«, brüllte er und stieß mit dem Finger aufs Papier.

Erstarrt versuchte Artemisia seinen Instruktionen zu folgen, doch sie begriff nicht, was er von ihr wollte.

»Ihr habt wirklich überhaupt keine Ahnung«, sagte er streng. Er küßte sie auf den Hals … »Was habt Ihr denn bei Eurem Vater gelernt?« flüsterte er mit dem Mund, den Lippen an ihrem Ohr.

»Hört auf!«

Erbittert sprang sie vom Hocker auf.

Er legte eine Hand auf ihre Schulter und stützte sich mit seinem ganzen Gewicht auf sie, um sie zu zwingen, sich wieder zu setzen.

»Faßt mich nicht an!«

»Wollt Ihr wohl Eurem Lehrer gehorchen?« murmelte er spitzbübisch, »Eurem Herrn und Meister?«

»Laßt mich los!«

Mit einem Stoß brachte er sie aus dem Gleichgewicht. Sie fiel auf den Hocker zurück.

»Zeichnet die Punkte P, L, G, M, und N so, daß jede Verbindungslinie zur Geraden im rechten Winkel steht. Zeichnet dann die Senkrechte.«

* *
*

143

Unter diesem Joch hatte sie sich Woche für Woche aufgebäumt. Sie hatte der Form halber den gesamten Frühling widerstanden und weiterhin um ihre Ehre gekämpft ... Aber was für eine Ehre war das noch?

Die Scham zwang sie zum Stillschweigen. Das Gefühl ihrer eigenen Schuld trieb sie zur Geheimhaltung. Schuld und Scham zwangen sie, die Verantwortung für ihre Entehrung, ihre Vergewaltigung und Brandmarkung mit Agostino zu teilen. Die Mitschuld und ihre moralische Einsamkeit, die aus diesem Durcheinander resultierten, ketteten sie jeden Tag mehr an ihn. Die Forderungen der Kirche, welche Erlösung durch die Heirat bot, machten das Band zwischen ihnen noch unauflösbarer, weil ihre Verbindung in die Zukunft projiziert wurde. In die Ewigkeit.

Artemisia erkannte, daß der Schritt auf der Treppe, die Hand auf ihrem Nacken, all das Gelärm, die Raserei Agostinos sie vor der schwindelerregenden Angst schützten, der Verzweiflung entrissen, dem bodenlosen Abgrund, in dem ihre Seele versunken war. Ja, lieber als der Ekel und das Nichts war ihr die Beklemmung in den Armen ihres »Herrn und Meisters«.

An einem Juliabend, als Agostino es am wenigsten erwartete, streckte sie die Waffen. Sie gab sich ihm hin. Die Liebe, allein die eheliche Liebe konnte sie retten.

»Wenn Agostino mich kennt, Vertrauen zu mir hat, dann wird er mir helfen. Was könnte mein Vater ausrichten, wenn ich ihm alles gestände? Er darf nichts wissen, er würde mir ohnehin nicht glauben. Ich muß allein zurechtkommen.«

In der Schwüle des römischen Sommers wechselten sie von da an von der Kunst zur Liebe, vom Atelier zum Schlafzimmer. Leidenschaftlich und glühend gab sie sich Agostinos Wünschen hin, erwiderte seine Umarmungen mit einer Sinnlichkeit, die er damals in ihr vermutet hatte. Artemisias Leib hielt, was er versprochen hatte: Agostino verfiel seiner Schönheit.

Jeder ihrer Küsse begann mit einem Schwur, jede ihrer Umarmungen endete mit einem Bündnis. Agostino erneuerte immer wieder sein Versprechen. Warum also war sie so unruhig? War sie nicht schon seine Frau vor Gott? Sie würde es auch bald vor den Menschen werden. Wenn sie nur schweigen konnte … Wenn sie nur warten konnte …

Hin und her gerissen zwischen Hoffnung und Angst, zwischen Entsetzen und Liebe wartete sie also. Sie verharrte im Haß gegen den Mann, der sie entehrt hatte, und in der Hingabe an den, der sie retten würde.

* *
*

Im Laufe der Monate entwickelten sie eine Art Vertrautheit, eine Art Zärtlichkeit sogar … Agostino beschrieb ihr die Bilder der großen Maler, mit denen er gearbeitet hatte. Die unsterblichen Werke, die er ihr eines Tages zeigen würde, seine eigenen Bilder und die seiner Meister. Er beschwor vor ihrem inneren Auge die Pracht des Hofs in Florenz. Er beschrieb ihre Ankunft im Palazzo Pitti, die Audienz, die er für sie bei Seiner Durchlauchtigsten Hoheit erwirken würde … Agostino versprach sich einiges von der Protektion, die er beim Großherzog Cosimo genoß … Eines Tages würde das Geschlecht der Medici nach den Werken Artemisia Gentileschis verlangen.

Il Smargiasso, dieser Prahlhans: Agostino Tassi kannte alle Welt und vor allem die Frauen. Er gehörte zu der Sorte Männer, die Zweifel und Angst nicht zu kennen scheinen. Und in der moralischen Verwirrung, in die sich Artemisia verstrickt hatte, lieferte Agostino Antworten und fegte jegliche Unsicherheit hinweg. In der Toskana würden sie einst ein Atelier einrichten – Agostino Tassi und Artemisia Gentileschi –, und zusammen würden sie für Cosimo II. und alle Fürsten Europas arbeiten.

Verbunden durch ihr Geheimnis und hingegeben an ihre großen Träume vergaßen sie manchmal, den Riegel vorzulegen. Und da wurden sie eines Tages von Tuzia überrascht! Sie lagen in Artemisias Schlafzimmer; sie nackt, nur mit einem Laken bedeckt; er, vollständig angezogen, die Arme hinter dem Kopf.

»Steckt Eure Nase nicht in Dinge, die Euch nichts angehen!« schrie das junge Mädchen.

Gegen alle Erwartung war es nicht Agostino, der der älteren Frau Stillschweigen auferlegte. Artemisia hatte sich aufgerichtet:
»Wenn Ihr meinem Vater erzählt, was Ihr gesehen habt ...«
Sie stellte sich ohne Scham zur Schau. Ihr schöner Körper war Tuzias Blick dargeboten, während sie ihr mit heiserer Stimme drohte:
»Dann sage ich ihm, daß Ihr mich verraten habt, daß Ihr mich mit ihm allein gelassen habt, als ich Euch anflehte, nicht das Atelier zu verlassen. Daß Ihr mich in diese Situation gebracht habt!«
Erschrocken stürzte Tuzia davon.

Orazio hingegen schien keinerlei Verdacht zu schöpfen. Er schien sogar die Vorstellung akzeptiert zu haben, seine Tochter dem nächsten Bewerber zur Frau zu geben ... Häufig sprach er von jener geplanten Verlobung mit Girolamo, jener Heirat, die für Artemisia mittlerweile undenkbar war; deren Möglichkeit Agostino aber zu rasender Eifersucht trieb. Tassi fragte sich manchmal, ob Orazio sich nicht über ihn, über sie alle lustig machte. Diese Frage beherrschte einen Großteil seiner Gespräche mit Cosimo Quorli. War Gentileschi denn so naiv? Hatte er wirklich keine Ahnung, was sich bei ihm zu Hause abspielte? »Nein«, behauptete Tassi. Durch seine lange Erfahrung als Verführer war er vielen Vätern, Ehemännern und Geliebten wie Orazio begegnet, die nicht wahrnahmen, was in ihrem Umkreis schon die Spatzen von den Dächern pfiffen. Übrigens war dies ja einer von Orazios Charakterzügen: Trotz seiner Eifersucht trug er Scheuklappen, die all das vor ihm verbargen, was er nicht wissen wollte. »Scheuklappen und Hörner!« spottete Agostino. War Gentileschi nicht der einzige geblieben, der nichts von den Gerüchten erfahren hatte, welche Cosimo über Prudenzias Liebesabenteuer vor ihrer Heirat verbreitet hatte? Der Furier schloß sich Agostinos Überzeugung an: Orazio sah nichts, Orazio begriff nichts! Er war blind vor Zuneigung und Dankbarkeit gegenüber seinem jungen und talentierten Mitarbeiter. Und erwies ihm Agostino nicht zahlreiche Dienste? Tassi hatte ihm sogar zweihundert Taler geliehen, eine beträchtliche Summe, die Gentileschi ihm nicht kurzfristig würde zurückzahlen können. Selbst wenn man voraussetzte, daß Orazio einen Verdacht hatte, so mußte er auch einiges Interesse daran haben, sich ruhig zu verhalten. Doch Cosimo war vorsichtig. Agostino sollte sich nicht weiterhin auf die Naivität von Artemisias Brüdern verlassen, um in die Wohnung zu gelangen. Am besten wäre es, so sinnierte Cosimo, einen eigenen Spion im Haus unterzubringen, der das Kommen und Gehen von Agostino erleichterte. Und bei Bedarf auch sein eigenes.

* *
*

Im Juli 1611 hatte die Familie Gentileschi das Künstlerviertel verlassen und war in die Nähe von Agostinos Wohnung gezogen. Mit Tuzia und ihren Kindern im Gefolge hatte sich Orazio am linken Tiberufer niedergelassen. Tassi hatte ihm die Wohnung besorgt, es war ein Haus in der Gemeinde von Santo Spirito in Sassia, genau an der Ecke beim Krankenhaus. Und nur wenige Meter von Cosimo Quorlis Haus entfernt …

Dieser letzte Umzug band die kleine Gruppe noch enger aneinander und ermöglichte den drei Freunden, sich gemeinsam zu ihrer neuen Arbeitsstätte zu begeben. Die erfolgreiche Zusammenarbeit des Gespanns Tassi-Gentileschi, ihr Triumph im Konsistoriensaal hatte ihnen einen noch wunderbareren neuen Auftrag eingebracht. Sie sollten für den Neffen des Papstes eine Loggia gestalten, die der Galerie der Brüder Carracci im Palazzo Farnese ebenbürtig war. Einen ganzen Pavillon im hinteren Teil des Parks von Scipione Borghese, einen Prachtbau, der in Rom bereits als *Casino delle Muse* bezeichnet wurde.

Diese Arbeit würde sie die nächsten Monate mit Beschlag belegen. Wer würde in ihrer Abwesenheit über Artemisias Tugend wachen? Tuzia? Über diese Matrone machten sich Agostino und Cosimo keinerlei Illusionen mehr. Wenn sie der Leidenschaft Tassis Vorschub geleistet hatte, dann konnte sie genausogut andere Affären unterstützen!

Artemisia verbarg ebenfalls all ihre Geheimnisse vor ihrer einstigen Freundin. Sie brachte ihr nur noch größtes Mißtrauen entgegen. Wenn die beiden Frauen miteinander allein waren, so mieden sie einander, und Tuzia lebte mittlerweile in ständiger Angst. Sie fürchtete die schlechte Stimmung Artemisias. Sie fürchtete die Eifersucht und Gewalttätigkeit Agostinos. Schließlich betrachtete er sie als eine Kupplerin, die ihre Dienste dem Meistbietenden verkaufte!

Im neuen Haus an der Kirche Santo Spirito nahm das Verhältnis zwischen Lehrer und Schülerin jeden Tag gewagtere Formen an. Das Atelier lag nicht mehr unmittelbar neben Artemisias Schlafzimmer. Um vom einen ins andere zu kommen, mußte das Liebespaar das Schlafzimmer von Orazio und seinen drei Söhnen durchqueren. Waren Gentileschis Söhne auch weiterhin von Tassis Feuer gefesselt, brachten sie ihm auch eine Art Verehrung entgegen, so befand sich der Älteste, Francesco, doch in einem Alter, in dem er den Charakter der Verbindung zwischen seiner Schwester und dem Partner des Vaters begreifen konnte. Was wußte er? Francesco schwieg sich aus. Aber er untersagte mittlerweile seinen kleinen Brüdern, die Leckereien anzunehmen, welche Agostino ihnen als Belohnung für gewisse Kurierdienste schenken wollte. Er achtete auch sorgfältig darauf, niemals das Atelier während der Zeichenstunden zu verlassen. Agostino behauptete, daß der Halbwüchsige ebenfalls von seinem Wissen und seinem Unterricht profitieren wollte. Artemisia zuckte nur mit den Achseln. Die ständige Anwesenheit ihres Bruders reizte sie. Alles reizte sie. Vor allem diese Sicherheit, diese Ruhe, die Agostino bereits an den Tag legte. Er schien sich in einer für ihn angenehmen Situation eingerichtet zu haben. In ihrem Leben als Paar.

Artemisia ahnte, daß in dieser Behaglichkeit eine Gefahr für die Zukunft lauern konnte, und tat so, als würde sie erneut mit Girolamo Modenese anbändeln. Das war ein grober Trick. Aber Agostino fiel darauf herein. Seine brennende Eifersucht brachte sein Ungestüm zurück, das dem jungen Mädchen die Sicherheit gab, wirklich begehrt zu werden.

Agostino zwang Tuzia, die Innentreppe zuzumauern, die von ihrer Wohnung zu der der Gentileschis führte. Tassi behauptete, daß Girolamo und andere über diese Treppe Artemisia besuchen würden. Am hellichten Tag versetzte er Tuzia in Aufregung, weil er bis zur Tür hinunterstieg – die er selbst hatte zumauern lassen –, um die Gespräche von Orazio zu belauschen. Von nun an konnte Tassi ebensowenig wie jeder andere von einem Stockwerk ins andere schleichen.

Durch diese Liebesbezeugungen beruhigt, nahm Artemisia die größten Risiken auf sich.

Es kam vor, daß Orazio Kopf an Kopf mit seinem Partner im Bett lag, nur getrennt durch eine Wand. Um zu verschwinden, mußte Agostino das Männerschlafzimmer durchqueren. Oder bis zum Morgen warten, wenn Orazio schon gegangen war, um sich dann wieder im Casino Borghese zu ihm zu gesellen …

Seit diesem Sommer kannte Artemisia die Freuden der Heimlichkeit. Mit einer Art innerem Jubel lebte sie in Geheimnistuerei und Angst. Sie fand eine unruhige Freude daran, ihre Leidenschaft zu verbergen. Sie log mit erregendem Vergnügen. Am Anfang hatte Agostino diesen Rausch der Heimlichtuerei mit ihr geteilt. Er begehrte Artemisias Körper in der Nacht, er war verrückt nach ihren ihm dargebotenen Lippen, um so mehr, als er sie am Tag reserviert und kühl gesehen hatte. Doch durch die Gefahren – und deren Überwindung – stumpfte Agostino bald ab. Er wollte sein Glück in aller Ruhe genießen. Sie hingegen spielte unvorsichtig mit der Gefahr, forderte das Schicksal mit einer Hartnäckigkeit heraus, die nur der Hoffnungslosigkeit eigen ist.

* *
*

Es regnete ununterbrochen. Artemisa hörte die Windböen und die Regentropfen, die so laut wie Hagelkörner gegen die Fenster schlugen. Der Tiber war unter den Brückenbögen so hoch gestiegen, daß sie sich nur noch ein wenig aus dem Fenster hätte lehnen müssen, um sich hineinfallen zu lassen. Während all der Nächte in banger Erwartung, wenn Agostino sich in ihr Zimmer schleichen mußte, wurde sie von drückenden Wachträumen geplagt. Sie hatte solche Angst vor der Zukunft, daß sie daran dachte, mit allem sofort ein Ende zu machen. Und doch liebte sie nichts so sehr wie diese Nächte, wenn sie ihren Vater, die Gefahr und den Tod so nahe wußte.

Eines Abends, als Orazio außer Haus aß, hatte sie selbst Agostino geöffnet und ihn vor ihren Brüdern mit sich gezogen, während sie laut mit ihm sprach. Als Francesco fragte, wohin sie gingen, hatte sie mit ruhiger Ironie geantwortet, sie hätten nichts Böses im Sinn. Sie hatte die Tür zu ihrem Zimmer kaum geschlossen, da zog sie sich schon aus. Agostino beobachtete, wie sie das Kleid, den Unterrock und ihr Leibchen abstreifte. »Seltsam, welche Tollkühnheit Frauen manchmal an den Tag legen!« hatte er mit einem Gefühl von Triumph und Angst gedacht. Doch als Artemisias Unterrock zu Boden gefallen war, als er sie in all ihrer strahlenden Schönheit sah, bemerkte er, daß sie Tränen in den Augen hatte. Er zog sie an sich. Sie legte den Kopf auf seine Schulter. Lautlos weinte sie. Agostino kostete seinen Sieg aus. Erst wenn er eine Frau zum Weinen gebracht hatte, betrachtete er sie als die seine.

Er ging zum Bett, legte sich hin, hielt sie über sich. Sie neigte sich langsam über ihn. Einen kurzen Moment lang blickte sie ihn ernst an, ihr Gesicht dicht über seinem. Er roch den Duft ihrer Haare, ihre Brüste … Bleich vor Erregung schloß er die Augen. Sie neigte sich weiter vor. Er ließ sich unter dem Frauenkörper begraben. Sie drückte ihre brennenden Lippen auf seinen Mund. Vor lauter Verlangen wurde er fast ohnmächtig.

* *
*

Diese Leidenschaft zwischen Opfer und Täter sollte solange dauern, bis Cosimo Quorli ihr ein Ende setzte. Der nämlich hielt die Eifersuchtskrisen von Tassi für stark übertrieben. Schließlich hatte es sich dieser Verrückte doch wirklich und wahrhaftig in den Kopf gesetzt, seinen Fehltritt »wiedergutzumachen«. Dachte er nicht sogar manchmal daran, Artemisia zu heiraten? Nun wollte der Furier der Papstes diese Heirat aber auf keinen Fall. Seit Artemisia seine Annäherungsversuche zurückgewiesen hatte, verfolgte er sie erbittert. »Eine stetige Quelle von Unannehmlichkeiten! Du wirst dich doch nicht mit einer derartigen Frau belasten?« Aber Agostino hatte seine Überlegenheit eingebüßt. »Das ist eine ganz eigenwillige Person«, beharrte Quorli. »So eine macht dir nur Ärger. Dieses Mädchen bringt Unglück! Sieh nur, wie wir uns wegen ihr streiten, dabei haben wir uns doch so gut verstanden!«

Die Beziehung zwischen den beiden war tatsächlich kühler geworden, seit der Furier versucht hatte, Artemisia zu verführen. Agostino führte sich ja auf, als wäre diese Geliebte sein Eigentum! Er war eifersüchtig. Und diese Eifersucht, welche Artemisia in ihrer Hoffnung bestärkte, geliebt zu werden, machte den Furier wütend.

»Soll sie doch zum Teufel gehen«, bemerkte Cosimo hämisch.

»Wenn du dich rühmst, ihr Vater zu sein, wie kannst du sie dann begehren?«

»Ach, reg dich doch ab, du Einfaltspinsel … So vergrößert man seine Familie!«

Aber über solche Witze lachte Agostino nicht mehr. Jetzt war er von seiner Beute gefangen, und die Angst verdüsterte sein Gemüt. Er ermaß – sehr spät – die Folgen seiner Handlungen. Wenn Artemisia nicht mehr unschuldig gewesen wäre, dann hätte seine Vergewaltigung nicht das Geringste bedeutet. Doch der hohe Wert der Jungfräulichkeit war beim Konzil von Trient feierlich bekräftigt und von Papst Paul V. heiliggesprochen worden: Eine Frau konnte nur einem Mann gehören – ihrem Ehemann. Agostino kannte schon lange den Preis für *stupro violente*: gewaltsame Entjungferung. Genau dieses Vergehen hatte ihn nämlich einst gezwungen, die verstorbene Maria Cannodoli zu heiraten. Die Heirat also. Oder die Galeere, eine Strafe zwischen fünf und zwanzig Jahren.

Über diese Episode, die 1602 in Livorno stattgefunden hatte, war Cosimo genauestens im Bilde. Er schließlich hatte Agostino einen *procuratore* besorgt, der ihn verteidigte. Dieser Mann, ein Notar in Florenz – der inzwischen allerdings aus seinem Berufsstand ausgeschlossen worden war –, war ein leiblicher Cousin von Cosimo Quorli und befand sich nun in Rom. Er wohnte bei dem Furier, der nicht wußte, wie er ihn loswerden sollte, und beabsichtigte, ihn bei den Gentileschi unterzubringen. Mit der Aufgabe, seinen Interessen zu dienen.

* *
*

»Warum nimmst du ihn nicht bei dir auf?« flüsterte Cosimo Orazio ins Ohr. »Dein Haus ist doch groß.«

An diesem Abend des 25. November, dem Fest der heiligen Katharina, gab Cosimo Agostino zu Ehren ein Festmahl. Er hatte einen langen Tisch in seiner Galerie aufstellen lassen. Wie die Kardinäle schmeichelte sich der Furier des Papstes, eine der schönsten Gemäldesammlungen zu haben. Zwar waren weder ein Tizian noch ein Raffael dabei. Doch an die hundert Bilder mit den Signaturen der berühmtesten römischen Künstler. Die Bilder reichten vom Boden bis zur Decke. Jedes Werk war eine Bestechung, eine Draufgabe gewesen, welche Cosimo vom Urheber zum Dank für einen von ihm beschafften Auftrag bekommen hatte. Mit zunehmendem Alter war ihm diese Bilderleidenschaft zu Kopf gestiegen. Er erpreßte immer offener und wurde gegenüber den Künstlern immer gieriger. So forderte er von Orazio als Dank für den Auftrag von Scipione Borghese – das berühmte *Casino delle Muse* – das Porträt seiner Tochter als Judith, indem er ihm unaufhörlich vor Augen führte, daß er ohne ihn den Auftrag nicht bekommen hätte. Orazio zögerte, dieses Bild zu malen. Er war überladen mit Arbeit und hatte Artemisia damit beauftragt, allerdings ohne ihr zu sagen, daß Cosimo sich bereits als der Besitzer des Werks betrachtete. Orazio wußte selbst nicht, was er mit der *Judith* machen sollte. Würde er sie dem Furier überlassen? Oder verkaufen? Es hing davon ab, wie gut es wurde und welchen Preis man dafür erzielen konnte. Im Moment arbeitete Artemisia unter Agostinos Anleitung daran. Cosimo fand dies ziemlich erheiternd: Die Formen Artemisias wurden auf Leinwand gebannt, ihr Körper wurde, wenn nicht von ihrem Geliebten gezeichnet, so doch nach seinen Anweisungen angeordnet; die Vereinigung von Hand und Pinsel der beiden Verschwörer auf diesem Bild belustigte ihn aufs äußerste.

Zu dieser Zeit amüsierte und interessierte den Furier alles, was mit Agostinos Angelegenheiten zu tun hatte. Quorli hatte sich sogar in den Kopf gesetzt, ihn wieder mit seiner Schwester Olimpia zu versöhnen, jener berühmten Olimpia, die Agostino einst wegen Blutschande angezeigt hatte. Wie war es möglich, daß Agostino nicht die Gefahr solcher Wiedersehen voraussah? Bruder und Schwester hatten einander zuviel zu verzeihen. Immerhin hatte sich Agostino nicht damit zufriedengegeben, den Mann von Olimpia zu ruinieren, indem er ihn zwang, zu seinen Gunsten die Gerberei zu verkaufen. Er hatte zusätzlich seine Schwester wegen Mordversuchs angezeigt, behauptet, sie habe jemanden dafür bezahlt, ihn umzubringen. Mit dieser Anzeige hatte er sie seinerseits ins Gefängnis geschickt.

Cosimo versuchte, diese Kette zu unterbrechen. Um so mehr, da neue Probleme seinen Schützling bedrohten: Im August hatte Agostino seinen Freund, den Maler Valerio Ursino, wegen Schulden einsperren lassen. Und dieser hatte nun nur noch Rache im Sinn. Er, Valerio Ursino, hatte damals die Männer in Rom beherbergt, welche Tassi für die Ermordung seiner Frau gedungen hatte. Inzest, Brudermord, Mord: Ein Gewitter braute sich über Agostinos Kopf zusammen.

War es da nicht eine gute Idee, sich an einem Tisch zusammenzufinden? Zu einem Familienessen? Cosimo Quorli war sehr geschickt in dieser Art Vermittlung.

Zu diesem Friedensmahl brachte Agostino seine Schwägerin, die junge Costanza, mit und Orazio Artemisia.

Zwar saßen die jungen Frauen Seite an Seite, doch richteten sie nicht das Wort aneinander. Sie hatten sich seit dem Besuch des Konsistoriensaals nicht mehr gesehen und ahnten nicht, wie ihrer beider Liebe sie verband. Und doch hatte sich ihre Beziehung verändert. Cosimo beobachtete sie abwechselnd und lachte sich ins Fäustchen. Betrachteten sich nicht beide als Agostinos Frau? Aus ihrer Konfrontation konnte wohl ein Streit, ein Kampf entstehen, der an diesem Abend einiges Vergnügen versprach. Zum Teufel, ein bißchen mehr Leichtigkeit! Die ernste Wendung, die die Verbindung Tassis mit der Tochter Gentileschis genommen hatte, belastete Cosimo. Ja, die Zeit schien gekommen, ein bißchen kaltes Wasser in das Feuer dieser Leidenschaft zu gießen. Also hatte er die gute Olimpia rechts neben Artemisia gesetzt. Letztere kannte weder die vergangenen noch die gegenwärtigen Umtriebe ihres Liebsten, sie wußte weder vom Mord an Maria noch von der Liaison mit Costanza. Cosimo benutzte Olimpia als Überbringer dieser Informationen; er verließ sich auf ihre Heimtücke, ihre boshafte Geschwätzigkeit. Olimpia würde sicher Mittel und Wege finden, Anspielungen über die erneute Schwangerschaft Costanzas zu machen. Über die Vaterschaften von Agostino. Über das Leben in seiner Familie.

Doch das Essen verlief ohne weiteren Zwischenfall.

Die Anwesenheit eines Neuankömmlings, des finsteren Notars am Ende des Tisches, beruhigte die Atmosphäre. Orazio und Cosimo plauderten in aller Behaglichkeit.

»Mein armer Cousin, den du dort siehst«, flüsterte Cosimo und wies mit dem Blick auf ihn, »mein armer Cousin hat viel Pech gehabt.«

Ihr Gesprächsgegenstand war groß, mager, schwarz gekleidet wie die Staatsanwälte und mied ihre Blicke. Mit gesenktem Kopf lächelte er vor sich hin, biß die Zähne zusammen und kaute langsam an seinem Essen, das er zu genießen schien.

»Er ist unsichtbar ... und verschwiegen«, sprach Cosimo weiter zu Orazio. »Obendrein fromm! Er beichtet ununterbrochen. Er achtet Gott und verachtet das Treiben der Menschen. Er schweigt wie ein Grab. Das gehört zu seinem Beruf. Er wird dich nicht stören. Und du hättest einen Mann deines Vertrauens im Haus. Du bist im Moment zu sehr mit dem neuen Auftrag beschäftigt. Weißt du denn, was Artemisia während deiner Abwesenheit im Schilde führt? Ich möchte nichts Böses über die Anstandsdame sagen, die du für deine Tochter ausgesucht hast, aber an deiner Stelle würde ich dieser Schlampe Tuzia nicht trauen! Mein Cousin hingegen ist ein Ehrenmann! Er wird über deine Kinder wachen wie über seine eigene Familie. Er hat zwei Söhne im Alter deiner Kinder und eine Frau, eine brave, tüchtige Person, die Artemisia beaufsichtigen kann. Frag Agostino, was er davon hält: Er hat sie schon besucht.«

Der Mann hieß Giovan Battista Stiattesi. Er war zweiundvierzig Jahre alt. Agostino Tassi kannte er in der Tat schon seit langem. Ihre Freundschaft reichte zurück bis zu ihrem Zusammentreffen in Livorno. Er selbst kam aus Florenz, wo Tassi gearbeitet hatte. Er wußte vor allem, daß die Schiffe des Großherzogs Ferdinand aus der Familie der Medici, auf denen Agostino angeblich die Welt bereist hatte, Galeeren waren, auf denen Tassi als Sträfling rudern mußte. Mit seinem Cousin Cosimo schien die Beziehung noch enger zu sein. Giovan Battista Stiattesi hatte sich in der Toskana lange um die Angelegenheiten des Furiers gekümmert. Amtsmißbrauch, Betrug und Unterschlagung – diesen unehrenhaften Machenschaften seines mächtigen Verwandten verdankte Stiattesi die Zerrüttung seiner Verhältnisse. Die letzten von Giovan Battista Stiattesi notariell beglaubigten Unterlagen waren von Cosimo in Auftrag gegeben worden und hatten ihn gezwungen, aus der Toskana nach Rom zu fliehen. Heute war er mittellos. Und der Meinung, daß der Furier ihm Schutz und Hilfe schuldig war.

Seine salbungsvollen Manieren, seine frommen Äußerungen vollendeten, was die Worte Cosimos so trefflich eingeleitet hatten. Am Tag nach dem Festmahl willigte Orazio ein, ihn für mehrere Wochen bei sich zu beherbergen. Im Tausch gegen kleinere Arbeiten und größere Dienste.

Im November 1611 zog Stiattesi bei dem Maler ein, mit dem Auftrag, Cosimo von allem zu berichten, was sich im Hause tat.

Doch die Ankunft des vierten Halunken im Bunde Tassi-Gentileschi-Quorli sollte ihrer aller Schicksal beeinflussen! Mit zwei von ihnen hatte der Notar noch alte Rechnungen zu begleichen. Vor allem aber mit seinem Cousin, dem Furier …

Das erste und einzige Mal in seinem Leben hatte Cosimo einen Mann falsch eingeschätzt, einen Bauer schlecht plaziert.

Seine neue Position sollte es Giovan Battista Stiattesi ermöglichen, alle Karten auf den Tisch zu legen und den Gewinn einzustreichen.

17
Die Affäre Stiattesi
Untersuchung betreffs eines
Handlangers

November 1611 bis Mai 1612

Bericht des Giovan Battista Stiattesi im Prozeß gegen Agostino:
»Während der letzten sechs Monate habe ich regelmäßig Agostino, Cosimo und Orazio besucht und ihren geheimen und öffentlichen Gesprächen über ihre Liebschaften beigewohnt. Von Cosimo und Agostino habe ich erfahren, daß der eine versucht hatte,
Artemisia zu entjungfern, und daß es dem anderen geglückt war.
Von Orazio wurde ich beauftragt, einen Heiratsvertrag mit Girolamo Modenese auszuhandeln. Aber diese Heirat, wie alle anderen auch, hat Agostino verhindert, der mir im Vertrauen und im
vollen Ernst gestand, daß er keinen anderen in diesem Haus dulden wolle. Er wollte damit sagen, daß Artemisia ihm und keinem
anderen gehöre. Er war so eifersüchtig, daß er Leute bezahlte, die
Tag und Nacht Wache hielten und ihm Bescheid sagen sollten,
falls jemand sie besuchte. Aus ihren Auskünften schloß Agostino
immer, daß sie sich ehrenhaft benahm. Aber er mißtraute Tuzia:
Er hatte sie im Verdacht, Männer zu empfangen, die ihm Artemisia rauben könnten. Vor allem Girolamo Modenese, den der Vater anscheinend als Schwiegersohn akzeptierte. Daß dies der
Wahrheit entspricht, können Euer Ehren auch durch andere erfahren. Und durch die Sonette von Agostino hier. Und durch die
Briefe, die er mir geschickt hat. Und durch meine Antworten hier.
Ich füge auch die Gedichte bei, die ich geschrieben habe, und die
Nachrichten, die ich selbst diese Affäre betreffend habe senden
können. All diese Beweisstücke werde ich wieder an mich nehmen, wenn die Justiz keine Verwendung mehr für sie hat.«

Eine seltsame Angewohnheit, von jedem Brief, von jeder noch so kurzen Nachricht, von jeder Zeile, die zwischen den Freunden hin- und hergingen, eine Kopie aufzubewahren. Seltsame Angewohnheit auch, erklärende Anmerkungen zu jeder empfangenen Nachricht hinzuzufügen, eine Art Textkommentar für die Richter, damit sie die Bedeutung der Anspielungen und Vertraulichkeiten besser goutieren und verstehen konnten. Seltsame Angewohnheit auch, an ihrer Statt die Schlußfolgerung zu ziehen:

»Aus dieser Korrespondenz ersieht man deutlich, daß Agostino verrückt vor Liebe nach Artemisia war. Und daß Cosimo für sie den Unterhändler und Kuppler spielte.«

Kann man den Furier des Papstes deutlicher denunzieren? Kann man den Maler des Kardinals Scipione Borghese stärker belasten? Kuppelei und Entjungferung: Dies waren die beiden Hauptanklagen im Prozeß Orazio Gentileschi gegen Cosimo Quorli und Agostino Tassi. Letzterer würde sich eines Tages fragen – zu spät allerdings! –, wie lange eigentlich Giovan Battista schon derartige Beweise anhäufte. Warum stellte Stiattesi ein derartiges Dossier über eine Affäre zusammen, die ihn nichts anging?

»Am Ende«, so der Notar weiter, »zwang ich Agostino, mit dem ich die Nacht in seinem Zimmer im Viertel von Sant'Onofrio verbrachte, mir nach einem langen Gespräch die Gründe für seinen Kummer offenzulegen. Er sagte: ›Stiattesi, ich bin derart in Verpflichtungen verstrickt, daß ich dir einfach alles gestehen muß, was passiert ist. Aber gib mir dein Wort als Ehrenmann, daß du Cosimo nichts davon erzählst.‹ Ich gab ihm die Hand und schwor: ›Ich verspreche, mit meinem Cousin nicht mehr über diese Geschichte zu sprechen.‹ Durch diesen Schwur beruhigt, begann Agostino: ›Du mußt wissen, Stiattesi, daß Cosimo Quorli hinter meinem Zusammentreffen mit Artemisia stand und daß ich erst durch seine Vermittlung in diesen riesigen Irrgarten geraten bin. Und ich bin derart gebunden, daß ich mich werde entschließen müssen, Artemisia zu verlassen und mein Werk bei Kardinal Borghese in seinem Casino, um in die Toskana zu fliehen. Sonst wird etwas Schlimmes zwischen mir und Cosimo geschehen! Wie du ja weißt, bin ich ihm so sehr verpflichtet, daß ich mit ihm weder streiten will noch kann. Er hat lauter Geschichten über mich gesammelt und Szenen und Mißverständnisse mit Artemisia hervorgerufen. Wegen ihm hat sie wieder mit Girolamo angebändelt. Um den kümmere ich mich schon. Er wird sehr bald wissen, was für eine Frau er da eigentlich heiraten will. Aber was vermag ich gegen Cosimo? Ich verdanke ihm mein Leben, das weißt du ja. Und ich würde nie etwas ohne seine Zustimmung tun ...‹ So jammerte Agostino die ganze Nacht, und er erzählte mir die Einzelheiten – alle Einzelheiten – seiner Liebschaft mit Artemisia. Er beharrte auf dem Umstand, daß Cosimo in Kenntnis seiner Gefühle für Artemisia nicht hätte versuchen sollen, mit ihr zu schlafen. Zweimal hatte er versucht, sie zu vergewaltigen ...«

Eine niederschmetterndere Zeugenaussage ist wohl schwerlich denkbar. Für welche Kränkung rächte sich Giovan Battista Stiattesi derart?

Der genaue Grund für die Differenzen mit Cosimo Quorli bleibt ein Geheimnis. Sicherlich ging es um Geld, um wichtige Interessen und einen alten Familienzwist, da der Notar darauf in seinen Briefen an den Cousin deutlich anspielt. Diese Briefe verbergen unter dem Deckmantel von Moralpredigten sogar die Androhung eines sehr nahen Todes. Sicher ging es auch um die Ehre, da Giovan Battista Stiattesi Quorli anklagt, seine Würde als Mann des Gesetzes mit Füßen getreten, seine Kenntnisse mißbraucht und ihn unter Ausnutzung seiner Schwäche und Armut erniedrigt zu haben. Doch wie bediente sich Cosimo des Notars, außer daß er ihn als Spion bei Gentileschi einsetzte?

Sollte dieser Prozeß wegen Entjungferung und Kuppelei also nichts anderes sein als die Begleichung alter Rechnungen, und zwar nicht zwischen Artemisia und Agostino, auch nicht zwischen Gentileschi und Tassi, sondern zwischen Giovan Battista Stiattesi und Cosimo Quorli? Eine Sache unter Männern also, von der sich letzterer nicht mehr erholen sollte?

»Dann sprachen Cosimo und ich miteinander«, so der Notar weiter. »Wir tauschten Vertraulichkeiten über diese Affäre aus. Und Cosimo sagte zu mir, daß Agostino Artemisia unter keinen Umständen heiraten dürfe. Und da ich den Eindruck hatte, daß Cosimo selbst in sie verliebt war, habe ich derart nachgehakt, daß er mir am Ende befahl: ›Stiattesi, mein Freund, halt dich aus dieser Geschichte heraus. Agostino ist jung und sehr begabt. Wenn er wieder heiraten will, hat er eine große Auswahl. Dieses Weibsbild aber ist eine schamlose Person ohne Verstand, durch sie wird er sich zu seinem Nachteil verändern.‹ Ich habe ihm geantwortet, daß er vielleicht aus Eifersucht so spreche. Cosimo entgegnete: ›Das ist schon längst vorbei! Und wenn du mir einen Gefallen tun willst, dann verlaß das Haus der Gentileschi. Ich habe mich doch geirrt: Die Umgebung ist nicht gut für dich. Verlaß Orazios Haus. Sollen sie einander doch zerfleischen!‹ Diese Gespräche mit Cosimo und Agostino haben sich ständig und überall wiederholt. Im Quirinalspalast, im Park des Kardinals Borghese, in Cosimos Haus, bei Agostino, in der Kirche und in der Schenke. Acht bis zehn Monate lang haben wir von nichts anderem gesprochen ...«

Giovan Battista Stiattesi vergaß allerdings die Folgen dieser nur von einem Thema beherrschten Gespräche zu erwähnen: Im Casino Borghese, im Deckengewölbe dieses Sommerpavillons, wo der Kardinal bald seine Feste geben sollte, malte Orazio Gentileschi niemand anderen als seine Tochter, ihren Körper, ihr Gesicht. In ihrem blutroten Kleid, eine Hand auf die Hüfte gestützt, einen Fächer in der anderen, neigt sich Artemisia Gentileschi ihren Betrachtern zu. Ohne sie aus den Augen zu lassen, lustwandelt sie auf ewig auf dem Balkon der Loggia, diesem Balkon im Trompe-l'œil, den ihr Lehrer und Geliebter ausarbeitete.

Der Notar verschwieg ebenfalls, daß er mit der Denunzierung Agostino Tassis seiner eigenen Neigung diente ... Er würde sich hüten, eins der Sonette zu kommentieren, die er so entgegenkommend dem Dossier der Anklage beifügte. In diesem Gedicht besingt er im Duett mit Tassi die Reize der Frau, die beide verhext hatte, er gesteht, daß »das Feuer ihrer Augen ihn im Grunde seines Herzens berührten«.

* *
*

»Während der letzten Karnevalswochen hat Cosimo jeden Abend Essen und Lustspiele veranstaltet«, berichtet der Notar kühl. »Wir alle waren dort, dieselbe Gruppe wie am Sankt-Katherinen-Abend. Artemisia war da, Agostinos Schwester Olimpia und seine Schwägerin Costanza … Am Vorabend zur Fastnacht wollte Cosimo Agostino einen Gefallen tun und führte ihm Artemisia in dem Saal zu, wo vorher das Lustspiel stattgefunden hatte. Er schloß sie dort ein und ließ sie zu ihrem Vergnügen allein. Cosimos Frau hielt vor der Tür Wache, während ich den Auftrag hatte, den Vater abzulenken …«

* *
*

Die Galerie, in die Cosimo Artemisia geführt hatte, roch noch nach dem Schießpulver aus der Büchse, vom Schuß, der während des Schauspiels gefallen war und der eine der Sensationen darstellte. Das Stück war ein großer Erfolg gewesen. Die Handlung spielte in dem fiktiven Ort Bellapittura, wo der König ein derartiger Liebhaber der Malerei war, daß er seinen gesunden Menschenverstand verloren hatte. Er wollte doch tatsächlich seine Tochter einem Maler zur Frau geben! Voller Verzweiflung hatte sich die Prinzessin an ihren Verlobten, einen Königssohn, um Hilfe gewandt. Der Standesunterschied der beiden Anwärter hatte ein Duell ausgeschlossen. Der Schuß aus einer Büchse – in den Rükken – hatte genügt, um das Königreich von dem lächerlichen und eitlen Maler zu befreien, der sich erdreistete, eine Prinzessin heiraten zu wollen.

Dieses Märchen griff in allegorischer Form die Kontroverse auf, welche die Künstler und ihre Auftraggeber beschäftigte. Welchen Platz nahm die Malerei in der Rangordnung der Künste ein? Mehrere Abhandlungen über dieses Thema waren gerade erschienen. War die Malerei eine edle Profession, die sich über die bildenden Künste erhob? Wenn ja, welchen Platz nahm der Maler in der sozialen Hierarchie ein? Cosimos Gäste führten diese Diskussion bei dem üppigen Festmahl weiter, das er ihnen darbot: Wieder einmal äffte Quorli die Kardinäle nach.

Das schlechte Wetter in diesem Jahr begrenzte den Karneval auf private Feste, und die Prälaten übertrafen einander in Prachtentfaltung. Morgen würde im Palast von Monsignore Montalto dasselbe Lustspiel gezeigt wie beim Furier des Papstes, allerdings mit einem Intermezzo von Torquato Tasso, einer Episode aus dem *Rinaldo.*

Im Moment lagen in der Galerie des Herrn Cosimo nur noch einige Hocker herum, die die Zuschauer beim Hinausströmen umgeworfen hatten. Auf der Bühne wies die Dekoration, eine Straße in einem antiken Ort – eine Perspektivmalerei von Agostino Tassi – zwischen Statuen und Triumphbögen in Trompe-l'œil-Technik, in die Ferne. Die erfolgreiche Zusammenarbeit mit Gentileschi hatte Tassi in die erste Reihe der römischen Kunstszene katapultiert. Alle Fürsten versuchten, seine Zeichnungen für die Schauspiele und Märchenstücke zu bekommen, die sie in ihren Palästen aufführen ließen. Bald würden sie von ihm die Ausschmückung ihrer Paläste selbst verlangen. Die Rollen waren nun vertauscht. Gehörte Orazio immer noch zu der Gruppe der zehn besten Maler Roms, so schien Agostino einzigartig. Niemand konnte die Wirklichkeit mit einer derartig verblüffenden Virtuosität nutzen, sie erweitern, ihre Ansicht vergrößern wie Agostino. Seine komplizierten Bauanordnungen, die Üppigkeit seiner geometrischen Kompositionen führten zu zeitlosen Bildern, ins Geheimnisvolle, in die Poesie …

Artemisia wußte mehr als jeder andere um die Originalität ihres Meisters. Sie hatte natürlich gelernt, daß man die Kunst der Sinnestäuschung bereits im vorausgegangenen Jahrhundert praktiziert hatte, doch sie erkannte, daß nur Tassi dieses Bersten des Raumes gelang; daß er mit den Motiven spielte; daß er die Details zum Schwingen brachte; daß er einen Sinn für Erhabenheit und für visuelle Explosionen hatte. Seine ganze Malerei schien nur aus Energie, Kraft und Phantasie zu bestehen. Sein großes Talent war lediglich ein Beiwerk seiner Verführungskraft.

Gestützt auf einen Kamin im Hintergrund der Galerie wartete er auf sie. Selbst im reglosen Zustand hatte Agostino etwas Lebhaftes und Kriegerisches an sich. Mit einem Ellbogen auf dem Marmor aufgestützt, straffte er seinen Körper. Mit seinem breiten Oberkörper, seinen wie bei einem Reiter gekrümmten Beinen schien er stets bereit für eine Aktion, einen Auftritt.

Über ihm ragte im Licht der Fackeln, die die Bilder beleuchteten, der nackte Körper einer *Susanna* in die Höhe, lagerte auf einem roten Kissen eine *Heilige Cäcilie*, hob eine *Maria Magdalena* ihre Augen zum Himmel und betete. Cosimos Bilder bedeckten die Wände vom Boden bis zur Decke. Die wirklichen Schmuckstücke seiner Sammlung aber, die acht weißen Marmorbüsten römischer Kaiser, waren in einer Reihe bis zu den äußersten Enden des Saales plaziert. Dort hinten flöteten in zwei riesigen Goldkäfigen Sittiche und Kanarienvögel.

»Was hast du?« fragte er und ging auf sie zu.

Die Portiere aus grünem Samt, die die Galerie abschloß, fiel hinter Artemisia zurück. Auf der anderen Seite der Tür wachte Quorlis Frau und versperrte den Durchgang. Sie hatten nur wenig Zeit. Artemisia rührte sich nicht.

»Was hast du? Was machst du für ein Gesicht?«

Bleich und angespannt, wirkte sie nicht wie die Geliebte, die sich Agostino erhofft hatte. Die Gelegenheit, so allein zu sein, ohne das Eindringen von Orazio oder Tuzia fürchten zu müssen, würde sich nicht wieder ergeben. Um so weniger, da Stiattesi, der sich bis vor kurzem sehr entgegenkommend gezeigt hatte, neuerdings nicht mehr willens war, den Dienst zu verrichten, um dessentwillen er bei den Gentileschi untergebracht worden war. Er weigerte sich, ihr Zusammentreffen zu begünstigen. Ausweichend sprach er nur noch von der Dankbarkeit, die er Orazio schuldete. Beherbergte ihn jener nicht kostenlos? Stiattesi und seine Familie mußten keine Miete bezahlen. Giovan Battistas Frau hatte Tuzia bei Artemisia endgültig verdrängt und spielte ihre Vertraute. Ganz entschieden nistete sich die Sippe der Stiattesi ein.

»Sag schon, was hast du?« wiederholte Agostino wütend.

Die junge Frau hatte ihn heftig zurückgestoßen.

In ihrem roten Kleid, dem von ihrem Bild an der Decke des Casino Borghese, schien sie ihm begehrenswerter denn je. Der grüne Taft an den Vorhängen der Fenster ließ ihren Teint noch bleicher, ihren Mund noch dunkler und üppiger erscheinen. An diesem Abend bedeckte ihr kupferrotes Haar, das sie geflochten und um den Kopf gewunden hatte, ihre kleinen Ohren, deren runde, verlockende Form er so sehr liebte. Erneut versuchte er, sie in die Arme zu nehmen. Erneut stieß sie ihn zurück.

Sie hatte den Kopf gehoben, und ihre Lippen zitterten. Ihre Augen glitzerten vor Wut. Sie weinte nicht. Sie versuchte, sich zu beherrschen, aber diese Anstrengung schlug ihr auf die Stimme.

»Während des Schauspiels habe ich neben deiner Schwägerin gesessen«, begann sie in scharfem Ton.

Sie preßte dies zwischen ihren Zähnen hervor. Jedes Wort schien ihr weh zu tun.

»Neben Costanza. Sie sagte, daß mein Bild über ihrem Bett hinge ...«

Agostino hörte ihr ohne ein Anzeichen des Verstehens zu.

»Meine *Judith*, mein Bild«, präzisierte sie frostig, »das du neulich mitgenommen hast.«

»Ja und?«

»Sie hat gesagt, daß das Bild, das du so liebst, über ihrem Bett hängt ... Und daß das ganz normal sei, weil du es beim Einschlafen vor Augen haben wolltest ... Sie hat dabei gelacht ... Und sie hat gesagt, daß Euer nächstes Baby mir vielleicht ähneln würde ...«

Agostino wollte eine Bewegung machen. Sie hielt ihn mit einem Schrei auf:

»Warte!«

Der Befehl kam so heftig, daß er verharrte.

»Warte! Ich bin noch nicht fertig! Sie hat auch gesagt, wenn ihr nicht verheiratet wärt, sie und du, dann ...«

»Aber ich bin nicht mehr verheiratet! Meine Frau ist tot!«

»Das hat Costanza nicht gesagt!« fuhr sie kühl fort. »Costanza hat gesagt ...«

»Zum Teufel mit Costanza. Sie hält ihre Wünsche für die Realität, sie möchte, daß ihre Schwester noch lebt, dieses Dummerchen! ... Aber sieh mal ...«

Er hatte das Bündel Briefe, das er immer bei sich trug, aus seinem Hemd genommen.

»Brauchst du noch mehr Beweise? Lies!«

Er schwenkte das mit einer Kordel verschnürte Bündel, welches ihm die Sicherheit bot, daß die von ihm bezahlten Mörder gute Arbeit geleistet hatten.

»Lies das doch, hier diesen Brief von Giovanni Senni, einem

Händler in Livorno«, brüllte er, »und diesen hier, von Pietro Migone«, beharrte er, weil er wohl wußte, daß Artemisia nichts davon entziffern konnte. »Du willst Beweise? Hier hast du sie! Alle diese Briefe zeigen, daß sie tot ist!«

Sie nahm das Bündel und wich bis zur Tür zurück. Aber er ließ sie nicht entkommen, er steigerte sich in seine Wut hinein und schrie noch lauter:

»Tot! Durchbohrt von zwanzig Messerstichen! Was willst du noch? Und ich warne dich: Wenn du meine Frau bist und dich nicht anständig benimmst, dann wird dir dasselbe geschehen!«

Sie sah ihn direkt an.

»Ich will nur wissen, was meine *Judith* über Costanzas Bett macht!«

»Costanza erzählt irgendeinen Unsinn. Möglicherweise schlafe ich in ihrem Bett, aber sie, sie schläft bei ihrem Mann!«

»Und ich würde gerne bei meinem schlafen!«

»Hab noch ein bißchen Geduld … Ich bin bald aus diesem Irrgarten heraus …«

Einen Moment lang schien sie besänftigt.

»Aber was ist das für ein Irrgarten?«

»Hindernisse, die ich dir nicht erklären kann. Ein Geheimnis, das nicht mich betrifft.«

»Was für Hindernisse?« beharrte sie. »Du sagst doch, du bist frei. Du sagst, daß du mich liebst. Du sagst, ich sei vor Gott schon deine Frau … Was für Hindernisse?«

»Cosimo.«

»Was heißt das, ›Cosimo‹? Bist du sein Sklave?«

»Ich bin durch Cosimo gebunden …«

»Aber Costanza haßt mich! Ich weiß es, ich spüre es! Sie ist verliebt in dich.«

»Costanza«, unterbrach er sie, »ist eine alberne Gans, mit der sich mein Lehrling dummerweise belastet hat.«

»Warum hat sie etwas gegen mich? Sie ist eifersüchtig! Warum?«

»Weil ich dich liebe! Weil ich dich will! Weil mich nach dir dürstet …«

Dieses Mal hatte er sie gepackt. Er hielt sie bei den Haaren und bog ihren Kopf zurück.

164

»Mit diesem nicht zu stillenden Durst, der einstmals durch Circes Liebestrank erregt wurde.«

Sie spürte, wie das Verlangen von Agostino über ihre Stirn, ihre Augen, ihre Lippen glitt. Sie waren beide gleich groß und fast gleich stark. Sie wollte sich wehren. Atemlos murmelte er:

»Ich will dich nicht nur für ein paar leidenschaftliche Nächte, sondern für die Ewigkeit!«

Er drückte seine Lippen auf ihren Hals, ihre Kehle, ihre Brüste.

»Ich will meinen Mund in die Wärme deines Blutes tauchen … mein Feuertopas …«, stammelte er. »Mein goldener Kelch … mein Gift … Ich will dich trinken bis zum Tode.«

Einen Moment lang löste er sich von ihr. Betrachtete sie. Sie kannte diesen seltsamen, fast feindseligen Blick von Agostino. Sie erbleichte und schloß die Augen.

In diesem Moment öffnete sich die Tür. Der Furier erschien mit einigen Gästen.

»Wenn ihr noch nicht fertig seid«, rief er zum Raum hinter den Kulissen, »habt ihr Pech gehabt.«

»Ich habe diesen Satz gehört«, sagte Giovan Battista Stiattesi. »Und nicht nur ich. Es waren dort anwesend meine Frau, meine Kinder, Cosimos Kinder und die drei Söhne von Orazio. Ich wußte außerdem, daß Artemisia eine *Judith* nach ihrem Ebenbild gemalt und sie Agostino gegeben hatte. Nun war es aber so, daß Cosimo großen Wert auf diese *Judith* legte. Das Sujet fehlte noch in seiner Sammlung. Um die Wahrheit zu sagen, wollte er das Bild so sehr wie das Modell. Am letzten Karnevalstag schmiedete er einen Plan, um es sich zu beschaffen. Ich habe ihm deshalb Vorwürfe gemacht. Hier ist der Brief, den ich ihm zu diesem Thema geschrieben habe. Hier, diese acht Zeilen: ›Ihr solltet Euch schämen, diesem armen Mädchen ein derartiges Bild zu stehlen … Mir scheint, daß Ihr Euch am Abbild schadlos haltet, weil Ihr das Original nicht besitzen könnt … Bereitet Euch also auf die Beichte und die Enthüllung all dessen vor, das Ihr auf dem Gewissen habt. Heute, mein Kusin, leben wir noch. Aber morgen schon können wir unter der Erde sein. Ich rate Euch, darauf zu achten, wohin Ihr Eure

Füße setzt, und Euch an all die Mächtigen zu erinnern, die von einem Tag auf den anderen unter der Erde lagen und von den Würmern angenagt wurden. Man wird Euch nach Euren Taten beurteilen. Im Leben ... und im Tode. Denkt über diesen Brief nach.«

Cosimo lebte nicht lange genug, um die Gewalt, die dahintersteckte, zu ermessen. Doch ließen die Auswirkungen der dort enthaltenen Drohungen nicht lange auf sich warten. Nur wenige Tage trennen diese Worte, geschrieben am »Tag nach dem letzten Karnevalstag«, also am Aschermittwoch, dem 7. März 1612, von dem Schlag, der ihrer aller Schicksal beeinflussen sollte. Bleibt zu fragen, was der Auslöser, die letzte Furcht, die Gefahr der letzten Minute war, die Stiattesi dazu zwang, ein solches Drama in Gang zu bringen. Seine Predigt Quorli gegenüber liefert einige Antworten.

Cosimo war nicht sehr zufrieden mit den Diensten seines Cousins und versuchte schon lange, ihn aus dem Haus der Gentileschi zu entfernen. Aber Giovan Battista Stiattesi, der keine Miete bezahlen mußte, wehrte sich mit Zähnen und Klauen. Sollte man ihn davonjagen, dann drohte die Not. Ohne Obdach und Unterhalt von Orazio würde er auf den Stufen des Petersdoms betteln müssen: Stiattesi hatte Angst vor der drohenden Zukunft, die Cosimo für seine Frau und seine Kinder bereithielt ... Er verspürte zudem aufrichtige Dankbarkeit gegenüber Orazio. Dieser hatte sich gegenüber der Notarsfamilie sehr freundlich gezeigt. Trotz seiner Übellaunigkeit, seiner Stimmungsschwankungen, seiner leichten Erregbarkeit, die ihn von einem Extrem ins andere katapultierte, verhielt Orazio sich großzügig.

Wenn Gentileschi und Stiattesi sich auch nicht ins Herz geschlossen hatten, so ähnelten sie sich doch in gewisser Weise. Beide erlagen gleichermaßen dem Charme der undurchsichtigen Personen um sie herum. Sie waren beide vom Laster angezogen, von der Ausschweifung fasziniert. Und hatten dasselbe Verlangen nach Reinheit. Und nun hatte Quorli, der seinen Methoden treu blieb, Orazio eingeflüstert, daß Stiattesi Artemisia begehrte, daß der Feind im eigenen Lager lauerte, daß der Notar jeden Augenblick die Ehre der Familie Gentileschi rauben konnte. Gab es für den Furier ein besseres Mittel, sich des Notars zu entledigen?

Dieser letzte Angriff von Cosimo brachte den Mann des Gesetzes dazu, sich zu verteidigen: »Ich weiß nicht, auf was ich Eure letzte Gemeinheit zurückführen soll«, schrieb er ihm. »Ihr müßt wiedergutmachen, was Ihr mit Eurer Verleumdung bei Artemisia und ihrem Vater angerichtet habt. Sonst gebt Ihr mir den Grund, Euch einen üblen Streich zu spielen, was Ihr sehr bereuen werdet! [...] Ich rate Euch, mir keine weiteren Unannehmlichkeiten zu bereiten! Und wenn Orazio Gentileschi mir umsonst Unterkunft gewährt [...], dann braucht Ihr darüber nicht wütend zu sein ... Im Gegenteil, mein Cousin, Ihr müßtet ihm danken, daß er Angehörige Eurer Familie ein wenig besser behandelt als Ihr selbst ... Ihr habt Euch immer wie ein Blutsauger gegenüber den Armen und gegenüber denen verhalten, die für Euch gearbeitet und geschwitzt haben ... Eure schlechten Ratschläge haben mich vollkommen ruiniert. Freut Euch des Schadens, den Ihr mir bis jetzt zugefügt habt, und laßt mich endlich in Frieden ... Sonst mache ich Euren Peinigungen, mit denen Ihr mir zusetzt, ein Ende. Denkt daran, daß es in Rom eine tüchtige Justiz gibt. Und daß ich jemanden kenne, der mir gern zuhören wird.«

* *
*

Stiattesi und Gentileschi saßen im Getöse einer Schenke und beendeten ihr Abendessen. Sie hatten Orazios Arbeitsstätte im Casino Borghese spät verlassen. Cosimo und Agostino waren schon weitergegangen. Sie aber hatten sich im Hauptquartier der Künstler niedergelassen, in der *Osteria del Moro*, wo immer noch der Mann bediente, der gegen Caravaggio geklagt hatte. Der Maler hatte ihm einen Teller mit heißen Artischocken über den Kopf gekippt. Daraus hatte sich eine Schlägerei entwickelt, die Orazio jetzt, acht Jahre später, genüßlich in Erinnerung brachte.

Er spendierte das Essen. Über ihren Köpfen beleuchtete ein Rad mit Kerzen ihre Teller, auf denen sich noch Reste von Hering, Bohnen und Salat befanden. Es beleuchtete auch die drei leeren Weinflaschen. Es war zuviel Wein gewesen. Giovan Battista Stiattesi, der in seinem Leben viel getrunken hatte, vertrug kaum noch Alkohol. Dies war noch die geringste seiner widersprüchlichen Eigenschaften. Wenn die kleine Gruppe aus Quorli, Tassi und Gentileschi ihn in ihrem vertrauten Kreis duldete, dann lag das daran, daß der Notar mehr als die anderen ihre Zoten und ihre Ausschweifungen bei Tisch zu schätzen wußte. Er genoß sie um so mehr, als er dafür teuer bezahlte: Seine Gefräßigkeit stürzte ihn in die härtesten Selbstkasteiungen, seine Verdorbenheit in die schrecklichsten Gewissensbisse. Tassi und Quorli amüsierten sich sehr über Giovan Battistas Reue, die sich pünktlich am nächsten Morgen einstellte, vorausgesetzt, seine Moralpredigten galten nur ihm und wurden nicht lauthals vorgetragen.

»Signor Orazio, Ihr habt Euch mir gegenüber immer äußerst großzügig gezeigt«, begann er mit klagender Stimme, die durch den Wein fast wie Jammern klang. »Der Ruhm Eures Namens ist mir wichtiger als die Ehre meiner Familie. Eure Kinder sind mir teurer als meine eigenen ... Und ich schäme mich vor Gott für das Betragen Eurer Freunde ... Ich weiß, daß sie mich unter einem raffinierten Vorwand entfernen möchten, aber ...«

»Wer: sie?« unterbrach Orazio.

»Signor Agostino und Signor Cosimo ...«

Stiattesi holte tief Luft und nahm allen Mut zusammen: Er bereitete sich auf die Ausführung einer unangenehmen Aufgabe vor. Sein Herz verdammte, was ihm sein Geist befahl: die Erfüllung seiner Pflicht.

»Aber Ihr müßt wissen, Signor Orazio, daß mein Cousin das Andenken Eurer verstorbenen Frau besudelt ... und Eure Bilder stiehlt!«

Die Verblüffung und Wut, welche Gentileschi den Atem nahmen, ermöglichten es dem Notar, rasch mit seinen Eröffnungen fortzufahren. Er kannte die Heftigkeit seines Gesprächspartners, er mußte sich also beeilen, alles loszuwerden, bevor Orazio explodierte und ihm das Wort nahm.

»Die Tugend der Signora Prudenzia ist allen bekannt ... Aber Cosimo – der Himmel möge ihm verzeihen – verbreitet überall, daß Artemisia seine Tochter sei ... Er fragt die Leute, ob sie nicht fänden, daß sie ihm ähnlich sehe ... Er hat seine Dienerin und seinen Kutscher gefragt ... Und er hat ihnen gesagt, daß er bald Artemisias Bild hätte, welches er dann neben seins hängen würde, so daß jeder die Ähnlichkeit sähe, weil man nur ihre Gesichter vergleichen müßte … Er meint die *Judith*, die Artemisia nach ihrem Bild gemalt hat …«

»Meine *Judith*«, korrigierte Orazio. »Ich habe das Bild entworfen …«

Beklemmung drückte ihm gegen die Schläfen, schnürte ihm das Herz zu, so daß ihm übel wurde. Er versuchte verzweifelt, Ordnung in seine Gedanken zu bringen, um Giovan Battistas Bericht verdauen zu können. Aber die Dringlichkeit verlieh seiner Urteilskraft eine Schärfe, die der Notar nicht vorausgesehen hatte.

»Und Artemisia hat es nach den Anweisungen Agostinos ausgeführt«, präzisierte Stiattesi.

»Und ich habe die *Judith* vollendet«, sagte Orazio in entschiedenem Ton.

»Cosimo hat sie Eurer Tochter weggenommen.«

»Sie haßt ihn: Das hätte sie nie zugelassen!«

»Das hat sie auch nicht. Artemisia hat Agostino das Bild gegeben …«

»Was? Ohne meine Erlaubnis?«

»Ist *Signor* Tassi nicht ihr Lehrer?« Der Notar sprach diese Worte in einem Ton, der keinen Zweifel an der Zweideutigkeit ließ, die er ihnen verlieh. »Zur Fastnacht sah ich, daß Cosimo an dem kleinen Marmortisch in seinem Arbeitszimmer eine Notiz an Agostino schrieb und ihm befahl, das Bild – Eure *Judith* – dem Überbringer zurückzugeben. Cosimo hat diese Notiz vor meinen Augen mit Artemisias Namen unterzeichnet. Das Bild befindet sich nun bei ihm. Laßt es durch die Justiz beschlagnahmen: Ihr habt das Recht dazu. Man hat Euch bestohlen. Strengt eine Klage an.«

Orazio war tief getroffen: Das Andenken seiner Frau, sein Werk und die Tugend seiner Tochter waren in Gefahr! Giovan Battista Stiattesi, der kluge Stratege, bekam seine Rache! Es war ein Kinderspiel gewesen. Nun mußte er nur noch zum Todesstoß ansetzen.

»Ich muß Euch noch schrecklichere Geheimnisse anvertrauen … Im Mai letzten Jahres habt Ihr Agostino Tassi Eurer Tochter in die Laterankirche nachgeschickt. Erinnert Ihr Euch? Ihr habt ihn beauftragt, ihr bis zu Eurer Wohnung in der Via della Croce zu folgen. Nun, er ist ihr gefolgt, allerdings bis ins Schlafzimmer ...«

* *
*

Unter dem Gewölbe des großen Konsistoriensaals thront Papst Paul V. und hört seinem Sekretär zu, der gerade eine Affäre seiner besonderen Aufmerksamkeit empfiehlt. Die Affäre betrifft Diener seines Hauses, das heißt zwei Maler und den Furier. Der Zufall hat es gewollt, daß sie für den Sekretär Seiner Heiligkeit besondere Bedeutung hat: Er ist ein Verwandter der verstorbenen Frau Gentileschis. Seine Familie hat also eine sehr alte Rechnung mit Cosimo Quorli zu begleichen. Mit eintöniger Stimme liest er eine Bittschrift vor:

»Orazio Gentileschi, Maler und ergebenster Diener Eurer Heiligkeit, möchte Euch mit allem Respekt berichten, wie durch Vermittlung und Druck von Signora Tuzia, seiner Mieterin, die Tochter des Klägers mit Gewalt entjungfert und wieder und wieder im Fleische erkannt wurde von Agostino Tassi, dem Maler, Busenfreund und Partner des Klägers. Er wird zudem ausführen, wie Cosimo Quorli, Euer Furier, in diese unanständige Angelegenheit verstrickt ist. Und wie der oben erwähnte Cosimo nicht nur an der Entjungferung beteiligt war, sondern mit Hilfe seiner Intrigen der jungen Frau mehrere Bilder ihres Vaters entrissen hat, darunter eine lebensgroße *Judith*. Diese so schändlichen Taten, Heiliger Vater, sind zum Nachteil des armen Klägers und unter dem Deckmantel der Freundschaft vollbracht worden. Sie haben so großen Schaden verursacht, daß sie einem Mord gleichkommen ...«

Der Papst zuckt nicht mit der Wimper. »Mord«: Er weiß, daß dieses Wort keine hohle Stilfigur ist. Die Entehrung einer Tochter bedeutet tatsächlich den Tod des Vaters und das Ende seiner Familie. Ob das junge Mädchen sich freiwillig hingegeben hat oder nicht, zählt kaum, da sie sich, juristisch gesprochen, nicht gehört. Aber sie bürgt für die Familienehre, sie ist eine der Verwahrerinnen. Und die päpstliche Justiz nimmt es sehr genau mit diesem

Verbrechen, als dessen Opfer Orazio Gentileschi sich bezeichnet.

Stupro, dieses von der Gesellschaft so einfach mit »Notzucht« übersetzte Wort, deckt am Anfang des 17. Jahrhunderts einen viel komplizierteren Sachverhalt ab. Das römische Strafgesetzbuch unterteilt hierbei in drei verschiedene Delikte, deren Bestrafung von der Verbannung bis zum Tode reicht. *Stupro semplice*, Entjungferung mit Einverständnis. *Stupro qualificato*, Entjungferung mit Einverständnis nach Heiratsversprechen. Und *Stupro violente*, gewaltsame Entjungferung. Die Anklage wegen *Stupro violente* ist also ein übler Schlag gegen Tassi. Denn wenn sich das kanonische Recht herzlich wenig für den Tatbestand der Notzucht interessiert, so duldet es doch keinerlei Verletzung des Ideals der Jungfräulichkeit.

»... Aber diese ungeheuren Taten sind von jemandem verübt worden, der schon viel schwerwiegendere Delikte zu verantworten hat«, verkündet der Sekretär, »denn es handelt sich um Cosimo Quorli.«

Cosimo Quorli. Dieser Name, den man ihm mit besonderem Nachdruck wiederholt, beunruhigt den Pontifex maximus.

Klagt man einen Diener der päpstlichen »Familie« unzüchtiger Handlungen mit einer Jungfrau an, klagt man Papst Paul V. persönlich an.

Fünfzig Jahre früher hätte ein derartiger Angriff gegen den Pontifex maximus nicht viel gezählt. Aber so kurz nach dem Konzil von Trient, in einer Zeit, da die Päpste der Gegenreformation daran arbeiten, als Inkarnation der Keuschheit betrachtet zu werden, darf Paul V. nicht tatenlos bleiben. Angriff gegen die Sittsamkeit, Diebstahl, Kuppelei, diese Klagen gegen das Papsttum geben der Ketzerei neue Nahrung. Rechtfertigen die Protestanten das Schisma nicht durch die Verderbtheit des Heiligen Vaters und seiner Umgebung?

Die kurzsichtigen Augen Pauls V. wandern über das Gewölbe, verharren bei den vier Kardinaltugenden, den von der Tiara gekrönten Wappen und den Schlüsseln des heiligen Petrus. Am Anfang des Monats hatte ihn das schlechte Wetter dazu gezwungen, diesen Saal, diesen so geliebten, eisigen Palast zu verlassen, um seine Gemächer im Vatikan zu beziehen. Eine Krankheit hatte ihn dazu gezwungen. Der Baum, den sein Vorgänger auf dem Hinrichtungsplatz der Beatrice Cenci gepflanzt hatte, war während eines heftigen Unwetters vom Blitz getroffen worden und hätte ihn fast erschlagen. Paul V. hielt das für ein sehr schlechtes Vorzeichen. Jetzt sinnt er über das nach, was ihm gerade zu Ohren gekommen ist. Durch diese Anklage sind die Arbeiten in den Anwesen seines Neffen, des Kardinals Scipione Borghese, stark gefährdet ...

Mit über der Lehne seines Thrones zurückgelegtem Kopf bewundert der Papst immer noch seine Decke. Mit der rechten, in einem Handschuh steckenden Hand streicht er über seinen kurzen Spitzbart, während der Daumen der anderen Hand mechanisch den Diamanten an seinem Ringfinger dreht. Paul V. ist ein schweigsamer, eher freundlicher, gelehrter, fleißiger Mann, der stolz ist auf seine Leistungsfähigkeit. Er schmeichelt sich, über alles in seinen Hoheitsgebieten Bescheid zu wissen. Er nimmt für sich in Anspruch, sich persönlich um alles zu kümmern und sich für die großen und kleinen Belange zu interessieren. Jetzt nimmt er die Bittschrift aus den Händen seines Sekretärs, hält sie ganz nah vor sein Gesicht und überfliegt sie selbst.

»Und aufgrund all dessen wirft sich der Kläger zu Füßen Seiner Heiligkeit und bittet darum, daß gegen diese Umtriebe Maßnahmen ergriffen werden, die nur der Justiz zukommen. So gewährt Seine Heiligkeit nicht nur dem Kläger eine Gnade, sondern er verhindert auch, daß die anderen Kinder des Unterzeichners Schaden nehmen. Der Unterzeichner wird ewig zu Gott beten, daß er Seiner Heiligkeit gnädig sei.«

Die Würfel sind gefallen.

Die Magistrate, die die Bittschrift zusammen mit den Beweisstücken des finsteren Stiattesi – namentlich mit seinem Drohbrief gegen Cosimo Quorli – der Prozeßakte beifügen werden, können bald schon ein interessantes Detail bemerken. Beim Vergleich der Blätter werden sie entdecken, daß beide Schreiben auf demselben Papier geschrieben sind. Mit derselben Tinte. Mit derselben Handschrift, der regelmäßigen, fehlerfreien Linienführung des Notars.

Der Drohbrief gegen Quorli vom Mittwoch, dem 7. März 1612, und die Bittschrift an den Papst stammen aus derselben Feder, aus der eines etwas zu eifrigen Handlangers.

Wenn Tassi im Gefängnis Giovan Battista Stiattesi anklagt, Urheber der durch Orazio Gentileschi unterschriebenen Klage zu sein, irrt er sich also nicht. In der Tat ist Stiattesi der Verantwortliche für ihrer aller Unglück!

* *
*

Als Giovan Battista Stiattesi Orazio in der Schenke die Entehrung Artemisias enthüllte, konnte er nicht erkennen, ob sein Gesprächspartner mehr darunter litt, als Vater oder als Freund verraten worden zu sein.

Lächerlich gemacht, ruiniert und getäuscht von seinem eigenen Fleisch und Blut sowie von Agostino Tassi, dem einzigen Mann, den er je geliebt hatte, zögerte Orazio nicht, zur Tat zu schreiten. Die Heftigkeit seiner Gemütsbewegung hatte dazu geführt, daß er sofortige Bestrafung der Schuldigen forderte. Am selben Abend noch wandte er das Gesetz der Vergeltung an.

Doch nachdem seine Wut verraucht war, nachdem er die von Stiattesi vorgeschlagene Rache genehmigt und die Klage beim Papst unterzeichnet hatte, hüllte Orazio sich in Schweigen.

Er ging nicht, um Artemisia zu wecken, sie aus dem Bett zu holen, um von ihr die Bestätigung dessen zu hören, was er gerade erfahren hatte. Er wollte ihr weder ihr Verhalten vorwerfen noch ihre Verteidigung anhören. Er hatte zuviel Angst davor, sie zu sehen, ihr gegenüberzutreten. Er hatte Angst vor ihr, vor sich selbst und vor diesem Sumpf, der sie alle verschlang. Er empfand nur noch Grauen, Ekel und Entsetzen, und mit diesen Gefühlen schien ihm der einzige Ausweg die Flucht.

Noch in derselben Nacht räumte Orazio sein Atelier leer. Er nahm seine gesamten Materialien mit, die Farben, die Öle, die Kleister, die Pinsel, sogar Artemisias Werkzeuge und Requisiten.

Mit diesem Gepäck über der Schulter verschwand Orazio. Weder im Viertel um Santo Spirito noch im *Casino delle Muse* war er mehr zu sehen.

»Mein Gott! ... Was für eine Unordnung!«

Artemisia sah sich um. Die Rahmen, die Rollen Leinwand, der Gips, alles lag auf dem Boden. Sie bückte sich, um die Stücke einer Büste und herumliegende Blätter aufzuheben:

»Was ist denn hier passiert? Wer hat hier denn alles durcheinandergebracht?«

Giovan Battista Stiattesi war hinter Artemisia in den großen Raum getreten, der wie verwüstet wirkte. Er schloß die Tür und lehnte sich daran. Nach dem Vater würde er nun die Tochter informieren. ... Er hatte die Hände auf seinen Rücken gelegt und sah zu, wie sie hin und her ging. Er hielt sich sehr gerade. Sein langer schwarzer Mantel war vom Regen durchnäßt und fiel ihm wie eine Soutane bis zu den Füßen. In seiner Jugend mußte Giovan Battista Stiattesi sehr dunkle Haare gehabt haben. Doch mit dreiundvierzig Jahren waren sie schon ergraut. Er trug sie so kurz, daß es fast aussah, als wäre er kahlgeschoren. Sein unbehaartes Gesicht erinnerte an den Kopf eines Mönches. Von der Seite erschien seine Nase zu vorspringend, seine Nasenflügel waren glänzend und rot, Couperose, die wegen seines bleichen Teints sehr auffällig waren. Die Ohren waren durch den Haarschnitt freigelegt und wirkten riesig. Seine Mundwinkel senkten sich in scharfen Linien zu einem angespannten, bitteren Gesichtsausdruck. Aber von vorn hätte man Giovan Battista Stiattesi als sehr gutaussehenden Mann bezeichnen können. Er hatte hervorspringende Wangenknochen, sehr weit auseinanderstehende Augenbrauen und große grüne Augen, die klar und zuweilen funkelnd blickten. Seine runden roten Lippen ließen auf das Temperament, die Sinnlichkeit eines Agostino Tassi schließen. Aber im Gegensatz zu ihm war Giovan Battista groß und mager, hatte kein Gramm Fett auf den Rippen. Seine Erscheinung war von einer gleichzeitig strengen und beunruhigenden Schönheit.

Artemisia würdigte ihn keines Blickes. Sie hatte sich über eine Zeichenmappe gebeugt und suchte ihre Skizzen ...

»Es ist nichts mehr da!«

Kein einziger Pinsel, keine Palette. Selbst die Requisiten, die Stoffe, die Totenköpfe, die Engelsflügel, die sich sonst auf den Regalen häuften, waren verschwunden.

»Agostino hat Euch von jeher angelogen, Signorina Artemisia«, begann der Notar in sachlichem Ton.

Sie erhob sich mit rotglühenden Wangen.

»Wir alle haben Euch angelogen«, sprach er gedämpft weiter. »Agostino wird Euch nicht heiraten.«

»Warum nicht?« schrie sie.

Die Erinnerung an Costanza, ihre giftigen Äußerungen am Abend der Theateraufführung, hatte sie nicht mehr losgelassen. Sie war von Zweifeln zermürbt … Sie strich sich die Haare aus der Stirn und riß sich zusammen. Dann sagte sie mit einer Stimme, die sie unter Kontrolle zu halten versuchte:

»Ich weiß sehr wohl, daß Cosimo ihn daran hindern will. Agostino sagt immer wieder, daß er ohne ihn gehenkt worden wäre und gegen seinen Willen nicht heiraten kann!«

»Gott bewahre! Er heiratet Euch nicht, weil er seit fünf Jahren mit seiner Schwägerin Costanza in eheähnlichen Verhältnissen lebt. Während Ihr glaubt, er sei Euer Mann, geht er zu ihr, in ihr Bett. Sie haben mehrere Kinder zusammen, das ist eine allseits bekannte Tatsache. Costanza hat gedroht, ihn wegen Blutschande anzuzeigen, wenn er sie verläßt … In Livorno hat er auch sie vergewaltigt und entjungfert. So wie er die verstorbene Maria vergewaltigt und entjungfert hat. Gesteht Eurem Vater die Wahrheit, Signorina Artemisia! Strengt eine Klage vor Gericht an! Das ist der einzige Ausweg, der Euch bleibt! Auch wenn Agostino noch so verliebt in Euch ist, so befindet er sich gegenüber Costanza und Cosimo doch in einer Zwangslage. Er wird sie beide nicht herausfordern. Außer Ihr zwingt ihn dazu. Nur die Justiz kann Agostino Tassi dazu bringen, Euch zu heiraten. Denkt nach! Er ist frei. Warum hat er nicht schon längst sein Vergehen wiedergutgemacht, wenn er Euch wirklich heiraten wollte? Gesteht alles Eurem Vater. Vertraut Eure Ehre der tüchtigen Justiz des Heiligen Vaters an. Habt Vertrauen in Gott und seine Kirche …«

Der Notar verschwieg ihr, daß Orazio noch in der Schenke nach Papier und Tinte verlangt hatte; daß die Anzeige von Stiattesi an Ort und Stelle aufgesetzt worden war; daß Orazio sie unterzeichnet hatte; daß sie sie sofort und ohne länger nachzudenken zum Quirinalspalast gebracht hatten.

Wie erfuhr Artemisia vom Grund für die Unordnung im Atelier und für das Verschwinden ihres Vaters? Wer offenbarte ihr, daß Orazio sie der Schande einer öffentlich bekanntgemachten Entehrung aussetzte? Daß am selben Abend noch die Häscher des Papstes Agostino Tassi und Tuzia verhafteten? Daß am übernächsten Tag, dem 18. März 1612 – einem Sonntag! –, der stellvertretende Richter der römischen Kurie, sein Protokollführer und zwei Hebammen Vater und Tochter Gentileschi in ihrem Haus befragen wollten?

Der erste Impuls des jungen Mädchens war, ihren Geliebten zu warnen … Wenn ihr Vater alles wußte, dann mußte Agostino mit ihm sprechen! Barhäuptig verließ sie in rasender Eile das Haus, lief durch den Regen über die Piazza di Santo Spirito, stieg die Straße hinauf, die zum Kloster Sant'Onofrio führte … Agostino warnen … ihn schützen!

Aber Agostino wohnte nicht mehr auf dem Hügel. Der Besitzer seines alten Zimmers erzählte der jungen Frau, daß Tassi nun in der Via della Lungara wohnte. Er lebte jetzt wieder mit seinem Lehrling zusammen. Und dessen Frau!

Wie Artemisia in ihre Wohnung zurückkam, wußte sie nicht. Sie erinnerte sich nur noch, daß es regnete, seit Ewigkeiten regnete.

Zwei Stunden später wurde Agostino Tassi in der Via della Lungara verhaftet, als er gerade die Ponte Sisto überquert hatte, um nach Hause zu gehen – zu Costanza. Neuer Bestimmungsort: Corte Savella. Tuzia folgte ihm nur wenige Minuten später ins Gefängnis.

Zusammengekrümmt auf ihrem Bett, hörte Artemisia das Hämmern der Stiefel, die Schreie, das Geräusch des über ihr umkippenden Tisches und schließlich, daß Tuzia mit Gewalt die Treppe hinuntergebracht wurde. Danach war es still.

Sie nahm das Messer, mit dem sie Agostino am Abend der Vergewaltigung verletzt hatte, und drückte es an sich. Sie würde sterben. Der Tod. Es war kein Plan, auch keine Idee. Sondern ihre letzte Hoffnung. Nur der Tod konnte sie noch aus diesem Alptraum befreien. Mit dem Messer glaubte sie, der Hand Cosimos zu entrinnen, die sich auf ihren Leib gelegt hatte.

Sie bewegte sich nicht mehr.

Zwei Tage, ohne zu trinken. Ohne zu essen. Ohne zu schlafen. Erstarrt vor Kälte, einer feuchten Kälte, die sie bis aufs Mark durchdrang, kraftlos vor Scham dämmerte sie vor sich hin. Niemandem kam die Idee, daß sie sich noch im Haus befinden könnte. Ihre Brüder, die nun sich selbst überlassen waren, hatten sich zu Nachbarn geflüchtet.

In der ganzen Straße war von nichts anderem mehr die Rede als von dem Fluch, der das Haus der Gentileschi heimgesucht hatte. Der Vater ließ seine Kinder im Stich und versteckte sich. Und seine Mieterin war verhaftet worden und ließ ebenfalls Kinder mittellos zurück. Man hätte glauben können, daß Giovan Battista Stiattesi nun das Ruder in die Hand nehmen würde. Aber da kannte man die römische Justiz schlecht! Agostino Tassi sollte seinerseits vom Kerker aus erfolgreich Klage erheben. Nicht in der Angelegenheit, die ihn direkt betraf, sondern wegen der Schulden, die ihm der Notar nicht zurückgezahlt hatte. Stiattesi sollte sich ebenfalls bald im Gefängnis befinden.

Orazio tauchte erst am Tag von Artemisias erstem Verhör wieder auf. Man sah ihn kommen und gehen, ohne daß man hätte sagen können, was er eigentlich machte. Am Sonntag, wenige Stunden vor der Ankunft der Justizbeamten, zog er wieder bei sich ein. Aber ohne Gepäck. Die Nachbarn munkelten, daß er alles zur Pfandleihe gebracht hätte. Und das Geld vertrunken.

Die Ankunft des Vaters und der Vertreter des Gesetzes sollte Artemisia abrupt aus ihrem Dämmerzustand reißen. Sie war schließlich eingeschlafen. Das Fieber war gefallen. Stiattesis Frau – von Orazio geschickt, der instinktiv wußte, wo seine Tochter sich versteckte – hatte sie geweckt, damit sie aß und sich anzog.

Ohne Verhaltensmaßregel, ohne Rat und Vorbereitung, ohne irgendeinen Plan wurde sie aus ihrem Schlafzimmer vor die Justizbeamten geführt. Nach zwei Tagen in völliger Erstarrung kam ihr noch nicht einmal der Gedanke zu lügen, und das ihr, die seit so langer Zeit log und sich verstellte!

Die Angst, das Gefühl der Bedrohung, das ihr Dasein vergiftet hatte, war verschwunden. Die Voraussagen ihres Vaters wurden Wahrheit. Er hatte recht gehabt. Sie war ein loses Frauenzimmer. Eine Hure. Das Gefühl der Scham, die Furcht, durchschaut und der öffentlichen Schande ausgesetzt zu werden, waren ihr seit der Beerdigung ihrer Mutter bekannt, seit den ersten Blicken, die Cosimo Quorli in der Kirche Santa Maria del Popolo auf ihren Nakken geheftet hatte. Das Schlimmste war eingetreten. Was sollte sie jetzt noch fürchten?

Der unerträgliche Schmerz, den sie empfunden hatte, als Stiattesi ihr die Beziehung zwischen Agostino und seiner Schwägerin enthüllte, hatte einer passiven Ergebenheit Platz gemacht, die allerdings nichts mit Resignation zu tun hatte.

Die Erinnerung an das Geschehene weckten in ihr aufs neue den Widerstand gegen den Mann, der sie entehrt hatte.

Vielleicht zum ersten Mal seit dem Tag der Vergewaltigung hatte Artemisia Gentileschi ihren Lebenswillen wiedergefunden. Und das Bedürfnis, die Wahrheit hinauszuschreien.

* *
*

»Ja, ich kann mir vorstellen, worüber Ihr mich befragen wollt, weil ich gehört habe, wie mein Vater gekommen und wieder gegangen ist, und weil ich weiß, daß er unsere Mieterin hat verhaften lassen.«

An diesem Sonntag, dem 18. März 1612, brach über dem Häuschen im Borgo Santo Spirito die Dunkelheit herein. Das gesamte Viertel von Sankt Peter hatte sich vor der Tür versammelt. Die beiden Hebammen, die die Genitalien von Artemisia untersuchen sollten, warteten draußen mit den Schaulustigen. Sie sollten dort bleiben, bis der stellvertretende Richter sie zur gynäkologischen Untersuchung rief. Unterdessen plauderten sie Einzelheiten über die Affäre aus und beantworteten lüsterne Fragen.

Schon fast zwei Stunden stand Artemisia Gentileschi ihr erstes Verhör im Gemeinschaftsraum aus. Sie war allein vor den Vertretern des Gesetzes. Ihr Vater lief vor der geschlossenen Tür auf und ab.

«Als Ihr gewaltsam von Agostino Tassi entjungfert worden seid, habt Ihr da geblutet?«

Die junge Frau hielt sich sehr gerade. Sie hatte ihre nackten Unterarme auf den Tisch gelegt, doch stützte sie sich nicht auf. Sie saß dem stellvertretenden Richter gegenüber und sprach direkt mit ihm. In seinem langen Talar wirkte er wie ein Kleriker. Er hörte nur zu und zeigte keinerlei Reaktion. Sie starrte ihn mit jenem dunklen, Aufmerksamkeit erheischenden Blick an, einem Blick, den sie manchmal nach links wandte, zum Protokollführer, um sich zu vergewissern, daß sie nicht zu schnell sprach und er genügend Zeit hatte, jedes ihrer Worte aufzuschreiben.

Hätten die beiden nicht so viel Berufserfahrung gehabt, hätte dieses Mädchen sie verwirrt. Sie mußte an die siebzehn Jahre alt sein und war groß, üppig und blühend. Ihre innere Sicherheit, ihre Ungezwungenheit, etwas zu Freimütiges in ihrem Ton, eine zu große Impulsivität konnten den Eindruck erwecken, sie sei wie die zahllosen Huren des Viertels. Und doch schien sie frei von jeglicher Koketterie. Sie trug keinerlei Schmuck, keinerlei Zierat. Nur einen einfachen roten Rock. Ein schwarzes Mieder, das unter den Armen geschnürt und nachlässig über den Schultern verknotet war, darunter eine am Kragen ausgezackte, mit Spitzenborte versehene Bluse, durch die man nichts sehen konnte. Aber die Brüste, die die Fältelung derart ausfüllten, daß sie zu reißen drohte, dieser kleine Mund mit den scharfen Zähnen, ihre zu schweren rotblonden Haare, die in Strähnen über Schläfen und Augen fielen – all dies war eine Aufforderung zur Liebe.

Nur daß ihre Stimme so rein, so unverdorben und klar klang. Sie sprach voller Kraft, Genauigkeit und Prägnanz.

»Als Agostino mich vergewaltigte, hatte ich meine Blutungen, daher kann ich Euer Ehren nicht versichern, daß ich durch seinen Akt blutete, ich weiß auch nichts über solche Sachen …«

Man hörte ganz in der Nähe die Glocken des Petersdoms zum Ave Maria läuten, dazu die klare Stimme der jungen Frau, das Kratzen der Feder und das Geräusch von jemandem, der hinter der geschlossenen Tür hin und her ging. Die Personen waren nicht mehr zu sehen. Artemisias ovales Gesicht, ihre zerzausten Haare, ihr Mund, all das verschmolz mit der Dunkelheit. Manchmal verharrten die Schritte. Preßte ihr Vater sein Ohr an die Tür und versuchte zu hören, was sie berichtete?

»Ich habe nicht nur dieses erste Mal geblutet, sondern auch die folgenden Male, als Agostino mich im Fleische erkannte. Ich habe ihn gefragt, warum ich immer blutete, und er antwortete, daß dies ein Fehler in meiner Leibesbeschaffenheit sein müsse.«

»Habt Ihr von Agostino Tassi Geschenke bekommen?«

»Nein, was ich mit ihm tat, tat ich, weil er mein Mann werden mußte, da er mich entehrt hatte.«

»Seid Ihr noch von anderen Männern außer ihm im Fleische erkannt worden?«

»Nein, nie. Aber es trifft zu, daß Cosimo Quorli alles unternommen hat, um mich zu besitzen.«

Dann ordnet der stellvertretende Richter an, daß man die beiden Geburtshelferinnen hereinführt.

In ihrem Zimmer, auf dem Bett, wo Agostino sie geliebt hat, spreizen sie ihr die Beine und untersuchen sie unter den aufmerksamen Blicken eines Mannes, des Protokollführers. Wie demütigend muß es für Artemisia gewesen sein, als die beiden Hebammen sich wieder aufrichten, um zu verkünden, daß das Jungfernhäutchen der Signorina schon vor sehr langer Zeit gerissen ist.

* *
*

Im Besitz der Zeugenaussage, die Agostino Tassi belastete, hatten die Justizbeamten das Haus verlassen.

Artemisia saß auf dem Bett, wo die Hebammen sie untersucht hatten, und konnte ihr Zimmer nicht verlassen. Sie wagte sich nicht zu rühren. Sie blieb allein in der Nacht zurück. Aber die Anstrengung, die sie für die Beantwortung der Fragen hatte aufbringen müssen, hatte sie in die Wirklichkeit zurückgebracht.

Hatte Artemisia versucht, sich zu rächen, als sie die Behauptungen Orazios bestätigte, in seinem Sinne die Anklage bekräftigte, der Justiz von selbst Einzelheiten über die Vergewaltigung sowie Tuzias und Agostinos Verhalten lieferte? Belastete sie sie aus

Trotz, aus Eifersucht? Ergriff sie für ihren Vater und gegen ihren Liebhaber Partei, um ihm seinen Verrat mit Costanza heimzuzahlen?

Sie hatte gehört, daß ihr Vater während des gesamten Verhörs wie ein wildes Tier im Käfig hin und her gelaufen war. Jetzt hörte sie, daß er im Atelier herumwerkelte. Auf einmal hatte sie Angst vor ihm. Und das Bedürfnis, ihn zu sehen. Sollte er sie doch schlagen! Sollte er sie doch töten! Alles war besser als dieses Schweigen. Alles war besser als seine Abwesenheit.

Schließlich stand sie auf. Sie durchquerte das Zimmer, in dem Orazio und ihre Brüder schliefen. Sie stieß die Tür zum Atelier auf.

Gentileschi hatte alle Kerzen, Leuchter und Fackeln angezündet. Eine düstere Nachtwache. Das Licht tanzte auf den Gipsstücken, die sie nicht aufgehoben hatte, auf den Blättern, die auf dem Boden lagen, auf den gegen die Wände gelehnten Bildern, auf dem Körper der *Susanna* – einem Bild aus anderen Zeiten. Mitten im Zimmer ragte gespenstisch die Staffelei empor, auf der noch vor kurzem die *Judith* gestanden hatte – ihrer aller *Judith* … Orazio hatte gerade ein großes weißes Blatt Papier dort aufgestellt, das alles Licht einfing und jungfräulich strahlte.

Er stand breitbeinig auf seinen zu dünnen Beinen, hatte die Ärmel seines Wamses bis zu den Ellbogen aufgekrempelt und entwarf von neuem mit großen, wütenden Strichen eine Zeichnung, diese Zeichnung in der Anordnung eines X, mit zwei Gestalten, die Artemisia unter der Anleitung von Agostino entwickelt und auf die sie so stolz gewesen war. Ihre *Judith*. Das Bild lagerte nun in den Kellergewölben des leitenden Notars dieses Viertels und würde dort bleiben, bis Gentileschi bewiesen hatte, daß es ihm gehörte. Aber was zählte sein Wort gegen das von Cosimo, welcher versicherte, es gekauft und bar bezahlt zu haben?

Als Orazio hörte, daß seine Tochter eintrat, machte sein Herz einen Satz.

Er wandte sich nicht um.

Er fühlte ihre Gegenwart und arbeitete unkonzentriert. Doch er gab vor, sie nicht bemerkt zu haben, und zeichnete verbissen weiter.

Mit jedem Strich dachte Orazio wütend, verbittert und wehmütig an die Zeit zurück, wo er noch in Frieden mit ihr gelebt hatte ... Hatte diese Zeit überhaupt existiert? Er verlor langsam alle Bezugspunkte. Es gelang ihm weder, die Vergangenheit zu leugnen – seine Liebe für die kleine Artemisia, seine so herzliche Freundschaft mit Agostino – noch sie mit der Gegenwart in Einklang zu bringen, mit seinem Haß. Dieser Eindruck, gleichzeitig in zwei verschiedenen Welten zu leben, in der Zuneigung und im Rachedurst, brachte ihn aus der Fassung.

Sicher, die Zeit, als er Artemisia noch im Verdacht hatte, ihn zu entehren, war quälend gewesen. Aber er zog den Zweifel tausendfach dieser Verzweiflung vor. Was er auf der Welt am meisten gefürchtet hatte, war eingetreten. Im Gegensatz zu Artemisia verspürte Orazio darüber keinerlei Erleichterung.

Sein Brennen im Magen hinderte ihn am Sprechen. Aber als er hörte, daß seine Tochter im Atelier auf ihn zuschritt, brannte ihm ein noch viel schlimmerer Schmerz im Leib. Er hielt es nicht mehr aus und drehte sich um.

Ihre Blicke trafen sich. Artemisia wich das Blut aus dem Gesicht. Doch hielt sie seinem Blick stand.

Sie ging mit leicht zurückgeworfenem Kopf auf ihn zu. Als wollte sie ihn herausfordern. Ihre Haare kräuselten sich von der Feuchtigkeit, rahmten ihr abgezehrtes Gesicht ein und schienen dunkler als sonst. »Ja, sie fordert mich heraus«, dachte er. Artemisias Blässe, der seltsame, gleichzeitig stolze und furchtsame Ausdruck, der sich auf ihren Lippen festgesetzt zu haben schien, verliehen ihr ein schrecklich gespenstisches Aussehen. Und die großen Augen, mit denen sie ihn vorwurfsvoll anblickte, bedrohten ihn. Dies zumindest war sein Eindruck.

Vater und Tochter beobachteten sich wortlos. Sie überwachten sich, belauerten sich wie zwei Tiere, die einander fürchten. Jeden Moment konnte Artemisia losspringen, Orazio wartete nur darauf.

Aber Orazio irrte sich. Artemisia bedrohte ihn nicht. Sie befand sich lediglich in dem gleichen verwirrten Geisteszustand wie er, schwankte zwischen gegensätzlichen Gemütsbewegungen, war hin und her gerissen zwischen Schuldgefühl und Wut gegen ihren Vater. Zwischen Mitleid und Haß.

Sie nahm ihm übel, was er ihr angetan hatte – die öffentliche Schande, das Verhör, die Hebammen –, und warf sich doch gleichzeitig vor, was sie ihm zugefügt hatte. Sie verstand ihn, verzieh ihm. Und sie haßte ihn.

Wie sollte sie Agostino Tassi vergessen? Wie sollte sie vergessen, daß er zu dieser Stunde im Gefängnis schmachtete? Wegen Orazio. Wegen Artemisia … Die Erinnerung an ihren Geliebten vergiftete ihre Beziehung. Orazio spürte das. Er spürte, daß diese Hure nur an den Anderen dachte, daß sie keinerlei Gewissensbisse hatte, weil er so litt, weil sie ihm diese Verletzung zugefügt hatte … Er brauchte sie nur anzusehen: den erhobenen Kopf, den verächtlichen Blick. Dann wandte er sich ab.

Er ertrug nicht mehr die Verachtung, die er in allen Gesichtern zu lesen glaubte, in den Gesichtern seiner Nachbarn, seiner Gehilfen, seiner Lehrlinge, auf der Straße, in der ganzen Stadt. Er ertrug nicht mehr das Gerede, dessen er sich zu erinnern glaubte. Nun meinte er, Gelächter in seinem Rücken gehört zu haben. Alle Welt hatte über ihn gelacht! Wie lange schon machte sich Rom über Orazio Gentileschi lustig? Jetzt hatte er die Gewißheit, daß man ihn überall und immer schon lächerlich machte. Daß man ihn seit Jahren schon herabwürdigte. Die Verleumdungen Cosimos – über seine Frau, wie Stiattesi ihm verraten hatte – hatte Orazio allerdings von seinem Herzen ferngehalten. Die Möglichkeit, Artemisia könnte nicht seine Tochter sein, war derart absurd, daß er sie noch nicht einmal in seinem Kopf zurückbehalten hatte. Er verwarf instinktiv diese Idee, verschwendete keinen Gedanken, keinen Zweifel, nicht den Schatten einer Unsicherheit an sie. Aber in Erinnerung an Cosimo verfluchte er seine Tochter! Die beiden waren doch vom selben Schlag, sie waren Schlangen, sie waren des Teufels! Sie stanken beide nach Aas. Seit Prudenzias Tod hatte er nirgendwo mehr Reinheit gefunden. Ja, seit Prudenzias Tod kämpfte er vergebens, um aus sich ein paar Funken Licht zu pressen, suchte er nach Schönheit, nach Perfektion … Ohne Ergebnis. In der Verwirrung seiner Gefühle vermischte Orazio nun sein privates Unglück mit seinen beruflichen Enttäuschungen: Er hatte nicht die Aufträge bekommen, die er verdiente. Und von seinen Mäzenen nicht die Ehren, die seinem Talent entsprachen. Seine Konkurrenten, Baglione, Cavalier d'Arpino, sie alle trugen die Tracht des Christusordens. Und er? Hatte nichts! Ja, die Masse der Maler heftete sich an seine Fersen wie eine Meute Hunde, die einem Artgenossen den Garaus machen will. Seine Konkurrenten benutzten seine Tochter, um ihn zu vernichten, um seine Arbeit herabzuwürdigen, ihm seine Vision zu rauben: das Ideal der Reinheit, das er sein ganzes Leben lang in den Gesichtern der Heiligen und Madonnen wiederzugeben versucht hatte.

Der Gedanke an sein Bild, an die *Judith*, die Artemisia für ihr Eigentum gehalten und daher an ihren Geliebten gegeben hatte, ließ Orazio nicht mehr los. Dieses Werk, das für ihn bis zum Richterspruch verloren war, dieses Gemälde, das die beiden Verführer in Händen gehalten hatten, Tassi und Quorli, dieses Bild wollte Orazio in jener Nacht neu erschaffen. Sein Stift kratzte über das Papier. Er zeichnete zwei weibliche Gestalten. Die eine befand sich im hellen Licht, mit dem Schwert in der Hand, und wandte ihm ihr unruhiges Gesicht zu. Seine Tochter. Ein dünnes Rinnsal Blut floß auf ihren Rock. Die andere, Judiths Magd, blickte in die Ferne. Im Zentrum liefen alle Linien zusammen. Die Klinge des Schwerts, Judiths Arm, der Arm der Dienerin, alles konzentrierte sich um einen Lichtkreis: die blutigen Tücher, den Weidenkorb und den abgetrennten Kopf.

In der Bibel, im Buch Judith, steht geschrieben, daß Judith in ihren Festtagskleidern die Stadtmauern verläßt, um die Stadt von der Belagerung durch den König von Babylon zu befreien. Ihre alte und treue Magd Abra begleitet sie. Sie nimmt den Kopf des Tyrannen in einem Sack mit, nachdem Judith Holofernes verführt, betrunken gemacht und enthauptet hat.

Doch Orazio verlieh der Magd Abra nicht die Züge einer alten Frau. Im Bruch mit allen Traditionen, im Gegensatz zur Erzählung in der Bibel, malte er sie als junge Frau, die sich wachsam umsieht, als junge Frau, die ebenfalls das Ungestüm, die Sinnlichkeit und Qual von Artemisia Gentileschi aufweist.

Artemisia stand unbeweglich an der Seite ihres Vaters und beobachtete ihn bei der Arbeit. Sie bemerkte voller Schmerz, daß sie

184

aus ihm einen alten Mann gemacht hatte. Mit seinem mageren Hals, seinen Kinderlöckchen, seinem feinen, grauen Haarflaum wirkte er wie ein Vogel. Ein beängstigend schmaler Kopf ... Und dazu die dünnen Beine, die schmächtigen Schultern. Sie ertrug dieses Mitleid nicht mehr, das er ihr einflößte!

Sie ertrug auch ihren eigenen Widerstand nicht mehr, den Ekel und den ungeheuren Zorn, welche sie trennte, diese Wut, die niemals ausbrach.

Aber Orazio tat ihr nicht den Gefallen und machte ihr Vorwürfe. Und sie gab ihm keinerlei Erklärungen, rechtfertigte sich nicht.

Schweigend, ohne ein Wort, ohne einen Blick, machten sich Vater und Tochter also an die Arbeit. Sie entfachte das Feuer, spitzte seine Stifte an, spannte eine neue Leinwand auf einen Rahmen.

Sie stand hinter ihm und wartete auf seine Anweisungen. Er mußte nur ein Zeichen geben. Sie würde ihm seine Arbeitsinstrumente, den Spachtel, den Pinsel, die Palette, Wasser und Öl geben.

Durch diese rituellen Gesten hoffte Artemisia, ihre innere Kraft aus einer Zeit wiederzufinden, als die Arbeit neben Orazio, die Möglichkeit, von ihm zu lernen, ihm zu helfen, ihn zufriedenzustellen, all ihre Bestrebungen befriedigt hatten. Damals war sie noch unschuldig gewesen und konnte dem Ideal der Schönheit, den Träumen von Größe und Ruhm nachstreben, die alle Künstler in der Via della Croce bewegten. Doch jetzt ... Sie erfüllte unterwürfig ihre Aufgaben, um der Erinnerung an ihren Fehltritt zu entrinnen.

Seit sie die Fakten bestätigt, von der Vergewaltigung berichtet und gegen Agostino ausgesagt hatte, wurde sie von Reue und Gewissensbissen zerfressen.

Sie hatte den Eindruck, jemandem eine Verletzung zugefügt zu haben. Gefühlt zu haben, wie das Blut von jemandem, von ihrem Opfer, warm über ihre Hand floß. Ja, wenn man jemanden getötet hatte, mußte man das empfinden, was sie gegenüber Agostino empfand.

Sie liebte ihn, wie man seine Sünden liebt. Seine Abwesenheit machte sie kopflos vor Angst. Sie litt körperlich unter ihrer Trennung, warf sich vor, sie unwiderruflich gemacht zu haben. Sie dachte nur noch an ihn, an seinen Kummer, an das Leid, das sie ihm zugefügt hatte.

Jedes andere Gefühl Agostino gegenüber war verschwunden, die Wut, die Eifersucht, als sie von seiner Beziehung zu Costanza erfahren hatte, alles war verschwunden. Zurück blieb nur Liebe.

Wie konnte sie ihm helfen? Wie konnte sie ihn retten?

Stiattesi hätte auch daran gedacht. Aber Stiattesi war nicht da. Vor seiner Verhaftung hatte er behauptet, daß die Haft von Agostino nicht lange dauern würde. Er zweifele nicht daran, daß Agostino, vor die Wahl zwischen Gefängnis und Heirat gestellt, auf der Stelle Gentileschis Tochter heiraten würde. So wie er sie liebte …

Doch hatte er nicht mit Orazios Haß gerechnet. In dieser Hinsicht hatte Giovan Battista Stiattesi die Angelegenheit schlecht beurteilt. Tassis Lage im Gefängnis stand nicht zum besten.

* *
*

Dieses Mal war Cosimo Quorli selbst durch das Drama gefährdet und konnte seinem Schützling nicht allzu offen helfen. Plötzlich mischten sich weitere Beschuldigungen gegen den Furier in die Anklage. Von allen Seiten regnete es Briefe über seinen Amtsmißbrauch und seine Vergehen der letzten zwanzig Jahre. Vergolder, Dekorateure und Silberschmiede, all diejenigen, die sich einstmals geweigert hatten, einen Teil ihres Lohns für Cosimo Quorli abzuzweigen, all jene, die daraufhin von den päpstlichen Baustellen ferngehalten worden waren, bliesen jetzt zum Halali. Cosimo konnte seine Freunde nunmehr an einer Hand abzählen.

Waren die Ungnade bei Hof, die öffentliche Entehrung im Künstlerviertel die Ursachen für seine Krankheit? Weniger als drei Wochen nach Agostinos Verhaftung wurde Quorli bettlägerig. Am 5. April diktierte er im Beisein seines Testamentsvollstreckers, des Malers Orazio Borgianni, seinen letzten Willen.

Starb er an der Franzosenkrankheit – der Syphilis –, von der man sich so selten erholte, daß das dafür vorgesehene Krankenhaus am Corso den äußerst optimistischen Beinamen *Krankenhaus der Unheilbaren* trug? Oder wurde er von der Malaria dahingerafft, die in den päpstlichen Hoheitsgebieten alltäglich war? Die Reiseberichte rieten den Besuchern der Ewigen Stadt dringend davon ab, sich ins gesundheitsschädliche Umland zu begeben: Jeder, der die Nacht außerhalb der Stadtmauern verbrachte, wurde mit größter Wahrscheinlichkeit von diesem wiederkehrenden Fieber, dem »römischen Fieber«, befallen, und wer ihm nicht sofort erlag, blieb den Rest des Lebens in seiner Macht.

Cosimo Quorlis Krankheit ist auch heute noch ziemlich rätselhaft. Waren die Ausschweifungen des Karnevals so verhängnisvoll? Cosimo hatte bereits mehrere Gichtanfälle gehabt.

Seine Frau jedenfalls sprach von einer Vergiftung.

Sie veranstaltete ein großes Geschrei, allerdings nur bis zur Testamentseröffnung. Dann verstummte sie. Denn durch das Hinscheiden ihres Mannes bekam sie ihre Mitgift wieder, die stattliche Summe von zweitausend Talern. Quorli hatte sie außerdem bis zur Volljährigkeit seiner beiden Söhne zur Vermögensverwalterin bestimmt. Für die Tochter hatte man das Kloster vorgesehen, so sparte man etliches von der Summe, die man bei einer eventuellen Heirat hätte aufwenden müssen. Wenn Cosimo also vergiftet worden war, wer außer einer jungen, von nun an sehr gut versorgten Witwe hätte daran ein Interesse gehabt?

Bleibt noch zu sagen, daß Quorli vor – und nicht nach – der Verhaftung Giovan Battista Stiattesis krank wurde.

Doch daß Stiattesi eins der in dieser Zeit weitverbreiteten Pülverchen hätte benutzen können, scheint doch sehr zweifelhaft. Wie sollte man annehmen, daß der Notar oder die Signora Quorli wissentlich den Furier ins Grab gebracht hatten?

Das unvermittelte Verschwinden Quorlis hält jedoch dazu an, sich einige Fragen zu stellen. Es tritt weniger als einen Monat nach den Morddrohungen von Giovan Battista Stiattesi ein, genau in dem Moment, da Tassi die Hilfe seines Gefährten besonders nötig gehabt hätte.

Wie dem auch sei, am 8. April 1612 ruht Cosimo Quorli unter der Erde. Doch vorher hat er ein letztes Mal das einzige Wesen an sein Bett gerufen, das er zu lieben behauptete: Artemisia Gentileschi.

»Rette Agostino! Du allein kannst ihn retten. Sag, daß ich es war, Cosimo, der dich entjungfert hat! Er wird dich heiraten, weil ich ihn jetzt nicht mehr daran hindern kann. Dir kann es doch egal sein, wer dich entjungfert hat. Sag, daß ich es war, dein Vater!«

Ein seltsamer letzter Wille …

* *
*

Cosimos Tod schien in Orazio die Gefühle für seinen letzten Freund wiedererweckt zu haben, für Giovan Battista Stiattesi. Er begab sich in das Gefängnis Corte Savella und bürgte für alle Schulden des Notars. Er schwor an seiner Statt, daß Stiattesi in seinem Haus im Viertel von Santo Spirito bleiben und sich bis zu Agostino Tassis Prozeß der Justiz zur Verfügung halten würde.

Am Tag nach Ostern war Giovan Battista frei. Er kehrte ins Haus der Gentileschi zurück.

»Sagt, daß Cosimo Euch entjungfert hat, was habt Ihr zu verlieren? Sagt, daß er es war, und die ganze Sache erledigt sich von selbst«, riet auch er Artemisia.

Hatte Stiattesi Angst vor der Wendung, die das Abenteuer nehmen konnte? Wenn er sich am Furier rächen und Tassi eine Lektion erteilen wollte, so war ihm das gelungen: der erste war tot, der zweite unschädlich gemacht. Der Kampf endete mangels Kämpfern. Stiattesi wollte nun Frieden. Er schwenkte wieder um und unternahm Schritte, deren Konsequenzen er zweifellos nicht ermaß.

Fortführung von Giovan Battista Stiattesis Zeugenaussage:

»Ihr müßt wissen, Euer Ehren, daß ich mich nach meiner Verhaftung völlig in den Dienst der beiden Parteien gestellt habe, um die Angelegenheit beizulegen«, erzählte er. »Ich wurde also von Agostino zum Corte Savella gerufen, da ich früher ein enger Freund war. Er bat mich, Orazio Gentileschi davon zu überzeugen, ihn im Gefängnis zu besuchen. Meine Bemühungen waren erfolgreich. Eines Morgens gelang es mir, Orazio bis vor die Tür zu führen. Doch da es gerade die Zeit der Messe war, konnten Agostino und Orazio sich nicht sprechen. Wir gingen wieder. Und seitdem habe ich Orazio nie wieder überreden können, noch einmal zum Corte Savella zu gehen.«

Die Besuche Giovan Battista Stiattesis, die Freiheit, in der er mit Agostino Tassi sprechen konnte, erklären sich durch die Beschaffenheit des Gefängnissystems im Rom des 17. Jahrhunderts. Im Corte Savella und Tor di Nona hielten sich nur Angeklagte auf, die auf ihr Urteil warteten. Die Haft war keine Strafe, sondern eine Vorsichtsmaßnahme. Das Gefängnis war ein Wartesaal, wo die Justiz die Personen zu ihrer Verfügung hielt, die sie gegebenenfalls bestrafen würde. Die eigentliche Strafe war das Exil, die Galeere oder der Tod. Nie eine Haft. Also war das Gefängnis aufgegliedert in zwei Abteilungen, die den beiden Stadien des Verfahrens entsprachen: in die *Segrete*, die Zellen, wo die Angeklagten in Einzelhaft gehalten wurden, damit sie nicht erfuhren, wessen man sie anklagte; und in die *Larga*, ein ganzes, in kleine Schlafsäle unterteiltes Stockwerk mit einem Speiselokal, einer Kapelle und einer Art öffentlichem Gang für Besucher.

Wie alle Häftlinge der Larga hatte Agostino endlich – nach einer ersten Serie von Verhören – die Akte mit seinen Hauptanklagepunkten bekommen. Er beschäftigte sich mit seiner Verteidigung und suchte einen Anwalt. Er konnte sein Zimmer verlassen, sich auf den Treppen aufhalten und Besucher empfangen. Also hatte er Giovan Battista Stiattesi zu sich gerufen, der sich auch unter die Gefangenen mischte.

Stiattesi hatte gerade mit Agostino zu Abend gegessen. Bis vor Tassis Zimmertür führte er die Freunde, die Agostino sehen wollte; die, von denen er eine Zeugenaussage gegen Orazio zu bekommen erhoffte. Weibliche Besucher durften nur in den Saal der Cancelleria, wo Bänke für diesen Zweck standen.

»Agostino hat mich gebeten, ihm den besonderen Gefallen zu erweisen, Artemisia zu ihm zu bringen, damit sie gemeinsam eine für beide befriedigende Lösung fänden … Sie aber wollte ihn nicht besuchen … ›Es wäre vielleicht gut, wenn Ihr hörtet, was er Euch zu sagen hat‹, insistierte ich. Schließlich überzeugte ich sie. Aber da ihr Vater sie eingeschlossen hätte, wenn er erfahren hätte, wohin sie wollte, behaupteten wir, wir wollten in der neu geweihten Kirche San Carlo ai Catinari zur Beichte gehen …«

* *
  *

Wenn Giovan Battista Stiattesi sich als Herr der Lage wähnte, als *Padrone di casa* bei den Gentileschi, dann hatte er nicht damit gerechnet, daß Orazio eigene Erkundigungen einzog. Der Maler schrieb an seine Familie. Nach Florenz, Lucca, Livorno und Pisa, wo seine Brüder lebten. Von der Familie der Lomi und ihrem weitgespannten Freundesnetz in der Toskana wollte Orazio Einzelheiten erfahren, die ihm noch fehlten, um Agostino Tassi anzuschwärzen und ihn mit dem Mord an seiner Frau zu belasten. Er wollte die Namen der Mörder, den Ort und die Umstände des Verbrechens. Diese zwanzig Messerstiche, die seine ehebrecherische Frau empfangen hatte: Wo, wann und wie war das geschehen?

Doch was Orazio erfuhr, sollte ihn in Erstaunen setzen und seinen Freund, den Notar, überraschen.

* *
  *

»Eines Abends«, fuhr Stiattesi fort, »ich meine, es sei der erste Abend im Mai gewesen – aber sicher bin ich nicht – sind wir bei Sonnenuntergang losgegangen: Artemisia, meine Frau, Artemisias jüngster Bruder – der Achtjährige – und mein jüngster Sohn. Wir sind die Via della Lungara hinabgestiegen, haben die Ponte Sisto überquert und hielten, da es schon spät war, nicht an der Kirche an …«

Unverzüglich bogen sie nach links, um geradewegs die Via Giulia hinaufzugehen. Artemisia ging zwischen Stiattesi und seiner Frau, sie bewegte sich so schnell in der Mitte der Straße, daß es schien, als wäre sie auf der Flucht. Die beiden kleinen Jungen hatten alle Mühe, ihr zu folgen. Hinter ihr beleuchtete der Mond, so rund und strahlend wie die Sonne, die Windungen des Flusses. Der Tiber wand sich durch die Nacht und hatte die Farbe eines stählernen Säbels.

Nach den Unwettern des Winters leuchteten diese Mainächte geradezu. Wie ein straff gespanntes blaues Tuch, das von hinten angestrahlt zu sein schien. Ein Himmel ohne jeden Fleck, ohne Schatten, ohne Wolke. Alles schien stillzustehen.

Artemisia rannte fast zwischen den Mauern der Paläste hindurch.

Das Unrecht, das Agostino ihr angetan hatte, dämpfte ihre Ungeduld nicht. Sie dachte schon nicht mehr an ihren eigenen Kummer. Die Erinnerungen daran waren zu schrecklich, als daß sie bei ihnen innegehalten hätte. Die Zukunft schien zu verschlossen, als daß sie ohne Entsetzen daran hätte denken können. Die Möglichkeit, zusammen mit Agostino eine Lösung zu finden, diese Hoffnung, die Stiattesi ihr in den verlockendsten Farben geschildert hatte, um sie zu diesem gewagten Gang zu bewegen, erklärte alles: ihre Aufregung, ihre Freude, ihr Glück bei dem Gedanken, ihn wiederzusehen.

Nein, sie empfand keinen Zorn mehr. Und weder Schuld noch Reue wegen ihrer Zeugenaussage. Nun waren sie quitt. Es herrschte Gleichstand, wie Stiattesi ihr klargemacht hatte. Sie konnte Tassi nicht mehr böse sein, und ebensowenig konnte sie sich selbst ihre Aussage vorwerfen. Es gab weder Sieger noch Besiegte, sondern nur zwei Gefangene einer Situation, die sich allenfalls gemeinsam befreien konnten.

Erfüllt von dieser unbestimmten Hoffnung und einem Aufflammen von Lebensmut, vergaß Artemisia völlig ihren Vater, den sie schon wieder betrog. Aber wegen dieses neuen Verrats empfand sie keinerlei Bedauern. Sie folgte dem Ruf des Mannes, der sie entehrt hatte, der sie alle entehrt hatte; sie würde ihn vor den Augen der Welt treffen, in Anwesenheit der Wachen und der Gefangenen, ohne zu bedenken, daß sie zum Feind überlief ... Es gab ja keinen Feind mehr!

Als sie sich nach rechts zum Vicolo San Girolamo alla Carità wandten, als sie in diese mittelalterliche Straße zwischen dem Armenhaus und dem Gefängnis einbogen, wo alle Bettler Roms herumlungerten, verlor sie den Mut ... Warum ließ Agostino sie kommen? Wie würde er sich rechtfertigen? Sie wollte seine Erklärungen nicht hören. Sie wollte gar nichts mehr hören! Und nichts sagen ... Hatte sie eine Vorahnung von Gefahr?

Das Gefängnis Corte Savella überragte das Häusermeer. Das Gebäude war so eindrucksvoll wie ein Palast und erstreckte sich über zwei Etagen. Ratten, die so groß waren wie Kaninchen, liefen an den Mauern entlang. Sie sah all dieses überdeutlich. Sie sah, wie Stiattesi sich bei der Wache meldete. Sie sah, wie der Wachposten das Tor öffnete. Der Notar schien sich hier bestens auszukennen. Die Häscher nannten ihn »Maestro« und ließen ihn durch die dunkle, kalte Vorhalle gehen, ohne sich die Mühe zu machen, ihn bis zum zweiten Gittertor zu eskortieren. Stiattesi wurde gesprächig und spielte den Fremdenführer. Er zeigte der kleinen Gruppe von Frauen und Kindern den Saal der Wache auf der linken Seite und den der Cancelleria auf der rechten. Während er sie führte, wies er auf die Amtsräume der verschiedenen Gerichte hin, die mit der Cancelleria in Verbindung standen: das *Tribunale del Governatore,* das *Tribunale del Vicariato* und das *Tribunale del Auditore Camerae.*

Artemisia fühlte nicht, wie sie unter den Blicken der Häscher rot wurde, die beobachteten, wie sie vorüberging. Aber die Verlegenheit und Gemütserregung machten ihr das Gehen schwer. Wußten diese Männer, welchen Häftling sie besuchte? Wußten sie, wessen sie ihn angeklagt hatte? Stellten sie sich, heimlich lachend, die Umstände ihrer Entjungferung vor? Sie fühlte auch nicht die Anwesenheit von Agostino Tassi in der Gruppe der Gefangenen, die hinter dem Gitter warteten.

Er hingegen sah sie sofort. Er ging den Wachposten suchen und ließ ihn das Gitter öffnen. Aber er schien zu bewegt, so daß er eine Sekunde lang dahinter stehenblieb. Das Blut mußte erst wieder von seinem Herzen zurückfließen, denn sein Gesicht, das normalerweise rundlich war, wirkte nun schmal und bleich. Stiattesi glaubte, daß ihm übel werden würde.

Artemisia hatte ebenfalls Mühe, sich aufrecht zu halten. Stiattesi und seine Frau beeilten sich, sie zu einer Bank zu führen. Sie setzten sich in eine Reihe, deren Schluß die kleinen Jungen bildeten.

Agostino war ihnen gefolgt. Er hatte sich vor ihnen aufgestellt. Unfähig, ein Wort zu sagen. Sie hielt ihren Kopf gesenkt. In ihren Ohren dröhnte es; ihr wurde immer wieder schwarz vor Augen. Sie kämpfte mit sich. Jetzt nur nicht ohnmächtig werden!

Als Agostino sie so zerbrechlich vor sich sah, beruhigte er sich ein wenig. Er war bleich, doch wußte er, daß er durch das Gefängnis nichts von seiner stattlichen Erscheinung eingebüßt hatte. Er zahlte ein Vermögen für den Barbier, der ihm tadellos den Bart stutzte; seine Zähne waren nie weißer, seine Nägel nie sauberer gefeilt gewesen.

Artemisias Gegenwart berührte ihn tief. Er war ihr dankbar für ihr Erscheinen. Von dieser Unterredung konnte seine Rettung abhängen ... Er mußte vorsichtig sein ... Wieviel Zeit hatte er? Zehn Minuten! In zehn Minuten mußte er diese Frau soweit bringen, daß er alles von ihr bekam. Daß sie ihre Aussage und ihren Vater verleugnete. Es war die Mühe wert. In zehn Minuten mußte sie das Dokument unterzeichnet haben, das er hingekritzelt und in seiner Tasche verborgen hatte. Einen Brief, in dem sie bestätigte, daß ihre Aussage ein Lügengespinst gewesen war. Einen Brief, in dem sie zugab, daß er sie nie angerührt und sie alles erfunden hatte, in der Hoffnung, er würde sie dann heiraten. Zehn Minuten! In zehn Minuten mußte er sie in Rührung versetzen. Und beruhigen.

Diese Verführung spornte ihn mehr an als alle Kämpfe des Winters. Agostino setzte sein Leben aufs Spiel. Im Moment hatte Artemisia die besseren Karten. So wie er sie kannte, würde sie sie auch ausspielen. Aber beherrschte sie die Regeln? Ihre Anwesenheit im Corte Savella kündete von ihrer Niederlage. Und diese Niederlage, von der er alles erhoffte, machte ihm Artemisia noch kostbarer und lieber.

In diesem Moment floß er angesichts dieses gebeugten Nakkens über vor Zärtlichkeit. Angesichts dieses so stark zitternden Körpers. So liebte er sie: in ihrer Zartheit. Er liebte sie als Unterworfene und Besiegte.

Erfüllt von Dankbarkeit liebte er an ihr die nahe Freiheit, die sie ihm schenken würde.

Schließlich gelang es ihm zu sprechen.

»Ich bin nicht der Mann, der sein Wort bricht ...«

Er wandte sich vor Stiattesi und seiner Frau an sie. Die Kinder bemerkten seine Gemütsbewegung und hörten inbrünstig zu.

»Ich bin bereit, Euch zur Frau zu nehmen, so wie ich es versprochen habe ...«

Seine Stimme bebte.

»... *O Signora Artemisia mia*, wie könnt Ihr daran zweifeln? Ihr wißt doch, daß Ihr die Meine sein müßt! Daß Ihr niemand anderem gehören dürft!«

Sie hatte die Augen zu ihm erhoben. Unruhig, unschlüssig und hoffnungsvoll: Wie sie ihn anrührte! Mit diesem dunklen, prüfenden Blick.

»Ich habe Euch einen Eid geleistet, und was ich geschworen habe, werde ich auch halten.«

Leidenschaftlich, emphatisch ließ er sich von seiner Erregung fortreißen.

»Sollte ich Euch nicht zur Frau nehmen, so mögen so viele Teufel in meinen Körper fahren, wie ich Haare auf dem Kopf und in meinem Bart habe, und dort bis zu meinem Tode bleiben!«

Er neigte sich zu ihr, um sie sanft am Arm zu ziehen. Er half ihr auf.

»Schwören wir uns noch einmal die Treue ... Artemisia, geben wir uns noch einmal unser Wort, daß wir uns immer lieben wollen. Daß wir uns vor aller Welt, im hellen Tageslicht, lieben wollen.«

Stiattesi, seine Frau und die beiden kleinen Jungen auf der Bank hörten jedes Wort, was er sagte.

Zu dieser Stunde war der riesige, rechteckige Saal voller Leute. In dieser geräuschvollen Umgebung schenkten ihnen die anderen Gefangenen, die ins Gespräch mit ihren eigenen Besuchern vertieft waren, keinerlei Beachtung. Aber in der Ecke, wo Agostino sich befand, hatte sich die Menge ein wenig zerstreut. Die wenigen Häftlinge, die sich in der Nähe des Paares befanden, drehten sich um und beobachteten sie – vielleicht bemerkten sie die Bedeutung des Augenblicks.

Agostino und Artemisia standen einander gegenüber. Er hatte seine Hand ausgestreckt und sie die ihre. Sie vereinigten ihre Hände.

Ohne ihren Blick abzuwenden, sprach Artemisia:

»So wie Ihr mir Euer Wort gegeben habt, nehme ich es an, und ich glaube, daß Ihr es halten werdet.«

Ihre Stimme zitterte. Sanft fügte sie hinzu:

»Aber, Agostino, wenn Ihr bereits einer anderen Euer Wort gegeben habt, dann sagt es mir jetzt …«

»Signora Artemisia, meine Frau ist tot …«

Er legte eine Hand auf seine Brust.

»Das schwöre ich!«

Er schwieg einen Moment. Dann bat er demütig:

»Aber ich flehe Euch an: Ändert Eure Aussage! Sagt, daß nicht ich Euch entjungfert habe. Sagt, daß es einer war, der jetzt tot ist. Sagt, daß es Cosimo war.«

Sie zog brüsk ihre Hand zurück, die er noch in der seinen hielt.

»Niemals!« rief sie.

»Dann sagt, daß es der Lehrling Scalpellino war!«

»Aber das stimmt nicht! Ich werde niemals so etwas sagen! Es stimmt nicht. Ihr wißt sehr gut, daß Ihr es wart«, beharrte sie ungestüm, »Ihr und niemand anderer!«

Er flehte:

»Wenn Ihr mir aus dieser Patsche helfen wollt, dann müßt Ihr widerrufen. Danach mache ich alles, was Ihr wollt.«

»Ich werde nichts widerrufen«, entgegnete sie finster, »ich will nicht über das sprechen, was ich gesagt habe.«

Er redete weiter mit leiser Stimme auf sie ein. Sie schüttelte den Kopf. Er nahm sie zärtlich in seine Arme. Eine Glocke schlug zehnmal.

Es war Zeit zu gehen.

Agostino umarmte sie, küßte sie.

Er hatte sie nicht dazu gebracht, den Brief zu unterzeichnen, den er in seinem Sinne abgefaßt hatte, er war noch nicht einmal dazu gekommen, das Papier aus seiner Tasche zu ziehen. Aber das war jetzt unwichtig! Er hatte sich Artemisia noch nie so nahe gefühlt! Er würde schon eine Lösung finden … Stotternd dankte er ihr, daß sie gekommen war:

»Ihr habt mir damit einen großen Gefallen getan!«

Zutiefst bewegt bat er sie wiederzukommen. Und sie weinte.

Nun blickten alle Gefangenen sie an. Sie hingegen bemerkten davon nichts: Sie waren in ihrer eigenen Welt.

Ein Häftling sollte die Szene später mit diesen Worten beschreiben:

»Ich habe zwei Frauen bei Stiattesi gesehen. Die jüngere von beiden stützte sich auf Agostinos Arm. Er führte sie sanft zum Gitter. Sie tauschten Liebesbezeugungen aus. Schließlich mußten sie sich voneinander losreißen. Agostino beobachtete, wie sie durch die Vorhalle verschwand. Dann gesellte er sich zu uns. Er wirkte verstört. Und als ich ihn fragte, wer diese Frau gewesen sei, sagte er, es sei seine Frau vor Gott.«

* *
*

»Liederliches Weibsbild, Hure, Verräterin, Schandweib, nicht nur daß du mit allen Schuften dieser Erde schläfst ... nein, du leckst ihnen auch noch die Stiefel!«

Von seinem jüngsten Sohn hatte Orazio gerade erfahren, in welcher Gesellschaft Artemisia den Abend verbracht hatte – als sie vorgab, in der Kirche zu beichten!

Dieses Mal ließ er seinem Zorn freien Lauf. Er gab seiner Tochter schallende Ohrfeigen. Sie wich vor ihm zurück und schrie:

»Diesen Schuft versuchen wir gemeinsam, Ihr und ich, zu Eurem Schwiegersohn zu machen! Ich wollte Euch nicht verraten. Ich habe nur versucht, mich mit ihm zu einigen ... Und wenn er mein Ehemann werden soll, dann gebietet es mir die Pflicht ...«

Orazio brach in so schreckliches Gelächter aus, daß sie fürchtete, nun sei er wahnsinnig geworden.

»Deine Pflicht? Dein Ehemann? Du wirst weder das eine noch das andere mehr haben! Du bist reif für die Straße!«

Er packte sie am Handgelenk, zog sie durch das Atelier, öffnete die Wohnungstür und wollte sie die Treppe hinunterstoßen.

»Verschwinde! Du bist für mich gestorben! So wahr Agostino eine Frau hat, habe ich keine Tochter mehr.«

»Eine Frau?« schrie sie und klammerte sich an ihn. »Seine Frau ist tot!«

»Ach ja? Welche? ... Dann solltest du wissen, daß in diesem

Moment eine gewisse Maria Cannodoli, die Frau von Agostino Tassi, am Arm ihres Geliebten in den Straßen von Lucca umherstolziert! Lüge, Angeberei und Prahlerei, nichts anderes ist die sogenannte gerächte Ehre eines Agostino Tassi. Er hat es nie geschafft, sie umbringen zu lassen ... Ich habe die Antworten aus der Toskana bekommen, auf die ich gewartet habe ... Oh, er hat wirklich versucht, sie umzubringen! Einmal, vielleicht auch zweimal, hat er versucht, sie von einem Messer durchlöchern zu lassen. Und dann hat er es aufgegeben ... Was meinst du, woher all sein Geld kommt? Die vollen Geldbeutel, die er vor deinen Ohren klingeln läßt? Und seine Ringe, seine Purpurstoffe, sein ganzes Gefieder? Sein Gold ist die Bezahlung für sein schändliches Verhalten! Die »Herrschaften aus Florenz«, der Händler aus Lucca, der Krämer aus Livorno, all die Beschützer von Maria haben ihren Ehemann ausgezahlt, damit er sie in Ruhe läßt. Agostino ist verheiratet, und seine Schwägerin Costanza weiß das! Wenn er dich heiratet, dann läßt Costanza ihn nicht entkommen: Sie wird ihn wegen Bigamie anzeigen ... Als Bigamist wird Agostino sterben, sein Kopf wird rollen«, höhnte Orazio. »Er liebt dich, sagt er dir. Es geht nicht darum, daß er dich nicht heiraten will – es geht darum, daß er dich nicht heiraten kann! Jetzt ist alles klar ... Zwischen einer Heirat und fünf Jahren Galeere würde er mit Vergnügen die Heirat wählen ... Aber wenn es um Galeere oder Strick geht, läßt er dich fallen! Er hat keine andere Wahl. Er ist tatsächlich ein Gefangener in einem Irrgarten ... Nach all seinen Prahlereien in der Via della Croce, wie könnte er da jemals zugeben, daß er seine Ehre nicht gerächt, daß er seine Frau nicht getötet hat und daß sie ihn für sein Schweigen bezahlt, diesen Hahnrei? Was wird Rom dazu sagen, wenn Rom erfährt, daß dieser Prahlhans zwei Hörner auf der Stirn trägt? Daß er eine käufliche Memme ist? Er hat nur noch eine Möglichkeit, aus dem Schlamassel zu kommen, in den er geraten ist. Eine einzige!«

»Alles zu leugnen!«

»So ist es! ›Schuldig ist nicht der Mann, den man auf frischer Tat ertappt, sondern der, der gesteht!‹ Er wird leugnen, daß er dich entjungfert hat. Leugnen, daß er dich im Fleische erkannt hat. Schwören, daß du ein leichtes Mädchen bist, das alle Nachbarn, die ganze Straße, das ganze Viertel gehabt hat! Er wird falsche Zeugenaussagen beschaffen und beweisen, daß sie dich besessen haben.«

»Agostino wird eine solche Lüge nicht beweisen können!«

»Er wird Opfer bringen«, höhnte Orazio und zitierte seinen ehemaligen Freund: »»Der Folterknecht, der mich zum Beichten bringt, muß erst noch geboren werden!‹ Alles, was er anbringt, wird er beweisen. Er wird beweisen, daß du dich verkaufst. Er wird beweisen, daß ich damit einverstanden bin, dich dazu getrieben habe. Er wird aus dir eine Hure machen. Und aus mir einen Kuppler, einen Zuhälter. Die einzige Möglichkeit für ihn, aus der Sache rauszukommen, seine einzige Verteidigung ist es, Verleumdungen über die Tugend der Gentileschi zu verbreiten … Dich und uns alle in den Schmutz zu ziehen. Dich, mich, deine Brüder, die ganze Familie …«

»Das soll er nur wagen!«

Die Szene, die unter den schlimmsten Vorzeichen begann, endete plötzlich mit einem Burgfrieden. Das erste Bündnis zwischen Vater und Tochter seit Monaten. Vereint im selben Zorn, zusammengeschweißt im selben Leid, würden sie für dieselbe Sache kämpfen: die Wahrheit. Sie würden demselben Traum nachhängen: der Rache.

18

Tor di Nona
Fortführung des siebten Verhörs
von Agostino Tassi

Montag, 14. Mai 1612

»Was würdet Ihr sagen, wenn Artemisia hierherkäme und erklärte, daß Ihr lügt?«

Das Verfahren trat in die zweite Phase ein.

In der Larga war Agostino vom *Libellus*, den Hauptanklagepunkten, in Kenntnis gesetzt worden, die von Orazio Gentileschi ausgearbeitet worden waren – und von dessen Anwalt Giovan Battista Stiattesi, der sich dieses Mal für eine Partei hatte entscheiden müssen. Tassi bereitete mit Hilfe seines Anwalts einen Gegenangriff vor.

Zur selben Zeit unterwarf die Justiz den Gefangenen neuen Verhören. Von nun an schrieb der Protokollführer seine Antworten mit und verzeichnete seine körperlichen Reaktionen: seine Gesichtsfarbe, seine Gesten, den Ton seiner Worte. Die Wahrheit würde sich aus dem Gesamt dieser Einzelheiten ergeben. Aber der Richter konnte niemals seinen Urteilsspruch fällen, wenn der Angeklagte nicht von selbst seinen Fehltritt zugab. Schuld oder Unschuld mußten in einer Aura göttlichen Lichts erscheinen. Um die Wahrheit zu suchen, die Seele zu fassen zu bekommen, mußte man unter Umständen den Körper quälen. Die Justiz glaubte dem, der sich unter Schmerzen äußerte. Und die Folter wurde gleichermaßen auf Zeugen und Angeklagte angewandt. In beiden Fällen war sie nicht als Strafe gedacht: Sie diente als Beweis und Bekräftigung ihrer Behauptungen. Wenn der Zeuge seine Aussage unter der Folter wiederholte, dann sagte er die Wahrheit ...

Zum Abschluß des siebten Verhörs von Agostino Tassi ordnete

der Richter an, daß Artemisia Gentileschi in Anwesenheit des gesamten Gerichtshofs erscheinen sollte.

Sehr aufrecht tritt sie ein. Einen Moment lang kreuzen sich die Blicke der Liebenden, dann weichen sie einander aus. Ihr Blick ist ausdruckslos, doch Agostino hatte erwartet, sie weniger herausfordernd zu sehen. Sie trägt die einzige festliche Kleidung, die er an ihr kennt. Diesen karmesinroten Rock vom Gewölbe im *Casino delle Muse*, das blutrote Kleid von ihrer Auseinandersetzung bei Cosimo, als sie das erste Mal eine Beziehung zwischen Costanza und ihm vermutet hatte. In welcher Stimmung kommt sie heute? Agostino zweifelt nicht an den Absichten der jungen Frau. Ist sie nicht vierzehn Tage zuvor auf seinen Ruf herbeigeeilt? Seitdem hat er sie nicht mehr gesehen. Seitdem ist er auch vom Corte Savella ins Tor di Nona überführt worden, in eine viel härtere Haft. Aber sie? Er verläßt sich auf sie. Schließlich haben sie einander ihr Wort gegeben.

Der stellvertretende Richter läßt sie auf die Heilige Schrift schwören. Er fragt sie, ob sie den Angeklagten kennt. Sie bestätigt das. Er fragt Tassi, ob er die junge Frau kennt. Er bestätigt das. Der Richter fährt mit dem Verhör fort.

»Signora Artemisia, wollt Ihr bestätigen, was Ihr früher gesagt habt?«

Sie blickt ihre Richter nicht an. Es sind vier, sie sitzen hinter dem Tisch. Sieht sie sie überhaupt?

Der Saal ist klein, sehr hoch und gewölbt. An der Decke schwingen eine Winde und ein Seil, die für die Wippfolter dienlich sind. Artemisia hat sie sofort wiedererkannt, weil sie denen an der Ecke zum Corso ganz ähnlich sind. Mit ihrer Hilfe wird ein Mann, dem man die Hände auf dem Rücken zusammengebunden hat, an den Handgelenken nach oben gezogen. Artemisia wird sich später nur an an diese Winde und die Backsteinwand hinter den Richtern erinnern. Und an das Gewand dessen, der das Verhör leitet. Er trägt einen langen schwarzen Mantel, ganz ähnlich wie Stiattesi, der am Hals mit einer altmodischen Verzierung versehen ist: mit der Halskrause. Auf dem Kopf trägt er eine runde Kappe.

»Seid Ihr bereit, Eure Aussage vor dem Angeklagten zu wiederholen?«

»Ja, was ich vor kurzem sagte, ist wahr. Ich bin bereit, alles vor ihm zu wiederholen.«

Sie spricht mit einiger Erschütterung. Aber ihre Stimme zittert nicht.

Agostino und Artemisia: Sie stehen Seite an Seite. Sie sind gleich groß, gleich stark. Beides eindrucksvolle Gestalten. Sie blicken auf das Gericht.

Der Richter bittet den leitenden Notar, mit lauter Stimme das einzige Verhör Artemisias vorzulesen, ihre Zeugenaussage vom 18. März desselben Jahres, als sie von ihrer Entjungferung berichtete. Agostino und Artemisia hören gemeinsam zu. Eine eintönige Männerstimme erklingt:

»[…] Als wir uns dann meiner Zimmertür näherten, öffnete er sie plötzlich, drängte mich ins Zimmer und legte den Riegel vor. Er warf mich aufs Bett. […] Er klemmte beide Knie zwischen meine Beine und fing an, mit seinem Glied zu stoßen, in mich einzudringen, was mir sehr weh tat. Da er mir eine Hand auf den Mund gelegt hatte, konnte ich nicht schreien. […] Ich zerkratzte ihm das Gesicht, riß ihn an den Haaren und, bevor er in mich eindrang, griff ich nach seinem Glied […] und schürfte ihm die Haut ab …«

Der Richter fragt die junge Frau:

»Stimmt das, was Ihr gerade gehört habt, mit dem überein, was Ihr gesagt habt? Wollt Ihr diese Aussage vor dem Angeklagten bestätigen?«

»Ich habe gehört, was Ihr vorgelesen habt«, antwortet sie schlicht. »Ich erkenne meine Aussage wieder. Sie enthält nichts als die Wahrheit, und diese Wahrheit bekräftige ich vor Agostino.«

»Und ich sage folgendes«, unterbricht Agostino.

Während des Berichts von der Vergewaltigung ist er immer unruhiger geworden. Mehrere Male hat er versucht, den Protokollführer zu unterbrechen. Abwehr und Wut haben sein Gesicht verzerrt. Er hat nichts von dem, was sie beschrieben hat, wiedererkannt, wieder durchlebt. Alles hat er erwartet, nur nicht diesen Verrat! In diesem Augenblick glaubt er derart an ihre Liebe, daß er fast vergessen hat, wie tragisch sie anfing. Dieser Bericht aus dem Mund der geliebten Frau verletzt ihn wirklich: die Schamlosigkeit und Brutalität darin stoßen ihn ab. In dieser Reaktion liegt keine Heuchelei. Nur ungeheure Enttäuschung. Im Corte Savella, an diesem ersten Maienabend, glaubte er sich ihr so nahe! Woher nun dieses schreckliche Licht, das sie auf ihre Liebesgeschichte wirft? Der gute Cosimo hat es ganz richtig erkannt: Ein Mädchen wie dieses bedeutet Verderben! So eine infame Zeugenaussage!

»Ich sage, daß Signora Artemisia nichts als Lügen zu Protokoll gegeben hat! Es ist nicht wahr, daß ich sie entjungfert habe! Es ist nicht wahr, daß ich mit ihr geschlafen habe! Und der Beweis: Es gab einen Lehrling namens Scalpellino bei ihnen, dem man noch nicht einmal eine Katze anvertraut hätte. Er hat sich öffentlich gerühmt, sie besessen zu haben. Ich hingegen habe ihr Haus mit all dem Anstand und Respekt aufgesucht, den man einem Freund schuldig ist. Und ich habe weder dem Vater noch ihr Schaden zugefügt. Soweit das möglich war, habe ich sogar vermieden, sie zu besuchen, weil sie sich ständig stritten und versuchten, mich in ihre ewigen Streitereien mit hineinzuziehen.«

»Was ich gesagt habe, ist wahr. Sonst hätte ich es nicht gesagt!«

Mit Leidenschaft hat sie dies vorgebracht.

»Wäret Ihr bereit, Eure Aussage unter der Folter zu bestätigen?«

Sie zögert keinen Augenblick.

»Wenn es notwendig ist, ja, ich bin bereit, es unter der Folter zu bestätigen.«

»Also«, schreibt der Protokollführer, »um jeglichen Anschein von Niedertracht auszuschließen, jeden Zweifel, der in bezug auf Artemisia bestehen könnte, um diese Worte zu bekräftigen, zu all diesen edlen Zielen, ordnet der Richter an, daß Artemisia Gentileschi unter Rücksichtnahme auf ihr Geschlecht und ihr Alter (dem Anschein nach ist sie siebzehn) sich in Anwesenheit des Angeklagten der ›Folter der Sibylle‹ aussetzen muß.«

Die Sibylle, die Folter, welche selbst die Widerstrebendsten zum Reden bringt, verdankt ihren Namen den Seherinnen der Antike, deren Aussagen sich stets als wahr herausstellten.

Der stellvertretende Richter öffnet die Tür und ruft nach dem Folterknecht. Der kahlgeschorene und mit Lederriemen umgürtete Mann tritt ein und bereitet sein Folterinstrument auf dem Tisch des Protokollführers vor. Er legt dünne Schnüre aus, die er an den Fingern des jungen Mädchens befestigen und dann so zuziehen wird, daß die Fingerglieder gequetscht werden. In welchem Zustand wird er ihre Hände zurücklassen? Die Hände der Malerin Artemisia Gentileschi.

Sie vermeidet es, ihn anzusehen. Sie starrt auf die Wand direkt vor ihr.

Der Richter ermahnt sie noch einmal.

»Seid gewarnt! Klagt Agostino Tassi nicht der ›gewaltsamen Entjungferung mit nachfolgendem Heiratsversprechen‹ an, wenn das nicht wahr ist! Aber zögert nicht, Eure Zeugenaussage auch unter der Folter zu bestätigen, wenn Ihr das wünscht.«

Sie antwortet:

»Ich habe die Wahrheit gesagt und werde sie wieder sagen …«

Dieses Mal zittert ihre Stimme. Sie hat Angst. Sie ist sehr blaß geworden.

»Und ich bin hier, um sie zu bestätigen.«

Der Richter befiehlt:

»Folterknecht, bring die Schnüre an ihren Fingern an. Und zieh sie zu, wie es dem Brauch entspricht.«

Der Folterknecht geht auf Artemisia zu. Er kreuzt ihre Handgelenke und bindet sie über ihrer Brust zusammen. Er dreht Artemisia um und stellt sie vor Agostino hin. Sie sehen einander an. Um ihre Angst zu bekämpfen, läßt sie ihn nicht aus den Augen. Sie bietet ihm die Stirn.

Der Folterknecht hat nun die Schnüre an jedem ihrer Finger angebracht. Er hat die Gelenke mehrfach umschlungen. Nun dreht er langsam an einem Gewinde. Die Schnüre ziehen sich zusammen. Sie schreit:

»Es ist wahr, es ist wahr, es ist wahr!«

Sie wendet sich an Agostino und schleudert ihm entgegen:

»Das ist also der Ehering, den du mir versprochen hast, so viel gelten deine Schwüre!«

Agostino regt sich nicht.

Der Richter befragt Artemisia.

»Was Ihr in Eurem Verhör gesagt habt, was Ihr gerade vor dem Angeklagten bestätigt habt, entspricht das der Wahrheit?«

Der Folterknecht dreht weiter am Gewinde. Bei jeder Drehung durchfährt es sie wie Feuer. Ihre Hände fühlen sich an wie zwei brennende Fackeln. Das Brennen verstärkt sich in dem Maße, wie die Schnüre ihre Gelenke quetschen, die ganz weiß geworden sind. Ihre Finger, in denen das Blut nicht mehr zirkulieren kann, sind angeschwollen. Nur nicht darauf sehen!

»Es ist wahr, es ist wahr, es ist wahr«, wiederholt sie, »alles, was ich gesagt habe, ist wahr!«

»Es ist nicht wahr!« schreit Agostino. »Du lügst!«

Die Schnüre zerquetschen ihre angeschwollenen Finger. Die Haut platzt unter dem Druck. Was wird von ihren Händen, von ihren Arbeitsinstrumenten, übrigbleiben? Die junge Frau scheint gleich in Ohnmacht zu fallen.

»Es ist wahr, es ist wahr, es ist wahr«, murmelt sie.

Sie beißt die Zähne zusammen. Agostino betrachtet sie immer noch, doch sie hat den Blick gesenkt. Der Folterknecht läßt nicht locker. Das junge Mädchen sagt nichts mehr. Agostinos Miene ist steinern.

Stille. Die Augen des Richters wandern zwischen den beiden hin und her.

»Da keiner der beiden Gegner ein Wort seiner Aussage geändert hat«, schreibt der Protokollführer, »ordnet der Richter an, daß man die Finger der jungen Frau aus den Schlingen löst. Die Folter hat etwa die Dauer eines *Miserere* eingenommen.«

Befreit schwankt Artemisia umher. Ihre Hände spürt sie nicht mehr. Sie sieht sie an. Sie sind bläulich angelaufen und fast doppelt so dick wie vorher. Eine Welle der Angst überkommt sie. Wird sie jemals wieder einen Stift in die Hand nehmen, einen Pinsel halten können? Sie versucht, ihre Finger zu bewegen. Es gelingt ihr nicht!

»Wenn Ihr nichts mehr zu sagen habt, erlaubt Euch das Gericht, Euch zurückzuziehen.«

Mit unsicherem Schritt geht sie auf die Tür zu. In dem Moment, da sie über die Schwelle tritt, ruft Agostino aus:

»Laßt sie nicht gehen! Auch ich habe noch einige Fragen an sie!«

Artemisia hat sich zu ihm umgewandt. Sie sieht blaß und erbarmungswürdig aus. Sie hat noch nicht mal mehr die Kraft, ihn zu hassen. Ihr Blick bittet um Gnade.

»Hier die Fragen, die ich ihr stellen möchte«, sagt Agostino und zieht ein Papier aus seiner Tasche.

Er hält es dem Richter entgegen, der es überfliegt und ihm zurückgibt. Dem Gesetz entsprechend gewährt der Richter dem Angeklagten, eigene Fragen an den Belastungszeugen zu stellen.

»Wer hat von Euch verlangt, gegen mich auszusagen?«

Sie richtet sich auf.

»Die Wahrheit.«

»Sagt mir, wie genau und bei welcher Gelegenheit Ihr körperliche Beziehungen zu mir gehabt haben wollt! Und wo das erste Mal?«

»Ich habe an diesem Abend so viele Dinge gesagt. Ihr habt wie ich meine Zeugenaussage bezüglich des Orts und der Zeit des Geschehens gehört ...«

Stolz schließt sie:

»Das sollte doch wohl genügen.«

Agostino läßt nicht locker. Wie Orazio vorausgesehen hat, will er beweisen, daß sie sich prostituiert. Wenn er die Richter überzeugen kann, daß sie eine Hure vor sich haben, ist das Spiel gewonnen.

»Sagt mir, ob Euer Vater Euch das gibt, was Ihr braucht.«

»Ja, mein Vater gibt mir alles, was ich brauche.«

»Er läßt es Euch wirklich an nichts fehlen? Er hat Euch niemals gesagt, daß Ihr Euch selbst durchbringen sollt? Er hat Euch niemals in Eurem Hause mit Männern allein gelassen?«

»Mein Vater hat mich niemals mit einem Mann allein gelassen.«

»Ihr seid niemals mit dem Lehrling Scalpellino allein gewesen?«

»Allein niemals. Es waren immer meine Brüder dabei, von denen der älteste sechzehn Jahre alt ist.«

»Ihr habt Euch niemals mir oder anderen gegenüber darüber beklagt, daß Euer Vater es Euch an etwas mangeln läßt?«

»Das habe ich schon beantwortet.«

»Welchen Widerstand habt Ihr mir entgegengesetzt, als ich Euch angeblich vergewaltigt habe? Warum habt Ihr nicht geschrien?«

»Ich sagte bereits, daß ich nicht geschrien habe, weil Ihr mir mit Eurer Hand ein Taschentuch auf den Mund gedrückt habt.«

»Unter welchen Umständen seid Ihr entjungfert worden?«

»Das sagte ich bereits!«

»Wem habt Ihr anvertraut, daß ich Euch entjungfert habe? Und in welcher Absicht?«

»Ich habe es Giovan Battista Stiattesi und seiner Frau gesagt. Ihr habt es ebenfalls Stiattesi gesagt.«

»Habt Ihr es ihm sofort gesagt? Und wenn ja, warum habt Ihr nicht Klage erhoben? Warum sagt Ihr es erst jetzt? Wer hat Euch dazu geraten? Wer hat Euch dazu überredet?«

»Ich habe es Stiattesi gesagt, als er Ende des vergangenen Jahres bei uns einzog. Und zwar nur, weil Ihr ihm bereits gesagt hattet, Ihr selbst, was ich ihm dann sagte. Und wenn ich nicht Klage erhoben habe, so deshalb, weil wir beide uns geeinigt hatten, diese Schande für immer geheimzuhalten.«

»Hofft Ihr, mich zu heiraten?«

»Ja, ich hoffte, Euch zu heiraten ...«

Über ihr Gesicht breitet sich ein leidenschaftlicher Zug aus.

»Doch jetzt hoffe ich es nicht mehr. Denn jetzt weiß ich, daß Ihr bereits verheiratet seid! Ich habe es vor zwei oder drei Tagen entdeckt!«

Sie weiß Bescheid! Agostino wird auf der Stelle das ganze Ausmaß der Katastrophe bewußt. Ein Funken von Verzweiflung fährt durch seinen Blick. Die Rollen sind nun verteilt. Sie sind Feinde. Für immer getrennt. Er fängt sich wieder:

»Hat man Euch gesagt, daß ich Euch heiraten müßte, wenn Ihr sagen würdet, daß ich Euch entjungfert habe?«

»Niemand hat mir so etwas gesagt ...«

Verächtlich mißt sie ihn mit ihrem Blick.

»Ich erwarte nichts mehr von Euch ... Ich spreche nur, weil es die Wahrheit gebietet.«

Sie wirkt auf einmal sehr erschöpft.

Milde hebt der Richter die Hand. Die Sitzung ist geschlossen.

Mit eintöniger Stimme verlangt der stellvertretende Richter, daß Agostino Tassi wieder in seine Zelle geführt wird, daß Artemisia Gentileschi nach Hause geht. Welchen Eindruck wird das Gericht von der jungen Frau zurückbehalten? Im Saal herrscht wieder Stille. Bis auf weiteres.

19

Gemeinde Santo Spirito in Sassia
Haus der Gentileschi

am 1. Juni 1612

»Zieh dich an!« befahl Orazio. »Wo sind die Ohrringe, die dieses Schwein dir geschenkt hat?«

»Das ist das einzige Geschenk, das ich jemals von ihm angenommen habe«, verteidigte sie sich.

»Du hättest ihn bis auf die Knochen rupfen sollen ... Nimm die tropfenförmigen Perlen! Und den roten Rock, den du bei Cosimo anhattest. Hier ist Seidenmoiré. Mach dir daraus ein Mieder. Leg dein gesamtes Rüstzeug an ... Tugend«, höhnte er. »Unschuld. Das wird man noch sehen. Du kommst mit mir.«

Seltsam: Seit Orazio die Existenz einer Signora Tassi in der Toskana entdeckt hatte, seit die Familie durch die unmöglich gewordene Heirat zwischen Agostino und Artemisia unwiderruflich entehrt war, schloß er sie nicht mehr ein. Vorbei waren Mißtrauen und Angst: Er war nicht mehr eifersüchtig. Das falsche Eheversprechen, der letzte Stoß ins Herz seiner Tochter, hatte sie nun in die Furcht vor dem Verdacht des Meineids katapultiert.

Artemisia, die so von der Malerei und dem Ruhm geträumt und so sehr versucht hatte, sich durch eine Heirat von der väterlichen Bevormundung zu befreien, hatte also alles verloren! Tassis Lügen ließen ihr keine andere Zukunftsperspektive mehr als das Kloster. Sie erwartete nichts mehr vom Leben, und ihre einzige Hoffnung blieb ihr Vater. Er behandelte sie zwar immer noch grob, der Form halber, aus Gewohnheit, weil er nicht wußte, wie er sonst mit ihr sprechen sollte, doch Orazios Beleidigungen erschienen beiden sinnentleert. Im Grunde verstanden sie einander.

Artemisias Fall führte nicht etwa zum Ausschluß aus dem Familienclan, sondern verband sie – und ihre Arbeit – noch enger mit den Gentileschis, so daß sie sich nicht mehr befreien konnte. Ihr Talent für die Malerei stellte den Tribut, den Schatz dar, den sie nun ihrem Vater schuldete. Hatte sie jemals von etwas anderem geträumt, als daß Orazio ihre Begabung anerkannte, als daß er die Werke seiner Tochter als die kostbarste Fortführung seiner Kunst ansah?

»Du kommst mit mir!« wiederholte er.

»Wohin?«

»Zum Neffen des Papstes ... Der Monsignore ist verrückt nach Raritäten ... Er liebt Ungeheuer, Zwerge und Narren ... Unschuldslämmer kennt er genug!«

Sie zuckte nicht mit der Wimper bei seinen beißenden Spottreden.

»Ich würde lieber nicht mitgehen.«

»Aber ja doch, du gehst mit!«

Mit finsterem Blick betrachtete er sie. Ihre Finger waren immer noch geschwollen. Doch in einigen Tagen würde man nichts mehr davon sehen. Die Schnüre der »Sibylle« hatten ihre Hände nicht verstümmelt. Sollte man in dieser schonenden Behandlung ein Zeichen für das besondere Wohlwollen der Richter sehen? Orazio erkannte, daß das Gericht sich gegenüber seiner Tochter rücksichtsvoll gezeigt hatte. Sollte er daraus schließen, daß die päpstliche Justiz ihm gewogen war? Orazio und Artemisia: das war nun eins! Sie waren aneinander gebunden, vereint durch ein gemeinsames Interesse und tausend andere Fesseln ... Jeder berauschte sich insgeheim an diesem wiederhergestellten Ganzen.

Sie arbeiteten zusammen von Sonnenaufgang bis Sonnenuntergang. Sie zogen wieder alte Kompositionen hervor, kopierten einstige Erfolge, überarbeiteten, firnißten ... Vater und Tochter Gentileschi: aufs neue eine Einheit. Orazio wähnte sich ihrer nun so sicher, daß er nicht mehr das Bedürfnis verspürte, ihren Pinsel zu führen. Er ließ Artemisia bei ihren Bildern alle Freiheit. Auf der von ihr vorbereiteten, gelbbraunen Grundierung wählte sie die Farben aus, trug sie mit vorsichtigen Strichen die helleren Nuancen auf, arbeitete sie aus und trug die Lasur auf. Er, der ihr immer die Themen vorgeschrieben hatte, ermutigte sie endlich, ihre

Begabung in den Bereichen zu entfalten, in denen sie besonders gut war, vor allem in der Porträtmalerei, die er kaum beherrschte. Unter Artemisias kühner Pinselführung entstanden kräftige Kinderkörper, zum Beispiel der ihres kleinen Bruders Marco, aus dem sie den irdischsten aller Engel machte.

Bewunderung erzwingen, die Wünsche der Auftraggeber wekken, sich ein Werk erschaffen, das ihren Ruhm über den gesamten Kunstmarkt verbreiten würde: Beide hatten begriffen, daß nur Vortrefflichkeit und Öffentlichkeitsarbeit sie vor der Katastrophe retten konnten. Es erfüllte sie beide mit der gleichen Wut, daß der Mann, der sie verraten hatte, als unschuldiges Opfer entkommen, daß er durch Freispruch das Gefängnis verlassen, daß er triumphieren sollte. Tag und Nacht arbeiteten sie für dasselbe Ziel: Agostinos Bestrafung. Sie teilten dieselbe Angst: seine Freilassung. Sie schien unmittelbar bevorzustehen.

Im Juni des Jahres 1612 hatten die Gentileschis immer noch nicht gewonnen!

Drei Umstände waren günstig für Agostino. Zunächst einmal die Unterstützung von seinesgleichen. Er hatte in Rom einen der größten toskanischen Maler zum Freund, den Künstler, der ihn als erster im päpstlichen Anwesen hatte arbeiten lassen, der ihn Paul V. für die Durchführung der Trompe-l'œil-Anordnung im Konsistoriensaal empfohlen hatte. Ludovico Cigoli. Zur Zeit arbeitete Cigoli an dem Projekt, das dem Papst am meisten am Herzen lag, an den Fresken seiner Privatkapelle in der Santa Maria Maggiore. Er arbeitete außerdem nur wenige Schritte vom *Casino delle Muse* entfernt, im Park des Kardinals, wo er einen zweiten großen Pavillon ausschmückte. Diese Doppelfunktion öffnete Cigoli bei den Angehörigen der Familie Borghese alle Türen. Flüsterte er dem Neffen des Papstes täglich einige Worte zugunsten von Agostino ein? Orazio befürchtete dies. Um so mehr, als Cigoli ihn nicht gerade ins Herz geschlossen hatte. Er verdächtigte ihn nämlich, der Verantwortliche der neuesten Intrige gegen ihn gewesen zu sein. Cigolis Konkurrenten – Nacheiferer von Caravaggio – behaupteten, daß seine Freskenmalerei nichts tauge, und hatten Bilder von ihm reproduziert und in Kupfer gestochen, die er vor der Öffentlichkeit verborgen hielt. Sie hatten diese dann unter die Leute gebracht und sie als Stiche aus dem Ausland ausgegeben, von denen Cigoli Thema, Zeichnung und Anordnung kopiert hätte. Nun war Orazio Gentileschi aber einer von Caravaggios Nachfolgern, der Anführer dieser Bewegung. Wollte Cigoli sich für diese Machenschaften rächen, indem er Agostino Tassi gegen Orazio Gentileschi unterstützte? Orazio schwor hoch und heilig, nichts mit diesen Umtrieben zu tun zu haben. Aber die Schüler und Lehrlinge Agostinos erinnerten jeden, der es hören wollte, an sein Betragen gegenüber seinem Konkurrenten Baglione, an jene verleumderischen Gedichte, die ihn zur Strafe ins Gefängnis gebracht hatten … In das Gefängnis übrigens, wo der arme Agostino Tassi heute schmachtete, das jüngste Opfer von Orazio Gentileschis Konkurrenzneid.

Ein weiterer Vorteil für Tassi war, daß sich durch seine Haft die Fertigstellung des *Casino delle Muse* verzögerte. Wie alle Sammler war Kardinal Borghese ein ungeduldiger Auftraggeber. Orazio schien dadurch, daß er diesen Prozeß angestrengt hatte, auch der Verantwortliche aller Verzögerungen zu sein.

Schließlich und vor allem trafen Briefe in den päpstlichen Amtsräumen ein, Briefe vom Hof in Florenz, die »Freispruch« für Agostino Tassi, den »Maler der Medici« verlangten.

In dieser Hinsicht hatte Agostino die Bedeutung seiner Beschützer nicht übertrieben. Orazio fürchtete vor allem die Unterstützung des Sekretärs der toskanischen Großherzogin, der die borghesische Administration mit Bittschriften zugunsten des Gefangenen überhäufte. Welcher Mäzen konnte da mithalten? Welcher Bewunderer wäre da mächtig genug gewesen, solchen Einflüssen zu widerstehen?

Orazio betrachtete Artemisia und überschlug seine Erfolgschancen. Sie hatte Ringe um die Augen, doch darum strahlten sie nicht weniger leidenschaftlich.

»Von nun an soll man sie sehen, die Tochter Orazio Gentileschis!« höhnte er. »Eine so schöne ›Signorina‹! So ehrenwert! Und so begabt! Das Ausmaß der Katastrophe soll bekannt werden, man soll ermessen können, welchen Schatz mir dieser Lump geraubt hat … Eine Perle, ein Wunder, das würdig genug ist, in der Sammlung eines großen Mannes zu erscheinen …«

Artemisias Gesicht leuchtete auf. Sie hatte verstanden, worauf ihr Vater hinauswollte.

»Und meine Bilder?«

»Die wird man mit zur Schau stellen. Man wird sie natürlich zusammen mit dir zeigen!«

Der Moment, von dem sie so lange geträumt hatte, war endlich gekommen. Aber nicht so, wie sie es sich vorgestellt hatte.

Orazio begriff ihre Aufregung. Seit er seine Tochter wieder so vorfand, wie sie als Kind gewesen war – zerbrechlich und verletzlich –, hatte er ihr gegenüber Anwandlungen von Mitleid. Er konnte sich ohne Schwierigkeiten vorstellen, welche Hoffnung in Artemisia durch die Aussicht einer Präsentation bei Kardinal Borghese keimte; ebenso konnte er endlich ihre Qualen, ihre Not und die Einsamkeit erahnen, denen sie ein Jahr lang ausgesetzt gewesen war. Orazios Herz zog sich zusammen, wenn er daran dachte, wie sie, die doch so stolz war, die Scham überwältigt haben mußte. Und die Angst, wo sie doch so mutig war. Und der Ekel … Er zweifelte keinen Moment daran, daß Agostino sie mit Gewalt genommen hatte, daß sie alles versucht hatte, ihm zu widerstehen, daß sie ihn bei ihrer Verteidigung verletzt hatte. Er wies sogar den Gedanken zurück, daß sie sich schließlich in ihren Angreifer verliebt hatte. »Aber warum hast du mir nichts davon gesagt?« empörte er sich im Innern. »Wenn du mir nur etwas gesagt hättest!« Mehr noch als die Entehrung der Familie nahm ihr Orazio ihr Schweigen übel. »Du hättest mich am selben Abend noch von diesem Verbrechen unterrichten müssen …« Artemisia hatte ihn angelogen. Sie hatte ihn hintergangen. Sie hatte ihn an der Nase herumgeführt. Nur das Gefühl, verraten worden zu sein, hinderte Orazio daran, ihr zu verzeihen. Aber seine Tochter war ihm wiedergegeben worden! Von nun an würde sie ihn nie wieder verlassen. In dieser Sicherheit konnte er sich vom Mitleid hinreißen lassen, von dieser Rührung gegenüber dem Kummer eines anderen, gegen die er immer gekämpft hatte, wie man gegen eine gefährliche Schwäche ankämpft. Das Mitgefühl, das ihm heute der fiebrige Blick seines Kindes einflößte, das Glück selbst des Erbarmens und der Versöhnung verwandelten Orazios Ängste in Akzeptanz. Das nunmehr stille, sanfte Verhalten des jungen Mäd-

chens erinnerte ihn an seine verehrte Frau Prudenzia, an diese Seele von Mensch, deren Gegenwart er unerklärlicherweise über den
Tod hinaus spürte ... Alles, was er in seinem Zorn für unentwirr-
bar gehalten hatte, wurde nun klar: Er hatte die Liebe von Artemisia wiedergewonnen. In diesen Momenten, da sie Seite an Seite
arbeiteten, fühlte sich Orazio im Einklang mit sich selbst. Bei ihr,
in ihrer Gegenwart, vergaß er den Prozeß und sah nichts Ungewöhnliches in ihrer Lage.

Aber sobald er sich aus dem Atelier entfernte, sobald er mit der
Außenwelt in Kontakt trat, fühlte er sich zur Brutalität gezwungen, um sich zu verteidigen und zu überleben.

»Mach dich fertig ...«, brummelte er.

Er wollte nicht, daß Artemisia sich falsche Hoffnungen über
seine Absichten machte: Er führte sie nicht zum Vergnügen ins
Casino delle Muse, sondern weil die Umstände ihn dazu zwangen.
Ja, sie mußte gesehen werden, erkannt und bewundert. Er würde
sie seinen Mäzenen vorstellen. Sie würde für sie arbeiten. Dann
bekäme sie einen Namen und eine Identität. Ihre Signatur würde
ein Bild heraufbeschwören: das wunderbare Gesicht von Artemisia Gentileschi.

»Eine schöne Frau als Malerin, das müßte sich doch gut verkaufen lassen! Vor allem, wenn ihre Kunst sie in die Ränge der
größten Meister plaziert ... Ein Wunderwerk der Natur. Ein Phä-
nomen ... Wie die Frau mit Bart. Oder die Leibesfrucht mit zwei
Köpfen. Hier, laß das deine Brüder zur Villa Borghese bringen.
Und das auch.«

Er wies auf die *Susanna*, welche Artemisia nackt zeigte, und seine zweite Version der *Judith*.

»Ich möchte, daß du der Judith ähnelst. Ich möchte, daß du so
strahlend und siegreich wie die Wahrheit aussiehst!«

Sie hörte ihm nicht mehr zu. Da sie aller Ehre beraubt war,
blieb ihr nur noch der Stolz auf ihre Arbeit. Auf diesen Stolz hatte sie nicht verzichtet.

»Man wird meine Bilder unter deinem Deckengemälde aus-
stellen! Der Papst, die Kardinäle, die ganze Welt kann dann sehen, daß die Malerei eines Agostino Tassi nichts wert ist im Vergleich mit dem Werk von Vater und Tochter Gentileschi.«

Bekanntmachung, Rom am Sonntag, den 6. Juni 1612 – *Avvisi di Roma:*

»Nach dem Frühstück besichtigte der Pontifex maximus in Begleitung seines Gefolges die päpstliche Privatkapelle in der Santa Maria Maggiore. Er verweilte im Park seines Neffen, des Kardinals Borghese, um die Brunnen und einige Wasserspiele zu bewundern.«

Im Pavillon neben dem Nymphäum hatte Orazio Gentileschi auf den Besuch des Papstes gewartet. Doch da er zu spät davon in Kenntnis gesetzt worden war, verfehlte er ihn. Paul V. hatte nur im unteren Garten haltgemacht, um Cigolis Fresken zu bewundern.

Der Papst mußte allerdings nur die Piazza Monte Cavallo überqueren, um vom Quirinalspalast zu dem wundervollen Besitz zu gelangen, den sein Neffe errichten ließ. Der Kardinal war in allem Seiner Heiligkeit unterstellt und hatte das Besitztum in der Absicht zugesprochen bekommen, seinem Onkel noch näher zu sein. Die beiden Männer verstanden sich vorzüglich in Bereichen der Familienpolitik und des Mäzenatentums. Sie teilten sich die Architekten und beschäftigten dieselben Künstler.

Kein anderer Verwandter des Papstes hatte so viele Ämter, Privilegien und Pfründe angesammelt – deren Gewinne er einstrich – wie der Kardinal Scipione Borghese. In sieben Jahren war das zu einem riesigen Vermögen angewachsen. Selbst der Neffe des vorherigen Papstes, der berühmte Kardinal Pietro Aldobrandini, der sich der Güter der Familie Cenci bemächtigt und Orazio Gentileschi seinen ersten bedeutenden Auftrag gegeben hatte, selbst Pietro Aldobrandini hatte nicht gewagt, sich so viele Ländereien und Paläste anzueignen wie Scipione Borghese.

Dieser war eher sanftmütig und voller Freundlichkeit, doch zeigte er in einem Bereich – einem einzigen – einen Wesenszug, der ihn vor keinem Gewaltakt zurückschrecken ließ: bei der Kunst. Um ein von ihm begehrtes Werk zu bekommen, war er zu jeglicher Niedertracht bereit.

Die Kurie würde bald nur noch vom Lärm der Schlacht widerhallen, die er mit dem obengenannten Pietro Aldobrandini ausfocht. Scipione Borghese hatte die berühmte *Jagd der Diana* gesehen, die im Atelier des Malers Il Domenichino trocknete, und sich so heftig in das Bild verliebt, daß er es auf der Stelle kaufen wollte. Doch als der Künstler ihm antwortete, daß ihm zu seinem großen Bedauern das Bild nicht mehr gehören würde, da es vom Kardinal Aldobrandini in Auftrag gegeben und bezahlt worden sei, ließ er ihn kurzerhand einsperren und nahm das Bild an sich. Seine Gier kannte weder Maß noch Ziel. So hatte sich Cavalier d'Arpino, unter dessen Leitung Orazio einst gearbeitet hatte, der Mann also, dem im Petersdom die Mosaiken zu verdanken waren, seinerseits im Gefängnis wiedergefunden, während Scipione Borghese ihn der Steuerhinterziehung anklagte und nebenbei seine komplette Sammlung an sich nahm, seine eigenen Bilder und die der Meister, die Cavalier d'Arpino in zwanzig Jahren zusammengetragen hatte.

Doch Künstler nach seinem Geschmack, welche ihm das gaben, was er haben wollte, überhäufte Scipione Borghese mit Geld und Ehren. Er zeigte sich von einer absoluten Großzügigkeit gegenüber den Kunstschaffenden, die seinen Wünschen entgegenkamen. Im päpstlichen Rom siegte gute Malerei, vorausgesetzt, sie wurde im Auftrag des Papstneffen angefertigt, immer über das Gesetz. Die Kunst im Dienste der Familie Borghese und ihres Dunstkreises triumphierte stets über die Gerechtigkeit. Dafür sorgte Scipione.

Das Auge eines solchen Kenners also mußten die Werke von Vater und Tochter Gentileschi gefangennehmen. Nur ihr Talent, ihre Virtuosität – der Triumph ihres Pinsels – konnte für sie die Verurteilung Agostino Tassis bewirken.

20

Casino delle Muse,
Villa Borghese

am 1. Juli 1612

»Der Himmel steht Euch bei, Signora Artemisia. Warum also verzweifeln? Gott sei Dank gibt es einen Ausweg aus allen Schwierigkeiten«, tönte Giovan Battista Stiattesi, während er mit ihr durch den entzückenden Park von Scipione Borghese lief.

Sie erwarteten die Ankunft des Kardinals, welche seine Gärtner für den Nachmittag erhofften. Auf den schmalen Rasenwegen, die sich rechtwinklig kreuzten, konnten der Notar und das junge Mädchen kaum nebeneinander gehen. Also folgte Stiattesi im schwarzen Gewand Artemisia im roten Rock, und ihre Kleider schlugen immer wieder an die winzigen Mauern aus Ziegelstein, die die Blumenbeete einrahmten, diese Mauern, welche in jeder Ecke von kleinen Büsten mit römischen Kaisern oder von kugelförmigen Büschen überragt wurden.

»Aber Ihr könnt Euch nicht so zur Schau stellen«, fing er wieder an. »Vor allem jetzt nicht.«

»Und was sollte ich Eurer Meinung nach tun?« fragte sie, ohne sich umzudrehen, mit einer Ungeduld, die Stiattesi angriffslustig fand.

Als der Notar im Eifer seines Rachefeldzugs gegen Quorli Orazio alles berichtet hatte, hatte dieses Geständnis ihn eher erleichtert. Er war glücklich, daß er Gentileschi, in dessen Schuld er sich wähnte, nicht mehr zu verraten, daß er die junge Frau, deren Beschützer er gerne gewesen wäre, nicht mehr zu täuschen brauchte. Doch jetzt fürchtete er Agostinos Rache! Diese Angst um seine Sicherheit, um die seiner Frau und seiner Kinder, hatte in ihm eine gewisse Verbitterung, etwas Harsches, Rachsüchtiges gegen

Artemisia entstehen lassen, ein Gefühl fast wie Unwillen, welches sein Bewußtsein verurteilte. In seiner Verwirrung wußte Stiattesi nicht mehr, ob er ihr helfen, sie retten oder sich ihrer entledigen wollte. Daher ließ er sie nicht mehr in Ruhe.

Reue oder Verlangen, er hatte sich an ihre Fersen geheftet und nahm mehr als zuvor Anteil an dem Drama, das sie durchlebte.

Wenn die römische Justiz auch von einer Befragung Orazio Gentileschis abgesehen hatte, so hatte sie Stiattesi etliche Male vorgeladen und seine Behauptungen denen von Agostino gegenübergestellt. Letzterer behauptete, Stiattesi zig Taler gegeben zu haben, damit er einen Besuch Artemisias bei ihm im Gefängnis bewerkstellige. Er behauptete außerdem, daß Stiattesi Artemisias Geliebter sei und ein doppeltes Spiel spiele. Daraufhin hatte es heftige Auseinandersetzungen vor den Justizbeamten gegeben. Außer sich vor Zorn hatte sich Stiattesi ein weiteres Mal gerächt, indem er neue Beweise für Agostinos Schuld vorbrachte.

Der Notar hatte mittlerweile also ein ebenso großes Interesse wie die beiden Gentileschis, daß Tassi im Gefängnis blieb und das für lange Zeit! Er wußte, daß er nicht Manns genug war, gegen die Waffen seines alten Komplizen anzukommen. Also widmete er sich mit neuer Energie der Verzögerung seiner Freilassung. Wenn er nicht von seinem Amt als offizieller Anwalt der Anklage in Anspruch genommen war, wenn er nicht auf der Suche nach neuen Belastungszeugen durch die Straßen von Rom lief, dann half Stiattesi Gentileschi dadurch, daß er für ihn in der Villa Borghese Wache hielt. Orazio, dem es mißglückt war, seine Angelegenheit vor dem Papst vorzubringen – anläßlich der Brunnenbesichtigung des Pontifex maximus im Juni –, versuchte nun fieberhaft, dort den Kardinal zu treffen. Aus langer Erfahrung wußte Orazio, dessen Beruf ihn ständig dazu zwang, Gunstbezeugungen und Schutz zu erbitten, daß nichts anderes, kein Brief, keine Bittschrift, soviel wog wie der direkte Kontakt mit der hochgestellten Persönlichkeit, von der er alles bekommen wollte. Dies war sein einziger Vorteil gegenüber Agostino!

»Nun? Was ratet Ihr mir dieses Mal?« fragte sie Stiattesi noch einmal.

Die undurchsichtigen Bemühungen des Notars, seine vieldeutigen Predigten konnten Artemisia ziemlich reizen, doch sie hatte sich damit abgefunden. Durch Tuzias Verhaftung war sie allein mit ihrer Sünde zurückgeblieben, isoliert in ihrem Schuldgefühl. Der rasche Umzug der Matrone nach ihrer Freilassung Ende März, das Verschwinden der gesamten Familie Medaglia in ein weit entferntes Stadtviertel, die Erinnerung an ihre Freundschaft, all dies verschmolz mit dem Gefühl der Traurigkeit, das sie nun ständig begleitete.

Als Stiattesi sah, wie Artemisia zwischen den Marmorplastiken umherging, sich im Labyrinth der Buchsbäume verirrte, unter Rosenpergolen tauchte, bedauerte er, daß die ungeheure Schönheit des Parks sich unter diesen Umständen vor ihnen entfaltete. Er hatte noch nie etwas gesehen, das heiterer und prachtvoller gewesen wäre. Selbst in dem für die Öffentlichkeit zugänglichen Boboligarten, selbst bei den hundert Springbrunnen der Villa d'Este, deren Attraktionen man pries, waren die Wunder der Kunst und die Pracht der Natur nicht derart virtuos vereint.

Um sie herum bildete jedes Beet ein geometrisches Muster, das durch drei Sorten von Blumen in gleichen, in sich gemusterten Farben entstand. Aus der Ferne wirkten diese Hunderte von Blumenbeeten wie ein vielfarbiges Schachbrett, ähnlich wie die Kirchenböden, wie der endlose Marmorbelag im Petersdom. Ein Garten, der erdacht worden war, um alle Sinne zu betören: die Augen, die Nase, die Ohren ... Man hörte das Rauschen des Wassers, das kaskadenförmig über Stufen floß. Tausend Fontänen rieselten und murmelten hinter den Wäldchen.

Er wußte, daß sie nur hier spazierenging, um ihre Angst zu betäuben. In diesem Moment mußte sich Artemisia Gentileschi wie ein Gladiator vor den Zirkusspielen fühlen. Orazio hatte sie in die Arena geschickt. Was erwartete er von seiner Tochter? Trotz seiner Ausflüge in die Niederungen des Volkes, trotz der offensichtlichen Unstimmigkeiten in seinem Verhalten verabscheute Orazio alles Zufällige und Regellose. Was erhoffte er sich genau?

Aus seinen Bildern, der Ausgewogenheit ihrer Komposition, der Eleganz der Figuren, der Feinheit ihrer Körperhaltung, der Pracht der Details war für jeden Kenner ersichtlich, daß dieser Maler – dieser Grobian – im höchsten Maße einen Sinn für Prunk und eine Vorliebe für Dekor hatte. Mit seiner Palette pries er den in allen Regenbogenfarben schillernden Widerschein der Seide, spielte er mit der Dichte des Samts, umgab er die durchscheinenden Schultern seiner Madonnen mit Goldschleiern und strebte ausschließlich danach, das Ideal zum Ausdruck zu bringen. Nichts in seinem Werk, das nicht komponiert und durchdacht gewesen wäre. Er hatte die Aufmachung seiner Tochter ebenso geplant wie eins seiner Bilder. Wollte er sie etwa verkaufen?

Natürlich wollte er das! Und Stiattesi empörte sich gegen dieses Vorhaben. In diesem zu auffälligen Kleid konnte sie angesichts ihres Standes nur zu dieser Kaste von Frauen gehören, die vom Volk wie vom Himmel gleichermaßen entfernt waren und deren Gewerbe in Rom seit der Antike Tradition hatte. Wie konnte Orazio damit einverstanden sein, seine Tochter wie eine Hetäre vorzuführen? Hieß das nicht, Agostinos Behauptungen Vorschub zu leisten? Ein öffentliches Mädchen! Eine Hure!

Unruhig und verwirrt dachte Stiattesi, daß Artemisia eigentlich wie eine Jungfrau gekleidet sein müßte; wie eine Madonna, eine Heilige, ja, eine Märtyrerin. Er stellte sich ihr bleiches Gesicht und den Kopf bedeckt von einem Schleier vor. In der einen Hand hielt sie eine Lilie, in der anderen eine Taube …

Der Notar ahnte nicht, was Orazio aus Erfahrung wußte: daß nicht die Unschuld seiner Tochter – und auch nicht der Anschein ihrer Unschuld – ihm den Kopf von Agostino Tassi bringen würde. Und Gentileschi wollte diesen Kopf! Auch zum Preis dessen, was ihm das Kostbarste war. Seine Tochter, die er achtzehn Jahre lang versteckt gehalten hatte. Seine Tochter, die er weder hatte verheiraten noch in ein Kloster geben wollen, würde er nun bereitwillig opfern …

Als Orazio Gentileschi diesen Prozeß anstrengte, der für ihrer beider Leben so einschneidend war, hatte er schon bewiesen, daß er bis zum Äußersten gehen würde. Daß er bereit war, sich selbst zu verleugnen. Dieser Despot, der so eifersüchtig über seine Ehre und die Tugend seiner Tochter wachte, dieser übertrieben schamhafte und rücksichtslose Tyrann, der ihr aus Angst alle Freuden versagt hatte, stellte sie nun mit großem Dekolleté und viel Schmuck zur Schau. Und riskierte, sie für immer zu verlieren.

Stiattesi konnte seinen Blick nicht von diesem entblößten Nacken abwenden. Mit welchem Geld hatte Orazio diese dicke Kette bezahlt, die vorne mit einer großen Goldmaske geschlossen wurde?

Im Juli 1612 weisen die Rechnungsbücher des Kardinals aus, daß die letzte Bezahlung für das *Casino delle Muse* am 28. April stattgefunden hatte. Zweihundert Taler für die beiden Partner. Eine stattliche Summe. Agostino Tassi schrie aus seinem Kerker in die Welt, daß er seinen Anteil von diesen zweihundert Talern nie gesehen hätte ... Diese Inszenierung, von der sich die beiden Gentileschis alles erwarteten: diese Goldkette, diese Maske, war die erste eitle Laune von Artemisia; und Orazios Geniestreich!

Zwanzig Jahre zuvor, im Jahre 1593, war in Rom eine Abhandlung über Ikonologie erschienen, die mehrfach wiederaufgelegt wurde. Es handelte sich um eine Art Bibel für Dichter, Bildhauer und Maler, um ein Lexikon der Symbole und Allegorien, derer sich die Künstler bedienen mußten, um einen abstrakten Begriff darzustellen: Klugheit, Redekunst ... oder die Malerei. Damit der Begriff der ›Malerei‹ sofort erkennbar war, brachten ihn die Künstler immer mit denselben Attributen und in derselben Form zum Ausdruck: »Als schöne, junge Frau in einem schillernden Kleid, die eine Kette trägt, an der eine Maske hängt.«

Die Maske der Verstellung. Wenn der Kardinal Borghese Artemisia sah, würde er auf den ersten Blick diese Anspielung erkennen. Diese Schönheit, die da auf ihn zukam, war nicht nur ein Wesen aus Fleisch und Blut. Sondern die Verkörperung seines Traums, die Malerei!

»Gebt acht!« tönte der Notar und starrte auf die Gänsehaut, die über den Nacken des jungen Mädchens wanderte, auf die ungebärdigen Locken, die mit dem Verschluß der Kette spielten. »Gebt acht!«

Ihren Haaren entstieg ein schwerer, verwirrender Geruch, der sich mit den Düften des Gartens vermischte.

»Acht worauf?« fragte sie empfindlich und wandte sich halb um.

Er sah, daß sie schwitzte. War das die Furcht, den Kardinal zu enttäuschen? Stiattesi, der den Ruf Scipione Borgheses kannte, wagte nicht, sich die Folgen dieses Treffens auszumalen. Der sinnenfreudige, durchtriebene Prälat, dieser Kunstliebhaber, war auch ein großer Liebhaber der Frauen. War es also Furcht? Oder die Julihitze? Die Aufmerksamkeit Stiattesis verweilte einen Moment zu lang auf den feinen Schweißtröpfchen, die zwischen ihren Brüsten standen, unter dem leichten Spitzeneinsatz. In Gedanken versunken, ließ sie ihn ohne Scham ihren Ausschnitt betrachten. Jetzt wußte Stiattesi wirklich nicht mehr, ob er Mitleid mit dieser jungen Frau haben mußte. Vielleicht hatte der niederträchtige Cosimo Quorli doch recht, und Tassi war gar nicht so schuldig!

Mit ihrem schweren Zopf, den ihr Vater ihr wie ein Diadem über dem Kopf festgesteckt hatte, mit diesem Kleid, das Orazio in einem tiefroten Moiré gewählt hatte – das changierende Kleid der Malerei –, trübte sie ihm die Sinne wie die tropischen Blumen, welche die Gärtner des Kardinals mit hohen Kosten hier anpflanzten. Über den Schultern und an den Seiten der Büste schienen sich die Verschnürungen ihres Mieders aufzulösen. Sie war eine gefährliche, eine verdammungswürdige Schönheit! Ja, Gentileschi hatte den Verstand verloren! dachte der Notar. Er war in den Klauen des Teufels!

»Flieht, solange noch Zeit ist!«

»Und wohin soll ich gehen?« entgegnete sie, während sie um sich blickte.

Gegen alle Regeln der Architektur hatte der Kardinal beschlossen, zuerst den Park anlegen zu lassen und dann den Palast zu errichten. Von einem zukünftigen Hauptgebäude war noch nichts zu sehen. Die Repräsentationsetage würde eines Tages mit der höchsten Erdaufschüttung verbunden werden. Heute war dort nur eine Baustelle, auf der es vor Arbeitern wimmelte. Aber auf den drei Ebenen des riesigen Parks erhoben sich bereits vier Sommerpavillons, jene Loggien, in denen Feste gefeiert werden sollten.

Orazio hatte ihnen verboten, sich auf die untere Ebene zu begeben: Das war die Domäne Ludovico Cigolis, der hier am Pavillon arbeitete, wo Psyche ihre Geliebten versteckte. Cigoli, der in Folge der Intrige gegen ihn mißtrauisch geworden war, hielt sein Werk sorgsam geheim. Nur der Papst und der Architekt der

Grotten, des Nymphäums und der Bassins durften das Wunderwerk sehen. Westlich von diesem Casino, hinter einem großen Orangenhain, erhob sich eine Mauer von Fontänen. Zwischen den Nischen, den Statuen und Wasserspielen befand sich eine zweifach gewundene Treppe, die zum Garten mit dem *Casino delle Muse* hinaufführte.

Dieser Garten war über den ehemaligen Konstantins-Thermen angelegt worden und befand sich auf einer Ebene mit dem Quirinalsplatz. In der Mitte, in einem Brunnen aus grünem Marmor, wiegte sich eine große Najade: Venus. Rechts fiel das Wasser kaskadenförmig in eine riesige Grotte, die Scipione das *Teatro d'acqua* getauft hatte. Neben diesem »Wassertheater« erhob sich Orazios Pavillon, dieses Casino, das nur als Schmuckkästchen für die Wandmalerei konzipiert worden war. Es handelte sich um einen Saal, der ungefähr zwölf mal sechs Meter groß war und von drei Arkaden durchbrochen wurde. Vom mittleren Schwibbogen aus konnte man mit einem Blick das gesamte Fresko überschauen, das so konzipiert war, daß man auch vom Park aus Einblick hatte.

Auf der hinteren Wand spiegelten drei in Trompe-l'œil-Technik gemalte Schwibbögen die drei Bögen wider, die sich zum Park hin öffneten. Sie waren ein Werk Agostino Tassis. Zwischen den Bögen und in den Ecken thronten zehn Gestalten von Orazio Gentileschi: Apollo und die neun Musen, allerdings erst im Entwurfsstadium. Der Maler hatte es nicht für nötig gehalten, diese jetzt schon abzudecken. Aber angesichts des Cigoli zugestoßenen Mißgeschicks schützte auch er sein Werk vor der Neugier seiner Kollegen: Ein großes Tuch bedeckte das gesamte Deckengewölbe, welches man von unten nur schwer sehen konnte, weil ein zweistöckiges Gerüst davorstand. Auf der ersten Ebene arbeitete man an den Wänden, auf der zweiten an der Decke.

Heute sollte der Kardinal zum ersten Mal die Arbeit sehen, die er in Auftrag gegeben hatte. Gentileschi hielt außerdem noch eine Überraschung und ein paar unerwartete Geschenke für Scipione Borghese bereit. Er hatte vier Lehnstühle herbeischaffen und drei Staffeleien aufstellen lassen, auf denen verhängte Bilder standen.

»Wollt Ihr mir raten, daß ich mich verstecken soll, Maestro Stiattesi«, fragte das junge Mädchen nicht ohne Spott.

»Dieses Mal könntet Ihr wirklich zu Fall kommen. Und für diesen Fall würde Gott von Euch Rechenschaft fordern!«

»Wirklich?« sagte sie bitter.

»Bis jetzt seid Ihr noch nicht schuldig …«

»Und nun?«

»Nun könnte Satan Euch in Versuchung führen … Flieht vor dem Wahnsinn Eures Vaters .. Das Böse hat ihn in seiner Gewalt.«

»Ich wüßte nicht, wohin ich gehen sollte.«

»Zu Eurem Onkel nach Florenz!«

»Ich soll fliehen und hinnehmen, daß Agostino triumphiert?« entgegnete sie ihm zornig. »Fliehen und verlieren …« Sie hielt inne und senkte den Blick. »Alles verlieren!«

Mit diesem ›alles‹ wollte Artemisia sagen ›meinen Vater‹ und ›meine Kunst‹. Aber sie konnte weder das Wort ›Malerei‹ noch Orazios Namen aussprechen. Sonst hätte sie den Namen ihres Geliebten hinausgeschrien.

Angesichts dieser Stimme, die sich kaum in der Gewalt hatte, dieses Blicks, der nirgendwo mehr verweilen konnte, weder auf ihm, noch auf den Herrlichkeiten des Parks – dabei wußte Stiattesi doch, wie direkt dieser Blick sein konnte –, angesichts dieser Zeichen also konnte er mit einem Mal ermessen, wie groß die Angst dieser Frau war. Jeden Moment konnte sie wieder in die Folterkammer des Tor di Nona gerufen werden, um aufs neue mit Agostino Tassi konfrontiert zu werden. Sie hatte nicht nur Angst vor dem physischen Schmerz. Es war vielmehr die Gegenwart des Mannes, den sie geliebt hatte, und der Abgrund des Hasses, in den seine Nähe sie stoßen würde.

»Wenn Agostino Tassi bestraft ist, werde ich mich in die Stille eines Klosters zurückziehen und dort sterben.«

Ein Lächeln glitt über Stiattesis strenges Gesicht: Artemisia Gentileschi würde vielleicht schon vor Abschluß des Prozesses sterben. Doch sicher nicht in aller Stille. Sie nahm seine Ironie wahr.

»Laßt mich allein meine Situation beurteilen«, sagte sie ernst zu ihm. »Mir ist das Widerliche daran völlig bewußt. Aber es ist unmöglich, daran etwas zu ändern.«

In diesem Moment kam Artemisias Bruder angerannt: Orazio war gekommen, und der Kardinal überquerte den Platz.

* *
*

»Ich meine mich doch sehr klar in bezug auf das von mir geforderte Sujet geäußert zu haben, Signor Gentileschi, wir sprachen von dreißig Personen, und ich sehe hier nur zehn!« rief Scipione Borghese in wütendem Tonfall.

Er war in seiner roten Soutane auf der ersten Plattform des Gerüsts aufgetaucht. Auf dieser Höhe der Wand war noch keine der Figuren auf dem Fresko vollendet.

»Ihr macht es Euch ziemlich leicht, Signor Gentileschi! Wenn ich einen Plan aufstelle, dann möchte ich auch, daß er eingehalten wird.«

Der Kardinal war etwa fünfunddreißig Jahre alt. Zwar war er kleiner als der Papst, doch hielt er sich ebenso gerade wie er. Und wie er war er eine stattliche Erscheinung. Mit mehr Geschmeidigkeit in seinen Gesten als sein Onkel, mit einer gewissen Biegsamkeit in der Kopfhaltung, einer Raschheit und Lebhaftigkeit in seinem Gang, die weder durch sein Prälatengewand noch durch seine Beleibtheit gehemmt wurden. Dennoch wirkte er gedrungen. Der Kardinalshut, den er auf dem Hinterkopf trug, ließ sein Gesicht rund erscheinen, der Umhang verbreiterte seine Schultern, und die Albe, die ihm bis zu den Knien ging, drückte seine Silhouette zusammen. Kurz gesagt: Der Kardinal Scipione Borghese schien nicht dafür geschaffen, das geistliche Gewand zu tragen. In seiner Jugend hatte er im römischen Jesuitenkolleg Philosophie studiert und danach an der Universität von Perugia ein vergnügtes Leben gehabt. Bis der Bruder seiner Mutter zum Papst gewählt worden und er in aller Dringlichkeit nach Rom gerufen worden war ... Er selbst war kein Borghese, sondern ein Caffarelli, so der Familienname seines Vaters. Der neue Papst, sehr darauf bedacht, sich mit sicheren Leuten zu umgeben und die einträglichsten Ämter mit Verwandten, Freunden und Bekannten zu besetzen, hatte ihm seinen eigenen Namen, seine Wappen und das Kardinalsrot gegeben.

Im Gegensatz zu königlichen Dynastien konnten die geistigen Oberhäupter nicht auf die Zeit setzen, auf den Fortbestand, auf die zukünftigen Generationen, um ihre Herrschaft und ihr Überleben im Verlauf der Jahrhunderte zu sichern. Sie hatten nur die wenigen Jahre ihrer Papstwürde. Und da die Päpste im hohen Alter gewählt wurden, herrschten sie kaum mehr als fünfzehn Jahre. Fünfzehn Jahre, um sich ein so großes und dauerhaftes Vermögen zu schaffen, daß ihr Name und der ihrer Familie in Rom ewig überdauerte.

Seit Sixtus V. und den Edikten der Gegenreformation, welche dem Papst jede direkte Nachkommenschaft verboten, hatte die Erfahrung gezeigt, daß das sicherste Mittel, in einem Minimum an Zeit alle Macht und alle Reichtümer auf sich zu vereinigen, das war, über zwei Neffen zu verfügen. Dem ersten fiel die Leitung der päpstlichen Domänen und der katholischen Welt zu. Er war die rechte Hand des Papstes und ergriff somit die geistliche Laufbahn, besetzte die offizielle Funktion eines Kardinals. Dem zweiten fiel der militärische Ruhm, eine Heirat und die Verantwortung zu, für Nachwuchs zu sorgen. Aber diese beiden Neffen mußten sich beeilen! Die Wahl eines neuen Papstes brachte ein neues Haus an die Macht. »Es gibt keine gefährlichere Situation auf der Welt als die eines Neffen nach dem Tod seines Onkels.« Scipione Borghese konnte nur zu gut ermessen, wie wahr dieses Sprichwort war. Hatte nicht er dem Neffen des vorherigen Papstes, seinem alten Feind Pietro Aldobrandini, all seine Privilegien entrissen? Hatte nicht er ihn gezwungen, Rom zu verlassen? Um dem zukünftigen Unheil entgegenzuwirken, mußte der Neffe des Papstes so viele Reichtümer anhäufen, daß er niemals vollkommen enteignet werden konnte.

»Wo sind die Musiker, auf die wir uns geeinigt hatten? Ich sehe hier nichts, was an die Musik erinnert!«

Scipione hatte sich bis zum Ende des Laufstegs vorgewagt, der unter seinem Gewicht bebte. Enttäuschung verfinsterte sein dick gewordenes Gesicht. Mit seinen lebhaften Augen, die durch eine Fehlfunktion der Schilddrüse leicht aus ihren Höhlen traten, mit seinem natürlich frischen Teint schien Scipione Borghese vor Gesundheit zu platzen! Gesundheit, das war leicht gesagt! Das Honorar seines Arztes war fast so hoch wie das seines Architekten. Aber der Kardinal hielt seine kleinen Wehwehchen geheim. Nicht, daß er eine Neigung zur Heimlichtuerei und Intrige hatte. Der mächtigste Mann nach dem Papst, der Mann, dem die Botschafter der ganzen Welt huldigten, hatte nur eine Neigung: die nach Glück. Und wenig Interesse an Politik. Jedem, der es von ihm verlangte, versprach er Unterstützung bei seinem Onkel; er bedachte jeden Bittsteller mit derselben freundlichen Phrase und hütete sich doch vor jeglicher Einmischung. Zwischen Schnauz- und Kinnbart deuteten seine naschsüchtigen Lippen stets ein Lächeln an …

Er war gerissen genug, um zu begreifen, daß der herrische Papst Paul V. von seinem Neffen erwartete, daß er ihm half, und nicht, daß er ihm sagte, was er tun solle. Scipione bemühte sich also umsichtig und klug, als Echo des päpstlichen Willens zu fungieren. Aber schien er auch die Bedeutung von Worten wie ›Widerstand‹ oder ›Auflehnung‹ vergessen zu haben, so erwartete er von anderen doch eifrigen Gehorsam.

»Ich habe Gold und Zinnober für Apollos Gewand verlangt. Die Farbe, die Ihr gewählt habt, ist nichts wert … Ebensowenig wie das Ultramarin bei Kalliope! Warum habt Ihr Zinnober in Pulverform gekauft? Mittlerweile müßtet Ihr doch wissen, Signor Gentileschi, daß Zinnoberpulver nicht hält, was es verspricht: Es ist mit Pulver aus Ziegel und Kupfer vermischt!«

»Und daher habe ich auch nicht mit Zinnoberpulver gearbeitet, Eure Eminenz!« betonte Orazio, den der Zorn packte. »Ich habe eigenhändig Zinnober zerstampft, indem ich ganz oben am Gestein anfing, wo die Struktur kristallin ist.«

»Dann hättet Ihr es besser prüfen müssen und länger stampfen!«

»Sicher, wenn ich zwanzig Jahre gestampft hätte, wäre es noch besser geworden«, räumte der Maler sarkastisch ein.

»Und die Neigung dieses Kopfes da erscheint mir doch sehr unwahrscheinlich!«

»Diese Figur ist noch nicht fertig, Eure Eminenz.«

»Und das eben wirft man Euch vor! Man hat Euch doch die Liste mit den neun liegenden Positionen zukommen lassen, in denen man die Musen sehen wollte.«

Es war kein besonderes Privileg des Papstneffen, Anweisungen bezüglich des Sujets eines Werks zu geben. Alle Sammler gaben dem Maler sowohl das Thema des Bildes als auch sein Format und die Anzahl der Personen vor. Die Gesamtheit der Instruktionen konnte in dem Vertrag aufgeführt werden, in dem auch der Preis und die Lieferfrist festgelegt waren.

Mit einem so mächtigen Kunstliebhaber wie dem Kardinal Borghese verhandelte man nicht über Tarife, und der Preis für ein Werk blieb in der Schwebe. Der Künstler konnte eine um so großzügigere Entlohnung erwarten. Der Brauch schrieb vor, daß der Auftraggeber Vorschüsse gab und für den Rahmen, die Leinwand und das Ultramarinblau bei Gemälden, bei den Fresken aber für die Gerüste aufkam.

Die Beziehungen zwischen Scipione Borghese und seinen Malern wurden noch komplizierter dadurch, daß er über profunde Kenntnisse der Malerei verfügte. Er war nicht nur der gierigste und ungeduldigste aller Mäzene, er liebte die Kunst auch wirklich und leidenschaftlich. Wenn die Arbeit gut voranging, dann wurde sein Verständnis für das Werk zu einem Quell steter Freude für den Künstler. Doch wenn nicht …

»Ich stimme Eurer Eminenz zu, daß in diesem Moment die westliche und die nördliche Mauer trocken genug sein müßten, daß man die Verzierung der Säulen in Angriff nehmen könnte«, überbot ihn noch die zweite Person, die ihrerseits durch die Falltür gekommen war und nun vorsichtig einen Fuß auf die Plattform setzte.

Der Florentiner Antonio Ricci war älter als Scipione Borghese und gerade zum Bischof von Arezzo ernannt worden. Er trug eine schwarze Soutane, die von der violetten Schärpe gekreuzt wurde, und dazu ein Käppchen, das seine Tonsur verdeckte. Er hob den Kopf.

»Die Musen sind ja noch im Entwurfsstadium«, seufzte er.

»Wenn Monsignore sich auf die zweite Ebene begeben wollte«, schlug Orazio vor und wies auf die Leiter, »dann glaube ich, daß …«

Orazio Gentileschi unterschätzte nicht die Bedeutung des Mannes, an den er sich wandte: Antonio Ricci ließ sich nur selten in seiner Diözese blicken. Er war es, der den Maler Ludovico Cigoli einstmals Scipione Borghese vorgestellt hatte. Er hatte die gesamte Verantwortung für die zahlreichen Baustellen des Papstneffen inne. Mit ihm wurden nicht nur alle Pläne für die Bildgestaltung festgelegt, er überwachte auch die Abrechnungen und vor allem den Fortgang der Arbeiten. Das war eine gewaltige Aufgabe! Denn Scipione gab sich nicht damit zufrieden, diesen Park anzulegen, er modernisierte zur gleichen Zeit seinen Palast in der Stadt – den Palazzo Borghese – und ließ eine riesige Villa auf dem Pincio errichten. Die Arbeiten an dieser Baustelle hatten gestern begonnen, einen Tag vor der Besichtigung des *Casino delle Muse*. Der Kardinal wollte hier seine Sammlung von Musikinstrumenten, seine Bücher, seine Bilder und die zweihundert antiken Statuen unterbringen, die er so liebte. Er hatte die Aufstellung dieser Objekte in den Gängen für den Frühling des Jahres 1614 vorgesehen. Das war Wahnsinn! Weniger als zwei Jahre für die vollständige Anlage der unsterblichen Villa Borghese! Scipione schien mehr denn je in Eile. Die Vorsehung hatte es gewollt, daß sein Onkel im besten Alter erwählt worden war. Aber Paul V. regierte nun schon sieben Jahre. Wie viele Stunden und Tage würden dem Papstneffen noch bleiben, um seinem Reichtum den richtigen Rahmen zu verleihen? Wie viele Monate noch, um für immer alle Ästheten der Geschichte zu übertreffen?

»Sicher, Signore, wie Seine Eminenz schon betonte, arbeitet Ihr nicht allein in seinem Park«, mischte sich ein dritter Prälat ein, der nun auf der ersten Plattform auftauchte. »Euer Werk ist Teil einer Thematik, Teil eines Ganzen ...«

Der Domherr Lelio Guidicciono war achtundzwanzig Jahre alt, hatte einen hageren Gelehrtenschädel, kurzes Haar und einen gezwirbelten Schnurrbart. Er trug keine Soutane, sondern das elegante Ritterwams. Seine durchscheinenden Hände mit den langen, ringgeschmückten Fingern ragten aus spitzenbesetzten Manschetten hervor, und sein kurzer schwarzer Umhang, der nur über eine Schulter geworfen war, fegte über die Laufstangen. Er stammte aus einer alten Luccheser Familie und war ein Mann der Literatur, ein Mann der Wissenschaft, ein guter Dichter und ein guter Mathematiker, wenn er auch auf väterlichen Befehl hin die geistliche Laufbahn eingeschlagen hatte. Der junge Prälat gehörte zu der neuen Generation von Intellektuellen, die sich für die Literatur und die Antike begeisterten, zu diesem Zirkel von *Virtuosi*, mit denen sich Scipione Borghese zu umgeben liebte. Ohne ein furchterregender Gelehrter zu sein, besaß Lelio Guidicciono doch einen eklektischen Geist, der sich für die Vergangenheit ebenso wie für die Zukunft interessierte. Er initiierte eine der ersten Ausgrabungsstätten auf dem Palatin; er sollte bald Galileis Theorien unterstützen. Er war der zukünftige Domherr der Santa Maria Maggiore und der Laterankirche und sollte der Nachwelt wegen seiner eloquenten Grabreden im Gedächtnis bleiben. Ihm, Lelio Guidicciono, kam die Ehre zu, eine begeisternde Hommage zu Ehren von Paul V. vor der katholischen Welt zu halten, die sich vor seinem Katafalk versammelte. Seine Freundschaft zu Scipione ließ niemals nach. Selbst in der Not ... Er sollte ihm sein letztes Buch widmen.

»Dieses Casino ist für Konzerte entworfen«, erklärte er leidenschaftlich. »Die Serenade auf den Gott Apollo, die wir in Auftrag gegeben haben, ist nur ein Echo, eine Spur aus der Ewigkeit für die Musik, die man hier für Seine Eminenz, den Gott der Künste in diesem Jahrhundert, spielen wird.«

»Ihr müßt mit dem Hirn malen, Signore, und nicht mit den Händen«, unterbrach der Kardinal, ohne auf die Schmeichelei einzugehen. »Die Hand ist nur ein Instrument des Verstandes. Und ohne Verstand läßt sich nichts Gutes erschaffen.«

»Aber wenn ich mir erlauben darf, Eure Eminenz, dann drükken wir uns doch mit den Händen aus, wir Maler ...«

»Mitnichten«, mischte sich der Bischof von Arezzo ein, »Ihr drückt Euch mit dem Kopf aus ... Ohne Konzept, ohne Idee gibt es kein Bild. Und so wie die Poesie die sprechende Malerei ist ... ist die Malerei, Signor Orazio, die stumme Poesie.«

»Ich verstehe«, antwortete Orazio. »Aus diesem Grunde wage ich die Herrschaften noch einmal zu bitten, mir doch auf die obere Ebene zu folgen ... Ich glaube, daß Eure Eminenz dort oben nicht enttäuscht sein werden .... Denn noch habt Ihr nichts gesehen!«

Widerwillig folgten die drei Prälaten dem Maler auf die Leiter.

Unter dem Deckengewölbe angekommen, knotete Orazio eine Schnur auf und löste so das Tuch, welches die Decke verbarg. Mit einem lauten, flaggenähnlichen Geräusch fiel das Tuch zu Füßen der kleinen Gruppe nieder.

Es erschien endlich der großartige Balkon, der von Agostino gemalt worden war, seine gewundenen Säulen und sein Gesims. Die berühmten Bauformen des sich in Haft befindlichen Mannes ...

»Von einer erstaunlichen Wirklichkeitstreue!« rief der Bischof von Arezzo aus. »Gefühl und Verstand vereinigt sich hier zum größten Gefallen des Auges.«

Durch seine florentinische Abstammung, seine toskanischen Freunde war er in bezug auf Agostino Tassi voreingenommen.

Auf dem Balkon standen die neunzehn Figuren von Orazio Gentileschi. Wunderschöne Musikerinnen, die Cembalo, Violine oder Flöte spielten, hatten sich einem unsichtbaren Publikum zugeneigt. Sie trugen rosa, grüne oder ockerfarbene Roben, die im Wind flatterten; die einen schienen zu singen, die anderen zuzuhören. Eine Symphonie in Pastell auf einem steinfarbenen Hintergrund mit Ausblicken auf den blauen Himmel. Eine einzelne Frau im modernen Kleid wandelte auf dem Balkon und hatte ihr Gesicht den Betrachtern zugewandt: Artemisia.

»Meine Tochter, Eure Eminenz, die ich die Ehre habe, Euch gleich vorzustellen.«

»Wunderbar«, hauchte der Kardinal, ohne daß man hätte sagen können, ob er von der jungen Frau oder von dem Deckengemälde sprach.

»Welch erhabene Arbeit!« ergänzte der Bischof. »Das nenne ich Technik.«

Scipione Borghese hatte zu seiner üblichen Gutmütigkeit zurückgefunden. Er nahm den Maler am Ellbogen und bezeugte ihm sein Gefallen, indem er mit ihm vor jeder Figur stehenblieb.

»Was für ein Spiel spielt Ihr? Warum habt Ihr diese Schönheiten vor uns verborgen?«

Orazio konnte nichts darauf antworten. Er empfand weder Freude noch Erleichterung, nur eine ungeheure Traurigkeit. Der Tadel des Kardinals eben hatte ihn verletzt. Und nun taten die

Ausrufe der Bewunderung, die der Bischof von Arezzo vor Tassis Trompe-l'œil ausstieß, ein übriges. Ein Gefühl der Verbitterung überwältigte ihn.

Seine Frauenfiguren, die ihn so viel Qual gekostet hatten, schienen ihm auf einmal seicht und vulgär. Selbst die Farben, auf die er so stolz gewesen war, die Schattierungen im Faltenwurf der Roben ... Das ganze Fresko hatte für ihn an Leben und Tiefe verloren. Und es war die Verbindung zu Agostino Tassi, die seine Arbeit besudelt hatte.

In einem seiner für ihn so typischen Stimmungsumschwünge hatte Orazio vergessen, was er sich von seinem Triumph vor Scipione Borghese erhoffte. Auch auf das Risiko hin, sich selbst herabzuwürdigen, gab er seinem Bedürfnis nach, seinen Mitarbeiter abzuwerten.

»Es scheint, daß Agostino Tassi alles bei Veronese abgekupfert hat, Eure Eminenz ... Dieses Deckengemälde ist eine Nachahmung der Fresken in der Villa Maser. Es scheint, daß er auch von Ponchinos *Sala della Poesia* in Murano abgemalt hat. Wirklich, ich weiß nicht, wie Agostino alle Welt kopieren kann und trotzdem immer das bleibt, was er ist: ein Dieb!«

»Ihr seid sehr hart gegen Euch«, bemerkte der Kardinal ironisch. »An Eurer Stelle«, sprach er weiter, während er sich über die Arbeitsbühne neigte, »würde ich mir mehr Gedanken über die noch unvollendeten Wandgemälde machen ... Wann beabsichtigt Ihr, mit den neun Musen in den Ecken da und mit dem armen Apollo fertig zu sein?«

»Noch vor dem Herbst, Eure Eminenz.«

»In drei Monaten? Donnerwetter! Da arbeitet ja selbst Ludovico Cigoli schneller als Ihr!«

»Es scheint mir, daß ich schon viel schaffe, wenn ich eine Hand an einem Tag male, vorausgesetzt, sie erzielt ihre Wirkung«, entgegnete Orazio kühl.

Der Kardinal deutete ein Lächeln an.

»Ich sehe sehr gut, daß Eure Musen und Eure Musikerinnen Euch zum Träumen bringen, Signor Gentileschi, und daß Mars, nach allem, was ich gehört habe, Euch hart zusetzt und quält. Aber der Krieg zwischen Euch und Signor Tassi wird mit Gottes

Hilfe nicht so lange dauern, daß Ihr nicht in einem Monat fertig sein könnt.«

»Ich werde mein Möglichstes tun, Euer Eminenz.«

»In einem Monat, ich verlaß mich darauf! ... Ihr dürft die Wertschätzung, die Ihr Euch errungen habt, den Platz, den Ihr unter den berühmtesten Malern Roms innehabt, nicht verlieren.«

Bei diesen Worten wechselte Orazios Niedergeschlagenheit in Enthusiasmus. Er wurde von großer Zuneigung, einem Anfall von Dankbarkeit gegenüber seinem Mäzen ergriffen. Plötzlich gewann das Fresko in seinen Augen wieder an Leben, Komplexität und Tiefe. Er wollte ein paar Worte sagen, die den Kardinal davon überzeugen würden, daß sein Maler das Konzert, Apollo und die Musen mit denselben Augen sah wie er ... Aber der Kardinal hörte nicht mehr zu.

Er war auf die Leiter getreten und kletterte mit seinem Gefolge nach unten. Die drei Prälaten waren mit solchen Arbeitsgerüsten vertraut und fürchteten weder die schmalen Bretter noch die Löcher zwischen den Sprossen, noch das Schwanken des ganzen Gerüsts.

In jeder Jahreszeit, zu jedem Tag in jedem Monat vermerkten die *Avvisi di Roma*, jene Bekanntmachungen über die Ereignisse in Rom, die Gänge des Papstneffen und seiner Berater durch die Stadt. Unter Kuppeln, vor Kanälen und Aquädukten waren sie zu sehen, und ihr Dasein schien nur aus einer Folge von Besichtigungen und Prüfungen zu bestehen.

Scipione Borghese ging voran, und die Soutane des einen streifte die Ringe des anderen. Orazio kam zum Schluß. Er rief mit lauter Stimme, damit man ihn auch unten noch hören konnte.

»Ganz wie Eure Eminenz sagen ... Ihr wißt vielleicht, daß ich seit mehr als sechsunddreißig Jahren in dieser Stadt lebe und daß ich mich in all dieser Zeit der Vervollkommnung meiner Kunst gewidmet habe. Mein ganzes Leben lang habe ich nur ein Ziel verfolgt: Mich auf das Niveau der größten Meister aufzuschwingen und mich gleichzeitig als Ehrenmann zu betragen!«

Der Maler sprang behende auf den Boden. Mit neunundvierzig Jahren hatte Orazio Gentileschi noch keinerlei Anzeichen von Gebrechen. Mit seinem kleinen Vogelkopf, der stets wachsam von links nach rechts ruckte, mit seinem mageren, sehnigen Oberkörper schien er unverwüstlich. Er vermittelte seinen Gesprächspartnern den Eindruck, ein Mann mit eiserner Gesundheit zu sein, und dies dank seines ständigen Bemühens, die Nerven unter Kontrolle zu halten. Als die drei Prälaten ihm seinen Rückstand vorgeworfen hatten, als der Kardinal ihn wegen der Qualität seines Zinnobers getadelt hatte, als seine Karriere, seine Zukunft in Rom beendet zu sein schien – und das genau in dem Moment, da er von ihr alles erhoffte – war Orazio nicht eine Sekunde von seiner scheinbaren Sicherheit abgewichen, die ihm sein Selbstvertrauen zu gewährleisten schien.

Das Geräusch seiner Schritte wurde von den Tüchern verschluckt, die die Steinplatten vor Staub und Farbe schützten. Der Bischof von Arezzo hatte recht: Dieses Casino war noch lange nicht fertig! Zu Füßen des Gerüsts lagerten große Alabasterbecken, vier Kaiserbüsten aus Porphyr und einige antike Friese im Sand, der von der Decke rieselte. In den Vorzimmern an den beiden Enden der Loggia hörte man das Hämmern der Steinmetze, die den Marmor für die Wandverkleidung bearbeiteten.

»Ich bin heute Witwer und Vater einer Tochter und dreier Söhne ...«, sprach Orazio weiter und versuchte, mit seiner Stimme dieses Geräusch zu übertönen.

Unmerklich drängte er die drei Prälaten zu der Einfriedung, die er in der Mitte des Saales hatte errichten lassen, ein rings umschlossenes Terrain, das so weit wie möglich vom Hämmern der Steinmetze entfernt plaziert worden war. Es war ein behelfsmäßiges, von Tüchern umgebenes Atelier. Diese Tücher hatte man in Kopfhöhe über vier Staffeleien gehängt, die man durch die Spannungen und Unebenheiten des Stoffs erahnen konnte.

»Witwer«, wiederholte Orazio, »mit einer Tochter ...« Er entfernte eine Stoffbahn und trat zurück, um den anderen den Durchgang freizumachen. »Wenn Euer Eminenz erlaubt ... habe ich die Ehre, meine Tochter vorzustellen.«

Artemisia stand mit Palette und Pinsel in der Hand vor einer Staffelei mit einer weißen Leinwand und tat, als habe man sie bei der Arbeit überrascht. Es handelte sich um eine Inszenierung von Orazio. Eine abgesprochene Szene, die unter anderem den Vorteil bot, die Prälaten von den anderen Bittstellern zu trennen, vor allem aus der Clique um Agostino Tassi, die natürlich sofort herbeigelaufen kämen, wenn einer der Spione des Malers, Agostinos Freund Ludovico Cigoli, sie von der Anwesenheit Scipione Borgheses im *Casino delle Muse* in Kenntnis gesetzt hätte. Orazio fürchtete vor allem die Einmischung von Filippo Franchini, dem alten Lehrling von Agostino, Costanzas Mann, der heute die Arbeitsstätte leitete. Glücklicherweise zeichnete sich Filippo weder durch Kühnheit noch durch Verstand aus: Er würde nicht so weit gehen und in der Einfriedung, in Artemisias Gegenwart, zugunsten seines Lehrers sprechen.

Bei der Ankunft des Kardinals hatte sich Artemisia mit bebenden Lippen hinter ihren Vater gestellt. Während des nun folgenden sekundenlangen Schweigens wurde sie so von Furcht überwältigt, daß sie, um ihre Verstörung zu verbergen, das vertraute Gesicht Giovan Battista Stiattesis anstarrte. Er erwiderte ihren Blick nicht. Ergriffen beobachtete er Scipione Borghese.

Stiattesi hatte mit ihr gewartet, hatte ihre Unruhe in dem Maße wachsen sehen, wie Orazio und die Prälaten auf dem Gerüst immer wieder innehielten.

Errötend wollte sie ihre Arbeitsinstrumente auf eins der mit Stiften und Farbtöpfen vollgeladenen Gestelle ablegen. Aber genau in diesem Moment beschloß Orazio, sich umzudrehen und sie bei der Hand zu nehmen: Da ließ sie Palette und Pinsel fallen.

Er führte sie vor den Kardinal hin, der ihr seinen Ring zum Kuß entgegenstreckte. Sie deutete einen Knicks an, der ihre Büste und die Kette mit der Maske enthüllte, vergaß jedoch, die ihr entgegengestreckte Hand zu nehmen.

Stiattesi, dem nicht das Geringste dieser Szene entging, sah, was Orazio nicht sah: Der Kardinal war so durch die eben gesehenen Arbeiten in Anspruch genommen, daß er wenig empfänglich für das lebende Gemälde war, welches sein Maler für ihn arrangiert hatte. Aber andere hatten interessiert die Schönheit dieser allegorischen Erscheinung zur Kenntnis genommen …

»Diese Tochter, Euer Eminenz, habe ich mit Gottes Hilfe und Gnade in der Malerei ausgebildet. Sie hat so gut gelernt und in drei Jahren so gut gearbeitet, daß ich zu versichern wage, daß sie einzigartig auf der Welt ist. Sie erschafft Werke von solcher Qualität, daß vielleicht selbst die besten Künstler unseres Berufsstandes nicht ihr Niveau erreichen … Doch darüber soll Euer Eminenz selbst befinden …«

Bei diesen Worten enthüllte Stiattesi, der zwischen den beiden Bildern stand und seine Aufgabe kannte, mit großer Geste die *Susanna* und die *Judith*.

Die drei Prälaten näherten sich mit größter Aufmerksamkeit.

»Erstaunlich«, murmelte der Papstneffe, als er sich über Susannas nackten Körper beugte. »Wart Ihr das, Signorina? Habt Ihr das Bild gemalt?«

»Mit Gottes Hilfe …«, stammelte das junge Mädchen, »und der Hilfe meines Vaters.«

Wieder fühlte sie, wie ihre Lippen bebten.

»Bevor meine Tochter anfängt zu arbeiten, wendet sie sich an die Mutter Gottes. Sie bittet sie um die Gnade, Erfolg zu haben. Ich wage zu sagen, daß meine Tochter alles mit Hilfe der Heiligen Jungfrau geschafft hat.«

»Gebt acht, Signor Gentileschi«, sagte lachend der Kardinal. »Bei solcher Hilfe könnte der Schüler leicht den Lehrer übertreffen! Gebt acht …«

Scipione Borghese richtete sich wieder auf und ging von der *Susanna* zur *Judith*.

»Wer weiß, ob Eure Tochter nicht eines Tages noch tüchtiger als Ihr sein wird? … Ja«, wiederholte er versonnen, »der Schüler könnte sehr wohl seinen Lehrer übertreffen …«

»Bei diesem Spiel«, entgegnete Orazio finster, »und unter gewissen Umständen gewinnt der, der verliert … Ich habe bei der Erziehung meiner Tochter Lob und Tadel gemischt, damit sie gegen mich konkurriert …«

»Gegen Euch?«

»Gegen mich, Euer Eminenz, oder gegen sich selbst, was auf das Gleiche hinausläuft.«

»Und was sagen die Herren dazu?« fragte der Kardinal und wandte sich an seine Berater.

»Eine malende Frau ist schon eine Kuriosität, Euer Eminenz«, räumte der Bischof von Arezzo ein.

»Und Ihr, Herr Domherr?«

Der junge Lelio Guidicciono verneigte sich.

»Die Seltenheit verleiht einer Sache ihren Wert.«

»Haben wir weibliche Schüler an der Accademia di San Luca?«

»Ja, Euer Eminenz, drei, aber sie sind keine ordentlichen Mitglieder.«

Der Kardinal hatte sich unschlüssig wieder zu den beiden Bildern gewandt. Er betrachtete sie, ohne ein Wort zu sagen. Sein geübtes Auge fuhr von den Drapierungen über das Fleisch, von den Einzelheiten zum Gesamt.

»Seid Ihr sicher, Signor Gentileschi«, fragte er streng, »seid Ihr wirklich sicher, daß Eure Tochter diese beiden Bilder gemalt hat?«

»Was will Euer Eminenz damit sagen?«

»Daß ich Eure Hand wiedererkenne, Signore! Es ist Eure Zeichnung. Eure Komposition. Eure Lichtgebung. Und Eure Pinselführung!«

Orazio zuckte nicht mit der Wimper.

»Dann erweise Euer Eminenz meiner Tochter doch die Ehre, etwas von ihr zu verlangen ... Sie hat alles Nötige hier, um das zu zeichnen – oder zu malen –, was Euer Eminenz wünscht ...«

Ein behagliches Lächeln zeigte sich unter Scipione Borgheses Lippenbart. Die beiden Prälaten seines Gefolges unterhielten sich mit halblauter Stimme. Der Bischof von Arezzo, der um den vollen Stundenplan des Kardinals wußte, drängte:

»Die Zeit ist knapp, Euer Eminenz ... Monsignore Serra erwartet uns in der Cappella Paolina. Er muß uns den Marmor für die von Seiner Heiligkeit bestellten Büsten zur Prüfung vorlegen.«

Da Artemisia die Dringlichkeit der Lage spürte, vergaß sie ihre Angst und mischte sich ein.

»Was wünscht Euer Eminenz? Den Kopf eines Mannes? Einer Frau? Jung oder alt? Heiter oder traurig?«

»Ihr sprecht, Signorina? Wie das?« fragte der junge Domherr ironisch. »Habt Ihr vergessen, daß die Allegorie der Malerei stumm bleiben muß? Sie zeigt sich immer mit dieser Maske und dieser Kette ... Doch vor allem mit einem breiten Knebel über dem Mund!«

Der Kardinal lächelte. Endlich nahm er Artemisia zur Kenntnis und erfaßte in der Aufmachung der jungen Frau Orazio Gentileschis Botschaft. Er liebte jede Zerstreuung, und diese Situation amüsierte ihn.

»Dann malt uns noch eine Judith ... Ihr zeigt uns auf diesem Bild die Königin von Bethulien, nachdem sie Holofernes enthauptet hat ... Zeigt sie uns doch jetzt in dem Augenblick, da sie ihm den Kopf abschneidet!«

Wenn der Kardinal dieses Thema gewählt hatte, so geschah das nicht zufällig: Caravaggio hatte es mit einer meisterhaften Gewalt in einem Bild behandelt, welches einem Bankier gehörte. Dieses Bild wollte der Kardinal in seinem Besitz wissen. Doch der Bankier hatte es in aller Eile an einen geheimen Ort schaffen lassen, so daß der Raub sich schwierig gestaltete.

Artemisia dachte nach. Orazios Gesicht wurde von Angst verzerrt. Er hatte sich nicht vorgestellt, daß der Kardinal das Spiel so weit treiben würde. Eine *Judith*! Artemisia würde es nie schaffen, in wenigen Minuten und vor Publikum eine derart komplexe Komposition zu ersinnen! Sie war schwach im Zeichnen, und der Lehrer, der ihr hatte Unterricht geben sollen, hatte sich anderen Aktivitäten gewidmet! Was für ein Wahnsinn, sie der Öffentlichkeit bekannt zu machen! Artemisia war noch nicht reif dafür! Sie würde es niemals sein!

Zweifel, Furcht und Zorn standen im Blick des Vaters geschrieben. Nein, Artemisia würde scheitern! Sie konnte nur scheitern! Der Kardinal hatte es von Anfang an ganz richtig gesehen. Artemisias Hand war die seine. Die Komposition, die Zeichnung, die Farben, alles war Orazio Gentileschis Werk.

Sie würde scheitern ... Fürchtete er diese Niederlage? Oder wünschte er sie?

Sie hatte angefangen, malte direkt auf die Leinwand. Orazio verfolgte jede Spur der braunen Farbe, die einen feinen Umriß, einen Plan bildete.

Im Vordergrund, in der Mitte des Bildes, hatte Artemisia ein Oval gemalt, das den Kopf des Tyrannen darstellen sollte. Ausgehend von dort stiegen zwei Diagonalen bis zum Rand des Bildes an: Judiths Arme. Sie skizzierte ein Gesicht.

Die Haare des Pinsels kratzten über die Leinwand.

Die Zeit schien stillzustehen.

Die Prälaten hatten sich hinter ihr in den großen Lehnstühlen niedergelassen, die mit Leder aus Córdoba bezogen waren. Sie unterhielten sich mit leiser Stimme, um die Künstlerin nicht zu stören. Orazio stand dicht bei der Staffelei, gefangengenommen, gefesselt von den Bewegungen seiner Tochter.

Auf dem Scheitelpunkt des Bildes hatte Artemisia ein drittes Gesicht gezeichnet, das der Magd Abra. Ihre über Holofernes geneigte Gestalt lastete mit dem gesamten Gewicht über dem gerade mal angedeuteten Körper des Mannes.

Lautlos war Scipione Borghese näher getreten. Er blieb hinter Artemisia stehen. Seine Berater sahen, wie er den Kopf schüttelte.

»Verblüffend!«

Artemisia straffte sich. Ihre Hand blieb in der Schwebe. Sie wußte nicht, ob sie fortfahren sollte. Also suchte sie den Blick ihres Vaters. Doch Orazio, dessen Auge auf der Skizze ruhte, half ihr nicht. Sein Gesicht drückte weder Zufriedenheit noch Ablehnung aus. Einfach nichts.

»Ganz hübsches Talent, Euer Eminenz«, stimmte der Bischof von Arezzo zu, der sich ebenfalls erhoben hatte.

»Und Ihr, Domherr Guidicciono, was meint Ihr?«

»Angesichts mittelmäßiger Werke pflegte Michelangelo zu sagen: ›Das ist ein braver Mann, der tut niemandem weh.‹ Hier würde ich wie er vor einem Meister ausrufen: ›Das ist entweder von einem großen Schelm oder von einem großen Bösewicht!‹«

Artemisia hatte sich zu ihnen umgewandt. Vor den Prälaten stellte sie sich ihrem Urteil.

Orazio entdeckte plötzlich – in seiner Position als Zuschauer – eine ganz neue Frau. Sie fiel dem Rausch des Erfolgs anheim. Er, der diesen Taumel schon erlebt hatte, erkannte alle Symptome: den glühenden Blick, die halb geöffneten Lippen und dieses triumphierende Lächeln, das zwischen Augen und Lippen zu spielen schien. Etwas Furchterregendes, Grausames lag in Artemisia Gentileschis Gesichtsausdruck.

»Diese Brutalität«, bemerkte der Kardinal, »könnte auf den ersten Blick mißfallen ... Doch wenn man sich abwendet, bleibt sie im Gedächtnis haften. Signorina, Ihr habt eine große Kraft in Euch …«

»Genau, Euer Eminenz, eine Kraft …«, sagte Orazio, der die Gelegenheit beim Schopf ergriff, »eine gewisse Gewalt … Euer Eminenz weiß sicherlich, daß vor zwei Jahren ein gewisser Agostino Tassi, der Maler des verstorbenen Großherzogs Ferdinand, in der Stadt erschienen ist. Wir sind rasch enge Freunde geworden. Als er wegen Unzucht mit seiner Schwägerin angeklagt wurde, habe ich mich dafür verwendet, daß er aus dem Gefängnis kommt. Ich wage zu sagen, daß Euer Eminenz auf mein Ersuchen hin die Güte hatte, seine Begnadigung zu unterzeichnen …«

Im Hintergrund lauschte Giovan Battista Stiattesi diesem Bericht, dessen Einzelheiten er so gut kannte. Orazios Unbefangenheit versetzte ihn in Erstaunen. Als Stiattesi sah, wie er vor einem derartigen Publikum umherspazierte und sprach, fragte er sich, wie es ihm, dem einfachen Notar, jemals gelungen wäre, so den Mächtigen dieser Welt zu begegnen. Maler! Welcher Beruf erlaubte es einem, sich schneller in solche Höhen zu schwingen?

Mit seinem schwarzen Wams und den Spitzenmanschetten konnte Orazio sehr wohl beeindrucken. Die Distanz zwischen dem Künstler und dem Domherrn schien so groß nicht … Maler! Der jüngere Bruder von Stiattesi, der in Florenz geblieben war, um in der Kunst Karriere zu machen, würde auch er zu solchen Gipfeln stürmen? Würde er seine Kinder beim mächtigsten Mann von Rom vorstellen, wie Orazio Gentileschi es sich gerade erlaubt hatte?

Als Giovan Battista Stiattesi Orazio beobachtete, wie er seiner Stimme, seinem Blick, dem Feuer, das ihn beseelte, keinerlei Zwang antat, da beneidete er ihn.

In diesem Moment entstand im Kopf des Notars die Idee, das Schicksal der zwielichtigen Familie Stiattesi mit dem der Gentileschi zu verbinden.

»Als Dank dafür«, fuhr Orazio fort, »versuchte Tassi meine Tochter kennenzulernen, und als er sie gesehen hatte, schlich er sich in mein Haus. Mit schönen Worten wollte er sie überreden, seine Leidenschaft zu erwidern. Er sagte ihr, daß er bei seiner Durchlauchtigsten Hoheit, dem Großherzog der Toskana, sehr beliebt sei und sie ihm vorstellen würde, daß er ihre Bilder über den Sekretär der Großherzogin kaufen lassen würde, über denselben Sekretär übrigens, von dem ich mir habe sagen lassen, daß er sich bei Eurer Eminenz für diesen Schurken verwendet ... Wenn dieses Gerücht wahr ist ... bitte ich Eure Eminenz zu gebieten, daß der Gerechtigkeit Genüge getan wird! Denn wenn Ihr das Werk meiner Tochter seht – die als Malerin auf der Welt einzigartig ist –, dann wißt Ihr auch, welchen Schaden mir dieser so heimtückische Mann unter dem Deckmantel der Freundschaft zugefügt hat! Nachdem er meiner Tochter seine Dienste angeboten hat und sie ihn zurückwies, hat er sie gewaltsam erkannt und entjungfert, nachdem sie ihm sechs oder sieben Stunden lang widerstand!«

Pathetisch übertrieb Orazio die Einzelheiten. Wenn er seine Tochter für ihren Erfolg hätte büßen lassen wollen, hätte er nicht deutlicher ihre Schande ausbreiten können. Artemisia senkte den Kopf. Sie konnte diesen Männern, die sie eben noch bewundert, die eben noch ihr Werk gerühmt hatten, nicht mehr in die Augen sehen. Sie fühlte sich gebrandmarkt wie eine Ehebrecherin.

»Nachdem Agostino Tassi schließlich in seinem schändlichen Tun Erfolg gehabt hat, versprach er ihr die Ehe ... Ein Jahr lang hat er sie mißbraucht, indem er sein Versprechen wiederholte, bis zu dem Tag, da sie entdeckte, daß der Schurke bereits verheiratet ist. Ich füge zur Information Eurer Eminenz hinzu, daß die drei Schwestern von Agostino Tassi Prostituierte in Rom sind. Daß seine Frau ebenfalls eine Hure ist. Und seine Schwägerin, mit der er ein Verhältnis hat, ein liederliches Weibsbild. Weiterhin füge ich hinzu, daß einer seiner Brüder gehenkt und der andere heute aus den päpstlichen Gefilden verbannt worden ist, weil er als Kuppler in einem Fall von Sodomie diente. Und daß Agostino selbst in Genua, Pisa, Livorno, Neapel, Lucca und hier in Rom wegen Inzest und anderen schändlichen Lastern vor Gericht gestellt wurde, wie Eure Eminenz den Akten der römischen Gerichte entnehmen kann, welche ich hier habe. Was mich betrifft, soll es genügen, Eurer Eminenz diese bescheidene Zeichnung zu schenken, mit Hilfe derer Euer Eminenz den Wert meiner Tochter beurteilen kann und damit, wie hoch die Vernichtung meines Namens einzuschätzen ist.«

Der Prälat hatte dieser Rede ohne jede Reaktion zugehört. Er schwieg noch einen Augenblick. Dann sagte er leichthin, als hätte er gar nichts gehört:

»Ich bitte Euch, Euch wieder mit Agostino Tassi zu versöhnen ... Wenn Ihr mir einen Gefallen erweisen wollt, dann vergeßt Ihr Euren Zorn und vertragt Euch wieder.«

Orazio schien völlig aus der Fassung.

»Aber Monsignore ... und meine Tochter?«

»Agostino Tassi wird Eure Tochter heiraten, laßt das meine Sorge sein.«

»Er hat meiner Tochter die Ehe versprochen, obwohl er wußte, daß er sein Wort nicht halten kann: Ich erinnere Eure Eminenz daran, daß er bereits eine Frau hat.«

»Zum Donnerwetter! Dann wird er Eure Tochter mit einer Mitgift versehen!«

»Der Blitz soll mich treffen, wenn ich lüge, aber Agostino Tassi wird niemals sein Verbrechen eingestehen, Euer Eminenz. Wenn Ihr sagt, daß dieser Gauner zur Strafe meine Tochter mit einer Mitgift versieht, dann bin ich tot, und die Ehre meines Namens ist vernichtet!«

»Macht Ihr Euch über mich lustig? Ihr wißt, daß ich ein wenig von solchen Dingen und solchen Vögeln verstehe. Er wird Eure Tochter mit einer Mitgift versehen, sage ich, und zwar mit einer beträchtlichen! Dann werden wir für die Signorina einen Mann finden, einen guten Maler, der diese unter der Schirmherrschaft ihres Vaters so trefflich begonnene Erziehung fortführen wird. Ich möchte, daß Ihr Eure außerordentlichen Fähigkeiten im Atelier Eures Ehemannes weiterentwickelt, Signorina. *Ut pictura matrimonium.* Es sei denn, Ihr wollt Euer Talent der Heiligen Jungfrau opfern ...«, sagte er mit einem leichten Lächeln. »Und wählt das Kloster für Euren Ruhm und den des Herrn ...«

»Mein Ruhm wird darin bestehen, für Euch zu arbeiten und Euch zu gefallen, Euer Eminenz.«

Sie hatte ihren Kopf gehoben, und ihre Augen funkelten: Wieder einmal lag ihr Schicksal in Agostino Tassis Händen!

»Wir hoffen, mein Vater und ich, unter Eurem Schutz zu Künstlern zu werden, die niemals sterben müssen ... Wie es andere gibt …«, fügte sie düster hinzu, »die nie hätten geboren werden dürfen.«

Der Kardinal sprach mit seiner für ihn typischen Freundlichkeit den lateinischen Satz, den sein Onkel geprägt hatte und den man in Künstlerzirkeln stets zitierte:

»Pictoribus atque Poetis omnia licent.«

»Malern und Dichtern ist alles erlaubt.« Mit diesen schönen Worten schloß er die Unterhaltung, ohne etwas versprochen zu haben.

Aber Artemisia Gentileschis Erscheinung hatte eine andere Seele ergriffen. In den Augen des Domherrn Lelio Guidicciono war das Schicksal Agostino Tassis besiegelt.

21
Haus der Gentileschi
und Gefängnis Corte Savella

August bis November 1612

»Gute Neuigkeiten, Signor Orazio: Der Domherr Guidicciono ist bereit, für Artemisias Mitgift aufzukommen!« rief Giovan Battista Stiattesi und ließ sich auf einen Stuhl fallen.

Obwohl der Notar Erschöpfung mimte, leuchtete Triumph aus seinen Augen:

»Bei ihrer Heirat bekommt sie vierhundert Taler! Der Domherr opfert dies aus seiner persönlichen Schatztruhe auf dem Altar der Kunst.«

Orazio schien kaum beeindruckt durch diesen neuesten Abschluß Stiattesis. Ärgerte ihn, daß Artemisia bei den Beratern des Kardinals so leicht Erfolg gehabt hatte? Vierhundert Taler. Das war fast soviel, wie er mit seiner gesamten Arbeit in der Loggia verdient hatte!

»Selbst mit vierhundert Talern, wer wollte sie haben?«

»Mit vierhundert Talern jeder!« dachte Stiattesi, der diese taktlose Bemerkung für sich behielt.

»Ich nehme an«, sprach Gentileschi versonnen weiter, »daß der Klarissinnenorden sie bei einer Mitgift von vierhundert Talern aufnehmen würde.«

»Bei allem schuldigen Respekt glaube ich nicht, daß Signora Artemisia ihre Bestimmung im Kloster sieht.«

»Artemisia sieht ihre Bestimmung nur darin, mir zu gehorchen!«

»Gebt ihr doch einen Ehemann, und innerhalb der kürzesten Zeit …«, beharrte Stiattesi mit einer für ihn untypischen Deutlichkeit. »Glaubt Ihr denn, daß irgendein Orden sie jemals vor

Agostinos Vergeltungsmaßnahmen schützen könnte? Glaubt Ihr, daß er, der ihretwegen all diese Monate im Gefängnis verbracht hat, sich nicht an ihr rächen will? Wenn er herauskommt, wird er sie umbringen.«

»Damit würde er ihnen beiden einen großen Gefallen tun! ... Sollte sich dieser Schurke mit einem weiteren Verbrechen belasten, dann kümmere ich mich höchstpersönlich um seinen Galgen.«

»Signor Orazio, seid doch vernünftig! Gestattet, daß ich an meine Familie in der Toskana schreibe. Ich habe in Florenz einen Bruder zurückgelassen. Einen sehr anständigen Jungen. Wenn ich mich auf meine Weise der Sache annehme, dann könnte er Artemisia akzeptieren.«

»Welches Interesse könnte er daran haben?«

»Das gleiche, das Euch Eure Frau Prudenzia Montonis aus den Händen Cosimo Quorlis akzeptieren ließ.« Wieder einmal behielt Stiattesi seine Gedanken für sich.

»Die Angelegenheit ist noch nicht spruchreif«, sagte er, »und ich weiß nicht recht, ob meine Familie sie gutheißen wird. Aber für Euch, Signor Gentileschi, der Ihr mein Wohltäter seid, prophezeie ich nur Gutes. Wenn Artemisia verheiratet ist, dann ist Euer Namen von aller Schande reingewaschen, die sie besudelt hat, und Eure Ehre wiederhergestellt. Ich füge hinzu, daß das Atelier zwei Hände dazubekäme. Mein Bruder ist Mitglied der florentinischen Künstlergilde. Von Beruf ist er Maler. Und bei den Geschäften, die Ihr macht, könntet Ihr Hilfe gebrauchen.«

Nach einer Pause antwortete Orazio:

»Bevor Agostino nicht verurteilt ist, werde ich Artemisia nicht verheiraten. Sonst nutzt der Schurke auch noch diese glückliche Lösung, um seine Begnadigung durchzusetzen. Gebt mir seinen Kopf, Maestro Stiattesi, und Ihr bekommt meine Tochter!«

* *
*

»*Vostra Signora Illustrissima*«, schrieb Agostino Tassi am 25. August 1612 an den Privatsekretär der Großherzogin der Toskana, deren Unterstützung bei den Borgheses Orazio so sehr fürchtete.

»Aus der Tiefe meines Kerkers erlaube ich mir, die Aufmerksamkeit Seiner Durchlauchtigsten Hoheit des Großherzogs zu lenken auf ...«

... Auf das Schicksal, das über ihn hineingebrochen war? Würde er von seinen Tagen und Nächten in den Gefängnissen Roms erzählen? Sicher nicht! Agostino Tassi kannte seine Auftraggeber nur zu gut. Er wußte, daß man von den Mächtigen nichts bekam, wenn man sich bei ihnen ausweinte. Sondern nur, wenn man ihre Gier herauskitzelte, ihr Besitzdenken anstachelte, sie glauben machte, daß er, Agostino Tassi, besser als jeder andere ihren Leidenschaften zu Diensten war.

»... auf sieben Bilder von der Hand des großen deutschen Meisters Elsheimer. Ich hatte das Glück, diese außerordentliche Bilderfolge zu entdecken, die *Das Leben der heiligen Helene, Die Wunder des Kreuzes* und ein *Paradies* darstellt, und zwar bei einem mir bekannten Spanier. Der Besitzer wäre bereit, sich ihrer zu entledigen, vorausgesetzt, ich kümmerte mich um die Transaktion.«

Für seinen Gegenangriff benutzte Agostino Tassi dieselben Waffen wie Orazio Gentileschi: Nur die Kunst, die Schönheit, die Malerei würden ihm die Freiheit wiedergeben und den Triumph ermöglichen!

»*Magnifico Commesso*«, antwortete ihm alsbald der Sekretär des Großherzogs. »Wenn die Kupferstiche, die Ihr in Euren beiden letzten Briefen erwähnt, wenn die sieben Bilder des deutschen Malers Elsheimer, die Ihr bei einem Spanier entdeckt habt, in Qualität und Preis wirklich das halten, was Ihr versprecht, dann wäre Seine Durchlauchtigste Hoheit bereit, sie käuflich zu erwerben ...«

Verrückte Welt, wo die Kunstliebhaber den Dialog mit Gefangenen fortsetzten, ohne sich um die Gefängnismauern zu scheren!

Den ganzen September hindurch gingen zig Nachrichten zwischen dem Palazzo Pitti und dem Corte Savella hin und her, überwanden die dreihundert Kilometer, die den Hof von Florenz und die Kerker von Rom trennten.

»Wenn wir uns nicht beeilen, Euer Hoheit, dann wird der Besitzer diese Wunderwerke seinem König anbieten!« drängte Agostino.

Die Drohung war gerissen. Daß Philipp III. von Spanien – ein ebenso gieriger Sammler wie Scipione Borghese – sich neuer Bilder bemächtigen, daß weitere Meisterwerke die Wände seines Palastes zieren sollten, diese Möglichkeit war in den Augen des Großherzogs unerträglich. Denn auch er jagte nach seltenen Werken!

»Es wäre notwendig«, antwortete in aller Eile der Sekretär aus Florenz, »daß Ihr diese sieben Bilder unserem Botschafter in Rom zeigtet, damit er sich persönlich ein Urteil bilden und seine Eindrücke Seiner Durchlauchtigsten Hoheit, dem Großherzog, mitteilen könnte ...«

»Und wie soll ich dem Herrn Botschafter etwas zeigen, wenn ich noch länger hier eingesperrt bleibe? Seit acht Monaten schon werde ich durch die abscheuliche Eifersucht eines Kollegen meiner Freiheit beraubt und um das Lob von Seiner Eminenz, dem Kardinal, gebracht, acht Monate schon stiehlt mir dieser hinterhältige Mensch die Taler, die mir zustehen – doch dies wäre ja nicht so wichtig. Vor allem hindert er mich daran, meinem Herrn, dem Großherzog, mit dem Eifer und der Ergebenheit zu dienen, die man ihm schuldet!«

»Wollt Ihr nicht den Spanier zu unserem Botschafter schicken, sei es in den Palazzo di Firenze, sei es in die Villa Medici ...«

»Ich fürchte, wenn der Spanier nur den Botschafter trifft, wird er nicht begreifen, für wen diese Meisterwerke ausersehen sind. Und es besteht kein Zweifel: Seine Durchlauchtigste Hoheit wird dann das Zehnfache von dem bezahlen, was ich erzielen könnte! Wäre es nicht klüger und geschickter, die ganze Transaktion unter meiner Ägide und mit der größtmöglichen Diskretion durchzuführen?«

»Durchlauchtigste Hoheit«, schrieb am 5. Oktober 1612 der toskanische Botschafter an seinen Herrn, den Großherzog.

»Gemäß Eurer Bitte habe ich mich zu dem Spanier begeben, der sich im Besitz der sieben Kupferstiche des berühmten deutschen Meisters Elsheimer befindet. Der Preis, den der Spanier dafür fordert, erschien mir zu hoch. Und die Bilder zu mittelmäßig, als daß sie in die herrliche Sammlung des Großherzogs aufgenommen werden könnten.«

Sollte dieses unbefriedigende Ende Agostinos Ruin besiegeln? Wenn er diese Entscheidung auch als eine persönliche Niederlage empfand, so würde die Güte, die Schärfe seines Auges doch niemals in Frage gestellt. Sieben Jahre später, am 4. Dezember 1619, revidierte der Botschafter sein Urteil und kaufte diese von Agostino Tassi so gerühmte Bilderfolge zu einem Drittel des vorherigen Preises. Elsheimers *Leben der heiligen Helene* wurde schließlich in die Sammlung des Großherzogs aufgenommen ... Allerdings zu spät, als daß Agostino Tassi sein Spürsinn geholfen hätte!

Und doch wurden durch diesen Briefwechsel seine Beziehungen zum Hof in Florenz noch enger.

* *
*

Während Agostino Tassi im Verborgenen seine Ränke schmiedete und das Netz seiner Freundschaften zusammenzog, hatte Giovan Battista Stiattesi in aller Öffentlichkeit einiges zu richten. Denn als neueste Überraschung hatte Agostino im August 1612 den Beweis seiner Unschuld geliefert!

Kurz vor dem Besuch von Scipione Borghese im *Casino delle Muse* war ein junger Mann von siebzehn, achtzehn Jahren. Niccolo Bedino geheißen, vor Gericht erschienen. Er behauptete, der Diener, der Lehrling, das Faktotum bei Orazio Gentileschi gewesen zu sein. Eine unbezahlbare Zeugenaussage. Fast zwei Jahre lang sollte Niccolo bei Orazio gewohnt, am Tisch der Familie Gentileschi gegessen und im Nebenzimmer von Artemisias Schlafzimmer geschlafen haben. Zwei Jahre in der Hölle!

»Denn die Signorina Artemisia schickte mich überall in der Stadt herum. Sie ließ mich ständig Nachrichten zu ihren Geliebten bringen, Liebesbriefe, in denen sie sie zu sich nach Hause einlud. Echte Schweinereien, ich habe alles gesehen und gehört!«

Wenn Giovan Battista Stiattesi auch ohne größere Schwierigkeiten beweisen konnte, daß die des Schreibens unkundige Artemisia unmöglich »Hunderte von Liebesbriefen« verfaßt haben konnte, so beschrieb Niccolo Bedino doch so genau die Wohnungen und das Aussehen der Empfänger dieser Briefe, daß das Gericht unschlüssig blieb.

Also wurde im September 1612 der Zeuge Niccolo Bedino der Folter an der Winde unterzogen. Dem jungen Mann wurden die Arme auf dem Rücken zusammengebunden, und dann wurde er an den Händen in die Höhe gezogen und blieb dort eine halbe Stunde lang hängen. Mit ausgerenkten Schultern bestätigte er zwischen zwei Schmerzensschreien seine Aussage. Nach Auffassung der Justiz war Niccolo Bedinos Standhaftigkeit der Beweis dafür, daß er die Wahrheit sagte.

Anfang Oktober schien das Gericht überzeugt: Artemisia Gentileschi war eine Prostituierte. Ob Tassi sie vergewaltigt hatte oder nicht, war kaum von Bedeutung. Am folgenden Tag sollten Agostino Tassi und der Zeuge Niccolo Bedino die Freiheit wiedererlangen!

Doch man hatte nicht mit den Schatten aus Agostino Tassis Vergangenheit gerechnet! Man hatte nicht mit seiner teuren Schwester Olimpia gerechnet, die er einstmals wegen Mordversuchs hatte verhaften lassen, nachdem sie ihn wegen Inzests angezeigt hatte. Und auch nicht mit seinem alten Freund Valerio Ursino, dem Maler, den er freundlicherweise einige Monate lang beherbergt hatte, bevor er von ihm eine exorbitante Miete forderte und ihn dann wegen Schulden verhaften und in den Kerker werfen ließ …

Valerio Ursino und Olimpia Bargellis, die beiden Racheengel, deren Umtriebe Cosimo Quorli so gefürchtet hatte, daß er am Sankt-Katherinen-Abend bei sich zu Hause dieses große Versöhnungsessen organisiert hatte … Vor einem Jahr genau …

Cosimo hatte sich des Erfolgs seiner Friedensmission so sicher geglaubt, daß er Olimpia für die gesamten Karnevalsfestlichkeiten eingeladen hatte … Sie hatte ebenfalls »alles gesehen und gehört«. Und auf ihre Gelegenheit gewartet …

»Ich kenne diesen Niccolo Bedino«, erzählte sie mit scheinheiliger Miene, als sie sich am Tag vor Agostinos Freilassung dem Gericht präsentierte, »ich kenne ihn seit der Zeit, da ich ihn selbst bei meinem Bruder untergebracht habe. Ich erinnere mich nicht, was er anhatte, als er bei ihm anfing, aber mein Bruder hat ihm diese Sachen aus grüner Wolle gekauft, die er heute trägt ... Niccolo Bedino kam im August 1610 zu meinem Bruder. Er kann also zu dieser Zeit nicht, wie er behauptet, bei Orazio Gentileschi gewohnt haben, weil mein Bruder zu diesem Zeitpunkt die Gentileschi noch gar nicht kannte. Und später, zur Fastenzeit im Jahre 1611, kann Niccolo Bedino auch nicht bei Orazio gelebt haben, weil er bei meinem Bruder und dessen Schwägerin wohnte, die damals zusammenlebten. Der Maler Valerio Ursino kann das bezeugen. Er wird Euch bestätigen, daß Niccolo Bedino weder der Diener noch der Lehrling von Orazio Gentileschi war. Sondern daß er meinem Bruder wie sein eigener Schatten folgte. Als mein Bruder in ein Zimmer auf der anderen Straßenseite zog, ging Niccolo mit und schlief in der Küche. Er hätte alles getan, um ihm zu gefallen, er hätte sogar dem Teufel seine Seele dafür verkauft ... Auch ich bin meinem Bruder treu ergeben, wir haben uns zwar vor einiger Zeit ein bißchen wegen einer Geldangelegenheit gestritten, aber ich habe nichts gegen ihn.«

»Auch ich habe nichts gegen ihn«, fuhr Valerio Ursino fort. »Ich habe ihn sogar im Tor di Nona besucht. An jenem Tag befand sich auch Niccolo Bedino auf dem Gefängnishof. Ich fragte Agostino, warum er diesen Jungen dazu gebracht hätte, auszusagen, er habe zwei Jahre lang bei Orazio gearbeitet, wo alle Welt doch wüßte, daß dies nicht wahr sei. Agostino hat geantwortet, daß er von Niccolo verlangt habe, die Wahrheit zu sagen, und wenn der Lehrling gelogen habe, dann sei das nicht seine Sache ... Dann bekam Agostino Besuch von einem Edelmann und ließ mich mit Niccolo allein. Ich fragte ihn nach dem Grund für seine Falschaussage. Da antwortete er, Agostino hätte ihm eine große Belohnung versprochen, wenn er sagte, er habe bei Orazio Gentileschi in der Via Margutta und der Via dei Greci gewohnt und wisse alles von den Schändlichkeiten Artemisias und dieser verdorbenen Familie.«

»Jetzt ziehen wir Bedino das Fell über die Ohren! ... Wenn wir beweisen können, daß er lügt, bricht Agostinos gesamte Verteidigung zusammen!« schrie Orazio Gentileschi, nachdem ihm Stiattesi das Sitzungsprotokoll vorgelesen hatte.

Neun Monate dauerte die Angelegenheit schon!

Orazio Gentileschi gegen Agostino Tassi: Dieses Mal ging der Kampf der verfeindeten Brüder wirklich dem Ende zu. Fast ein Jahr lang hatten die Richter nichts unversucht gelassen, um die Wahrheit herauszufinden. Jeden Tag, sogar sonntags, hatten sie die Zeugen der Anklage und der Verteidigung verhört. Es war ein beispielhafter Prozeß.

Doch im Oktober 1612 überschlugen sich die Ereignisse.

Orazio verklagte, mit Hilfe seines Anwalts Stiattesi, Niccolo Bedino wegen Falschaussage und strengte einen neuen Prozeß an. Die Justiz unterwarf Bedino ein zweites Mal der Folter. Unter der Folter bestätigte der Zeuge jedes Wort seiner Aussage. Er sagte also die Wahrheit.

Am folgenden Tag protestierten Orazio und Stiattesi gegen seine Freilassung und widersetzten sich einer Einstellung des Verfahrens. Sie forderten, daß Bedino eindeutig der Falschaussage für schuldig oder unschuldig befunden wurde, derer Orazio ihn so beharrlich bezichtigte.

Zehn Tage später legte Orazio offiziell Berufung gegen alle Maßnahmen des Gerichts zugunsten von Niccolo Bedino und in der Folge auch zugunsten von Agostino Tassi ein. Er erinnerte an die Aussagen von Valerio Ursino und Olimpia Bargellis, die er zu neuerlichem Vergleich anführte.

Und nun, am Dienstag, dem 27. November 1612, beriet sich das Gericht in dem kleinen Saal, in dem die drei Justizbeamten täglich ihre Sitzungen abgehalten hatten.

Der Staatsanwalt, der Polizeichef und der Strafrichter mußten ihre innerste Überzeugung mit den Interessen des Himmels, Roms, des Kardinals Borghese und des toskanischen Hofs in Einklang bringen …

22

Corte Savella
Agostino Tassis Urteil

am Dienstag, den 27. November 1612

»Urteil zugunsten des Malers Agostino Tassi, Häftling im Corte Savella, im Strafprozeß gegen Orazio Gentileschi wegen mutmaßlicher Entjungferung und Zeugenbestechung.

Der ehrenwerte Richter Hieronimus Felicius verurteilt den Angeklagten dazu, zwischen fünf Jahren Galeere oder der Verbannung aus Rom zu wählen.

Sollte Agostino Tassi das Exil wählen, muß er auf die Heilige Schrift schwören, daß er unter keinen Umständen gegen das Exil verstoßen und niemals versuchen wird, sich an Orazio Gentileschi zu rächen.

Falls Orazio Gentileschi sich durch die Rache Agostino Tassis verfolgt sieht, wird letzterer zu einer Geldstrafe von zweihundert Talern verurteilt.

Agostino Tassi soll am heutigen Tag noch freigelassen und vor die Tore Roms gebracht werden.«

Ein seltsames Urteil, in dem *zugunsten* steht ... für einen Verurteilten! Um so erstaunlicher, wenn man den Wortlaut des Urteilsspruchs mit dem anderer Richtersprüche vergleicht!

In allen römischen Prozeßakten findet sich im Urteil der Begriff *contro*, also *gegen* den für schuldig Befundenen. Hier jedoch hat der Protokollführer nicht gezögert; er verzeichnet: Urteil *pro*, also *für* Agostino Tassi.

Ist diese Formulierung ein Zeichen für die schwierige Lage des Gerichts?

In vergleichbaren Fällen ist vorgesehen, daß der Schuldige –

falls er sein Opfer nicht heiraten kann – dazu verurteilt wird, der Familie des entehrten Mädchens die Mitgift zu bezahlen, und zwar eine derart beträchtliche Summe, daß er unter Umständen ein Leben lang verschuldet ist. Warum erwähnt das Gericht hier noch nicht einmal diese finanzielle Entschädigung? Wird durch das Eintreten des Domherrn Lelio Guidiccione – durch die vierhundert Taler für Artemisia – jede Geldentnahme aus Agostino Tassis Börse überflüssig?

Oder hat das Gericht darauf geachtet, den Maler mit einer Strafe zu belegen, die ihn nur mäßig trifft? Wer weiß, ob Agostino Tassi, einmal freigelassen, jemals die Heilige Stadt verlassen wird? Der Einfluß seiner Beschützer kann ihn vielleicht nicht vor dem Gesetz schützen, wohl aber vor dessen Durchführung. Tassi würde sich in Rom auf allen Besitztümern des toskanischen Großherzogs niederlassen können, im Palazzo di Firenze zum Beispiel oder in der Villa Medici ...

Das Urteil verriet in der Tat die zwiespältigen Gefühle der Richter. Es wurde am nächsten Tag, dem 28. November, neu formuliert. Im Urteilsspruch werden weder die Galeere noch die Geldstrafe von zweihundert Talern, noch die Möglichkeit von Vergeltungsmaßnahmen gegen Orazio Gentileschi erwähnt. Und wenn die Strafe auch bestätigt wird, so ist sie doch zeitlich begrenzt. Fünf Jahre Exil.

Fünf Jahre lang würde Agostino Tassi auf keiner der Baustellen in der Ewigen Stadt arbeiten können. Er würde vielleicht in der Nähe des Heiligen Stuhls bleiben, im Schutz von Botschaftsmauern, doch seine Karriere, sein überwältigender Aufstieg zum römischen Firmament war jäh gestoppt worden.

Also rief Agostino voller Wut diese Drohung aus, von der er hoffte, sie möge sich als prophetisch erweisen, diesen Fluch, der Zwietracht zwischen den Siegern säen sollte:

»Heute kann Gentileschi machen, was er will ... Doch es kommt auch für ihn die Stunde der Not. Die Stunde kommt, da er die Hilfe seiner Tochter braucht. Dafür sorge ich. Und Gott wird es zulassen, weil Orazio nie auch nur einen Hauch Mitgefühl gegenüber seiner Tochter gezeigt hat!«

Zur Stunde jedoch wurde der Welt durch die Verurteilung Agostino Tassis Artemisias Unschuld verkündet, wurde die Ehre der Familie wiederhergestellt. Orazio fand seinen Stolz wieder, Artemisia ihre Würde.

Es war der Triumph von Vater und Tochter Gentileschi!

* *
*

Achtundvierzig Stunden später ministrierten zwei Chorknaben, zwei von Orazio Gentileschis Söhnen, im Vatikansviertel bei einer Hochzeit.

23

Santo Spirito in Sassia

am Donnerstag, den 29. November 1612

»P*etrus Antonius Vincentis Stiattesi florentinus* ... Pierantonio, Sohn von Vincenzo Stiattesi, Bürger von Florenz ...«

Orazio Gentileschi, der unter der Orgel seiner Pfarrkirche Santo Spirito stand, ließ die vergangenen zwei Jahre seines Lebens an sich vorüberziehen. Und jede Erinnerung verursachte bei ihm solchen Schmerz, daß er sich krümmte, als zwänge ihn das Leid dazu, in sich zu gehen. »Ich habe meine Tage damit verbracht, meine Tochter in der edelsten aller Künste auszubilden, ich habe sie bis zum Niveau der größten Meister gebracht ...«

Das Ereignis, vor dem sich Orazio so gefürchtet hatte, spielte sich vor seinen Augen ab. Hilflos sah er von weitem zu ... »Ich habe ihr alles geopfert, meinen Ruf, meine Ehre ... Ich habe ihr alles vererbt, mein Wissen, meinen Ruhm.«

»*Matrimonium contracterat per verba et praesensis in eadem chiesa cum Artemitia filia di Dominus Horatius* ... wird in dieser Kirche und vor Zeugen die Ehe schließen mit Artemisia, der Tochter von Maestro Orazio.«

»Ich habe ihr mein ganzes Leben gegeben ... damit sie hier landet!«

Orazio sah sie von hinten, in ihrem Moirékleid, das auf den Stufen zum Altar eine Schleppe bildete. Sie hatte ihre rechte Hand in die rechte Hand des Mannes gelegt, den die Umstände ihr aufzwangen. Sie hoben ihre linke Hand mit der Handfläche zu den Reliquien hin, als Zeichen ihres Schwurs.

»Ja, so viel Leid, um hier zu landen! Bei Pierantonio Stiattesi! Einem Taugenichts, einem verschuldeten Nichtsnutz ... einem Nacheiferer von Agostino Tassi!«

Auf den ersten Blick hatte Orazio sein Urteil gefällt ... Dieses Wams aus Samt, dieses Barett mit den Federn: Pierantonio liebte zu sehr das Vergnügen, zu sehr das Spiel und zu sehr die Frauen ... Aber das war noch gar nichts! Als Orazio Gentileschi ihn in seinem Atelier empfing, hatte er gespürt, daß dieser Mann sich nicht für die Malerei interessierte, zumindest nicht so, wie er es erwartete. Orazio zog also den Schluß, daß Pierantonio Stiattesi zur niedrigsten Stufe dieses Berufsstandes gehörte, zur Schar der *Garzoni*, die sich keinen Deut um die Kunst scherten. Es gab Hunderte von ihnen in Rom. »Zum Malen hat dieser Geck nur das Werkzeug; und selbst das weiß er nicht zu gebrauchen. Er wird niemals ein Künstler sein. Er wird immer das bleiben, was er von Anfang an war: ein Handwerker. Ein schlechter, kleiner Handwerker!«

Zum ersten Mal seit vielen Jahren dachte Orazio an seinen Vater; er sah den alten Goldschmied vor sich, wie er eines seiner Goldbecken ziselierte. Dann dachte er an seinen Bruder hoch oben auf den Gerüsten unter der Kuppel der Kathedrale in Pisa. Er dachte auch an sich selbst, wie er allen unsterblichen Orten Roms seinen Stempel aufgedrückt hatte.

»Diese Mühe, diese Kämpfe, diese Erfolge, dieser Triumph – für ein solches Ergebnis!«

In seiner Trauer wagte Orazio nicht, mehr von seinen Gedanken zu enthüllen. »So viel Mühe, so viele Träume, und jetzt muß ich meine Tochter mit dem Mittelmaß vereinen. Meinen Namen und meine Familie ins Ungewisse verweisen!«

Trotz des Prozeßergebnisses konnte sich Gentileschi nicht mehr im Künstlerviertel blicken lassen. Agostino Tassis Verbannung hatte für Empörung gesorgt. Die Richter, welche eine mögliche Racheaktion gegen Orazio vorausgesehen hatten, waren gute Menschenkenner. Wenn die Clique des Verurteilten erfuhr, welche Zeremonie zur Stunde in der dritten Kapelle der Santo Spirito in Sassia vollzogen wurde, hätte sie Gott weiß was für einen Gewaltstreich unternommen. Das Aufgebot war öffentlich gemacht worden, wie es das neue Gesetz nach dem Konzil von Trient gebot. Aber nur einmal – nicht dreimal –, dank der Intervention des Domherrn Lelio Guidicciono. Seine Anwesenheit als Trauzeuge auf der Seite der Braut verlieh der Messe Gewicht und Würde. Doch trug Artemisia nicht die Blumenkrone, welche das römische Ritual vorschrieb, und der Altar war auch nicht geschmückt. Und unter den spärlichen Zuschauern befanden sich keine Frauen. Kein einziges weibliches Wesen, das das Kleid ordentlich auf den Altarsstufen ausgebreitet hätte. Selbst die frommen Frauen, die hier normalerweise beteten, hatten keinen Zutritt erlangt. Gegen jeden Brauch waren die Pforten unmittelbar nach der Vesper geschlossen worden, aus Angst, es könnte eine bewaffnete Bande auftauchen.

Mit Ausnahme der kleinen, erleuchteten Kapelle, die wie eine Fackel in der Finsternis strahlte, blieben der Chor, das Querschiff, die gesamte Kirche in tiefste Dunkelheit gehüllt. Orazio Gentileschi verheiratete seine Tochter am Abend, in aller Heimlichkeit. Und wider Willen!

Mit welchen Kniffen hatte Giovan Battista Stiattesi ihm seine Einwilligung entlockt? Wie hatte der Notar im Eifer der letzten Schüsse gegen Agostino und dann im Siegesrausch Orazio dazu gebracht, ihn einen Vertrag unterzeichnen zu lassen, dem er sich nicht mehr entziehen konnte? Und nun hatte er das Recht verloren, seine Tochter wegzugeben – oder sie zurückzunehmen …

Die letzte Entscheidung lag bei Artemisia.

Sie allein hatte zu diesem Zeitpunkt noch die Macht, den ihr aufgezwungenen Ehemann zu akzeptieren oder abzulehnen.

Zu diesem Punkt äußerte sich das Konzil von Trient, das der Ehe seine XXIV. Sitzung gewidmet hatte, eindeutig: Das siebte Sakrament durfte von niemandem unter Zwang empfangen werden. Die freie Entscheidung der Eheschließenden wurde – neben der Treue und Unauflöslichkeit – die *Conditio sine qua non* des Ehebundes.

In wenigen Augenblicken würde Artemisia Gentileschi sich binden. Sie würde sich allein binden. Und das erste Mal in ihrem Leben in freier Entscheidung.

»Lehne ihn ab! Lehne ihn ab! Oder verschwinde aus meinem Leben!« rief es in Orazios aufgewühlter Seele. Lieber trennte er sich von ihr, als noch weiter so zu leiden …

Daß sie einem anderen gehören, sich mit einem anderen verbinden sollte, daß sie diesen vielleicht sogar lieben würde, verursachte einen so starken körperlichen Schmerz in ihm, daß ihm fast übel wurde … »Lehne ihn ab oder verschwinde!« Er war bereit, sie aufzugeben, doch nur unter der Bedingung, daß sie ging. Orazio Gentileschi hatte keine Tochter mehr. Artemisia hatte nie existiert.

»Ja, soll sie gehen, Rom verlassen, aus meinen Augen verschwinden!«

Dieses Gefühl nahm dem alten Maler den Atem. Morgen würde Artemisias Mann sie nach Hause führen, in seine Geburtsstadt. Sie würde weit weg leben, in Florenz. Orazio hatte dies so entschieden … Aber war es wirklich seine Entscheidung gewesen? Oder die des anderen, die von Pierantonio Stiattesi? Wer also brachte Artemisia in die Toskana, in den Einflußbereich von Agostino Tassi? Die Gedanken und Schlußfolgerungen drängten, überstürzten, widersprachen sich in Orazios Kopf. Fragen wirbelten wild umher, vergeblich versuchte er, vernunftgemäß zu denken. Ja, Artemisia ging nach Florenz, wie Agostino es ihr immer versprochen hatte. Der Sieg hatte also einen bitteren Beigeschmack. Würde Agostino Florenz zum Exil wählen? Würde das Urteil überhaupt ausgeführt werden? Würde Agostino jemals Rom verlassen?

Gentileschi kam immer wieder auf die eine Frage zurück: Warum hatte er in eine Heirat zwischen Artemisia und Pierantonio eingewilligt?

In dieser Kirche verlor Orazio ein zweites Mal die Frau, die er liebte – ob seine Ehefrau oder seine Tochter, er wußte es nicht mehr.

»Aber wenn du mich jetzt verläßt, Artemisia, dann wirst du dir untreu«, schrie er ihr lautlos zu. »Ich habe aus dir eine so große Malerin gemacht, daß kein lebender Meister sich mit dir vergleichen kann!«

Heute spürte er das ganze Gewicht der Worte, die er aus Berechnung vor dem Kardinal ausgesprochen hatte.

»Lehne ihn ab, und bleibe bei mir in Rom, oder laß uns zusammen fliehen! Laß uns nach Genua gehen, wenn Rom dich zu sehr bedrückt, nach Turin oder Venedig … Zusammen können wir alles erreichen! Mit diesem Schwachkopf hingegen, der noch nicht mal einen Pinsel halten kann, wirst du deine kostbare Begabung vergeuden. Mit mir … wirst du dich vervollkommnen! Er ist nur an dem interessiert, was ihm dein Talent – mein Genie – einbringt! Wenn du mit ihm gehst, ist es das Ende deiner Kunst, du wirst in den Schlamm zurückkehren.«

Artemisia hatte den Kopf gesenkt und betrachtete verstohlen den Mann, den die Vorsehung ihr zugeteilt hatte. Sie hatte ihn am selben Nachmittag das erste Mal gesehen. Der Himmel hatte es gewollt, daß er jung, gut aussehend und liebenswürdig war.

Pierantonio war am 16. Januar 1584 geboren worden und zum Zeitpunkt seiner Hochzeit achtundzwanzig Jahre alt. Also kaum zehn Jahre älter als sie. Hatte er von seinem Vater Vincenzo Stiattesi, der Schneider in der Via del Compaccio war, oder von seinen Onkeln, ebenfalls Schneidern, seine Neigung für schöne Stoffe geerbt? Wie Orazio so bitter bemerkt hatte, war Pierantonio Agostino in seiner übertriebenen Sorgfalt gegenüber seinem Äußeren ähnlich. Sie hatten die Eleganz gemeinsam. Mit seinem älteren Bruder Giovan Battista hingegen teilte Pierantonio den hohen, schlanken Wuchs und eine gewisse Glätte, die sich bei ihm in Sanftheit, Liebenswürdigkeit und Leichtigkeit äußerte.

Als er Artemisia gesehen hatte, war er ebenfalls erstaunt gewesen. Er hatte nicht erwartet, eine so schöne Frau vorzufinden. Diese Mädchen ohne Ehre, das er wegen seiner Mitgift nahm, diese Frau, die seine Schulden begleichen würde, ähnelte nicht im geringsten dem Bild, das er sich von ihr gemacht hatte. Ebenso beeindruckt durch ihre Würde und Sinnlichkeit wie sein Bruder Giovan Battista hatte er ihr die gleiche etwas ängstliche Ehrerbietung bezeugt.

»Traue ihm nicht«, schrie Orazio ihr innerlich zu, »heute zeigt er sich dir gegenüber respektvoll, aber bald wird er dich verachten. Deine drei Brüder und ich hätten dich für das, was du getan hast, töten können. Warum, glaubst du, sollte er dich akzeptieren, dich, die ein anderer entjungfert hat? Warum? Weil du sein letzter Trumpf gegen den Ruin bist, gegen den Schuldturm, gegen Gott weiß welche Katastrophe! Wenn er dich ausgespielt hat, wird er seinen Einsatz zurückziehen. Warum sollte er eine entehrte

Frau akzeptieren? Es würde ja noch angehen, wenn er in der Hochzeitsnacht in der Stille des ehelichen Schlafgemachs sein Unglück entdecken würde. Aber ganz Rom und ganz Florenz weiß, daß Agostino dich gehabt hat, und ganz Italien wird insgeheim über ihn lachen ... Traue ihm nicht ... Trotz deiner Mitgift hast du nichts, um eine gute Ehefrau zu sein, und er wird es schnell merken ... Eine tüchtige Frau muß weben, spinnen, nähen und kochen können – und du warst noch nicht mal imstande, den Haushalt deines Vaters zu führen ... Die Natur hat Menschen deines Geschlechts weder für eine Ausbildung noch für die Wissenschaft geschaffen. Und du weißt viel mehr als dein Mann in seinem Beruf, sehr viel mehr als alle Männer ...«

Artemisia stand aufrecht vor dem Altar und war in die Betrachtung des großen Holzkruzifixes versunken, das vor ihr in die Höhe ragte: ein bleicher, ein weißer Jesus vor dem schwarzen Marmorhintergrund.

Mit einer Gefühlsmischung aus Angst und Freude hatte sie sich an dieses leidende Männergesicht gewandt:

»Gewährt uns, Herr, Euren Frieden und Euren Beistand. Gewährt uns die Liebe ...«

»Nein, du kannst nicht alles haben, Artemisia«, schrie Orazio im stillen. »Du kannst nicht das irdische Glück und die ewige Unsterblichkeit haben. Du mußt wählen!«

»Macht, Herr, daß ich mit Eurer Unterstützung nur das fühle, was mein Mann fühlt. Gewährt mir die Gnade, heiter zu sein, wenn er heiter ist ...« Artemisia betrachtete inbrünstig das Kruzifix: Christus schien ihr mit seinem geneigten Kopf zuzuhören. »Und wenn er traurig ist, gebt, daß auch ich traurig bin.«

Der Priester sagte:

»Sie seien ein Fleisch ...«

»Wähle, Artemisia! Wähle zwischen Nichtigkeit und Größe, zwischen dem Vergessen und der Ewigkeit, zwischen ihm und mir!«

In der Stille, die so tief war, daß man hörte, wie die Wachstropfen von den Kerzen fielen, hörte Artemisia die Rufe ihres Vaters nicht.

Seit dem Urteil gegen Agostino, seit der Bekanntmachung des

Aufgebots, das sie an Pierantonio band, befand sich Artemisias Geist in einem schwebenden, treibenden, schweifenden Zustand. Ihr Herz war so leicht. Und ebenso weit von Angst wie von Hoffnung entfernt. Nein, sie hatte den Rausch nicht gespürt, den sie sich von ihrer Rache erhofft hatte. Nur Staunen, Überraschung, durch die sie gleichzeitig aller Empfindungen ledig wurde und erfüllt von einer Präsenz, die sie kaum wiedererkannte. Sie war seit so langer Zeit verloren gewesen … Diese fremdartige Wiederentdeckung ihrer selbst verwirrte sie. Sie war verheiratet! Heute bekam sie endlich, was sie immer gewollt hatte. Und dieser Wirklichkeit gewordene Wunsch verstärkte nur noch das Gefühl der inneren Aussöhnung und Selbstfindung.

Sonst stellte sie sich nichts weiter vor. Vor allem nicht das Leben, das sie mit dem Mann an ihrer Seite zu erwarten hatte. Sie empfand ihm gegenüber nur eine ungeheure, grenzenlose Dankbarkeit.

»Gib acht! Gib acht auf das, was ich dir vorhersage! Wenn du mit ihm gehst, dann wird dieser armselige Handwerker dich in die Tiefe ziehen. Dann wirst du niemals eine große Malerin werden …«

Hörte Orazio in seiner Raserei die klare Stimme seiner Tochter? Sie wiederholte die Worte des Priesters:

»Pierantonio, nimmst du mich zur Frau?«

»Ja. Artemisia, willst du mich zum Mann?«

»Nein!«

Dieser Schrei, dieser schmerzliche Appell von Orazio hallte durch den Chor. Er sah, wie sie schwankte. Der Priester warf dem Domherrn Lelio Guidicciono einen verwirrten Blick zu und fragte die Trauzeugen:

»Gibt es Einwände gegen diese Heirat?« Er wandte sich zögernd an Artemisia: »Seid Ihr vielleicht schon andere Bindungen eingegangen?«

Sie schien zu zögern. Dann wandte sie sich um. Sie suchte ihren Vater in der Dunkelheit. Dann sah sie Orazio dastehen, eine schmale, finstere Gestalt, die die Orgel zu erdrücken schien. Mit zögernden Schritten ging er zum Gang.

»Erinnere dich«, stammelte er, »ich habe immer recht gehabt …

Wenn du nur gehört hättest, wenn du mich hättest machen lassen ...«

»Mein Vater ...«

Sie fiel auf die Knie:

»Mein Vater«, murmelte sie, »segnet mich.«

Da sahen Giovan Battista, Artemisias Brüder, der Priester und der Ehemann, wie sich das harte, angespannte Gesicht Orazios verzerrte. Seine Züge – seine Stirn, sein Mund, seine Augen – schienen sich aufzulösen, zu zersetzen. Alles löste sich. Die Maske fiel.

Er machte einen letzten Versuch, wollte sie aufrichten. Aber sein Arm fiel schlaff zurück, und sein Körper, aus dem Gleichgewicht gebracht, schwankte. Er wollte etwas sagen. Aber seine Lippen zitterten – er brachte kein einziges Wort heraus. Seine Erschütterung gestattete ihm lediglich, sich über sie zu beugen. So blieb er, zusammengekrümmt, als zögerte er ...

Artemisia hatte ihr Gesicht erhoben. Sie flehte ihn unendlich sanft, zärtlich und mitleidig an. Orazios innerer Aufruhr wurde so stark, daß er sich nicht mehr zur Wehr setzen konnte. Er ließ seinen Kopf auf die Brust fallen und weinte.

Glaubte er, in dieser knienden Frau die Geliebte von Jesus wiederzuerkennen, der er so viele Male in seinen Bildern seine Liebe zu zeigen versucht hatte? Maria Magdalena, die sich dem Herrn zu Füßen geworfen hatte, ihn umfangen hielt, ihn mit ihrer Liebe gefangenhielt? Glaubte er, Magdalena mit Jakob sagen zu hören: »Ich lasse dich nicht, du segnest mich denn«, oder vielmehr, Jakob überbietend: »Ich verlasse dich nicht, auch wenn du mich segnest«? Jesus segnete Magdalena, und Magdalena verließ ihn nicht ...

Doch schon verflüchtigte sich das Bild der Heiligen, um einer Erinnerung Platz zu machen, einer Empfindung, die aus dem tiefsten Inneren seiner selbst aufstieg.

Als er so über diese Frau gebeugt stand und sie stützte, fühlte Orazio, in seiner Mitte, das Gewicht des Kindes, das er einstmals getragen hatte, das Gewicht des kleinen Mädchens in seinen Armen. Artemisia. Sein Fleisch und Blut.

Sie hatte seine Hand genommen, klammerte sich daran und

ließ sich nun gegen ihn fallen, wie damals als Kind. Ihre Wärme hüllte ihn ein, durchdrang ihn.

Dieses Kind, diese Frau, hatte er formen wollen – als Bild, als Idee, als Fortsetzung seiner selbst und seines Ehrgeizes, als Allegorie der Malerei –, und nun kehrte sie vor seinen tränenverschleierten Augen in die Wirklichkeit zurück. Er wußte nicht mehr, ob es seine oder ihre Tränen waren, die ihn vollkommen aufwühlten.

Seine Tochter, die er versteckt und verkleidet hatte, entledigte sich zu seinen Füßen der Symbole, mit denen er sie ausstaffiert hatte, um von neuem ein Wesen aus Fleisch und Blut zu werden, eine lebendige, freie Frau. Längst vergessene Worte kamen ihm in den Sinn, und verliehen diesem Gefühl der Einheit und des Friedens, welches ihn überwältigte, ihre ganze Kraft.

Er löste behutsam einen Arm aus der Umarmung seines Kindes.

»Die Liebe verlangt Bande, die deshalb so stark sind, weil man sie nicht zerreißen will«, murmelte er wie zur Beruhigung in ihr Ohr.

Ihre verschlungenen Silhouetten hoben sich vor dem Schein der Kerzen ab. Aber sie waren es, Orazio und Artemisia, die in der Dunkelheit zu leuchten schienen.

Er legte seine so bleiche und leichte Hand auf den Kopf seiner Tochter:

»Die Liebe kennt keine Grenzen ... Ihre Wünsche sind ihre Richtschnur. Ihr Feuer ist ihr Gesetz ...«

Orazios Stimme brach:

»Und Maßlosigkeit ihr Maß.«

Schluchzer erstickten seine letzten Worte.

»Im Namen des Vaters ...«

Er beeilte sich, sein Kreuzzeichen zu vollenden.

»Ich segne dich.«

* * *

Am 13. Dezember 1612 brach Artemisia Stiattesi nach Florenz auf. In den Gepäcktaschen ihres Maultiers hatte sie zusammengerollt die Leinwand, auf der sie vor dem Kardinal Borghese ihre Skizze entworfen hatte. In Rom ließ sie ihren Vater zurück. Sie sollten fünfundzwanzig Jahre lang getrennt leben. Und jede Stunde der Trennung sollte sie verzweifelter aneinander binden.

Mit hocherhobenem Kopf und einem Mann an ihrer Seite näherte sich Artemisia der Stadt der Medici.

MASSLOSIGKEIT
WAR IHR MASS

Die italienischen Staaten um 1625

Kirchenstaat

Republik Venedig

Die spanischen Bourbon

Großherzogtum Toskana

Republik Genua

Herzogtum Savoyen

Markgrafschaft Montferrat

Savoyen

Mailand

Markgrafschaft Saluzzo

Piemont

Genua

Lucca

Piombino

Elba

Korsika (zu Genua gehörig)

Presidios der Toskana

Orbetello

Verona Padua

Mantua Venedig

Parma Ferrara

Modena Ravenna
Bologna

Florenz

Perugia

Rom

Ancona

Sardinien

Königreich Neapel

Neapel

Bari

Otranto

Palermo Messina

Königreich Sizilien

Europa zur Zeit von Artemisia Gentileschi

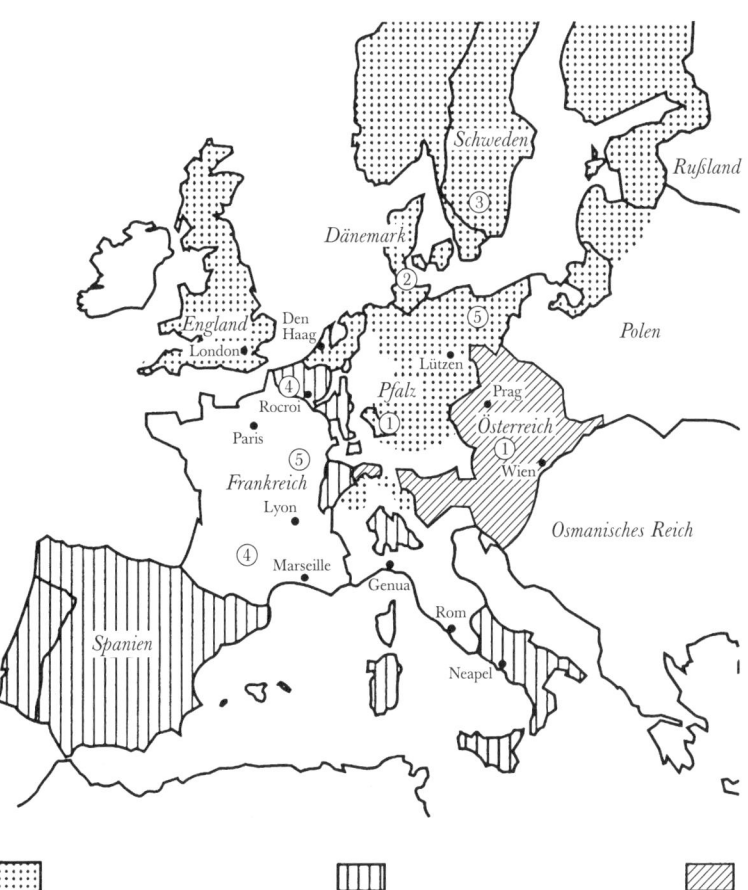

Länder mit protestantischer Mehrheit   Habsburger der Madrider Linie   Habsburger der Wiener Linie

① 1620–1623 : Niederlage der Tschechen und des Pfälzischen Kurfürsten
② 1625–1629 : Eingreifen und Niederlage des dänischen Königs Christian IV.
③ 1630–1632 : Eingreifen des schwedischen Königs Gustav II. Adolf
④ 1635   : Eingreifen Frankreichs gegen Spanien und den deutschen Kaiser
  1642   : Besetzung des Roussillon
  1643   : Sieg Frankreichs bei Rocroi
⑤ 1645–1648 : Feldzug von Turenne in Deutschland unter Beteiligung der Schweden

Kapitel III

HOLOFERNES

Florenz zur Zeit Galileis
1613–1620

24
Palazzo Pitti

am 17. Februar 1615

Als der Maler Pierantonio Stiattesi, Artemisias Mann, die Treppe zum riesigen Palazzo Pitti hinaufging, trafen die Gäste zu Hunderten ein. Unter dem rauchigen Himmel dieser Karnevalsnacht schien das Bauwerk in Flammen zu stehen. Tausende von *Fiaccole*, die man in unsichtbare Befestigungen gesteckt hatte, rahmten jedes Fenster, jede Tür, jeden Balkon, jedes Gesims und sogar jeden Eckstein ein. Dieses weißglühende Gitterwerk reichte bis zum Boden, umfaßte die riesigen Quader des Erdgeschosses, umrahmte jeden einzelnen Stein. Eine goldrote Feuersbrunst, wo die Flammen wie auf einer Goldschmiedearbeit tanzten, wo Licht und Schatten über Stofflichkeit fuhren wie bei einem Schmuckkästchen aus vergoldetem, getriebenem Silber.

Hinter Pierantonio hallte die Nacht von den Bewegungen der Menge, den Rufen der Kutscher, den Ketten der Pferde und den metallbereiften Rädern wider, die bis zum Arno über das Pflaster rollten. Das gesamte Viertel war verstopft. Auch zu Fuß konnte man nicht mehr vorwärtskommen, weder über die Ponte Vecchio noch über die Ponte della Trinità. Die Vorstellung begann um neun Uhr in der Sala della Commedia des Palastes. Doch in den Straßen von Florenz hatte der endlose Zug des Adels, des Großbürgertums und der gesamten Administration der Medici schon in der Dämmerung begonnen. Und im Februar dämmerte es früh!

Seit fünfzehn Jahren, seit der Hochzeit also zwischen Maria von

Medici – der Nichte des Großherzogs Ferdinand – und Henri IV., dem König von Frankreich, gab es zahllose Feste von beispielloser Pracht. Fürstenhochzeiten natürlich, aber auch Taufen und Beerdigungen wurden zum Vorwand für Umzüge, Prozessionen, Schauspiele und Ausstellungen genommen. Jedes Jahr zum Karneval wurden riesige Freiluftveranstaltungen organisiert, Nachstellungen von Schiffsschlachten auf dem Arno, Turniere nach mittelalterlichem Vorbild, römische Wagenrennen auf der Piazza Santa Maria Novella … An diesen Inszenierungen nahm sowohl die Aristokratie als auch das Volk teil. Der Großherzog spielte *Calcio*, und seine Edelmänner paradierten auf Wagen.

Im Gegensatz zum päpstlichen Hof setzte sich der toskanische aus sehr jungen Menschen zusammen. Cosimo II., der seit sechs Jahren regierte, hatte erst vor kurzem seine Volljährigkeit erreicht: Er war fünfundzwanzig. Zusammen mit seiner großen Schar von Brüdern und Schwestern – Eleonora, vierundzwanzig, Caterina, zweiundzwanzig, Francesco, einundzwanzig, Carlo, neunzehn und Lorenzo, achtzehn Jahre – dachte er nur ans Vergnügen. Ebenfalls im Gegensatz zu Rom wurde Florenz von den Frauen dominiert: Die Mutter des Großherzogs, Christine von Lothringen, und seine Frau, Maria Magdalena von Habsburg, spielten hier eine wichtige Rolle. Sie rivalisierten gegeneinander, waren bis zur Bigotterie fromm und liebten doch gleichermaßen den Luxus und das Vergnügen über alles. Ihre Zwerge und Hunde, ihre Narren und Affen, die Uniformen mit ihren Monogrammen trugen, bevölkerten die großen Vorzimmer ihrer Gemächer. Die zahlreichen Damen ihres Hofstaats wandelten mit aufgeblähten, von Duftpuder umwölkten Reifröcken vor den Spiegeln in den Gängen auf und ab.

In dieser Stadt zierten Edelsteine nicht nur die Mitren und Krummstäbe der Bischöfe. Es wurde nicht nur in den Kollegien der Kardinäle über Kunst und Wissenschaft diskutiert. Hier wurde das Rascheln der Spitze aus Venedig, der Seide aus Bagdad vom Murmeln der Frauen begleitet, hier prangten orientalische Perlen auf hohen Büsten: Rom und Florenz waren zwar weniger als dreihundert Kilometer voneinander entfernt, doch lagen sie in zwei Staaten, in zwei verschiedenen Welten.

Während die Päpste versuchten, die Macht der Kirche auszuweiten – sie für die Ewigkeit in der Welt zu etablieren –, während Paul V. daran arbeitete, die eigene Familie in seiner begrenzten Amtszeit zu bereichern, wiegte sich das Haus der Medici durch eine bereits hundert Jahre dauernde Herrschaft in trügerischer Sicherheit und war träge geworden. Am Anfang dieses 17. Jahrhunderts beseelte weder den Hof von Florenz noch die Straßen der Stadt ein politisches Programm.

Der extreme Zusammenhalt der Gesellschaft ermöglichte auf allen Ebenen, sich in direkter Linie mit der Vergangenheit verbunden zu fühlen. Daher akzeptierte das Volk das Joch der Oligarchie, die vorgab, ihm Frieden zu bringen, Freud und Leid mit ihm zu teilen, und die ihm zu allen Jahreszeiten passende Vergnügungen bot. Der Adel hingegen dachte nicht mehr daran, die Grundlagen der eigenen Geschichte in Frage zu stellen. Sondern nur noch, die Künste zu pflegen, alle Künste – mit dem einzigen Ziel, sich zu bilden und zu erbauen –, die Eleganz anzustreben, die Raffinesse zum Äußersten zu treiben und sich intellektueller Neugier und ästhetischer Kühnheit hinzugeben. In dieser Hinsicht löste Florenz die Versprechen seiner Vergangenheit ein und zwar aufs großzügigste!

Die Gegenwart begnügte sich damit, die Formen einer bereits vollständig etablierten Tradition zu wiederholen. Sie verwendete die Normen und Regeln der Renaissance. Das war ein derart üppiges und glorreiches Erbe, daß man bis zum Überdruß daraus schöpfen konnte.

Und an die Zukunft dachte Cosimo II. so wenig, daß sein erster Regierungsakt nach Antritt seines Erbes war, die Banken und Kontore der Medici im Ausland zu schließen. Der Handel war eines Staates unwürdig, der mit den Herrscherfamilien Europas verbunden war, unwürdig für einen Schwager des Königs von Spanien und einen Cousin der Königin von Frankreich. Das war ein fataler Irrtum. In diesem Karnevalsmonat des Jahres 1615 feierte Florenz sich selbst als eine Kultur in ihrem Zenit. Doch war es nur ein letztes Aufflammen. An diesem Abend würden die Sängerinnen den Schwanengesang anstimmen, und in zehn Jahren sollte alles erloschen sein.

Die Reihe der Karossen reichte bis zum Viertel Santa Maria Novella. In den niedrigen, würfelförmigen Wagen boten sich zwischen weit geöffneten Vorhängen die maskierten Damen auf dem Weg zum Hof den Blicken des Volkes dar. Ihre breiten weißen Kragen aus gefälteter Spitze, ihre Stulpen an den Ärmeln und ihre großen Taschentücher, welche sie in der Hand hielten, leuchteten heller als alle Edelsteine, mit denen ihre kunstvoll gestalteten Frisuren übersät waren. Die Männer gingen zu Fuß neben ihnen her, hatten ihre behandschuhte Hand lässig auf den Kutschenschlag gelegt und plauderten mit ihnen. Ihre bauschigen, geschlitzten Ärmel und die Ausbuchtung ihrer rockähnlichen, bis zu den Knien gehenden Pluderhosen deformierten ihre dunklen Silhouetten. Aber die Halskrause, welche sie zwang, den Kopf hoch zu tragen, ließ Stirn, Augen und das gesamte Gesicht hell erstrahlen.

Es nahte der Zeitpunkt, da der Vorhang sich heben sollte. Die Schergen hatten die vier Brücken schon vor den zahlreichen Gaffern abgesperrt. Aber Pierantonio hatte nicht länger als zehn Minuten für seinen Gang von der bescheidenen Wohnung am gegenüberliegenden Ufer des Arno, die er mit seinen Schwestern und Schwagern teilte, bis zum Palazzo Pitti gebraucht. Er hatte nur seine Porzellanplakette vorzeigen müssen, die er in seiner Handfläche geborgen hielt, um die Absperrungen zu überwinden. Während der gesamten Strecke hatte er auf der einen Seite die reliefartigen sechs Kugeln des Mediciwappens gespürt und eingraviert auf der anderen Seite seinen Namen *Illustrissimo Signore Pierantonio Stiattesi*. Diese Porzellanplakette mit Goldrand war seine Einrittskarte, versehen mit der Nummer seines Platzes im Theatersaal. Durch welches Wunder befand sich der Sohn eines Schneiders unter den geladenen Gästen zu einem Ballett beim Großherzog?

Unter dem Portalvorbau bemerkte Pierantonio ein stetiges Dröhnen, ein Gebläse, ähnlich dem einer Schmiede, das aus dem ersten Stockwerk kam. Er hörte auch den metallischen Klang der Lauten, der Theorben, der Harfen und Cembalos, welche man irgendwo in den Empfangsräumen stimmte. Und danach, als er zum Boboligarten hinabstieg, die Triller der Sängerinnen, die sich vor illuminierten Statuen, im Dianawäldchen und vor dem Neptunbrunnen einsangen.

Zwischen den Equipagen, die überall im Hof haltmachten, flitzten Tiere hin und her, fremdartige Katzen und Hunde mit Pelzumhängen, welche den Damen später als Muff dienen würden.

Pierantonio versuchte erst gar nicht, der Menge zu folgen, sondern tauchte durch eine niedrige Tür in den rechten Flügel des Palastes ein. Da er schon oft hiergewesen war, kannte er den Weg zum Theatersaal. Sollte er nicht seine Frau dorthin führen, dort suchen und vorfinden?

Seit nahezu drei Jahren waren sie jetzt verheiratet. Zu ihrer beider Erstaunen hatte sich ihr Eheleben als wunderbar glücklich erwiesen. Nie gab es Streit. Es herrschte vollkommene Harmonie. Noch hatte keine Enttäuschung ihr Glück getrübt. Gott schien über sie zu wachen. Zehn Monate nach ihrer Eheschließung war ihnen ein Sohn geboren worden. Im völligen Einvernehmen hatten sie ihn auf den Namen des Mannes getauft, der ihrer beider Leben verknüpft hatte: Giovan Battista. »Giovan Battista Stiattesi.« Oder hatte Artemisia ihr erstes Kind wie die beiden frühgestorbenen Brüder nennen wollen, wie die beiden kleinen Giovan Battistas der Familie Gentileschi, die in der Santa Maria del Popolo beerdigt waren? Und war nicht »Giovan Battista« auch der Name ihres Großvaters, des Goldschmieds Giovan Battista Lomi?

In diesem Februar 1615 erwartete sie ihr zweites Kind, welches, Pierantonio war sich da ganz sicher, auch ein Junge sein würde. Die Mutterschaft hatte sie ruhiger, sanfter gemacht. Sie hatte sich in den Clan der Stiattesi eingefügt, war in die Form dieser alten, soliden Handwerkerfamilie mit einer schlangengleichen Geschmeidigkeit geschlüpft. Wer hätte das gedacht? Dieses Mädchen, das sein Vater – aus »Ehrlichkeit« gegenüber seinem zukünftigen Schwiegersohn – als Furie beschrieben hatte, diese entehrte Frau, die Orazio in den unbarmherzigsten und schrillsten Farben als Harpyie dargestellt hatte, unterwarf sich in allem den Wünschen ihres Ehemannes. Allerdings weiß man von Pierantonios Ansprüchen wenig. Er hatte nur zwei Schwächen: Bequemlichkeit und die Liebe zum Luxus. Luxus? Davon hatte Artemisia zum Zeitpunkt ihrer Hochzeit nicht die geringste Ahnung. Pierantonio war es, der ihr beibrachte, ihn zu schätzen und sich nur mit den seltensten Stoffen zu begnügen.

Groß war die Überraschung der jungen Frau gewesen, als sie sah, wie ihr Mann sich von Anbeginn ihres Ehelebens um die Einrichtung, die Wäsche, die Accessoires und das Geschirr auf ihrem Tisch kümmerte. Noch heute staunte sie über diese Sorgfalt, über diese Aufmerksamkeit gegenüber Details, diese Besessenheit für die kleinen Dinge des materiellen Lebens, die ihr bei Pierantonio fast weiblich vorkamen. Sie staunte über die Raffinesse, die er für typisch »florentinisch« erklärte.

Seine Aufmachung, seine Frisur und sein Schmuck für diesen Abend hatten beide sehr beschäftigt. Aber wer hätte das geahnt beim Anblick der souveränen Leichtigkeit, mit der Pierantonio sein Wams, seine Strümpfe und seine Lederschuhe trug, die durch eine große Schleife geschlossen wurden? Im Viertel seiner Kindheit galt er als der hübscheste Junge, den die Welt je gesehen hatte. Man hätte gedacht, daß er seinen Federn, Bändern, Borten und Rüschen keinerlei Aufmerksamkeit schenkte und daß er für diesen Aufzug eines Edelmanns geboren war. In Wirklichkeit hatte er sich wegen dieser aufwendigen Kleidung bis zum Hals in Schulden gestürzt. Denn ohne die Einwilligung von Orazio konnte er an Artemisias Mitgift nicht heran. Der vorsichtige Orazio hatte die vom Domherrn Guidiccioni gespendeten vierhundert Taler in Immobilien in Pisa und in *Crediti del Monte* – eine Art Schatzanweisung – in Rom angelegt. Daran war nichts Ungewöhnliches. Rom achtete per Gesetz sehr darauf, daß sein Erbe in den Familien der Frauen verblieb, und verbot den Ehemännern, das Kapital zu veräußern. Im Gegenzug fielen Zinsen, Nießbrauch des Eigentums und die Gewinne aus der Ehegemeinschaft dem Mann zu. Doch Pierantonio hatte Artemisia großzügig überlassen, die Zinsen ihrer Mitgift und die Erträge aus ihrer Arbeit selbst auszugeben. Seit drei Monaten stattete sie ihr Atelier mit unerhörtem Luxus aus. Sie hatte Möbel mit Schubfächern entwerfen lassen, in denen sie ihre Farben unterbringen konnte; sie hatte Staffeleien in jeder Größe aufstellen und Leuchter und Seilzüge, ein ganzes Beleuchtungssystem anbringen lassen, unter dem Vorwand, daß in Florenz im Winter zu wenig Licht sei. Der Himmel und Pierantonio lösten schließlich all die Versprechen ein, die Agostino Tassi ihr gemacht hatte. Die staubige Atmosphäre, die er ihr beschrieben hatte, die Ausblicke auf die umliegenden Hügel, diese goldene Schwingung – das war Florenz, das war das Abenteuer, in dem Artemisia nun lebte. Niemals wagte sie, an die Träume zu denken, an die Bilder, die der Freund ihres Vaters in ihr hervorgerufen hatte, um sie in römischer Nacht enger an sich zu binden und zu besitzen. Aber sie konnte ihre Neugier auf die Schönheiten der Toskana nicht länger im Zaum halten, konnte nicht länger ihr Verlangen nach Glück zügeln und ihren Ehrgeiz bremsen … Zeichnung, Farbe und Licht: Sie wollte alles. Die Malerei hatte sie wieder! Zum Glück hatte Pierantonio ihre eigentliche Einkommensquelle klar erkannt: »Eine wahre Goldmine fließt aus deinen Pinseln«, pflegte er zu sagen und zitierte damit, ohne es zu wissen, Agostino Tassi.

Ansonsten hatte er mit Agostino nichts gemein. Da er sanftmütig und fast träge war, sprach Pierantonio wenig von sich und prahlte nicht herum. Er liebte Artemisia, bewunderte ihre Schönheit und ihr Talent und zog aus ihren Erfolgen einen heimlichen Triumph. Sie gab ihm seine Bewunderung aufs Hundertfache zurück. Seine Sorglosigkeit hielt sie für Gelassenheit, seine Lethargie für Vorsicht und seine Liebenswürdigkeit für Güte – daher schrieb sie ihm eine große Seele zu. Sie wurde nicht müde, dem Herrn dafür zu danken, ihr einen solchen Ehemann geschenkt zu haben. Wie Jesus konnte auch Pierantonio verzeihen; wie er konnte auch Pierantonio lieben.

Orazio hatte sich schwer geirrt, als er meinte, sein Schwiegersohn, dieser Maler ohne Aufträge, würde seine Tochter daran hindern, zu arbeiten, sich weiterzuentwickeln und in ihrer Kunst zu wachsen. Pierantonio trieb Artemisias Karriere in Florenz voran und unterstützte sie nach allen Kräften.

In zwei Jahren war es Artemisia gelungen, in die einflußreichsten Wirkungskreise eingeführt zu werden. Der Mann, der ihr die Mitgift gespendet hatte, der Domherr Lelio Guidiccioni, hatte einst sein Studium der Literatur in Lucca und Pisa betrieben, zusammen mit den mittlerweile bekanntesten florentinischen Intellektuellen. Artemisias Patin, die Marchesa Artemisia Capizucchi, wohnte in Florenz. Ihr Onkel Aurelio Lomi, welcher früher zusammen mit Ludovico Cigoli studiert hatte, dem von der Großherzogin vergötterten Künstler, ihr Onkel also war heute einer der Vorsitzenden der prestigereichen Accademia del Disegno. Er hatte keine Erben und suchte einen Nachfolger für sein Atelier. Daher hatte er einen seiner Neffen, einen Sohn von Orazios in Pisa verbliebenem Bruder, bei sich aufgenommen und ausgebildet. Nun wurde Artemisia wie der verlorene Sohn empfangen. Als sie einen Florentiner heiratete, war sie nur nach Hause gekommen, zurück zu ihren Wurzeln.

Orazio hatte sich dreißig Jahre zuvor in Rom mit der Absicht niedergelassen, sich von seinem älteren Bruder Aurelio freizuschwimmen. Daher hatte er den Mädchennamen seiner Mutter angenommen und ›Lomi‹ gegen ›Gentileschi‹ eingetauscht. Seine Tochter tat es ihm gleich, nur umgekehrt. Um sich vom väterlichen Einfluß zu befreien, signierte Artemisia seit ihrer Ankunft in Florenz ihre Bilder mit ›Artemisia Lomi‹. Ihr Mann, der wußte, wie berühmt ihr Onkel Aurelio in der Toskana war und welche Türen diese Verwandtschaft ihnen öffnen konnte, hatte sie zu diesem Identitätswandel sehr ermutigt. Im eigenen Interesse hatte er ihr diesen Rat gegeben. ›Gentileschi‹ und ›Artemisia Gentileschi‹, da schwangen Schande und Skandal mit. Und doch war es genau das, was alle Blicke und alle Sehnsüchte auf seine Frau gelenkt hatte. Gab es eine bessere Einführung bei den Ästheten und Freigeistern als sinnliche Ausstrahlung, Schönheit und Talent?

Still und heimlich hatte Pierantonio seinen Nutzen aus der Reklame zu ziehen gewußt, die der Prozeß für Artemisias Bilder gebracht hatte.

Ihr also verdankte er seine Anwesenheit in diesen Gefilden. »Ihren« Protektoren. Artemisias Mäzene – Librettisten, Komponisten und Darsteller des zu erwartenden Schauspiels – hatten einen Platz für den Ehemann ergattert. Normalerweise nahm das Ehepaar Stiattesi gemeinsam auf der Piazza Santa Croce an den öffentlichen Vergnügungen teil, die der Großherzog seinem Volk bot. Aber an diesem letzten Abend des Karnevals 1615 hatte Ar-

278

temisia Lomi offiziell ihr Debüt im Palazzo Pitti. Pierantonio würde sie nach dem Ballett treffen, am Ende der kleinen tänzerischen Einlage, die sie vor Cosimo II. geben würde …

Bevor er ins Theater ging, wollte Pierantonio noch seine Manschetten in Ordnung bringen, doch die Menge drängte ihn vorwärts, ohne daß er vor den Spiegeln hätte haltmachen können. Ungefähr sechstausend Zuschauer wurden erwartet, und der Haupteingang zum Theatersaal war noch geschlossen. Er würde erst nach dem Schauspiel, nach dem Ball und der leichten Abendmahlzeit geöffnet werden, um noch einmal die Gäste zu betören, die über die große Treppe nach draußen gehen würden.

Als Pierantonio in den Saal trat, wurde er von Schwindel ergriffen. An drei Seiten des Raums stiegen sechs Reihen von Stufen in die Höhe und ließen das gesamte Parterre zum Tanz frei. Die Bühne war durch zwei Treppen an der Seite und eine große in der Mitte mit dem Parterre verbunden. Gegenüber der Bühne würden sich die Ehrengäste unter einen Baldachin setzen. Von der ganz mit Lilien und Rosen verkleideten Decke hingen fünfzig Lüster mit langen, weißen Kerzen. Statuen standen paarweise in den Ecken des Saales, große, weibliche Figuren, welche die Tragödie und die Poesie, die Alte und die Neue Komödie und das Schäferspiel personifizierten.

Das Thema des Schauspiels, das *Concetto*, war während des letzten Balls vom mittelalterlich gekleideten Lieblingszwerg der Großherzogin verkündet worden: Der Ritter der Unsterblichen Liebe und der Ritter Fidamante, ein Held aus dem *Rasenden Roland* von Ariost, würden jeden mit der Streitaxt, der Lanze und dem Rapier herausfordern, der sich Cupido entgegenstellte … Der Sohn von Venus wollte der Menschheit helfen, die Liebe in aller Heiterkeit zu genießen. Er hatte sich am Hof der Medici niedergelassen und beabsichtigte, dort ein neues Reich der Liebe zu begründen, ein Reich ohne Eifersucht, Zorn, Streit oder Betrug. Die Gäste des Großherzogs würden also dem Triumph des Cupido beiwohnen.

Pierantonio fand ohne Schwierigkeit seinen Platz. Als er es sich im hinteren Teil des Saals bequem gemacht hatte, betrachtete er die Menge. Er fühlte sich hier nicht wie ein Fremder, der Gesichter und Namen durcheinandergebracht hätte. Er wußte genau jeden Namen und Titel eines jeden Mitglieds der großen Familien, die unter dem Baldachin Platz nahmen. Er erkannte die Gemahlin des verstorbenen Großherzogs Ferdinand I., die unter ihrem Witwenschleier so imposant und streng wirkende »Madama«. Er erkannte »Ihre Kaiserliche Hoheit«, die Erzherzogin mit ihrer hohen Kräuselfrisur und der zweireihigen Perlenkette, die ihr bis zum Ende des Oberteils ihres Kleides reichte. Er erkannte seinen Fürsten, Cosimo II., der sehr blaß und schmächtig war und in einem mit Edelsteinen geschmückten Überrock steckte. Die Krankheit, die ihn immer häufiger in seinen Gemächern gefangenhielt, ließ seine ohnehin große Nase noch stärker hervortreten und blähte seine üppigen Lippen auf. Doch hielt er den Kopf mit den kurzen Haaren über der Halskrause sehr gerade. Pierantonio konnte sie alle benennen, obwohl sie Karnevalsmasken trugen, all die näheren, weiteren und illegitimen Verwandten der Medici. Er selbst war vom Grafen Leone zum Taufbecken getragen worden, einem Sohn von Monsignore Niccolo de' Medici, dem Sproß einer jüngeren Linie, für welche die Familie Stiattesi seit undenklichen Zeiten arbeitete. Sieben Jahre zuvor war sein eigener Vater, der Schneider Vincenzo Stiattesi, hier im Palazzo Pitti zu Gast gewesen, zusammen mit allen anderen Hoflieferanten, die anläßlich der Hochzeitsfeierlichkeiten von Cosimo II. empfangen worden waren. Ja, auch Pierantonio gehörte zur »zweiten Generation« der Künstler und Handwerker am Ende der Renaissance. Der größte Teil der jungen Leute, die sich im Moment hier produzierten, Maler, Musiker oder Dichter, waren nicht erst nach Florenz gekommen, um sich einen Namen zu machen. Der Name war bereits mit dem Nimbus des Erfolgs versehen: Dafür hatten ihre Vorfahren gesorgt. *Figli d'arte*, wie Artemisia. Und wie alle neuen Freunde von Artemisia. Wie die Sängerinnen Francesca und Settimia, die beiden Töchter von Giulio Caccini, einem der berühmtesten Musiker Italiens, die heute Artemisias Vertraute waren, ihre Gefährtinnen, welche die Musik und das Ballett erschaffen hatten, das sie heute zu dritt tanzen würden. »Schauspielerkinder«. Wie der Maler Cristofano Allori, den Artemisia als Paten für ihr zweites

Kind ausersehen hatte. Cristofano war der Neffe des großartigen Bronzino und der Sohn von Alessandro Allori, dem Hofkünstler, dem Schöpfer der Palastbelustigungen seit zwanzig Jahren ... Das Gefühl der Sicherheit, die die lang zurückliegende Eingliederung in die florentinische Gesellschaft allen Künstlern hier verlieh, befreite ihre Rivalitäten von der zügellosen Heftigkeit, die den Konkurrenzkampf der römischen Künstler charakterisierte.

An diesem Abend waren sie alle Gäste des Großherzogs, und Pierantonio hatte das Gefühl, zu dieser Welt zu gehören, zu einer Welt ohne Grenzen, ähnlich wie das neue Universum, das Galilei durch sein Teleskop betrachtete.

Auf dem riesigen Vorhang des Theaters schwebte ein Vollmond, den die Maler von Cosimo II. nach den umstürzlerischen Weisungen dieses Gelehrten ausgeführt hatten: mit Kratern und Vulkanen, dunklen und hellen Zonen. Man sah auch Jupiter und die vier Monde, welche Galilei die »Mediceiischen Sterne« getauft hatte. Und dann sah man noch die Erde, die Sonne und ein Universum ohne Grenzen, das die Schöpfungsgeschichte Lügen strafte, die Bibel widerlegte und der Kirche widersprach.

Hinter dieser Abschirmung – hinter diesem Bild von der Erde, die sich gleichzeitig um die eigene Achse und um die Sonne drehte – bereitete sich Artemisia auf ihren Auftritt vor.

Pierantonio saß friedlich auf den Stufen und fragte sich nicht, wie seine Frau, die jenseits von aller Raffinesse achtzehn Jahre lang eingesperrt gewesen war, sich jemals vor einem derart verwöhnten Publikum produzieren könnte. In Wahrheit tanzte Artemisia auch nicht. Sie deutete gerade mal einige Ballettfiguren an, das *Rond de jambe*, den *Saut de Coté* und die drei *Pas de gaillarde*, welche sie ziemlich anmutig ausführte. Die Kürze ihrer Darstellung raubte dieser Erfahrung nichts von ihrer Intensität. Aber Pierantonio machte sich keine Sorgen. Er machte sich niemals Sorgen um Artemisia. Sie kam schon mit allem zurecht. Sie lernte schnell. War sie bei ihrer Hochzeit nicht Analphabetin gewesen? Jetzt verfaßte sie ihre Korrespondenz selbst! Sie konnte also den Großherzog in Erstaunen versetzen, ihn mit ihren feinen Fesseln, ihren geschmeidigen Handgelenken und ihren virtuosen Piquées überraschen.

Wenn auch Pierantonio für einen großen Teil dieser gesellschaftlichen Bildung gesorgt hatte, so war er nicht so naiv zu glauben, er sei der einzig Verantwortliche für die Fortschritte seiner Frau. Ihr Wissen um die Gepflogenheiten, ihre primären Grundlagen im Bereich der Musik und Poesie verdankte sie dem Wohlwollen einer Person, die sie heute mit völliger Selbstverständlichkeit »mein Pate« nannte. In Florenz war er unter dem Namen Buonarroti der Jüngere bekannt. Pierantonio erblickte ihn in der buntgemischten Menge im Parterre, einen großen Edelmann ganz in Schwarz, der Hof und Stadt seine Reverenz erwies. Dieser Mann war der Großneffe des göttlichen Michelangelo und einer der größten toskanischen Dramatiker. Seit fünfzehn Jahren führte er hier seine besten Stücke auf. Er war Mitglied der Accademia della Crusca und arbeitete am ersten Wörterbuch der italienischen Sprache mit, dessen erster Band gerade erschienen war. In seiner Jugend hatte er zusammen mit Galileo Galilei in Pisa studiert. Die Freundschaft der beiden Gelehrten hatte sich mit der Zeit noch gefestigt. Sie hielt selbst in schlechten Zeiten: Michelangelo Buonarroti der Jüngere war einer der eifrigsten Verteidiger des Wissenschaftlers. Er verteidigte ihn sogar bei ihrem gemeinsamen Freund, mit dem sie während der Studienzeit zusammengewohnt hatten, dem Kardinal Maffeo Barberini – der früher Legat von Papst Paul V. in Paris gewesen war und bald unter dem Namen Urban VIII. selbst Papst sein würde.

Das reicht, um zu zeigen, daß Michelangelo Buonarroti der Jüngere bei den Mächtigen dieser Welt wohlangesehen war.

Wie hatten sich sein Weg und der von Artemisia gekreuzt? Vielleicht hatte er sie 1610 kennengelernt, in Orazios Atelier, als er mit dem Maler Cigoli nach Rom gereist war ... Oder das Band war durch einen gemeinsamen Bekannten geknüpft worden: Agostino Tassi ... Später, in Florenz, jedenfalls hatte der Onkel, Aurelio Lomi, seine talentierte Nichte bei Buonarroti in der Via Ghibellina eingeführt, hatte sie eingeladen, sich im Haus des größten Malers aller Zeiten zu erbauen, in Michelangelos Haus, der ihrer aller Meister war.

Buonarroti der Jüngere verwandte sein ganzes Leben und Vermögen darauf, seinen berühmten Vorfahren zu preisen. Er widmete seine ganze ungeheure Energie als Ästhet und Sammler, um dessen Andenken zu feiern. Aus seiner Wohnstatt, dem Haus, das er von Michelangelo geerbt hatte, wollte er einen Tempel der Künste machen, einen Lobgesang auf die Malerei und Bildhauerei, auf die Musik und Poesie … Er hatte drei Jahre zuvor mit den Ausbauarbeiten begonnen, gerade zu der Zeit, als Artemisia in Florenz eintraf. Und seit drei Jahren versammelte Buonarroti der Jüngere die größten Meister und junge Talente um sich, die besten toskanischen Künstler, bei denen er auch Bilder bestellte. Diese Bilder wurden in die Wände und Decken seiner Galerie eingefügt und waren sein Testament an die Nachwelt, sein persönliches Meisterwerk. Diese Galerie bedeutete ihm so viel, daß er das Schicksal beschwor, indem er in äußerst ironischen Sonetten vorhersagte, sie würde bald der Vergessenheit anheimfallen und von »Fliegendreck, Katzenpisse und Taubenscheiße« besudelt werden.

Der Vorhang hatte sich vor dem ersten *Tableau vivant* gehoben. Vier Stunden sollte das Spektakel dauern. Pierantonio wußte nur, daß seine Frau zweimal auftreten würde … Der riesige Wagen der Venus wurde von zwei gewaltigen Schwänen, die mit ihren großen Flügeln in die Luft schlugen, über die Bühne gezogen. Im Hintergrund erhoben sich zahlreiche Wogen aus Pappmaché hintereinander, immer versetzt, so daß man den Eindruck hatte, dort glitzerte ein Ozean, so weit das Auge reichte. Amphitrite ritt auf Delphinen, und Poseidon entstieg inmitten eines Wasserballetts äußerst echt wirkender Sirenen und Tritonen den Tiefen. Hier hatte die Sorgfalt, die Liebe zum Detail zu allen möglichen visuellen Schwelgereien, zu zauberhaften Anblicken und allerlei Kunstgriffen geführt. Die Muscheln auf den Felsen im Vordergrund der Dekoration waren bis in die kleinsten Einzelheiten der Realität nachgebildet worden; Miesmuscheln, Venusmuscheln und Chlodwigsmuscheln klammerten sich an von Wind und Wetter zerfressene Klippen. Hunderte von mechanischen Fischen tauchten zwischen den Wellen hervor. Das Spiel mit dem Licht, die Regeln der Perspektive, die Technik des Trompe-l'œil und der Illusion, hier, auf den Theaterbühnen von Florenz hatte Agostino Tassi sein Handwerk gelernt. Und hier würde Artemisia Lomi ihres vervollkommnen.

Obwohl der Wagen der Venus voller Nymphen und Liebesgötter war und Artemisia ihm den Rücken zuwandte, erkannte Pierantonio sie auf der Stelle. Er erkannte ihr schweres goldrotes Haar, das durch die Schwangerschaft fast bronzefarben geworden war. Er erkannte ihren Nacken mit den Ringellöckchen, die er so liebte, er erkannte die Wölbung des Rückens und die Rundung der Hüften.

Sie trug ein marmoriertes Trikot und stellte eine der drei Grazien dar. Die beiden Schwestern Caccini standen neben ihr. Die jungen Frauen hielten sich wie antike Statuen an den Schultern gefaßt, während die beiden Sängerinnen dem Publikum ihre Eigenkompositionen darboten.

Pierantonio mochte sie nicht. Er war der Meinung, sie übten einen schädlichen Einfluß auf Artemisia aus. Dabei hätten die Goldketten, die Ringe und die Geschenke, welche sie von ihren Mäzenen bekamen, ihm doch als Zeichen des Glücks erscheinen müssen! Die Jüngere, Settimia Caccini, stand im Dienste des Herzogs von Mantua und hatte gerade zum ersten Mal die Rolle der Ariane in Monteverdis Oper gespielt. Der übrigens beklagte sich überall darüber, daß seine Darstellerin mehr Geld bekam als er selbst. In der Tat kostete Settimia Caccini die Gonzagas ein Vermögen! Um Francesca hingegen, die man *la Cecchina* nannte, rissen sich alle europäischen Höfe. Mit ihren sechsundzwanzig Jahren war sie wahrscheinlich die bestbezahlte Künstlerin Italiens – und die schönste.

Als Sängerin und äußerst talentierte Komponistin hatte Francesca Caccini die besten Stücke von Buonarroti dem Jüngeren vertont. Man hielt sie für seine Muse und seine Mätresse. Dabei war *la Cecchina* mit einem der Hofmusikanten verheiratet, einem jungen Mann aus sehr guter Familie, der klug genug war, die Augen vor den Abenteuern seiner Frau zu verschließen. Schließlich fiel ihr Licht auch auf ihn. Wie Pierantonio lebte Francescas Mann vom Talent seiner Frau. Doch wenn auch diese Herren ohne ihre

Frauen kaum hätten bestehen können, so konnten die Frauen ohne sie gar nichts ausrichten.

Damit eine Künstlerin auf die Gehaltsliste des Großherzogs kam, mußte sie mit einem Mann verheiratet sein, der denselben Beruf ausübte wie sie. Die Heirat mit einem Berufskollegen war die *Conditio sine qua non*. Eine Frau machte nur in Verbindung mit ihrem Mann Karriere. Pierantonio achtete also sehr darauf, den Vorsitzenden der Accademia del Disegno sein Metier in Erinnerung zu halten. Er bürgte mit seiner Unterschrift für die Einkäufe, die Artemisia bei den Farbenverkäufern unternahm. Er versorgte sich unter eigenem Namen bei den Zimmermännern, die die Rahmen seiner Frau bauten und Leinwand darauf aufzogen. Die sozialen Gegebenheiten knüpften zwischen den Stiattesis ein ebenso festes Band wie die Liebe.

Es war Artemisias Lachen, das Pierantonio in der Menge zum Schluß der Vorstellung hörte, als der Großherzog ins Parterre hinabstieg, um das Ballett zu beenden und den Ball zu eröffnen.

Pierantonio war mit dem Hoftanz nicht vertraut. Er blieb also auf den Stufen sitzen und wartete geduldig darauf, daß Artemisia zu ihm käme. Als sie die Muscheln aus massivem Silber verteilte, die mit Bonbons und kandierten Früchten gefüllt waren – ein Geschenk des Großherzogs für seine Gäste –, hatte sie ihn nicht eines Blickes gewürdigt und war auch nicht zu ihm gekommen.

»Unter all diesen Schönheiten«, sang da Francesca Caccini auf der Bühne, »seht diese hier, die alle Herzen mit einem tödlichen Feuer entfacht …«

Pierantonio empfand mit einem Anflug schlechter Laune Bedauern darüber, daß er seine Mutter, seine Schwestern und seine Schwager nicht zu diesem Spektakel hatte einladen können. Er hätte die Mitglieder des Stiattesi-Clans gerne zu Zeugen des Familientriumphes gemacht.

Jetzt sah er Artemisia nicht mehr, aber er hörte immer noch ihr Lachen, dieses so heitere Lachen, das niemand vor ihm je gehört hatte. Es war ein Lachen, das rasch, ruckartig und perlend anstieg, um genauso schnell wieder zu ersterben. Auf der Stelle erkennbar in diesen Gefilden, wo das Lachen als einer der größten

Verstöße gegen den Anstand betrachtet wurde. Und das war nur Artemisias geringster Fehler. Sie konnte auch ihren Blick nicht gesenkt halten oder Bescheidenheit heucheln, wie alle Personen vornehmer Herkunft. Sie sprach nicht immer in »sanftem und gesetztem Ton«, wie es die Regeln der Höflichkeit verlangten. Sie hielt im Stehen niemals die Ellbogen am Körper und die Hände vor sich gefaltet – wie es die Benimmbücher forderten. Sie war sogar imstande, und das war der Gipfel der Gewöhnlichkeit, ihre Arme beim Gehen zu bewegen, um »schneller zu sein und auf der Straße besser voranzukommen!« Bei Tisch zerkrümelte sie ihr Brot und bediente sich mit den Fingern vom Salz. Wenn sie wundersamerweise doch ein Messer benutzte, vergaß sie, es mit der großen Serviette abzuwischen, die sie auf ihrem Unterarm ausgebreitet haben mußte. Doch was hieß das schon! Artemisia befand sich in einer guten Schule. Nach Tuzia, ihrer Anstandsdame aus schlechten Zeiten, brachten ihr nun ihre Freundinnen Francesca und Settimia bei, wie es in der Welt zuging; sie lehrten sie die Freuden des Lebens, die Anmut und die Höflichkeit. Pierantonio mißtraute ihnen zu Recht. In Begleitung der beiden Schwestern Caccini wurde Artemisia Lomi unwiderstehlich. Die Bewunderung, die sich die drei jungen Frauen entgegenbrachten, das Bewußtsein ihres Talents gab ihnen eine Sicherheit, ein stolzes Lächeln, das alle Schürzenjäger des Hofes anzog. Die Schwestern Caccini waren Meisterinnen darin, mit dem Verlangen der Männer zu spielen. Zu spielen und zu teilen …

Zwar hatte der Held des Schauspiels, der Ritter der Unsterblichen Liebe, seinen Harnisch und seinen Helm in Form eines Paradiesvogels angelassen, doch die drei Grazien – die man in der Tracht antiker Statuen und dann als Zigeunerinnen gesehen hatte – hatten ihre Verkleidung gegen ein Gewand aus rotem Samt eingetauscht. Sie trugen alle denselben Umhang mit langen, geschlitzten Ärmeln, denselben Spitzenkragen, der sich wie ein Fächer im Nacken erhob, denselben kleinen, kegelförmigen Hut mit einer zitternden Feder. Die Schar ihrer Bewunderer, eine Masse aus Samt, Brokat, Bändern und Perlen, hatte ein wenig ihre Frisuren durcheinandergebracht.

Die Berühmtheit der beiden Sängerinnen überstieg noch den

neuen Ruhm Artemisias. Aber alle Blicke ruhten auf der Malerin. Das Aufsehen, die Leidenschaft ihrer vergangenen Liebschaft erweckte Neugier, erregte die Gemüter und entflammte die Sinne ... Wenn sie vorüberging, tuschelte es allerorten. Diesem herrlichen Wesen also verdankte der arme Agostino Tassi sein ganzes Unglück ... Jeder kannte die Geschichte. Selbst die Großherzogin, »Madama Serenissima« – die so äußerst fromme Mutter von Cosimo II. –, wußte sämtliche Einzelheiten.

Drei Jahre zuvor, im Juli 1612, als Orazio Artemisia dem Kardinal Scipione Borghese vorstellte, hatte er seine Sache auch in der Toskana vorgetragen. Mit dem Ziel, seine Tochter dem Schutz einer hohen Persönlichkeit zu unterstellen, hatte er an Ihre Durchlauchtigste Hoheit, Christine von Lothringen, geschrieben und ihr als Beweis für das einzigartige Talent seines armen Kindes und als Zeichen seiner Treue gegenüber dem Hause der Medici ein kleines Bild aus der Hand der jungen Frau zugesandt.

Artemisia war also eines ihrer Bilder an den toskanischen Hof vorausgegangen!

Die Reaktion Christines von Lothringen ist nicht überliefert. Aber eine Malerin war an sich schon eine derartige Kuriosität, daß sie nur Interesse wecken konnte. Abgesehen davon rivalisierte die Großherzogin mit ihrer Schwiegertochter in der Unterstützung der seltenen weiblichen Künstler. Maria Magdalena von Habsburg – die Frau ihres Sohnes – protegierte Arcangela Paladini, eine andere Malerin mit zweifelhafterem Talent. Wäre es nicht amüsant, sie herabzuwürdigen?

Der Propaganda aus ihrem Prozeß und den Träumen von Hemmungslosigkeit, die ihre Geschichte hervorrief, verdankte Artemisia also einen Großteil der Aufregung, die ihre Malerei bewirkte. Im Gegensatz zu Pierantonio hatte sie das begriffen. Sie gab sich die größte Mühe, zu beeindrucken, zu beruhigen und zu bezaubern. Ihre Beziehungen zu den Künstlern und Sammlern des Hofes waren gefärbt von einer neuen Koketterie, die ihr Mann für unschuldig halten wollte.

Aber als Pierantonio sich entschloß, die Stufen zu verlassen, um sich ihr anzuschließen, als er also ins Parterre stieg und sich durch die Menge drängte, fuhr ihm ein Schrecken durch die Glieder. Selbst von weitem konnte man sehen, daß sich in Artemisias Gesicht die Begeisterung widerspiegelte, die der Maler Cristofano Allori, ihr Mäzen Michelangelo Buonarroti und der Kreis der Männer ihr entgegenbrachten, welche sie voller Begehren bedrängten. Sie wechselten einige harmlose Worte über das Fest mit ihr, schienen sich über die Dekoration, die Kostüme und über das Ballett zu unterhalten, aber ihre Augen sprachen nur von der Liebe! Vor allem der Blick des äußerst verführerischen Cristofano Allori, der nicht von ihr abließ. Gerade hatte er versprochen, am nächsten Tag ihr Atelier zu besuchen. Das war ein ganz hübscher Sieg für Artemisia! Die Anerkennung eines Künstlers wie Allori und seine Protektion waren Gold wert, das wußte Pierantonio.

Als er seine Frau schon fast erreicht hatte, zögerte er. Das Vergnügen, das über ihrem Gesicht lag, in ihren Augen wie ein Spiegelreflex der Sonne tanzte, hielt ihn wenige Schritte von ihr entfernt zurück.

Artemisia blieb weiterhin zu Allori und Buonarroti gewandt. Sie sah sie ununterbrochen an, schien gefesselt von deren Verlangen. Im Kreuzfeuer dieser männlichen Huldigungen schien ihr Körper das Licht zurückzuwerfen. Sie leuchtete. Sie strahlte. Und ihr Lächeln, das von Gleichmut noch nichts wußte, drückte alles aus: Stolz, Glück, Begeisterung, den Göttern, dem großen Maler und dem großen Mäzen der Toskana zu gefallen. In diesem Moment wurden gleichzeitig ihre weibliche Eitelkeit und ihr künstlerischer Ehrgeiz befriedigt.

Der liebevolle Blick, mit dem Pierantonio sie versah, wurde nicht erwidert. Er entfernte sich. Doch eine unwiderstehliche Macht brachte ihn zu ihr zurück, zurück zu diesem Gesicht, dessen winzigste Veränderungen in den Stunden der Sinnenlust er kannte – diese halbgeöffneten Lippen, diese kleinen, blendendweißen, messerscharfen Zähne ... Es ging etwas von ihr aus, das ihn in eine verzweifelte Lage brachte. Verführerisch waren ihre Locken, die sich unordentlich an den Schläfen ringelten, das Zittern der Feder, die ihren Nacken streichelte, das Leuchten von Schmuck und Spitzenkragen. Verführerisch war ihr Dekolleté ... Pierantonio konnte plötzlich fühlen, wie sich der Körper seiner

Frau an ihn preßte, konnte seinen Duft riechen. Sie schien ihm wie für die Liebe gemacht, nur für die Liebe. Wenn sie seine Blicke nicht erwiderte, dann liebte sie einen anderen ... Wenn sie einen anderen liebte, dann war sie so, wie Orazio sie beschrieben hatte!

In seiner Verwirrung warf Pierantonio ihr alle möglichen Fehler vor: Sie war eine erbärmliche Hausfrau, legte ihm über ihr selbstverdientes Geld keine Rechenschaft ab, vernachlässigte ihren Sohn oder kümmerte sich zu sehr um ihn ...

Als er sah, wie sie sich so ungezwungen unter die Elite der Hofkünstler mischte, dachte Pierantonio mit einem Gefühl der Bitterkeit daran, aus welcher Welt er sie gerissen hatte. Und nun? Nun beunruhigte ihn diese triumphierende Weiblichkeit in demselben Maße, wie sie einst Orazio verstört hatte ... Nein, nicht die Bewunderung der Menge berauschte Artemisia so, sondern die Begeisterung eines einzigen. Doch wer war das? Buonarroti? Mit fünfzig Jahren trug der Großneffe Michelangelos den Kopf immer noch sehr hoch. Mit seinen kurzen Haaren, dem aufgezwirbelten Schnurrbart und seiner schlichten Kleidung wirkte er sehr elegant und konnte für sie bei Hofe alles bewirken ... Oder Cristofano Allori? Artemisia wollte ihn zum Paten des Kindes unter ihrem Herzen machen. Also gehörte er zu ihren engen Freunden! Vielleicht kam er sie öfter im Atelier besuchen?

Cristofano Allori war groß, gut gebaut und geistreich und verkörperte mit seinen achtunddreißig Jahren den für den Hof von Florenz typischen Ästheten, der für alle Formen der Schönheit empfänglich ist. Wenn die Malerei ihn am Tage in Anspruch nahm, so waren es die Poesie, der Tanz, die Musik – und die Liebe – bei Nacht. Er zeigte größte Bewunderung gegenüber dem so seltenen Talent bei schönen Frauen, zum Beispiel bei Francesca Caccini, die er malen, und bei Artemisia, deren Bilder er schon morgen bewundern wollte.

Wenn ein junger Künstler es erreicht hatte, daß Cristofano seine Arbeit betrachtete, dann bedeutete das für ihn einen Zugang zu allen gesellschaftlichen Erfolgen, zu allen künstlerischen Triumphen. Cristofano Allori war ein Günstling des Großherzogs und ein enger Freund der Großherzogin. Und er war ein so großer Kenner der Malerei, daß die meisten Kunstliebhaber ihn baten, ihre Bilder zu schätzen. Oft weigerte er sich, diese Gutachterrolle einzunehmen, die man ihm aufzwingen wollte. Vor dem Werk eines Meisters beschied er, daß er es in keinem Fall schätzen könne – denn es sei von unschätzbarem Wert. Vor einem mittelmäßigen Bild gab er vor, daß er es ebenfalls nicht schätzen könne – denn es sei nichts wert. Und vor einem guten, aber nicht vorzüglichen Werk zog er es vor zu schweigen. Er selbst brauchte derart lange für seine Arbeiten, daß die Langsamkeit seiner Ausführung in Florenz schon sprichwörtlich war.

Doch wenn Cristofano Allori endlich bereit war, sein Bild dem Auftraggeber zu übereignen, dann rechtfertigte die Güte des Bildes den ganzen Rückstand des Künstlers! Da Allori Artemisia in einem enganliegenden Trikot auf der Bühne gesehen hatte, interessierte er sich für ihren schönen Körper. Zumindest in dem Maße, das mit seiner Leidenschaft für seine Mätresse, die schreckliche Mazzafira, vereinbar war. Diese war gleichzeitig sein Modell und wurde von ihm gerade als Judith gemalt, welche Holofernes enthauptet. Geistreich hatte sich Cristofano selbst als enthaupteten Tyrannen dargestellt. Um die Sache noch realistischer zu machen, ließ er sich einen Bart stehen und seine dunklen Locken wachsen. Er war besessen von diesem Thema: die Männlichkeit besiegt durch weibliche List und Grausamkeit. Doch im Februar 1615 hatte Signora Artemisia ebenfalls die Absicht, dieses Sujet zu behandeln, und zwar etwa in dem gleichen großen Format wie er. Wie er hatte sich die Künstlerin auf dem Bild selbst dargestellt. Als Judith! Ein Selbstporträt, in dem sich die zentrale Figur mit Schwert und Blut von der Tyrannei befreit ... Eine Interpretation des Themas, die der seinen entgegengesetzt war.

Michelangelo Buonarroti hatte als einziger beide unvollendeten Werke gesehen. Von beiden sagte dieser große Kenner Wundersames, ebenso von deren Grausamkeit, die ihnen gemein war. Ja, Cristofano Allori würde morgen die *Judith* dieser Signora betrachten. Er erwartete nichts Besonderes: Die Bewunderung Buonarrotis lag sicherlich in seinen väterlichen Gefühlen für Artemisia begründet.

Ein heftiger Anfall von Mißtrauen überwältigte Pierantonio. Als er an all die Männer dachte, die um Artemisia herumscharwenzelten, wurde ihm schwindlig. Angst schlug ihm auf den Magen. Er erinnerte sich nun an die Warnung, die Orazio vor ihrer Hochzeit ausgesprochen hatte. Jeder vernünftige Mann mußte sich vor einer Frau wie Artemisia in acht nehmen. »Vielleicht irre ich mich«, sagte er sich immer wieder, »ich bilde mir etwas ein!«

Aber er dachte an das, was er soeben mit eigenen Augen gesehen hatte: Artemisia hatte am Kulissenausgang Alloris Hand genommen, ohne ihn eines Blickes zu würdigen. Und in der Vergangenheit? Agostino Tassi! »Vielleicht irre ich mich, und sie ist mir treu!«

Er flüchtete sich in den Imbißsaal, der seinen Namen dem Umstand verdankte, daß nur kalte Fleischplatten und Süßspeisen serviert wurden. Aber die verschiedenen Gerüche von Wildbret, Vanille, Karamel, Rindfleisch, Orangen und Zimt verursachten ihm Übelkeit. Er konnte sich noch nicht einmal den Tischen mit den Desserts nähern, dabei liebte er doch nichts so sehr wie Süßigkeiten, eingelegte Früchte, Quittenkompott, süßen Wein und Makronen. All die Dekorationen, die normalerweise seine Begeisterung erregten, die Cupidos aus Zuckermasse, die Venusgestalten aus Marzipan, die herrlichen Baumkuchen, welche von den berühmten Konditoren der Medici hergestellt worden waren, ließen ihn nun kalt. Die silbernen Kühlgefäße, die Alabasterschalen, die Wasserkannen – die ganze Pracht der Welt erschien ihm nun trostlos und öde.

Aus Wut und Mißtrauen wurde Trübsinn. Er ging in einen angrenzenden Empfangsraum. Dort kannte er niemanden. Nur die Diener – Mitglieder seiner *Calcio*-Mannschaft –, die zwischen den geschlossenen Fenstern standen und auf die Kerzen der in die Wände gefügten Leuchter achteten. Das Feuer kam immer wieder in gefährliche Nähe der französischen Tapisserien und warf ein unruhiges Licht über das Grün, das Ocker und das Rot, auf das blutige Gemetzel der Tiere, auf die Hunde, die einen Hirsch in Stücke rissen. Pierantonio war sich nicht sicher, ob er seine alten Gefährten grüßen sollte, unterließ es und ging in den dritten Empfangsraum. »Hätte ich sie einsperren sollen?« Seiner Gefühle nicht sicher, orientierungslos durch die Faszination für den Erfolg seiner Frau und seine – ganz neue – Angst vor der Zukunft, vergaß er, daß Artemisia selbst sich am Anfang nach der Stille, dem Frieden und der Zurückgezogenheit des heimischen Herds gesehnt hatte ... »Ja, direkt bei ihrer Ankunft in Florenz hätte ich sie einsperren sollen ...« Er vergaß, daß Artemisia aus Liebe zu ihm auf ihre Kunst hatte verzichten und wie alle Frauen hatte leben wollen. Daß sie bei der Geburt ihres kleinen Giovan Battista so glücklich gewesen war – glücklich aus Liebe zu ihrem Kind und zu ihm –, daß sie gelobt hatte, nie wieder ihre Pinsel anzurühren. Er vergaß auch, daß er selbst, Pierantonio, sie aus dieser Zurückgezogenheit gerissen und ins Licht gedrängt, sie gezwungen hatte, das Geld zu verdienen, das sie für den Lebensstil brauchten, den er anstrebte. Pierantonio hatte höchstselbst die Aufträge für Artemisias erste Bilder – Frauenporträts – bekommen, nachdem er bei den bürgerlichen Familien der Stadt vorstellig geworden war. Und diesen Namen, »Lomi«, mit dem sie heute ihre Bilder signierte, diesen berühmten Namen, den weder ihr Vater noch ihr Mann trug – und den Pierantonio ihr heute abend vorwerfen wollte –, diesen Namen hatte ebenfalls er ausgegraben! In seiner Krämerseele hatte er, zu Recht, gefürchtet, daß sein eigener Name, »Stiattesi«, zu fragwürdig und zu schwierig zu behalten war für eine Klientel, die sich, so hoffte er, bald über die Stadtmauern von Florenz hinaus erstrecken würde. Wenn er auch ziemlich bald müde wurde, durch die Stadt zu laufen, um Geld und neue Aufträge einzutreiben, so arbeitete Artemisia nun wie wahnsinnig. »Verkaufen, verkaufen, verkaufen«. Dieses Motto hatte Orazio jahrelang vor ihr wiederholt, und nun hatte sie es mit der gleichen Unbedingtheit übernommen. »Verkaufen, aber nicht, um Geld zu machen oder sich emporzuarbeiten, sondern um den Ruf eines Werks zu begründen. Geld ist das Maß unseres ästhetischen Wertes. Nur dazu ist Geld gut: den Wert eines Malers in der Welt zu erschaffen.« Pierantonio hielt sich mit derartigen Spitzfindigkeiten nicht lange auf. Er kannte nur das Gewicht eines Talers, den Kurs eines römischen *Giulio* im Vergleich zur florentinischen Lira. Trotz seiner Sinnenfreudigkeit und Trägheit wußte er hartnäckig zu feilschen.

Seine Traurigkeit hatte ihn erschöpft. Er setzte sich wieder auf die Stufen. Das Parterre hatte sich geleert. Nur einige Tänzerinnen aus dem Gefolge der Großherzogin führten die komplizierten Figuren einer Gigue aus. Die Menge der Plauderer hatte sich zu Füßen der großen Theaterstatuen versammelt, vor der Komödie und der Tragödie. Die Männer lehnten sich gegen die Wandbehänge, die Frauen stellten sich in einer Reihe vor ihnen auf …

Pierantonio suchte seine Frau nicht weiter in der Reihe der schönen Goldkäfer am Rand der Tanzfläche, in diesem letzten Aufleuchten von Metall und Edelstein im Herzen der einbrechenden Dunkelheit. Er dachte, daß ihre winzigen, mit Schmuck behängten Ohren sehr bald die Glöckchen der Letzten Ölung hören würden. Daß ihre langen Perlenketten, diese tausend kleinen weißen Flecken an Hals, Kehle und Brust die tausend kleinen Knochen andeuteten, auf die sehr schnell ihr Körper reduziert würde. Daß die Lauten, Theorben, die Musik, der Tanz und die Sprünge all dieser Gerippe, die sich zu seinen Füßen bewegten, nur die ewige Stille überdeckten.

Pierantonio war weit davon entfernt, sich durch diese schwarzen Gedanken deprimieren zu lassen, im Gegenteil, er beruhigte sich. Er empfand keinerlei Mitleid für diese Phantome, die so taten, als ignorierten sie das drohende Jüngste Gericht. Die Idee, daß alles im Angesicht des Todes gleich war, gab ihm nach und nach seine Sicherheit zurück. In diesem Moment erblickte er Artemisia zum zweiten Mal in der Menge.

Dicht an der für die Gigue reservierten Fläche hatte sie sich etwas von der Reihe der Hofdamen entfernt, um mit großen Schritten vor ihnen, gegen alle Regeln der Etikette, das Parterre zu durchschreiten. Die beiden Caccini-Schwestern hatten sich wohl zurückgezogen,denn nur ihr Samtkleid hob sich wie ein purpurroter Fleck von der perlmutterfarbenen Moiréseide, vom goldenen und silbernen Damast, vom in allen Regenbogenfarben schillernden Hintergrund der Hofgewänder ab, die kalt wie Klingen erstrahlten.

Sie lief hin und her. Sie ging langsamer, blickte sich um, blieb stehen. Um dann wieder loszueilen. Sie schien so unruhig, so verloren, daß Pierantonio sich mit einem Schlag beruhigte.

Sie hatte ihren Kopf zu den Stufen erhoben. Er begriff, daß sie ihn suchte. Aber er bewegte sich nicht. Wie ein Kind wollte er immer noch, daß sie ihn suchte und fand.

Ein Glücksgefühl überflutete Pierantonios Herz.

Er erinnerte sich an die zärtlichen Momente, als Artemisia ihn mit ihrem Blick voller Dankbarkeit und Demut eingehüllt hatte. »Ohne dich bin ich nichts«, hatte sie zu ihm gesagt. »Ohne dich existiere ich nicht, existiert meine Malerei nicht. Ohne dich …« Sie hatte geschwiegen, überwältigt von einer Angst, die sie nicht auszusprechen wagte.

Pierantonio sah, wie sie sich wieder zu den Stufen wandte. Sein Herz fing an, laut zu pochen: Würde sie ihn endlich entdecken? Er konnte sie im hellen Licht dort unten sehen; doch sie, was konnte sie erkennen? Alle Fackeln der Zuschauerränge waren erloschen. Zu dieser späten Stunde würden die Diener sie nicht mehr ersetzen. Durch die Dunkelheit huschten seltsame Gestalten: Affen, Narren und Zwerge, die zwischen den Plätzen Fangen spielten. Die Dunkelheit wurde bis zu den oberen Rängen, wo Pierantonio beharrlich blieb, immer dichter.

Woran würde sie seine Anwesenheit bemerken? An seinem cremefarbenen Wams mit den großen, dunklen Schlitzen in den Ärmeln? An den kleinen Perlknöpfen, die von seinem Kragen bis zum Rockschoß wie Tränen schimmerten? Am perfekten Oval seines Gesichts – mit dem dünnen Kinnbart und den kurzgeschnittenen, dunklen Haaren –, an diesem Kopf mit den regelmäßigen Zügen, der schmachtend aus den Rüschen seiner Halskrause herausragte?

Als sie ihn entdeckte, sah, wie er sie von weitem aus dem Dunkel heraus beobachtete, war sie wie gefesselt. Sie blieb stehen, um ihn – ängstlich und freudig zugleich – mit Blicken zu verschlingen.

Verstand er, daß Artemisia ihn so leidenschaftlich liebte, wie man ein hitziges, tyrannisches Kind liebt?

Sie raffte ihre Röcke; rannte ins Dunkel; stieg zu ihm hoch.

Er blieb reglos, gespannt auf ihre Schritte.

Als sie sich gegen ihn warf, bekam Pierantonio endlich die Gewißheit, geliebt zu werden. Er las in ihren Augen eine derartige

Glut, daß er seine ganze Kraft wiederfand. War er nicht der beste aller Ehemänner und der schönste Mann der Stadt?

Er nahm sie bei der Hand und zog sie mit sich. Zusammmen flohen sie aus dem Palast.

Auf dem Vorplatz dämmerte der Aschermittwoch. Die erste Prozession der Fastenzeit überquerte den Platz. Ein schwerfälliger Zug junger Mädchen in Kleidern aus Sackleinen, mit aufgelösten Haaren und nackten Füßen trotz des feuchten Pflasters ging zur Absolution in die Kirche Santo Spirito.

Im Rhythmus ihres düsteren Gesanges bogen sie je zu zweit in den Weg ein, der direkt vom Palast zur Kirche, vom Ball zum Altar, vom Vergnügen zur Buße führte. Die Holzkreuze, die Nägel, die Peitschen, die Dornenkrone, all die Symbole der Passionsgeschichte, die von der langen Reihe der Waisen gen Himmel geschwenkt wurden, flackerten im Licht der Kerzen. Die Totenglocke der Kirchtürme von Florenz läutete die Stunde der Buße ein. Ein Windstoß löschte mit einem Mal alle Kerzen.

Aber auf dem Wasser des Arno, auf dem aschefarbenen Fluß, tanzten noch immer der Mond, Jupiter und all die Mediceischen Sterne.

25

Stadtviertel San Pier Maggiore
Atelier von Pierantonio
und Artemisia

am 15. März 1615

»Daß eine Frau solche Gewalttaten malen kann!« murmelte die Lieblingszwergin der Erzherzogin.

Das plattnasige Gesicht der kleinen, etwa fünfzig Jahre alten Gestalt wurde von tausend Zöpfchen mit großen, roten Schleifen eingerahmt.

Eine ganze Schar von Zwergen wimmelte und zwitscherte, gekleidet wie Puppen, vor Artemisias *Judith* herum. Die Mode der Reifröcke verkürzte noch ihre winzigen Körper, deren Deformierung den Hof an die Relativität aller Dinge mahnte und die kaiserliche Erscheinung Maria Magdalenas von Habsburg noch betonte.

»Ein wahres Gemetzel!« zierte sich eine der kleinen Matronen. »Schon der Gedanke, in einem Flur allein auf ein solches Bild zu treffen, verursacht mir eine Gänsehaut!«

»Der Henker von Florenz hat diese Szene erdacht …«

Diese Damen mimten Zähneklappern und ängstliches Erschauern und näselten mit leiser Stimme vor sich hin. Noch hatte die Erzherzogin ihre Meinung nicht kundgetan.

Am Aschermittwoch hatte Cristofano Allori sein Versprechen eingelöst. Er sah sich die Arbeit der Signora Lomi an. Aber er war nicht allein gekommen. Er hatte seine engsten Freunde mitgebracht, diejenigen, die immer auf der Suche nach neuen Talenten waren, den Großherzog höchstpersönlich, seine Frau und ihr Gefolge. Insgesamt etwa zwanzig Höflinge. Auf der Straße drängte sich geräuschvoll das Volk. Die ganze Stadt wußte, daß sich zu dieser frühen Stunde im obersten Stockwerk des kleinen Hauses der Schneidersfamilie Stiattesi auf dem Markplatz von San Pier Maggiore Macht, Wissen und Kunst eingefunden hatten: der Großherzog Cosimo II., der Mathematiker Galileo Galilei und der Maler Cristofano Allori, die drei berühmtesten Persönlichkeiten des Jahres 1615. Die Florentiner waren so stolz auf ihre Geschichte, auf ihre Vergangenheit und ihr künstlerisches Erbe, daß ihnen der Name »Allori« ebenso als ihr persönlicher Besitz erschien wie der Name »Michelangelo«. Die kleinen Leute verrichteten seit fast dreißig Jahren vor den Werken von Vater und Sohn Allori, vor ihren Madonnen und Heiligen, ihre Andacht: Wehe, wenn eins ihrer Bilder aus einer Kirche verschwand oder die Stadtmauern verließ. Im Jahre 1602 war eigens ein Gesetz verkündet worden, das die Ausfuhr von Skulpturen und Bildern aus der Toskana verbot.

Heute jedoch war es nicht Cristofano, der die Gaffer unter das Dachgesims der Stiattesi lockte. Sondern Galilei. Er war beim niederen Volk so bekannt, daß er wahre Tumulte auslöste. Am Vortag noch, als ein Paket für ihn bei einem Fuhrunternehmen angekommen war, hatten die Händler des *Mercato vecchio* an der Form des Pakets das berühmte Teleskop zu erkennen geglaubt. Aus Neugierde hatten einige das Siegel brechen wollen, andere hatten sich ihnen in den Weg gestellt. Von der darauf folgenden Schlägerei würde Florenz noch lange sprechen …

Der Großherzog, ein Schüler des Gelehrten, hatte Galilei gerade zum Mathematiker und Philosophen des Hauses Medici ernannt. Ohne Lehrverpflichtung an der Universität. Mit einem beträchtlichen Salär. Doch der Erfolg Galileis beim Volk erklärte sich vor allem durch seine zahlreichen praktischen Erfindungen. Die Republik von Venedig schmeichelte sich, von ihm eine Maschine zur Bewässerung ihrer Felder bekommen zu haben; daneben einen Rechenschieber, der es ermöglichte, auf der Stelle die jährlichen Zinsen für ein bestimmtes Kapital zu berechnen; das erste Barometer in der Geschichte; und schließlich das Fernrohr! Wenn man es auf dem Kirchturm von San Marco aufstellte, konnte man jedes Detail der Kirchenfassade von Santa Cristina in Padua sehen! Die Serenissima hatte rasch begriffen, wie nützlich dieses Gerät war: Man konnte damit auf viele Meilen Piratenschiffe orten.

Es mag überraschen, daß ein Gelehrter, der wegen seiner Forschungen in der Physik, Astronomie und Mathematik so berühmt war, sich bereitgefunden hatte, sein Arbeitszimmer zu verlassen, um das Atelier eines Malers zu besuchen. Doch in Florenz war darüber niemand erstaunt.

Galilei konnte vorzüglich zeichnen und interessierte sich derart für die Malerei, daß er um seine Aufnahme in die Accademia del Disegno ersucht hatte. Seit zwei Jahren war er dort Mitglied.

In Künstlerkreisen erzählte man sich gern, daß Galilei als Heranwachsender sich viel lieber der Malerei als allen Wissenschaften gewidmet hatte. Die Maler diskutierten mit ihm über theoretische Fragen, und die Mäzene holten seinen Rat ein. Doch ließ er sich nicht gern vereinnahmen. Er distanzierte sich sogar mit seiner Kleidung von den Höflingen aus dem Gefolge des Großherzogs. Keine Halskrause und keinen Schmuck für Galileo Galilei! Nicht ohne Humor hatte er für immer die Professorentracht angelegt: den schwarzen Talar, den weißen Kragen darüber, die kurzgeschorenen Haare und den langen, viereckigen Bart. Ganz im Gegensatz zu seinen alten Gefährten: Buonarroti der Jüngere trug einen aufgezwirbelten Schnurrbart, und Cristofano Allori kräuselte sein Haar mit der Brennschere.

Diese vier Männer, die sich durch ihren Stand und ihr Alter so voneinander unterschieden – der Großherzog war fünfundzwanzig, Allori achtunddreißig, Buonarroti siebenundvierzig und Galilei fünfzig –, waren durch dasselbe ästhetische Credo, dieselbe Suche miteinander verbunden.

Sie erkannten in diesem Augenblick bei Artemisia Lomi die Wucht eines großen Bildes aus der Schule von Caravaggio, das Schwarz, das Blau, das Gold und Rot, *Judith enthauptet Holofernes*, dessen Entwurf Scipione Borghese einst bewundert hatte.

Im Vordergrund sah man ein Bett mit weißen Laken, die flache Klinge des Schwerts und das Blut, welches aus dem Bild zum Betrachter hinrinnt. Darüber Holofernes' zurückgelegten Kopf, den zu einem stummen Schrei geöffneten Mund, die verdrehten Augen, die den Blick des Betrachters suchen und um Hilfe flehen.

Dann Judiths linke Hand, die die Haare des Opfers packt und mit aller Kraft auf die Schläfe drückt. Schließlich Judiths Unterarme, auf denen sich das Licht fängt. Diese beiden parallelen Linien führen hinauf zu den Ärmeln des Kleides und zu Judiths Gesicht.

Jeder hier kannte alle Varianten und alle Geheimnisse des Themas, das schon die größten florentinischen Künstler inspiriert hatte: In einem der Empfangsräume des Palazzo Vecchio schwenkte die *Judith* des Bildhauers Donatello Holofernes' Kopf; und an der Decke der Sixtinischen Kapelle floh Michelangelos *Judith* aus dem Zelt des Tyrannen. Doch die Wildheit dieser Judith hier, ihre Freude, als sie den Kopf des Despoten abschneidet, ihre Art, das Schwert so nachdrücklich wie ein Küchenmesser zu benutzen, dann das so echt wirkende Blut, die präzise Darstellung von Holofernes' Körper – die Muskeln der Arme, die sich in dem Versuch anspannen, die Stiche abzuwehren, seine sich öffnenden und stemmenden Beine – waren gänzlich neu. Nie war eine Mordszene mit derart roher Gewalt gemalt worden!

»Ich kann dieses Bild nicht ertragen!« erklärte die Erzherzogin. Maria Magdalena von Habsburg, groß, stattlich und ständig schwanger, liebte die Jagd, den Tanz und feierliche Messen. Ihr Interesse für die Kunst beschränkte sich auf prächtige Ziborien, die sie von Goldschmieden anfertigen ließ, auf Reliquienschreine aus schwerem Silber, die die sterblichen Überreste des heiligen Severin und das Büßerhemd des heiligen Franziskus einschlossen. Doch hätten in Artemisias Atelier einige erbauliche Bilder ihre Aufmerksamkeit erregen können. Eine Vanitasdarstellung vielleicht. Ein Stilleben. Ein Blumenbild. Frauenmotive eben. Unzufrieden mit dem, was man ihr präsentierte, schüttelte sie den Kopf, daß ihr gewaltiger, mit Kämmen, Perlen und Edelsteinen gespickter Haarknoten erzitterte.

Mit finsterem Blick beobachtete Artemisia sie. Sie hielt sich im Hintergrund, in einer dunklen Ecke. Das Zimmer duftete nach Parfum, doch die Sache stand schlecht. Schon seit Beginn dieses Besuches hatte nicht die Begeisterung über einen wahr gewordenen Traum sie erfüllt. Sondern Enttäuschung, Zorn und Scham.

Sie fühlte dieses Unbehagen eigentlich schon seit der vorangegangenen Woche, seit der Ankündigung dieses Besuches. Ja, seit dem Tag, als der Kurier vom Palazzo Pitti gekommen war, richtete das Ehepaar Stiattesi nur noch das Wort aneinander, um sich zu streiten. Die ersten Unstimmigkeiten. Und die ersten Vorzeichen bevorstehenden Unglücks. Artemisia hatte mit dem Schlimmsten gerechnet, doch die Katastrophe überstieg noch ihre schwärzesten Vorstellungen. Pierantonio seinerseits hatte die Lage nicht mehr im Griff. Dabei hatte er alles unternommen, damit dieses Unterfangen ein Erfolg wurde.

Im Gegensatz zu Orazios Atelier erinnerte das von Artemisia in seiner leeren, gepflegten Weite weniger an das Laboratorium eines Alchimisten als an einen Ballsaal. Gewachster Dielenboden. Gekalkte Wände. Stühle in den Ecken. Nichts hier erinnerte an die Arbeitsstätte eines Malers. Nur das Licht. Ein Meer von Licht. Artemisia rühmte sich, zu jeder Jahres- und Tageszeit arbeiten zu können. Drei große, kupferne Öllampen mit jeweils sechs Flammen hingen von den Stützbalken des Raums herab. Diese Lampen mit ihrem Reservoir für Öl und Wasser und ihr ganz spezielles Aufhängungssystem ermöglichten beliebige Modifikationen der Beleuchtung und eine Verbreitung von Helligkeit in den dunklen Winkeln, welche das natürliche Licht aufs beste ergänzten. Diese Praxis, Sonnenlicht und künstliches Licht zu kombinieren, hatte Artemisia von ihrem Vater übernommen und perfektioniert. Sie hatte eine große, kreisförmige Öffnung in die Decke bohren lassen, die direkt in den Himmel ging, genau in der Mitte des Zimmers. »Das Licht muß von oben kommen«, hatte Orazio ihr während ihrer Ausbildung immer wieder gepredigt. »Von so weit oben wie möglich. Für einen Maler wäre das Ideale der *Oculus* des Pantheon! Ein Lichthof weit oben, der den Gesichtern der Modelle, selbst den nichtssagendsten, einen unaussprechlichen Zauber verleiht, jene Schönheit, die der Künstler dann nach seinem Gutdünken veredelt ...«

Wie der *Oculus* des Pantheon hatte die Öffnung des Ateliers weder eine Glasscheibe noch eine Klappe. Keinerlei Verschluß. Nur ein großes Zeltdach aus ockerfarbenem Leinen: das Gegenstück zum mit Schweinefett eingeriebenen Papier, das Orazio benutzte, um das Licht in Rom zu filtern.

Im November und Februar regnete es also ins Atelier. Einige Wannen, die man an strategischen Stellen plaziert hatte, milderten diesen Mißstand. Im Winter wurde aus dem Regen Eis. Doch was zählte das schon! Artemisia spürte in ihrem Reich weder Kälte noch Wind oder Hagel. Sie hätte die Wände gerne mit Regalen zugestellt, in den Ecken Tiegel und Krüge mit Öl untergebracht, die Rollen mit Hanf und das Holz für die Rahmen aufgestapelt. Doch das wußte Pierantonio zu verhindern …

Anläßlich des hohen Besuches hatte er ihr nur einige Accessoires zugestanden, etwa zehn Pinsel, die in zwei Gefäßen steckten, drei verschiedenförmige Paletten – eine viereckige, eine runde, eine ovale –, die gefällig auf dem Arbeitstisch arrangiert worden waren … Er hatte über einen der Stühle das große Tuch aus purpurrotem Samt drapiert, welches man auf manchen Bildern sah, zum Beispiel als Vorhang vor dem Ausgang von Holofernes' Zelt. Dieses Bild fungierte als Hauptattraktion seiner Ausstellung.

Denn Pierantonio hatte eine veritable Retrospektive mit den Werken Artemisia Lomis organisiert!

Mit seinem so typischen Blick fürs Detail und seinem Sinn fürs Praktische hatte er einige Bilder rahmen lassen – mit großen Rahmen aus Stuck oder Ebenholz oder breiten, mit Blattgold versehenen Zierleisten –, um den Kunden ein fertiges Produkt zu präsentieren. Er verstand es, die Bilder seiner Frau so zu zeigen, wie sie in einer Galerie eines Palastes ausgestellt werden konnten: Die großen Formate hatte er an die Wand gehängt, die kleinen und mittleren auf Staffeleien gestellt. Es war eine ganze Reihe von Staffeleien!

Artemisia hatte sich gegen all dieses gewehrt.

Sicher, sie achtete sehr auf ihre Schönheit und ihre Aufmachung. Sie war bereit, mit ihrer Person zu bezahlen, bereit, alle Kunstgriffe anzuwenden, um sich bei einflußreichen Mäzenen einzuführen, um Buonarroti den Jüngeren zu bezaubern und Cristofano Allori zu betören. Aber sie weigerte sich, die Idee aufzugeben, die sie sich von der Malerei und der Rolle des Künstlers gemacht hatte. Und jetzt benahm sich Pierantonio wie ein Krämer! Es war ihm gelungen, die bereits verkauften Bilder zurückzubekommen und sich die Stilleben und Porträts der letzten Jahre auszuleihen.

Diese Praxis, welche den Sitten und Gebräuchen in der Kunstwelt um ein halbes Jahrhundert voraus war, verstieß gegen alle Regeln des Berufsstandes!

Ein Künstler konnte nicht für sein Renommee werben, indem er eigene Bilder ausstellte. Nur Ordensgesellschaften und Familien der Aristokratie kam es zu, sich der Bewunderung ihrer Zeitgenossen und der Nachwelt auszusetzen, indem sie in ihren Kirchen, auf ihren Altären, in ihren Galerien und an den Wänden ihrer Paläste eine Sammlung von Bildern zeigten, die den Ruhm Gottes und ihren eigenen priesen.

Pierantonios Vorhaben konnte daher seiner Ehefrau sehr wohl wie ein Sakrileg erscheinen: Es verstieß gegen die Regeln und den Geist der Malerzunft.

Und diese Retrospektive bedrohte Artemisia auf einer weiteren, noch wichtigeren Ebene: in der Qualität ihrer Arbeit. Ihr Ruf hatte hier nichts zu gewinnen. Seit sie ohne den Rat ihres Vaters arbeitete, zeigte sie sich genauso streng, genauso hart mit sich selbst, nein härter noch, argwöhnischer und kritischer, als es Orazio je gewesen war.

Von den vielen in den letzten Jahren fertiggestellten Bildern hatte sie nur zwei Werke zurückbehalten. Ein Selbstporträt im goldenen Seidenkleid, eine *Lautenspielerin*, in der es ihr vor allem um die Schönheit gegangen war: Mit extremer Sorgfalt hatte sie sich der Behandlung der Stoffe und des Lichts auf dem Gesicht und den Händen der Musikerin gewidmet, den Saiten und dem Holz des Instruments. Und dieses große Bild, diese *Judith* bei der Enthauptung von Holofernes, das einzige Werk, welches sie ihres Vaters für würdig erachtete und von dem sie sich alles erhoffte …

Und dann ging Pierantonio hin und suchte alte Bilder zusammen! Er hatte alle Kisten durchwühlt und ihre ersten und mißglückten Versuche ausgegraben!

Dieses Eindringen in die schmerzgefährdete Welt ihres Schaffens hatte bei Artemisia einen jener Wutanfälle ausgelöst, deren Heftigkeit Orazio einst zu spüren bekommen hatte. Es war der erste Streit des Paares Stiattesi. Der erste in einer langen Reihe.

»Wie kannst du es wagen, einem Meister wie Allori diese erbärmlichen Studien zu zeigen?«

»Ich will sie verkaufen«, hatte er ihr zugerufen. »Verkaufen –
das ist es doch, Artemisia, was du immer forderst.«

»Um meinen Ruf zu begründen! Nicht, um mein Werk herabzuwürdigen! Wenn du erfahrenen Auftraggebern wie dem Großherzog solche wertlosen Arbeiten zeigst, tust du dem Künstler
Unrecht und beleidigst den Mäzen!«

»Deine Prioritäten, Artemisia, die Prioritäten eines Künstlers,
sind nur sehr selten mit dem Geschmack des Käufers vereinbar.«

»Die Priorität eines Künstlers, wie ich es bin, und der Geschmack eines Sammlers wie der Seiner Hoheit vereinigen sich in
der Suche nach Perfektion!«

Artemisia Lomi erinnerte sich sehr wohl an die Lektionen ihres Vaters Orazio Gentileschi. Doch wenn die junge Frau auch mit
ihm den Abscheu vor dem Mittelmaß teilte, so ermaß sie erst seit
ihrem Umzug nach Florenz den Umfang seiner Ausbildung.

Artemisias Entdeckung der Renaissance-Meister, ihre Einführung in intellektuelle Kreise, ihr Zusammentreffen mit Ästheten
wie Buonarroti dem Jüngeren und Cristofano Allori hatten ihr
Horizonte eröffnet, die Pierantonio nicht einmal erahnen konnte.

Sie hatte begriffen, welch revolutionäre Rolle Allori in der Toskana einnahm. Wie Carracci in Bologna und Caravaggio in Rom
hatte er versucht, mit der Generation der Maler zu brechen, die
ihm vorausgegangen war. Mit seinem eigenen Vater zu brechen,
Alessandro, den er, nicht ohne Grausamkeit, als einen »Ketzer der
Malerei« bezeichnet hatte. Mit diesen willkürlich proportionierten
Figuren zu brechen, den zweidimensionalen Räumen, den allzu
emblematischen Motiven und den Allegorien, die so hermetisch
waren, daß nur Gelehrte sie verstehen konnten.

Mit all diesem wollte er brechen, ja, doch nur um an eine Tradition wiederanzuknüpfen. Um zurückzukommen zu verständli-
chen Kompositionen. Den Versuch zu wagen, Zeichnung und Farbe, Natur und Idee, die Nachahmung der Wirklichkeit und das
Konzept zu vereinigen. Um zum Ideal des Schönen Zugang zu bekommen!

Auf dieser Suche befand sich auch Orazio Gentileschi.

Während ihrer Jugend hatte Artemisia immer wieder solche
Reden gehört. Heute verkündeten Allori, Buonarroti und Galilei

in Florenz vor ihr die Ansätze ihres Vaters. »Ich möchte alles«, hatte er ihr vor den Bildern in der Santa Maria del Popolo gesagt. »Ich will die Zeichnung, ich will die Farbe, ich will das Licht. Ich will Michelangelo und Raffael. Ich will Carracci und Caravaggio. Du und ich, wir werden niemals nur einer Schule angehören. Warum sollten wir uns beschränken?«

Seine Tochter verstand heute, daß Orazio Gentileschi vielleicht der einzige gewesen war, der begriffen hatte, wie sehr der Naturalismus von Caravaggio und der Idealismus von Carracci – weit davon entfernt, einander auszuschließen – sich in einer einzigen Sicht der Dinge vereinigen konnten: in der seinen.

Mit zweiundzwanzig Jahren fühlte sich Artemisia Lomi endlich in der Lage, seine Herausforderung anzunehmen. Mit zwei Bildern. Zwei Bildern nur, in denen ihre vier Besucher Kühnheit und Schönheit erblicken konnten.

»Wenn du ihnen andere Arbeiten zeigst«, flehte sie, »setzt du mich herab.«

Doch je mehr sie getobt, geschrien und widersprochen hatte, desto mehr hatte Pierantonio sich versteift. Seine Ehre gebot ihm, nicht nachzugeben. Er bestand auch noch auf einem zweiten – prosaischeren – Punkt, den Artemisia noch mehr mißbilligte.

In einer seiner seltsamen Anwandlungen hatte er gefordert, daß der gesamte Stiattesi-Clan dem Besuch des Großherzogs und dem Triumph seiner Frau beiwohnen sollte. Also bevölkerten Pierantonios Schwestern und Schwägerinnen und seine Mutter mit Haube und Schürze das Atelier. Die Männer drängten sich an den Wänden; die Kinder und Säuglinge plärrten überall herum.

»Gott weiß, daß ich meine Verwandten liebe«, hatte Artemisia auf dem Gipfel der Erbitterung gemurmelt, »aber sie haben hier nichts zu suchen, außer mir zu helfen.«

»Du verachtest meine Familie also?«

»Wie kannst du das sagen? Deine Schwester ist mir der liebste Mensch nach dir, ist mir die teuerste Frau ...«

»Wirklich? Du malst sie immer als Dienerin ... Und dich als Judith!«

»Und ich schenke ihr Seide für ihre Kleider. Letzte Woche erst habe ich Lisabetta ...«

»Du willst aufrechnen? Wir haben nicht aufgerechnet, als wir dich ohne Aussteuer nahmen!«

»Ohne Aussteuer? Und was ist mit der ganzen Wäsche von meiner Mutter?«

Die Wahrheit war, daß Artemisia in gutem Einverständnis mit ihren Verwandten lebte. Sie teilte mit ihnen das Dach, den Tisch, und die Zeit der Muße … Sie liebte sie. Aber sie hielt es für ebenso ungeschickt, mittelmäßige Bilder auszustellen, wie sich selbst in der Gemeinschaft von Handwerkern zu zeigen.

Die Ereignisse hatten ihr zunächst recht gegeben. Andrea Cioli, der Sekretär der Großherzogin, hatte in aller Eile das Atelier von seinen Schergen leeren lassen und den Stiattesi-Clan in das darunterliegende Stockwerk geschickt. Daraufhin war Chaos entstanden: Der Hof war gezwungen gewesen, draußen beim Volk zu warten. Auf diesem Ereignis beruhten die Ungeduld und schlechte Laune von Maria Magdalena von Habsburg.

»Ich danke Euch, Durchlauchtigste Hoheit, für die Ehre, die Ihr mir heute erweist«, sprach schüchtern die Künstlerin. »Und ich heiße Euch in diesem bescheidenen Atelier willkommen«, fügte sie hinzu, während ihr Gesicht eine ungewöhnliche Kühle und Blässe beibehielt.

Man sah Artemisia einen Knicks ohne jede Anmut andeuten. Vielleicht erklärte sich diese linkische Bewegung durch ihren Zustand? Sie war schwanger, und ihr Bauch begann sich unter der riesigen grünen Schürze zu wölben. Nach ihrem Gruß zog sie sich in eine dunkle Ecke zurück.

Also mußte Pierantonio mit vielen Bücklingen und Kratzfüßen die Honneurs machen. Seit die Großherzogin ihre Abneigung gegen das Bild geäußert hatte, welches Artemisia als ihr Meisterwerk betrachtete, beglückwünschte er sich, ihren Launen widerstanden zu haben, und versuchte, die Aufmerksamkeit des Hofes auf andere Arbeiten zu lenken. Doch trotz all seiner Mühe gelang es ihm nicht, den Großherzog aus seiner andächtigen Betrachtung der *Judith* zu reißen.

»Dieses Gesicht, in dem sich schon der Tod zeigt, erinnert doch an einen Mann …«, mischte sich heimtückisch Andrea Cioli ein, »an einen Maler, Euer Hoheit …«

Andrea Cioli war klein und von niederer Herkunft. Vielleicht zeigte er sich deshalb immer so unbarmherzig gegenüber denen, die wie er versuchten, sich in den Dunstkreis des Großherzogs aufzuschwingen. Er war in Cortona geboren und hatte gerade die Bürgerrechte von Florenz erhalten. Seine Karriere verdankte er der Mutter des Großherzogs, Christine von Lothringen, die ihn mit einer diplomatischen Mission in Frankreich und England betraut hatte, welche er geschickt und erfolgreich abschloß. Er hatte einen methodischen Geist und ein furchterregendes Gedächtnis.

»Erinnert Euch das Gesicht des armen Holofernes nicht an das des Malers, der die Ausstattung bei den Hochzeitsfeierlichkeiten von Eurer Hoheit erschaffen hat, an einen Maler …«

»Agostino Tassi!« rief der Großherzog mit piepsiger Stimme und brach in kindisches Gelächter aus.

Wenn seine Lungenkrankheit ihn eine Zeitlang in Ruhe ließ, verspürte Cosimo II. das rasende Bedürfnis, sich zu amüsieren.

»Agostino Tassi, in der Tat!« wiederholte er mit der Zufriedenheit dessen, der die Lösung eines Rätsels gefunden hat.

Leichenblaß wandte sich Pierantonio dem Winkel zu, in dem Artemisia sich aufhielt. Mit zitternden Lippen und den Händen über ihrem Leib hielt sie einen Moment lang seinem Blick stand. Dann senkte sie den Kopf.

Wie konnte sie zu Pierantonio sagen, daß sie niemals an Agostino Tassi dachte! Wie konnte sie ihm sagen, daß sie sein Gesicht nicht dargestellt hatte, daß Holofernes Tassi in keiner Hinsicht ähnelte!

»Die Dame begleicht ihre Rechnungen?« näselte die Lieblingszwergin der Erzherzogin.

»Euer Hoheit wäre sehr zufrieden mit mir«, griff Cristofano Allori ein, »wenn ich die Stoffe mit solcher Meisterschaft wiedergeben könnte …«

Ahnte Cristofano, welches Ehedrama sich vor seinen Augen abspielte? Er wußte sich genug geschätzt bei Hofe, daß er alles wagen konnte, sogar, der äußerst herrschsüchtigen Maria Magdalena von Habsburg zu widersprechen. Er näherte sich ihr, nahm sie respektvoll bei der Hand und führte sie nahe an das Bild heran, um sie zu zwingen, es genau zu betrachten.

»Betrachtet diese Laken … Bei der Fältelung kann man den Stoff geradezu fühlen … Betrachtet diese kleine Franse am Umschlag. Sie hat die körnige Struktur von Leinen … Und das rote Kleid der Dienerin … ein erstaunliches Ergebnis …«

»Was mir hier wirklich interessant erscheint«, stimmte der Großherzog mit ein, »das sind die Physiognomien. Seht mal den Gesichtsausdruck der Judith …«

Mehr noch als in Rom waren Gesprächsformen wie die »Auseinandersetzung«, die »Verständigung«, der »Wortwechsel« und das »Gespräch« in Florenz in Mode. Die Gelehrten schlossen sich in Akademien zusammen – es gab zig Akademien –, um theoretische Themen zu diskutieren. Die bedingte Bedeutung der Malerei und Bildhauerei zum Beispiel. Die Vergleichbarkeit Raffaels und Michelangelos. Die Vergleichbarkeit von Äpfeln und Birnen.

Wenn auch Cristofano Allori solche Debatten verabscheute, so verbrachten der Großherzog und Buonarroti als Akademiker viel Zeit mit diesen Aktivitäten.

»Was haltet Ihr von den beiden weiblichen Gestalten, Signor Buonarroti? Ihr laßt doch die besten Maler für Euch arbeiten: Habt Ihr jemals Ähnliches gesehen?«

»Ich fürchte, ich erscheine parteiisch, wenn ich Euer Hoheit sage, daß mir dieses Werk ganz und gar einzigartig vorkommt. Was mich hier besonders beeindruckt, ist die Idee … Die Dienerin kniet sich auf Holofernes' Leib, um die Hinrichtung zu erleichtern … Das ganze Bild könnte für die Kehrseite eines anderen biblischen Themas genommen werden … Ich denke an *Susanna und die Alten* …«

»Ich sehe den Zusammenhang nicht. Sprecht weiter …«

»Bei *Susanna und die Alten* bedrohen zwei Männer die Unschuld einer Frau. Hier morden zwei Frauen einen Mann.«

Man hörte entsetztes Raunen bei den Damen.

»Ich kann dieses Bild nicht ertragen!« wiederholte die Großherzogin heftig.

Da Cosimo dieses Mal fürchtete, seine Frau ernsthaft zu verstimmen, wechselte er das Thema.

»Bei all diesen Bildern«, resümierte er, »scheint mir der Einfluß Caravaggios auf die Signora offensichtlich. Apropos *Judith*: Wann werden wir das Vergnügen haben, Eure Arbeit zu sehen, Signor Allori?«

»Was diese Komposition von der unterscheidet, an der ich gerade arbeite«, wich Cristofano aus, »ist in der Tat der Mangel an Raum um die Personen herum, Euer Durchlauchtigste Hoheit … Auf diesem Bild hier erscheint mir unerklärlich, daß diese beiden Frauen ihren Kopf so nach rechts wenden, daß das Profil kaum noch zu sehen ist und ihr Blick auf etwas außerhalb des Bildes verweist …«

»Aber das ist doch nicht neu«, mischte sich Galilei ein, »ich glaube, dies schon bei ihrem Vater gesehen zu haben.«

»Habt Ihr den Vater der Signora in Rom gut gekannt?« erkundigte sich der Großherzog.

»Ich habe ihn 1611, bei meiner letzten Reise, wiedergesehen, Euer Hoheit. Wir stammen beide aus Pisa. Er ist ein großer Maler. Er wendet in seinen Werken die drei einfachen Prinzipien an, die jeder Künstler auch in der Musik und in der Poesie verwenden sollte: Klarheit, Prägnanz und Wirksamkeit. Im Gegensatz zu Tasso, der redet, ohne etwas zu sagen, hat jeder Pinselstrich von Gentileschi etwas zu bedeuten. Seine Kompositionen erscheinen unmittelbar einsichtig. Aber ich würde sagen, Euer Hoheit, daß seine Tochter sich mehr für die Leidenschaften der Seele interessiert. Sie kennt das menschliche Herz vielleicht besser … Ja, ich würde sagen, daß sie den Effekt sucht. Ihre Malerei will den Betrachter beeindrucken …«

»Vater oder Tochter, wer ist besser?« unterbrach der Großherzog.

Artemisia blieb reglos im Dunkel. Dieses Mal zitterten nicht ihre Lippen oder ihre Hände … sondern ihre Seele, die dem fundamentalsten Zweifel ihrer Existenz ausgesetzt war.

»Vater oder Tochter, wer ist besser?« Diese schonungslose Frage brachte mit einem Mal Artemisias Angst an den Tag, die sie niemals ausgesprochen hatte.

»Vater oder Tochter, wer ist besser?« Sie wußte, daß sie heute mit ihrem Pinsel alles unternehmen und alles wagen konnte. Außer, sich mit ihm zu messen!

Es erfüllte sie weder mit Freude noch mit Stolz, daß jemand sie beide vergleichen konnte. Im Gegenteil, sie empfand große Mutlosigkeit. Eine sehr vertraute Hoffnungslosigkeit. Ja, sie konnte alles wagen. Und alles ertragen, was man zu ihrem Werk sagte. Daß dieses Bild, welches sie für ihr bestes hielt, Kunstliebhabern mißfiel, daß sie damit eine Rechnung mit ihrem Geliebten, mit dem Leben, sogar mit ihrem Vater beglich! Sie konnte alles ertragen, nur nicht eine solche Gegenüberstellung.

»Vater oder Tochter, wer ist besser?« Die Wahl des einen schien den anderen abzuurteilen und sie beide in eine unmögliche Koexistenz zurückzukatapultieren.

»Die Signora ist noch ziemlich jung«, antwortete Galilei, »sie befindet sich noch am Anfang ihrer Karriere.«

»Aber in einem Duell um den Ruhm«, beharrte der Großherzog, »wer würde da Eurer Meinung nach der Nachwelt in Erinnerung bleiben, Vater oder Tochter?«

»In einem Duell um den Ruhm?« Der Gelehrte zögerte, lächelte. »Welcher der beiden Maler würde der Nachwelt in Erinnerung bleiben? Erinnert Euch an den *Rasenden Roland* von Ariost, Euer Hoheit: Als zwei Ritter Anspruch auf dieselbe Ehre erheben, unterwerfen sie sich einem Gottesurteil. Sie schwören, daß sie bereit sind zu sterben, sollten sie gelogen haben, und messen sich im Zweikampf … Der Überlebende behält recht und wird der Held eines Gesangszyklus …«

»Das also schlagt Ihr uns als Beweis vor?« bemerkte ironisch der Sekretär des Großherzogs. »Ein Gottesurteil, das Vater und Tochter durch Feuer und Schwert voneinander scheidet …«

»Durch die Malerei!« warf Cristofano ein und wandte sich launig zu Artemisia um. »Ich für meinen Teil schlage ein Gottesurteil durch die Malerei vor.«

Sie schien an der Wand angekettet, die Gefangene einer Zauberei, fasziniert und erschreckt durch das, was sie da hörte.

»Und ich nehme die Herausforderung für die Signora an«, scherzte Cristofano, »ich nehme den Handschuh *gegen* ihren Vater auf!«

Artemisias Gesichtsausdruck, die Intensität ihres Blicks, zwangen Allori zu schweigen.

»Möge der Wille des Herrn in Erfüllung gehen«, murmelte Galilei, der durch seine ersten Auseinandersetzungen mit der Kirche vorsichtig geworden war. »Der Ausgang aller Kämpfe liegt in Seinen Händen ...«

»Aber habt Ihr keine Idee, wer der Sieger sein könnte?« beharrte der Großherzog. »Wer ist auserwählt? Wer ist der Begnadete?«

»Was die Gnade betrifft, so verlasse ich mich wie wir alle hier auf die Vorsehung, Euer Hoheit ... Ich kann nur sagen, daß die Signora Lomi im Ausdruck von Leidenschaften ihrem Vater überlegen ist. Was den Rest betrifft ... Bei der Komposition, der Zeichnung, der Farbgebung gesteht Orazio Gentileschi den Augen des Körpers und denen des Geistes ein gleiches Recht zu. Er malt die Wesen und Dinge nicht, wie sie sind, sondern wie sie ihm erscheinen: Bei ihm wird die sichtbare Welt zur Poesie.«

»Was man von seiner Tochter nicht sagen kann!« warf die Großherzogin säuerlich ein. Frostig und geringschätzig wandte sich Maria Magdalena von Habsburg von der *Judith* ab. »Weder Feuer noch Schwert sind vonnöten, meine Herren, um das Gottesurteil zu erkennen. Die Stimme Unseres Herrn läßt sich durch den Gesang guter Poeten, den Pinsel großer Maler deutlich vernehmen ... Doch hier höre ich nicht mal ein fernes Echo davon!«

Mit klirrendem Schmuck machte sie auf dem Absatz kehrt und verließ mit ihrem Gefolge das Atelier.

*　*
*

Wenn Artemisia und Pierantonio die Reaktionen des Hofs als Katastrophe betrachteten, so irrten sie sich.

Zwar erwarb Cosimo II. nach seinem Kurzbesuch im Atelier nicht die *Judith*, die seiner Frau so mißfallen hatte. Doch er gab eine Nachbildung in Auftrag – die gleiche Komposition – in einem noch größeren Format, eine eher florentinische *Judith*, mit prächtigeren Farben und luxuriöseren Kleidern. Er wollte außerdem die *Lautenspielerin*, von der Artemisia so viel hielt, und gab eine *Maria Magdalena* in Auftrag, die Schutzheilige der Großherzogin.

Artemisia gehörte also von nun an zum Umkreis der Medici!

Und doch drohte die durch ihre Bilder hervorgerufene Aufregung eine noch viel tiefgreifendere und gefährlichere Wirkung zu haben als eine Niederlage. Schon am Tag nach dem Besuch des Großherzogs, am 16. März 1615, schrieb der Staatssekretär Andrea Cioli an den toskanischen Botschafter in Rom:

»Ein Gerücht ist hier aufgekommen, daß Orazio Gentileschi, einer der besten Maler und einer der berühmtesten Toskaner, in Eurer Stadt Rom sei. Dieses Gerücht scheint um so glaubhafter, als daß wir hier Werke seiner Tochter Artemisia gesehen haben, die von ihm ausgebildet wurde.

Seine Hoheit wünscht, daß Ihr genaueste Informationen über Orazio Gentileschi einholt und so schnell wie möglich einen Bericht hierher sendet. Zu diesem Behufe schicke ich Euch diese Nachricht.«

Eine genaue Umkehr der Dinge. Der Erfolg des Schülers lenkte nun den Blick auf den Lehrer.

* *
*

Drei Jahre. Drei Jahre schon hatte Artemisia ihren Vater nicht mehr gesehen. Gleich einem Abgrund hatte ihre Heirat sie getrennt. Die Heirat und das Glück mit einem anderen Mann.

Wenn das Aufsehen um den Prozeß Artemisias Karriere Vorschub leisteten, so hatte der Skandal der von Orazio ein Ende gesetzt. Im Winter 1612/1613 hatte Gentileschi in Rom keine Arbeit mehr gefunden. Wie Tassi es vorausgesagt hatte, litt er Not.

Was Agostino betraf, der am 29. November 1612 – am Tag von Artemisias Hochzeit – freigelassen worden war, so hatte er die Stadt niemals verlassen. Im Verborgenen schmiedete er Rachepläne. Orazios Lehrlinge wurden in dunklen Gassen halb tot geschlagen. Zeichnungen verschwanden aus seinem Atelier. Seine Farben und Firnisse verdarben in ihren Tiegeln. Und sein Ruf hatte sich verschlechtert! Aufgrund von Verleumdungen, Drohungen und anderen Ungelegenheiten kamen die Auftraggeber nicht mehr, um in den Skizzenmappen von Orazio Gentileschi zu stöbern. Selbst der Kardinal Borghese plagte ihn nicht mehr mit seinen Mahnungen, die Arbeit im *Casino delle Muse* endlich zu beenden: Agostino Tassis *Bottega* war die Fertigstellung anvertraut worden.

Im Frühjahr 1613 fand sich Orazio Gentileschi wirklich und wahrhaftig ohne Arbeit wieder. Die Notzuchtaffäre zwang ihn – ihn! – ins Exil. Er konnte nur noch hoffen, daß die Zeit und Distanz seine feindseligen Kollegen besänftigen würden.

Im April hatte er also einen Auftrag in den Marken angenommen. Er war mit seinen drei Söhnen nach Urbino gezogen. Mit fünfzig Jahren, auf dem Gipfel seiner Karriere, mußte Orazio wieder in düsteren Provinzkirchen arbeiten!

Agostino hatte seinen Sieg nicht lange genießen können. Genau zu der Zeit hatte sich sein alter Zimmergenosse, der Maler Valerio Ursino, für ihren endlosen Streit gerächt, indem er ihn beim römischen Strafgericht wegen »Verstoßes gegen das Exil« anzeigte. Agostino Tassi fand sich also erneut hinter den Gittern des Corte Savella wieder. Die Auswirkungen seiner Liebschaft mit Artemisia wollten einfach nicht enden.

Ein zweites Urteil gegen ihn, ein zweiter Richterspruch, bestätigte den ersten und verurteilte ihn zu einer noch schwereren Strafe – das fünfjährige Exil galt nicht mehr nur für Rom, sondern für die gesamte Domäne des Papstes.

Am Tag nach diesem Urteil jedoch, am 28. April 1613, gab es eine neue, überraschende Wendung!

Ein drittes Urteil, das alle vorherigen Entscheidungen des Gerichts widerrief, erklärte das Urteil vom November 1612 und das neuerliche für ungültig. Dieses letzte Urteil, gegen das keine Berufung eingelegt werden konnte, war den Borgheses zu verdanken: Es sprach Agostino Tassi von allen »schändlichen und lügnerischen« Anklagen frei, die Orazio Gentileschi gegen ihn vorgebracht hatte.

Doch verkündete man Tassis Unschuld, klagte man aufs neue Artemisia an … Als eine Hure, die versucht hatte, sich mit allen Mitteln zu verheiraten.

Pierantonios Familie geriet in Unruhe.

Artemisia hatte also versucht, Rat von ihrem Vater zu bekommen. Sie hatte ihm erst in die Marken geschrieben und dann nach

Rom … Was erhoffte sie sich von ihm? Welche Antwort, welche Unterstützung? Er sandte ihr nie ein Lebenszeichen. Orazios hartnäckiges Schweigen bekräftigte ihren Bruch.

Bis zur Geburt ihres ersten Kindes hatte die väterliche Ablehnung, seine Mißbilligung, seine Verwünschung Artemisias Glück getrübt und zum Teil zunichte gemacht. Sie hatte sich davon nichts anmerken lassen. Und Pierantonio hatte nicht geahnt, wie einflußreich und mächtig der ferne Rivale war.

Ihre Sehnsucht nach Orazio, nach seinem Rat, seinen Weisungen in künstlerischer Hinsicht – das ständige Bedürfnis nach seiner Anerkennung – hatten der jungen Frau keine Ruhe gelassen. Die Erinnerung an die Bilder dieses Vaters, der sie so wenig liebte, hatte ihr Werk heimgesucht. Man konnte sie überall spüren. Im Aufbau ihrer Zeichnungen, in der Wahl der Themen, in den Kompositionen, in den Techniken. In der Skala der Farben. Jede Bleistiftlinie, jeder Pinselstrich sollte ihm gefallen. Sollte das Auge zufriedenstellen, dessen Unfehlbarkeit sie kannte.

Dieses große Bild, an dem sie so lange gearbeitet hatte, diese *Judith*, welche unter dem väterlichen Blick begonnen worden war – sie hatte es eigentlich nicht so sehr Cristofano Allori zeigen wollen. Es konnte nur *ein* Mann ein Urteil über ihre Arbeit aussprechen. Ein Mann, den die Machenschaften Agostino Tassis ins Exil gezwungen hatten.

Zerfressen von Schuldgefühlen hatte sich Artemisia Lomi lange Zeit für Orazio Gentileschis zerstörte Karriere verantwortlich gefühlt.

Doch nun nicht mehr!

Nachdem Artemisia lange Monate gewartet und Orazio auf keinen ihrer Appelle geantwortet hatte, war ihre Traurigkeit in heftigste und tiefste Abneigung umgeschlagen. In einen wahren Abscheu vor allem, was die Vergangenheit betraf.

Von heute auf morgen – und ohne erkennbaren Grund – waren ihr die unzähligen Verletzungen in Erinnerung gekommen, die ihr Vater ihr beigebracht hatte. All die Ungerechtigkeiten und Demütigungen, die sie zu vergessen geglaubt hatte, all das Leid riefen nach zehn, fünfzehn Jahren einen Zorn, einen Aufruhr in ihr hervor, der fast dem Haß gleichkam.

Und die Zeit linderte nicht etwa diesen Rachedurst, sondern machte ihn immer heftiger. Ein Schleier von Düsternis und Verzweiflung hatte sich allein durch Orazios Namen über Florenz gelegt. Die Angst, daß er wieder in ihr Leben eindringen könnte, die Angst, daß er ihr Heim zerstören könnte, die Angst, daß er ihre schöpferische Kraft auslöschen könnte, ließen der jungen Frau keine Ruhe mehr.

Die Mutterschaft bekräftigte sie in dem Willen, die Zukunft ihrer Familie gegen die Bösartigkeit ihres Vaters zu schützen.

Das unglaubliche Glück, welches sie bei der Geburt des kleinen Giovan Battista im September 1613 empfand, gab ihr eine Selbstsicherheit, die sich auch in ihrem Werk niederschlug. Sie fühlte sich nunmehr – das erste Mal in ihrem Leben – in der Lage, ihre Kunst zu beherrschen, eine Lehre aus den Niederlagen zu ziehen, den Erfolg zu genießen und ihre Begabung zu verkünden. Ohne daß Orazio Richter oder Zeuge war. Sie fürchtete nicht nur den Vergleich mit ihm, sie fürchtete ebenso die Erinnerung an ihn, sie fürchtete seine Existenz, und sie fürchtete sein Eindringen in ihr Leben.

Der Schatten ihres Vaters in Florenz, der Stadt der Medici, bedeutete Angst und Scham, bedeutete, daß Morast die Welt überschwemmte. Orazio Gentileschi bei Michelangelo Buonarroti dem Jüngeren, das war das Gespenst aus der Via della Croce, das nach ihr griff. Das Leben mit ihm im Künstlerviertel, seine Beleidigungen, blieben Artemisias Alptraum. Sie weinte in der Nacht und verleugnete es am Tag. Sie dachte nie daran, sie dachte nur daran!

Unrecht, Verrat und Schande – Artemisia malte unermüdlich nur dies. Ihre Inspiration zog sie von nun an aus den stolzen Kämpfen der großen Frauengestalten der Geschichte. Biblische Heldinnen, die der Lüge widerstanden. Mythische Figuren, die sich gegen die Tyrannei erhoben. Auf ihren Bildern befreite Judith ihr Volk durch den Mord eines Mannes, den sie verführt hatte. Yael sicherte die Zukunft ihrer Familie, indem sie einen Nagel auf die Schläfe des Feindes setzte und ihn mit dem Hammer einschlug. Lucrezia schwang ihren Dolch und Kleopatra ihre Schlange: Sie beide setzten lieber ihrem Leben ein Ende, als das Gesetz des Stärkeren zu erdulden.

Schwerter, Dolche und Gift. Amazonen, Sünderinnen und Verführerinnen, Maria Magdalena, Galathea, Esther und Bathseba, sie alle kämpften zwischen Liebe, Freiheit und Tod. Alle befreiten sich. Alle triumphierten.

Die schönsten Werke Artemisias stammen aus dieser Zeit, in der ein Gespenst sie bedrohte: ihr Vater, ihr Lehrer und Rivale.

* *
*

»*Illustrissimo mio Signore*, gemäß Eurer Anfrage habe ich so genaue Informationen wie möglich über das Talent von Signor Orazio Lomi Gentileschi eingeholt«, antwortete Ende März 1615 der toskanische Botschafter dem Staatssekretär Andrea Cioli in Florenz. »Ich habe mir selbst einige seiner Werke in Rom angesehen, sowohl große Aufträge als auch kleinere Arbeiten von der Staffelei […]. Signor Gentileschi weist große Qualitäten auf, was die Sorgfalt, den Eifer – um nicht zu sagen die Mühe – betrifft, die er auf seine Bilder verwendet. Er ist außerdem hervorragend in Alabastermalerei, in Kleinformaten, in den kleinen Dingen also … Er hat einige Ölbilder gemalt, die mir recht gelungen erscheinen. Mit einem Kopf oder einer Büste schlägt er sich ganz gut, weil er nach der Natur malt. Er ist erstklassig darin, Stoffe, Waffen, Objekte wiederzugeben. […] Aber er kann nicht zeichnen und ist ebenso unfähig, ein historisches Sujet zu komponieren wie eine ganze Figur zu malen.

Kurz, Orazio Gentileschi ragt nicht über das Mittelmaß hinaus und sinkt zuweilen sogar darunter. Sicher, er gibt sich viel Mühe, um Aufträge zu bekommen, wie es die kleine Cappella della Pace beweist, die er für Monsignore Settimio Olgiatti ausgeschmückt hat, oder seine Loggia in Kardinal Borgheses Park. Aber das sind seine einzigen großen Werke. […]

Ich wüßte also nicht, wie Signor Orazio Gentileschi in der Toskana von Nutzen sein könnte, da Seine Durchlauchtigste Hoheit bereits den großen Cristofano Allori in Florenz hat, der Orazio Gentileschi in der Nachahmung der Natur, in der Zeichnung, der Präzision und Sorgfalt seiner Bilder bei weitem übertrifft! [...] Dabei erwähne ich erst gar nicht, daß der Betreffende ein Mann mit sehr liederlichem Lebenswandel und unberechenbarem Charakter ist, mit dem wegen seiner plötzlichen Stimmungswechsel niemand auskommen kann.

Im Moment wohnt Signor Gentileschi bei dem Fürsten Savelli, für den er auch arbeitet. Ich weiß, daß er bereitwilligst an den toskanischen Hof eilen würde. Und ich bin sicher, der Fürst Savelli würde ihn ohne weiteres ziehen lassen, falls Seine Durchlauchtigste Hoheit sich entscheiden würde, ihn trotz des Bildes einzuladen, das ich von ihm gezeichnet habe. [...]«

Diese Aburteilung war tödlich. Sie stammte von einem Mann, der mit Agostino Tassi in Kontakt stand, vom Botschafter des Großherzogs in Rom, dem Tassi einst geraten hatte, die Bilder des deutschen Malers Elsheimer zu kaufen. »Orazio Gentileschi kann nicht zeichnen«, dieser Satz schien direkt aus dem Mund des Meisters der Perspektive zu kommen: Agostino Tassi, der sein ganzes Werk auf Linie und Punkt gründete.

Ein solches Urteil machte Orazios Karriere in der Toskana zunichte.

Zur großen Erleichterung von Artemisia.

* *
*

»Mein lieber Herr und Pate«, schrieb sie unbekümmert im September 1615 an ihren Mäzen Buonarroti den Jüngeren, »ich möchte Euch um einen Gefallen bitten. Laßt mir doch sofort einundzwanzig Lire zukommen. Natürlich gebe ich sie Euch zurück ... Sobald ich kann! Vielen Dank und allerherzlichste Grüße von Eurer ›Fast-Tochter‹ ...«

Die Abrechnungen Buonarrotis wiesen auf, daß seine »Fast-Tochter« ihn dreimal mehr kostete als seine anderen Schützlinge. Doch er wußte auch, wozu sie das Geld brauchte. Für ihre Farben, für ihre Leinwände, für ihre Modelle; für ihren Sohn, der Protektoren brauchte; für die Eitelkeiten ihres kostspieligen Mannes; für sich selbst, für ihre Kleider, ihren Schmuck, ihre Schönheit, die sie bei den Hofempfängen zur Schau stellte.

Konzerte, Jagden, Hochzeiten und Begräbnisse: Artemisia war bei allen weltlichen Festen und kirchlichen Zeremonien dabei. In ihrem Atelier traf man ständig die beiden Schwestern Caccini mit ihrem Gefolge aus Dichtern, Musikern und Dramatikern.

Ihr in der Toskana seltener Vorname wurde modern. Sie trug die Töchter ihrer Nachbarn zum Taufbecken von San Pier Maggiore, alles kleine Artemisias … Und Cristofano Allori war der männliche Pate. Das Volk von Florenz nannte mittlerweile die Namen der beiden Maler nur noch in einem Atemzug.

Lomi und Allori. »Ich für meinen Teil schlage ein Gottesurteil durch die Malerei vor«, hatte er kürzlich leichthin geäußert. Seiner Herausforderung fühlte sich Artemisia gewachsen. Sie waren gleichzeitig Konkurrenten und Komplizen, diskutierten über ihre Versuche, drängten einander ihre Visionen auf, tauschten Geheimnisse aus. Wer von ihnen würde den anderen mehr beeinflussen? Buonarroti spielte den Schiedsrichter und verglich ihr Flaschengrün, ihr Ockergelb, ihr Purpurrot, diese drei Farben, die er im gleichen Verhältnis bei beiden Malern vorfand …

An diesem Septembertag des Jahres 1615 schrieb also der Mäzen wieder einmal einen Vorschußbetrag und einen Vornamen in sein Ausgabenbuch: Artemisia. Sie hatte ihm noch nicht das Bild geliefert, das er für seine Galerie bestellt hatte, doch Buonarroti, der das Fortschreiten der Arbeit überwachte, konnte sich zufrieden zeigen.

Sechs Monate zuvor hatte er mit diesen Worten sein Projekt geschildert: »Ich möchte für eine der Deckenkassetten eine junge, kühne Frau [...], die nackt sein und *L'Allegoria dell'inclinazione* verkörpern soll, die Allegorie aller künstlerischen Vorlieben des göttlichen Michelangelo.« In verrückter Freizügigkeit hatte Artemisia sich selbst abgebildet, sich selbst vollkommen nackt gemalt. Als Objekt männlicher Begierde und als Subjekt ihres Bildes hatte sie gleichzeitig Schönheit des Körpers und Genialität der Pinselführung für sich in Anspruch genommen.

Als Gelehrter, der daran gewöhnt war, Symbole zu entziffern, als Wissensdurstiger, der durch das Sonderbare und Ungeheuerliche angezogen wurde, hatte Buonarroti diese humorvolle und doch herbe Botschaft zu schätzen gewußt. Um ihm zu gefallen, kultivierte Artemisia ihre Andersartigkeit und Fremdartigkeit aufs äußerste.

So knüpfte sie mit dem Umkreis der Medici, mit Buonarroti dem Jüngeren, mit Cristofano Allori, mit Galilei, mit all ihren Freunden Bande, die so eng waren, daß sie sich bis zu ihrem Tod nicht mehr lösten. Sie sollte ihnen ihre Karriere verdanken, die Ausstellung ihrer Werke an den Wänden des Palazzo Pitti! Und mehr noch!

Sie verdankte ihnen die Frau, die sie werden sollte. Eine geistreiche, gebildete Frau, die in der Lage war, die Freuden des Geistes zu genießen, eine Unterhaltung in Gang zu halten, Verse zu dichten und Laute zu spielen: der Typ Künstler also, wie man ihn in Florenz verstand, wie man sich ihn an allen europäischen Höfen erträumte.

Die ganze Zukunft von Artemisia Gentileschi rührte aus diesen Ausbildungsjahren in der Toskana.

Und zwanzig Jahre nach Galileis erstem Besuch in ihrem Atelier, im Oktober 1635 also, als der Gelehrte von der Kirche verdammt und dazu verurteilt worden war, seinen ketzerischen Entdeckungen abzuschwören, als er unter Hausarrest stand, schrieb sie ihm aus Neapel immer noch mit dem vertrauten Tonfall und dem Hauch Schuldgefühl, die von ihrer alten Freundschaft zeugten:

»Ich weiß schon, was Ihr sagen werdet. Ihr werdet sagen, daß ich Euch vergessen hätte, wenn ich nichts von Euch bräuchte. Ich bin dem großen Galilei so zu Dank verpflichtet, daß er in der Tat den logischen Schluß ziehen könnte, ich würde nur in Zeiten der Bedürftigkeit ein Lebenszeichen von mir geben. Doch das ist ein Irrtum!

Wenn Ihr nur wüßtet, wie sehr ich versucht habe, Neuigkeiten über Euch zu erfahren! Aber niemand konnte mir genaue Informationen geben. Jetzt weiß ich, daß Ihr bei Gesundheit seid – bei ausgezeichneter Gesundheit, Gott sei Dank! –, und nur von Euch möchte ich einen kleinen Gefallen erbitten, wie Ihr ihn mir schon einmal erwiesen habt: ... Erinnert Ihr Euch an die *Judith*, die der verstorbene, ruhmreiche Großherzog, Seine Hoheit Cosimo II., bei mir in Auftrag gegeben hat? Ihr erinnert Euch sicher, daß sie ohne Euch und Eure Vermittlung nach seinem Tod aus dem Palazzo Pitti verschwunden wäre, verschwunden aus allen Köpfen, ohne daß ich dafür bezahlt worden wäre. Dank Euch habe ich schließlich eine ausgezeichnete Entlohnung erhalten. Nun bitte ich Euch, mir noch einmal diesen Gefallen zu erweisen. Niemand am Hof von Florenz hat mir den Empfang zweier großer Bilder bestätigt, die ich jüngst dorthin geschickt habe. Wärt Ihr so freundlich, in Erfahrung zu bringen, warum ich keinerlei Vergütung erhalten habe, wärt Ihr so gütig – dieses eine Mal noch –, Euch für mich zu verwenden? [...]«

Die Intellektuellen, die Gelehrten und Wissenschaftler sollten für die junge Analphabetin aus der Via della Croce noch viel mehr tun, als ihr nur praktische Dienste zu erweisen. Sie sollten ihr eine Welt zeigen, zu der sie vorher keinen Zugang hatte, weder durch ihren Vater noch durch ihren Mann: die Welt des Wissens.

Diese Welt würde Pierantonio für immer verschlossen bleiben, auch wenn er sich ebenfalls mit dem Kreis um Buonarroti verbunden fühlte:

»Mein Herr, Ihr wißt nur zu gut, welche Katastrophen über mich hereingebrochen sind!« fügte er spröde am 15. September 1615 Artemisias Billet hinzu, in dem sie ihren »Paten« um einen Vorschuß bat. »Ich bitte Euch daher, uns nicht nur einundzwanzig Lire zu leihen, wie meine Frau von Euch erbittet, sondern vier oder fünf Dukaten.«

Auf welche Katastrophen spielte er an?

26

Haus der Stiattesi
Artemisias Schlafzimmer

am 13. November 1615

Artemisia lag mit geschlossenen Augen auf der Steppdecke ihres Bettes, hatte den Nacken durch Kissen gestützt und ruhte sich aus. Sie hatte den Arm ausgestreckt und hielt ihre Hand an der Weidenkorbwiege, die sie neben sich hatte aufstellen lassen. Eben erst hatte sie ihren Neugeborenen gebadet: Cristofano war fünf Tage alt.

Zwei große Kupferwannen voller Wasser standen noch in ihrem Zimmer, Binden und Windeln lagen überall herum. Artemisia hatte nicht mehr die Kraft, aufzustehen und das Zimmer aufzuräumen.

Dabei erwartete sie Besuch, vor allem den Diener von Buonarroti dem Jüngeren, der ihr eigenhändig einen weiteren Vorschuß von drei Gulden zukommen lassen sollte. Und wie viele weitere Personen – Nachbarn, Freunde, Verwandte?

Für die anstehende Zeremonie, den ersten Kirchgang der Wöchnerin, hatte Pierantonios Mutter schon vor Monaten Artemisias Kleider ausgesucht: Die junge Frau hatte ihr schönstes Gewand an. Doch ihr Samtmieder, welches sie das erste Mal seit der Niederkunft trug, schnürte ihr schmerzhaft die Brust ab. Durch den Milcheinschuß waren ihre Brüste geschwollen. Sie litt an einer Entzündung, so daß der Arzt zwei Punktionen durchgeführt hatte, eine mit dem Skalpell, eine mit der Spritze …

Artemisia stieß einen Seufzer aus: Sie hätte Cristofano so gerne gestillt, genau wie Giovan Battista! Aber ihre Schwiegermutter hatte sich dem widersetzt.

Seit dem dritten Schwangerschaftsmonat hatte die alte Frau

nach einer Amme gesucht, wie es der Brauch bei Familien der Aristokratie verlangte. Sie gab vor, daß die Milch ihrer Schwiegertochter nicht gut sei; daß der Firnis, die Essenzen und Öle, welche Artemisia für ihre Kunst brauchte, Giovan Battista vergiftet hätten, daß der kleine Junge nur wegen dieser teuflischen Substanzen immer krank sei. Und dies hatte sie mit so großem Nachdruck ständig wiederholt, daß Pierantonio am Ende Angst bekommen hatte. Wer konnte wissen, ob Artemisia wegen ihrer Malerei dieses Mal nicht eine Mißgeburt gebären würde?

Artemisia ihrerseits hatte ihre zweite Schwangerschaft ohne Angst durchlebt. Ihr Zustand erschien ihr im höchsten Maße natürlich. Sie hatte sich der ständigen Bevormundung widersetzt, sich jeden Monat die Haare gewaschen – gegen alle Grundsätze, da ja die Reinlichkeit sich schädlich auf das Baby auswirken konnte – und insgeheim Zedernsaft gegen die morgendliche Übelkeit getrunken. Und nie mit dem Malen aufgehört. Sie war innerhalb weniger Stunden niedergekommen – wie bei Giovan Battista. Die Hebamme verbreitete in ganz Florenz, daß sie nie eine Frau gekannt habe, die so leicht »warf«.

Die Tür öffnete sich, und Pierantonio steckte seinen Kopf ins Zimmer.

»Hast du die Gulden bekommen?« fragte er mürrisch.

Sie verneinte schweigend und ohne die Augen zu öffnen.

Doch hörte sie, wie jemand mit unsicheren Schritten auf sie zulief, richtete sich auf und breitete die Arme aus. Giovan Battista kletterte aufs Bett. Er war ein Junge von zwei Jahren mit fiebrig glühenden Wangen.

Sie empfand es immer als eine körperliche Wohltat, ihren Sohn an sich zu drücken. Voller Wonne streichelte sie seine drallen Händchen, massierte sein rundes Bäuchlein, liebkoste den zarten Flaum seiner blonden Haare.

Sie konnte von einem Ende der Stadt zum anderen laufen, nur um des Vergnügens willen, ihn zu Bett zu bringen. Sie segnete ihn mit einem Kreuzzeichen auf der Stirn und betrachtete ihn dann lange, während er schlief, bevor sie sich aufs neue in den Trubel der Feste stürzte. In diesen stillen Momenten mit ihrem Kind überkam ein tiefer Friede ihr ganzes Wesen, als könnte sie endlich Vergangenheit und Gegenwart in Übereinstimmung bringen.

Sie erinnerte sich dann an ihren Bruder Marco, als er im selben Alter war – zwei Jahre beim Tod ihrer Mutter –, wie er durch das Atelier gerannt war und sich in ihren Rock gestürzt hatte. Sie erinnerte sich auch an Francesco und Giulio, wie sie zerzaust von ihren Streitigkeiten zu ihr gekommen waren, um Trost und Gerechtigkeit zu erhalten. Sie dachte an sie, an ihre drei Brüder, ihre ersten Kinder, und warf sich vor, sie nicht vor ihrem Vater geschützt zu haben.

Als Agostino Tassi in ihr Leben getreten war, hatte sie sie vernachlässigt, ihrem Schicksal überlassen. Nun waren sie erwachsen. Sie versuchte sie sich vorzustellen. Den hochgewachsenen Francesco mit dem hübschen Mädchengesicht; den gröberen Giulio, der ständig bemüht war, den Älteren auszustechen; und Marco, ihr »Baby«, der sie hatte verteidigen wollen ...

»Giovan Battista, komm da sofort runter!« befahl Pierantonio.

Gequält brachte er die Wannen fort, rollte langsam die Binden auf und faltete die Windeln zusammen. Er verrichtete diese Frauenarbeiten und scharwenzelte dabei um das Bett herum, als wollte er noch etwas wissen:

»Was meinst du, wieviel kannst du noch kriegen?«

Sie zog in einer Geste der Unwissenheit die Schultern hoch.

»Der Apotheker verlangt von mir jeden Tag die Begleichung seiner Rechnung«, beharrte er. »Giovan Battista kostet mich ein Vermögen ... Sein Bruch ...«

»Er hat diesen schrecklichen Metallreif, den du bestellt hast, nie angezogen. Bring ihn doch zurück!«

Pierantonio warf seiner Frau einen Blick zu, in dem Erbitterung und Furcht miteinander kämpften. Die Aufmerksamkeit, mit der sie ihren Sohn umgab, ihre ständigen Nachtwachen während seiner Krankheiten, ihre Sorge schienen ihm wider die Natur zu sein. Artemisias Absonderlichkeiten reizten ihn. Aber da er ihre Porträts von Giovan Battista als *Jesuskind* immer ohne Mühe verkaufen konnte, beschwerte er sich nicht.

»Du gibst wirklich all seinen Launen nach«, brummte er.

»Seinen Launen? Hast du gehört, wie er geweint hat? Mit diesem Metallreif hast du das arme Kind ja ganz unnötig gequält …«

»Alles, was ich mache, ist falsch!«

»Das habe ich nicht gesagt. Wir haben nur ganz einfach so viele Ausgaben …«

»Und wessen Schuld ist das?«

»Das mußt du gerade fragen! Dabei weiß ich ja noch nicht mal ein Drittel von dem, was du verschwendest!«

»Ich möchte dich daran erinnern, daß dich das gar nichts angeht!«

»Aber mich belangt man dafür.«

»Und wenn schon …«

»Was heißt das: Und wenn schon?« fragte sie mit erhobener Stimme.

»Mit Buonarroti im Rücken riskierst du doch nichts!«

»Aber ich werde verurteilt!«

* *
*

In den Jahren 1613 bis 1616 sollte Artemisia Lomi in der Tat elfmal wegen Schulden vor die Gildegerichte von Florenz zitiert werden. Zimmermänner, Tuchhändler, Apotheker – alle möglichen Zünfte klagten gegen sie. Es gab Einvernahmen der beiden Parteien, und elfmal sah sie sich gezwungen zu bezahlen.

Ab und an erwies sich, daß sie nicht verantwortlich war; daß Pierantonio seine Schwächen mit Anleihen finanzierte, von denen sie nichts wußte. Doch sie war es, die die Gläubiger nicht in Ruhe ließen. Sie wußten, daß bei diesem seltsamen Künstlerehepaar nur die Frau arbeitete und nur sie über so einflußreiche Protektoren verfügte, daß ihrer beider Zahlungsfähigkeit gewährleistet war.

Artemisias kometenhafter Erfolg hatte das finanzielle Debakel der Stiattesi nur verschlimmert.

Eine einzige Einrichtung konnte sie jetzt noch vor den Nachstellungen der Handwerkergilden schützen: die Accademia del Disegno. Doch in den fünfzig Jahren ihres Bestehens hatte die Accademia del Disegno noch nie eine Frau in ihren Reihen geduldet.

Die Protektion des Großherzogs, der ein Förderer der Akademie war, und der Einfluß ihrer drei Vorsitzenden – von denen einer Artemisias Onkel Aurelio Lomi war – würden dennoch erlauben, die Belange Artemisias von denen ihres Mannes zu trennen. Wenn sie ihrer kleinen Gemeinschaft angehörte, insgesamt waren es etwa hundert Personen, dann wäre sie nicht mehr den Gilden ausgeliefert, denen Pierantonio sich zu fügen hatte.

Davon träumte sie.

Zur Accademia del Disegno zu gehören: zu einer der ruhmreichsten Vereinigungen in der Welt der Kunst, in die Tizian und Michelangelo hatten aufgenommen werden wollen. Es war eine Gemeinschaft, in der die Elite der Maler, Bildhauer und Architekten sich versammelte; die Elite der Professoren und Gelehrten. Eine Gemeinschaft, die die Macht hatte, ihre Mitglieder gegen die Forderungen der einen und die Verfehlungen der anderen zu schützen.

Die Accademia del Disegno war im Jahre 1563 von Giorgio Vasari mit der Absicht gegründet worden, junge Künstler auszubilden und den akademischen Disput zu fördern. Diese Tradition pflegte sie im Jahre 1616 immer noch. Die beiden Lehrbereiche wurden durch die zwei Hörsäle verdeutlicht, die im Zisterzienserkloster des Borgo Pitti eingerichtet worden waren: den Arbeitssaal und den Debattiersaal.

Im Gegensatz zur römischen Auffassung, welche der mittelalterlichen Tradition der praktischen Ausbildung folgte – der Lehrling trat sehr jung in ein Atelier ein, zerstampfte die Farben, bereitete die Leinwände vor und lernte die Technik vor der Theorie –, bot Florenz Kurse in Mathematik und Physik an, Unterricht in Perspektive und Zeichnen, bevor der Neuling es wagen durfte, einen Pinsel in die Hand zu nehmen. Diese Idee stammte von Leonardo da Vinci, der die Malerei »vom Niveau eines Handwerks auf das einer Wissenschaft« hatte heben wollen. Vom Handwerker zum Künstler; vom Maler zum Schöpfer. Aus dieser Absicht war die Accademia del Disegno entstanden.

Cosimo I. hatte den in die Akademie gewählten Mitgliedern einst die Vorrechte des Adels gewährt. Demnach durften sie einen Degen bei sich führen. Und in Zivilfällen, bei denen sie untereinander oder mit dem Rest der Welt stritten, unterstanden sie nur ihresgleichen, ihren Akademiekollegen, und dem Fürsten. Den drei Vorsitzenden der Akademie – welche als Abgeordnete der Mitglieder fungierten –, den vom Großherzog bezahlten Richtern und dem Großherzog selbst kamen alle Rechtsentscheidungen zu. Diese Privilegien hielten der Welt die Kluft zwischen großen Malern, großen Bildhauern und großen Architekten auf der einen Seite den Handwerkersgilden auf der anderen in Erinnerung. Dank Michelangelo, der in seiner Heimatstadt verehrt und in den Rang eines Halbgotts erhoben wurde – *Michel più che mortal, Angel divino* –, hatte sich der Status des Künstlers in der florentinischen Gesellschaft verändert. Seine neuer sozialer Stand erlaubte ihm die Zurückweisung jeder Form von Autorität, mit Ausnahme der fürstlichen und der der Akademie, was *ipso facto* die Emanzipation des jungen Akademikers von der Autorität der Familie nach sich zog.

Diese Freiheit des Handelns – ohne Einmischung des Vormunds, des Vaters, des Bruders oder des *mundualus* – hätte allein schon gereicht, dem schwachen Geschlecht, das ja juristisch gesprochen stets unmündig blieb, den Zugang zur Akademie zu verweigern. Um so mehr, als das Familienoberhaupt, dem der Künstler bis zu seinem fünfundzwanzigsten Lebensjahr unterstand, den Übergang der väterlichen Autorität zu der der Akademievorsitzenden legitimieren mußte, indem es der Aufnahme zustimmte. Der Akt mußte vom Vater erlaubt und bestätigt werden.

Wenn die Accedemia del Disegno also gegen alle Tradition Artemisia Lomi eines Tages auf der Tribüne des Debattiersaals im Zisterzienserkloster zulassen sollte, dann wäre die Anwesenheit Orazio Gentileschis in der Toskana dazu erforderlich. Für die Accademia waren also sein Erscheinen, sein Einverständnis und seine Bürgschaft unumgänglich.

Von ihrem Vater mußte Artemisia daher bekommen, was er ihr nie gewähren würde: die Ehre, zu dieser Gemeinschaft Auserwählter zu gehören – als erstes weibliches Mitglied der Akademie in der Geschichte von Florenz. Mit dreiundzwanzig Jahren.

Sie mußte ihm ihren Ruhm mit Gewalt entreißen. Und ihre Freiheit.

27

Auf den Straßen zwischen
Rom und Florenz

Juli 1616 bis Februar 1620

Orazio Gentileschi, der auf seinem Maultier langsam gen Florenz
trabte, war weit davon entfernt, sich eine Vorstellung von den widersprüchlichen Gefühlen zu machen, die seine Tochter wegen
der Aussicht auf ihr Wiedersehen hegte.

In der von der Sonne verbrannten römischen Campagna, unter den roten Bögen langgestreckter Aquädukte, zwischen Hügeln,
verfallenen Türmen und Grabstätten hatte Orazio seine für ihn so
typische Schwermut aufgegeben, sein Mißtrauen und seinen Widerstand gegen das Glück abgelegt. In dem Maße, wie er sich seiner Tochter näherte, ließ er sich von der Freude überwältigen,
von der Aufregung, sie wiederzusehen, gab sich dem Anflug von
Hoffnung hin, der die bitteren Gefühle der Vergangenheit hin-
wegfegte. Früher hätte er Artemisia sicherlich für sein Exil in den
Marken verantwortlich gemacht, für diese Winter in den feuchten
Kapellen; doch bei ihm hatten Zeit und Entfernung allen Groll besänftigt, die Erinnerung verklärt. Bei ihm verlief die Entwicklung
genau entgegengesetzt zu der von Artemisia. Wenn sie zunächst die
Trennung von ihrem Vater als Qual und Fehlentscheidung empfunden hatte, so konnte sie heute nicht ohne schmerzliche Abwehr
an ihn denken. Und Orazios Näherkommen versetzte sie in Angst
und Schrecken.

Die Gründe, die sie in diesem Juli 1616 zueinander trieben,
rührten mehr oder minder aus einem Wechselspiel von Umständen.

Artemisia konnte ohne die Anwesenheit des Vaters in Florenz
nicht in die Akademie eintreten, und Orazio konnte ohne den Ein-

fluß seiner Tochter am Hof des Großherzogs nicht in der Toskana arbeiten.

»Die Stunde kommt, da Gentileschi die Hilfe seiner Tochter nötig haben wird«, hatte Agostino Tassi einst gesagt. »Und dies wird die Situation ins Gegenteil verkehren. Und Gott wird es zulassen, da Orazio nie auch nur einen Hauch Mitgefühl gegenüber seiner Tochter gezeigt hat.«

In diesen letzten vier Jahren hatte Orazio die Abwesenheit seines Kindes als Zeichen von Gefühlskälte ihm gegenüber empfunden: Seine Tochter liebte ihn nicht, sie hatte ihn nie geliebt. Diese Heirat, ihre Abreise, ihr Schweigen – in seinem Kummer vergaß er, daß sie ihm geschrieben und er ihren Brief ohne Antwort gelassen hatte –, ja, all das bewies, daß sie ihn nicht liebte! Er hegte sogar die schlimmsten Befürchtungen über ihre Rolle anläßlich seiner Entfernung vom Hof, seiner Ablehnung aus Florenz, die ärgsten Zweifel über ihre Verantwortung bei der Verurteilung seines Werks. Orazio Gentileschi hatte über einen der Botschaftssekretäre von diesem negativen Urteil über seine Arbeit erfahren, über einen wohlmeinenden Freund, der es nicht versäumt hatte, ihm eine Kopie des betreffenden Briefes zukommen zu lassen. Wenn er auch Spuren gewisser Äußerungen von Agostino erkannt hatte und von seinem alten Rivalen Giovanni Baglione – dem Mann, der dreizehn Jahre zuvor einen Prozeß gegen ihn angestrengt hatte, einem Maler, der heute engen Kontakt zum Palazzo Pitti hielt –, so hatten ihn einige Sätze auch an die heftigen Worte seiner Tochter während ihrer Auseinandersetzungen erinnert. »Dieser Mann kann nicht zeichnen.« Keine Kritik hätte ihn tiefer treffen können. Die Zeichnung: War dies nicht genau der Punkt, den er einst an Artemisias Bildern kritisiert hatte?

Doch all diese Ängste waren durch die Nachricht hinweggefegt worden, die er von ihr in Rom erhalten hatte. Sie würde ihn im Haus der Familie Stiattesi empfangen. Sie würde ihn dem Großherzog vorstellen. Sie würde ihm Aufträge verschaffen.

Der Wunsch, seiner Tochter die Vollkommenheit seiner Kunst zu beweisen, trug viel zu seiner Eile bei, mit der er ihre Einladung akzeptierte. Und leichten Herzens trieb Orazio sein Maultier über die Straße, die sich Richtung Viterbo schlängelte.

Unter dem großen braunen Filzhut, der ihn vor der Sonne schützte, wirkte sein Gesicht magerer denn je zuvor, seine Wangen bleich durch die feuchten Kirchen in Fabriano, Urbino und Ancona, sein Blick fiebrig durch die harte Arbeit der Freskenmalerei, die ihm das Schicksal im Alter von dreiundfünfzig Jahren noch einmal aufgezwungen hatte. Aber den vorherigen Winter hatte er in Rom verbracht – beherbergt, ernährt und versorgt im Palazzo Savelli, als Mitglied der *servitù particolare* des Fürsten. Doch dieses Dienstverhältnis verwies ihn auf eine Stufe mit den Gärtnern, den Uhrmachern und dem Brunnentechniker. Kurz, in die Ränge der Hausangestellten.

Der selbständige Maler, der Meister eines eigenen Ateliers, war in einen Zustand zurückgekehrt, der, so vorteilhaft er auch war, für einen Künstler nur am Anfang seiner Karriere ehrenvoll erscheinen konnte. Er hatte auf Anordnung seines Mäzens in sechs Monaten rund zehn Bilder malen müssen – historische Szenen, Stilleben und Porträts, ein Genre, in dem er nicht immer brillierte. Der einzige offizielle Auftrag, auf den er stolz sein konnte, war sein *Heiliger Franziskus* in der Cappella Savelli in der Kirche San Silvestro in Capite.

Daher war es nun sein größter Traum, für die Medici zu arbeiten. Sich in Florenz niederzulassen. Bei seiner Tochter zu bleiben. Mit ihr an die frühere Zusammenarbeit anzuknüpfen. Dieses Vorhaben hatte mit einem Mal allen Groll in ihm ausgelöscht. Er sagte immer wieder den Satz des heiligen Lukas vor sich hin, des Schutzpatrons der Maler allgemein und insbesondere der römischen Malerakademie, deren Mitglied Orazio war: »Jeder tüchtige Schüler wird wie sein Lehrer sein.« Warum nicht? Man wäre von nun an gleichgestellt!

In der toskanischen Landschaft, dem Reich seiner Kindheit, auf dieser weißen Straße, die sich zwischen Hügeln und Tälern dahinschlängelte, als er die schwarzen Zypressen vor dem goldenen Hintergrund sah, empfand er die Aufregung dessen, der nach Hause zurückkehrt. Er kehrte zu seiner Tochter zurück, er kehrte nach Florenz zurück, er kehrte zu sich selbst zurück.

Er wollte das Atelier Gentileschi wiederaufbauen, an das er mit Wehmut zurückdachte. Er wollte die Enklave von einst wiederherstellen … Vom Wiedersehen mit seiner Tochter erwartete Orazio inneren Frieden. Er hoffte, durch ihr Treffen, durch die erneute Vereinigung mit seiner Tochter, wieder eins mit sich selbst zu werden. Er erinnerte sich daran, wie sie mit sechs Jahren gewesen war, die kleine Artemisia, die so schnell die Farben zerstoßen, so geschickt die Pigmente vermischt hatte … Sie war seine Fortsetzung, sein Double … Wie früher!

In der ungeheuren Hoffnung, die diese Rückkehr zur Zeit der Unschuld in ihm erweckte, zur Zeit vor dem Prozeß, vor Prudenzias Tod, vergaß er ganz die Existenz von Pierantonio Stiattesi. An seinen Schwiegersohn hatte Orazio in den vier Jahren nicht einen einzigen Gedanken verschwendet. Er hatte von der Geburt seiner Enkel erfahren, von Giovan Battista, der nun drei Jahre alt war, und von Cristofano, einem einjährigen Säugling, und hatte sie alsbald aus seinem Bewußtsein verbannt. Im Gegenzug kümmerte er sich verstärkt um seine drei Söhne, die er gerade von hinten betrachten konnte, drei große dunkle Gestalten, die vor ihm auf ihren Eseln ritten: Francesco, neunzehn Jahre alt, Giulio, siebzehn Jahre und Marco, vierzehn. Erwachsene Männer.

Nach Artemisias Abreise hatte Orazio Tag und Nacht an ihrer Seite gelebt, hatte das Bett und die Saufgelage mit ihnen geteilt. Zusammen hatten sich der Vater und die drei Söhne in die Marken begeben, zusammen hatten sie in den Dorfkirchen gearbeitet, zusammen hatten sie in Rom beim Fürsten Savelli gelebt.

Ihre Anwesenheit verlieh Orazio Gentileschi ein Gefühl der Sicherheit, das man schon fast Verwegenheit nennen konnte. Der Brauch hätte es gewollt, daß er sich für die Strecke zwischen Rom und Florenz, eine viertägige Reise immerhin, der Dienste eines Führers versicherte. Dieser Führer sorgte für die Maultiere, organisierte die Pausen, die Mahlzeiten und die Übernachtungen in den Herbergen. Er verständigte sich mit den Straßenräubern, um seinen Kunden allzu üble Begegnungen zu ersparen. Doch Orazio duldete in seiner Ungeduld keinen Aufschub. Er kannte die Straße und vertraute auf die Büchse von Francesco und die Dolche von Giulio und Marco. In Begleitung seiner Kinder wähnte er sich unverwundbar.

An der Porta di Roma legten die vier Männer ihr Gesundheitsattest vor, die Sicherheit für die florentinische Grenzbehörde, daß sie nicht mit Pestkranken in Kontakt gewesen waren. Sie ließen sich durchsuchen und einiger Dinge entledigen – vor allem ihrer Waffen –, die sie bei Verlassen der Stadt wiederbekommen würden; oder wenn sie sich nach Erhalt einer Aufenthaltserlaubnis niederließen: Die Administration des Großherzogs regelte alles Weitere. Sie verkauften ihre erbarmungswürdigen Reittiere: Aus hygienischen Gründen mußten die Reisenden zu Fuß weiter. Nur Zugpferde und die Ochsen für die Postkutschen bewegten sich über die großen Steinplatten auf den Straßen von Florenz.

Die vier Männer gingen auf der Suche nach Schatten im Schutz der Dächer am Boboligarten entlang. In der Stille des frühen Julimorgens hörten sie die dreihundert Pferde im Stall des Großherzogs stampfen, die Löwen brüllen, die Wölfe und Hyänen heulen, all die furchterregenden Geräusche der Menagerie des Palazzo Pitti, des sensationellsten Tierparks in Europa.

Als sie die Ponte Vecchio überquert hatten und am Haus der Stiattesi auf dem Marktplatz von San Pier Maggiore angekommen waren, fanden sie den kleinen Laden im Erdgeschoß geschlossen und das Haus leer. Im ersten Stock bedeckte Trauerflor die Anrichten, die Fächerschränke aus Ebenholz, die Tische und Spiegel der Wohnung.

Ratlos hob Orazio die Trauerschleier und entdeckte die kostbaren Gegenstände, mit denen sich sein Schwiegersohn umgab: eine Sammlung Weingläser, eine Kristallschale, eine Vase aus Edelstein, all die Spielereien, für die Artemisias Mann eine Schwäche hatte, all die Einkäufe, denen er nicht hatte widerstehen können. Die vier Männer stöberten in den Truhen, befühlten die Frauenwäsche und Kleider, betasteten die mit Taft gefütterten Jacken. Vor jeder Lage Stoff schwand Orazios versöhnliche Stimmung ein bißchen mehr. Während er in Dunkelheit und Kälte geschuftet hatte, war Artemisia im Seidenkleid herumstolziert!

Der heimliche Neid von einst kam wieder hoch.

Orazio betrachtete reglos all diesen Tand, und sein Gesicht nahm wieder diesen harten Ausdruck an, den er auf dem Weg zu seiner Tochter abgelegt hatte.

Er hatte niemals daran gezweifelt, daß dieser Versager Pierantonio ihr Unglück bringen würde. Der Flor über den Spiegeln zeugte eindeutig von Trauer. Aber die Kleider, die Gegenstände und
die Ordnung im ganzen Haus verkündeten Reichtum. Während
er und seine Söhne Not litten! Ihretwegen … Doch wegen Artemisia würden sie nicht länger leiden, das schwor sich Orazio. Und
der Reichtum, den er hier sehen konnte, versprach, daß er bald
für all seine Qualen entschädigt werden würde.

»Sie sind in der Kirche gegenüber«, sagte Francesco, der hinausgegangen war, um Erkundigungen einzuziehen.

»Was machen sie um diese Zeit in der Kirche?«

»Die Kinder sind gestorben …«

»Welche Kinder?«

»Artemisias.«

Einen kurzen Moment lang erstarrte Orazio. Er stellte sich vor,
wie sich seine Tochter in diesem Augenblick fühlen mußte. Er
sah, wie sie ihr armes Gesicht vor Schmerz verzerrte, wie sie die
Hände rang, wie sie sich an der Totenbahre niedergeworfen hatte. Mitgefühl schnürte ihm die Luft ab.

»Beide gleichzeitig?« brummte er.

»Nur wenige Stunden nacheinander. Die Krankheit war an-
steckend.«

Niemand außer seinen Söhnen ahnte, daß Orazio zuweilen
eine Empfindsamkeit an den Tag legte, die mit der Härte seines
Charakters nicht übereinzustimmen schien. Wenn er anstands-
halber bei der Beerdigung eines Nachbarkindes teilnehmen mußte, an dem Begräbnis eines Säuglings – und dies geschah öfter,
denn damals starben sechs von zehn Kindern, bevor sie sieben
Jahre alt waren –, dann war diese Zeremonie für ihn unerträglich.
Erinnerte sie ihn an den Tod seiner eigenen Söhne, der beiden
Giovan Battistas? Oder dachte er dann an den Verlust seiner Frau?
Es war ein physischer Schmerz, eine Verdüsterung seines gesamten Wesens, ein Mitleid, das er nicht bezwingen konnte.

Früher hatte Artemisia die Schwäche ihres Vaters geahnt, der
kein Kind leiden sehen konnte, ohne die Fassung zu verlieren.
Doch anstatt Nutzen daraus zu ziehen, hatte sie alle Willenskraft
aufgeboten, um ihre Verletzungen zu verbergen, ihre Klagen zu-

rückzuhalten und ihre Tränen zu vertuschen, weil sie ihn vor sich selbst schützen wollte. Später hatte sie Orazios leichte Erregbarkeit vergessen und nicht daran gedacht, sie während ihrer Auseinandersetzungen für sich zu nutzen. Vielleicht zog sie aber doch einen Gewinn daraus ... Denn Orazio reagierte auf seine Gefühle, die er für eine Schwäche hielt, mit Zorn und Flucht.

»Geht zur Kirche«, befahl er barsch seinen drei Jungen. »Betet mit ihr.«

Er sah, wie sie den Platz überquerten, durch die Stützbögen gingen und unter dem Vordach von San Pier Maggiore verschwanden. Als er sie nicht mehr sah, schüttelte er seine innere Erstarrung ab, ging ein paar Schritte und wandte sich wieder dem Haus zu. Aus der Distanz konnte er es mit einem Blick erfassen: stattlich. Man würde hier gut leben können. Sein Blick verharrte auf der Öffnung im Dach. Das *Auge* des Ateliers. Rasch trat er ein und stieg unters Dach. Orazio öffnete mit einem Stoß die verriegelte Tür und drang in Artemisia Lomis Reich ein ...

Er spürte nicht sofort den Schock, der über den Rest seines Lebens entscheiden sollte.

Ruhig, langsam und vorsichtig ging er zu der Reihe der Bilder, die im Licht trockneten. Die Sonne schien gegen die Rückwand und beleuchtete die Rahmen, welche von weitem wirkten wie große weiße Spiegel ohne Folie und Bild.

Als Orazio ins Atelier vordrang, warf seine Gestalt einen Schatten auf den Boden; er wurde größer, kroch über die Bilder und verdüsterte das gesamte Werk. Er mußte ausweichen, einige Schritte nach rechts gehen, sich schräg nach hinten zurückziehen, um die *Allegoria dell'inclinazione* zu betrachten, die Buonarroti in Auftrag gegeben hatte. Aber sein Schatten spiegelte sich immer noch im Firnis.

Vor ihm zeigte sich der Körper seiner Tochter vollkommen nackt auf einer Staffelei. Die Figur saß, mit den Hüften nach vorn, den Kopf nach rechts gerichtet, das Gesicht zu ihm erhoben, den Blick zu ihm gewandt. Über dem Haar, das zu einem Kranz geflochten war, wie er es liebte, leuchtete ein Stern. An ihren Knöcheln hatte sie Glöckchen angebracht, das Symbol für ihre Schnelligkeit. In ihren Händen hielt sie einen Kompaß, das Symbol ihrer Bestimmung.

Zunächst ganz sachlich, dachte Orazio, daß diese Figur, die er vorurteilslos als geglückt betrachtete – die Formgebung durch das Licht, die peinlich genaue Studie der weiblichen Anatomie, die Transparenz des Fleisches, ihre Festigkeit, ihr Gewicht, ihre Ausgewogenheit im Raum –, daß diese Figur also nichts anderes war als eine Nachbildung ihrer *Susanna* von einst. Seiner *Susanna!* Artemisia hatte die Knie von links nach rechts verlagert und die Gebärde ihrer Arme von rechts nach links. Eine Verkehrung der gesamten Komposition. Er war versucht, sich zu versichern: »Eine erbärmliche Abwandlung!«

Verstimmt, mit einem Anflug von Gereiztheit, ging er weiter, um ein zweites Bild zu begutachten. Eine *Maria Magdalena*. Die Sünderin im Augenblick ihrer Bekehrung, als sie der Welt entsagt, um sich dem Herrn zu weihen … Viel weniger überzeugend als seine eigene Maria Magdalena, die er gerade in der Kirche San Venanzo in Fabriano fertiggestellt hatte, eine Maria Magdalena, die auf Knien das Kreuz mit beiden Armen umfängt und damit die untröstliche Geste Artemisias wiederholt, als diese am Tag ihrer Hochzeit seinen Segen erbat.

Aber die Figur, die er nun begutachtete, diese Maria Magdalena, die eine Hand auf ihrer Brust hielt und mit der anderen den Spiegel zurückstieß, diese Frau flehte nicht den Herrn an! Sie bat weder um Erbarmen noch um Vergebung. Diese nach dem Vorbild Artemisias gemalte Frau mit entblößten Schultern und dargebotenem Dekolleté wandte sich nicht Gott zu, sondern der Welt, und mit ihren Reizen führte sie den Mann in Versuchung, der sie betrachtete. Er neigte sich über das Bild, um die Inschrift zu entziffern, die Artemisia in Goldbuchstaben auf den Rahmen des Spiegels gemalt hatte: *Optimam partem electat.* »Sie hat den besseren Teil gewählt.«

Zornig nunmehr konnte er sich seiner Bewunderung nicht mehr widersetzen, ließ er sich vom Leuchten der Farben betören, vom strahlenden Weiß blenden und von der Kaskade der Goldtöne, die über das Kleid strömte. Dieses Gold da war sein Geheimnis! Und dieses Grün, dieses Purpurrot, wieviel Forschung, wie viele Versuche waren nötig gewesen, um sie zu erzielen! Die Schlüssel seiner Kunst, seine Farben. Ja, hier waren sie, allerdings viel kräftiger. Viel üppiger und leuchtender. Artemisia hatte den besseren Teil gewählt: Sie hatte ihm alles genommen. Und dieser Diebstahl war noch nichts im Vergleich zu dem, was Orazio nun entdeckte ... Auf dem Bild da, dieser Sessel: Der Samt war genau wie der Stoff des Schemels in dem Bild, das er gerade in Rom fertiggestellt hatte. Eine *Lautenspielerin* im goldenen Kleid, die zu dieser Stunde im obersten Stockwerk des Palazzo Savelli trocknete. Dieses Bild aber hatte seine Tochter nie zu Gesicht bekommen! Und doch ... jede Falte des Stoffs über den Knien der *Maria Magdalena* verwies auf seine eigene Arbeit an der Fältelung bei der *Lautenspielerin* ... Ohne daß Artemisia sich an seinem Werk hätte inspirieren können, ohne daß sie es hätte kopieren können, hatte sie es reproduziert!

Furcht beschlich ihn ... Verlor er den Verstand? Artemisia hatte ihre Figur von vorne dargestellt. Er von hinten. Eine sitzende Figur. Ein Arm war gebeugt – bei Artemisia lag die Hand auf dem Herzen; bei ihm auf den Saiten des Instruments. Ein Arm war ausgestreckt – bei ihr stieß die Hand den Spiegel zurück, bei ihm fuhr die Hand den Lautenhals hinauf. Nein, er irrte sich nicht. Die *Maria Magdalena* schien eine Wiedergabe der *Lautenspielerin* zu sein. Aber eine seitenverkehrte, bedeutungsschwerere, dramatisierte Wiedergabe.

Zwei Bilder, von denen das eine das Spiegelbild des anderen zu sein schien. Zwei Bilder, bei denen Orazio nicht mehr wußte, was Original und was Nachbildung war. Ein Bild von den beiden Seiten eines Spiegels ... Ja, Artemisia hatte den besseren Teil gewählt: Sie hatte ihm alles genommen!

Mit rasender Wut ging er nun von einem Bild zum nächsten. Eine *Badende Diana*. Ein *Raub der Proserpina*. Eine *Bewaffnete Amazone*. Immer wieder dieses Gesicht und dieser Körper, die sich ins Unendliche wiederholten. Artemisia. Stark. Kraftvoll. Ohne eine Spur der Art Weiblichkeit, wie er sie liebte.

Vielleicht hätte er akzeptiert, daß seine Tochter ihn nachahmte, aber nicht, daß sie ihn verriet! Denn sie gab sich ja nicht damit zufrieden, ihn zu kopieren! Unter ihrem Pinsel veränderten

Orazios Farben, seine Kompositionen, seine Figuren ihr Wesen. Hier, bei den Heldinnen aus Fleisch und Blut fand er nicht mehr den geringsten Aufschwung, nicht das geringste Streben zum Göttlichen … Bei diesen Heiligen und Märtyrerinnen gab es keine Spur von Heiligkeit, von Mystik. Ja, Artemisia verriet alles! Sie war ein Blutegel, der seine Kunst aussaugte und sie des Wesentlichen beraubte.

Orazio kannte seine Stärken sehr genau. Die Idealisierung. Das heikle Gleichgewicht zwischen der Religiösität des Sujets und der Menschlichkeit seines Modells. Wer außer ihm konnte besser solche Pracht mit derartiger Mäßigung verbinden, so viel Üppigkeit mit derart köstlicher Anmut? Doch Schönheit und Harmonie in der Kunst – dies wich Artemisias Wucht, ein Sturzbach riß das Werk in die Tiefe, trennte sie von ihm, entfernte sie von Gott! Wie konnte der Herr zulassen, daß solche Schamlosigkeit mit derartig ästhetischer Perfektion erreicht wurde? Artemisias Malerei war trivial. Menschlich, entsetzlich menschlich!

In diesem Moment hörte er die Tür gehen. Er wandte sich um. Sie trat ein.

Einen Augenblick lang verharrte sie reglos auf der Schwelle, eine kleine, schwarzgekleidete Gestalt, die der Schmerz niederdrückte. Ihr Gesicht zeigte keinerlei Überraschung, ihn zu sehen. Nichts.

Quer durch das Atelier sahen Vater und Tochter einander stumm an. Er bemerkte, daß sie weinte. Was empfand er vor dieser Mutter, er, der immer wieder den Schmerz der Madonna gemalt hatte, die sich über ihr Kind beugt, das vor ihr sterben wird?

Das Gefühl war so stark, daß Orazio es nicht länger ertrug. Er durchquerte das Atelier, lief auf sie zu. Artemisia glaubte, daß er ihr beistehen, sie in die Arme nehmen und halten wollte.

Mit tränenüberströmtem Gesicht rempelte er sie an, lief an ihr vorbei, stürzte ins Treppenhaus und verschwand.

Orazio wird wahrscheinlich in einer der zahlreichen Herbergen der Stadt gewohnt haben.

Während seines kurzen Aufenthalts muß er Klöster und Kapellen besucht, die Fresken von Masaccio, die Bilder von Botticelli und Fra Angelico gesehen haben. Denn Orazio Gentileschis Werk spiegelte von da an den Einfluß dieser Meister der florentinischen Renaissance wider ... und Artemisia Lomis! Doch er sah seine Tochter nicht mehr. Er wies ihre Annäherungsversuche zurück und hielt sich fern von ihr.

Allerdings unterschrieb er alle Unterlagen, die für die Accademia del Disegno erforderlich waren.

Die persönliche Protektion des Großherzogs, die Unterstützung der Vorsitzenden, die Freundschaft der hervorragendsten Mitglieder hatten Artemisias Zulassung möglich gemacht, ohne daß über ihre Aufnahme jemals abgestimmt worden wäre, was ihr eventuell hätte schaden können.

Am 19. Juli 1616 zahlte die Tochter von Orazio Gentileschi und Frau von Pierantonio Stiattesi die vier Taler ein, die für ihren Eintrag *ad vitam* auf die Seite 54 in das Register der ruhmreichsten Künstlervereinigung obligatorisch waren. Orazio bestätigte die Zahlung und die Matrikelnummer und gewährte seiner Tochter damit das, was sie sich am meisten wünschte: eine Identität. Er schenkte ihr einen Beruf. Er bot ihr eine Karriere. Und die Freiheit.

Dann zog er schweigend seines Weges. Doch am Morgen der Abreise kamen zwei seiner Söhne, der älteste, Francesco, und der jüngste, Marco, zu Artemisia. Sie fanden ihre Schwester in ihrem Zimmer, sie saß kraftlos vor den leeren Wiegen. Sie wußten nicht, was sie sagen sollten.

Also nahmen sie sie einfach in den Arm. Artemisia ließ sich gegen sie fallen. Sie hielten sie lange schweigend umschlungen, bevor sie wortlos flüchteten.

Orazio verschwand aus Florenz.

Artemisias Emanzipation bekräftigte ihrer beider Befreiung. Durch diesen Akt wurden Vater und Tochter von ihrer gegenseitigen Verantwortung entbunden. Lehrer und Schüler schuldeten sich nichts mehr. Weder Dank noch Hilfe.

Orazio weigerte sich, Dankesbezeugungen entgegenzunehmen, und machte sich wieder mit seinen Söhnen an seine Arbeit in den Marken. Er zog sich immer mehr von ihr zurück.

Für Artemisia fielen die Großzügigkeit und Flucht ihres Vaters in die schrecklichste Zeit ihres Lebens. In die Zeit, da Gott sie mit ihren eigenen Kindern strafte.

Von einer Frau, die Mutter gewesen war, wurde sie wieder zur Tochter von Gentileschi, einer Tochter, die Rückhalt und Liebe besonders nötig hatte. Warum hatte ihr Vater sie verlassen? In dem kurzen Blick, den sie ausgetauscht hatten, hatte sie seine einstige Zärtlichkeit wiederzuerkennen geglaubt. Ja, sie war sich sicher! Warum hätte ihr Vater sonst ihren Eintritt in die Akademie erlaubt, wenn er sie nicht liebte? Anerkannte? Bewunderte?

Oder schätzte er ihre Malerei dermaßen gering, daß er es nicht für nötig hielt, sich ihrem Erfolg entgegenzustellen? Sie wußte, daß er gnadenlos sein konnte, wenn er sich bedroht fühlte. Doch zweifellos mißachtete er das Talent seiner Tochter, so daß er keinerlei Mißgunst empfand. »Wer ist der bessere dieser beiden Maler?« In Orazio Gentileschis Augen schien die Frage geklärt. »Vater oder Tochter, wer wird der Nachwelt in Erinnerung bleiben?« In einem Duell um den Ruhm hatte Orazio Gentileschi von Artemisia Lomi nichts zu fürchten. Warum also seine Tränen im Atelier? Weinte er aus Mitleid wegen des Unglücks, das ihr widerfahren war? Oder aus Angst und Neid?

Während des folgenden Vierteljahrhunderts sollten diese Fragen Artemisia keine Ruhe lassen. Was hatte er an diesem Julitag 1616 in ihren Bildern gesehen?

Das mißlungene Treffen in Florenz hatte in die Seelen von Vater und Tochter eine Wunde geschlagen, die kein Erfolg, kein Triumph ausgleichen konnte. Einen Abgrund aus Zweifeln und Angst, der sie dazu zwang, sich zu suchen, sich zu fliehen und sich zu verfolgen, bis die Antwort gefunden war.

* *
*

»[…] Was mein Bild betrifft, so schwöre ich Euer Ehren, daß ich es niemand anderem als ihr zu diesem lächerlichen Preis gegeben hätte, niemandem, noch nicht mal meinem Vater!« schrie sie fast dreißig Jahre später. Orazio Gentileschi, ihr letzter Bezugspunkt.

Sein kurzer Besuch im Haus der Stiattesi hatte den Graben zwischen Pierantonio und Artemisia nur vertieft. War es der Verlust der Kinder, der das Gleichgewicht dieser anfänglich so harmonischen Gemeinschaft zerstörte? Angesichts von Krankheit und Tod hatten sich beide höchst unterschiedlich verhalten. Artemisia konnte Pierantonio nicht verzeihen, daß er so untätig, abgestumpft und fatalistisch gegenüber ihrem Unglück blieb. Pierantonio konnte Artemisia ihre tiefe Verzweiflung nicht verzeihen. ›Man könnte glauben, daß sie die einzige Mutter auf der Welt ist, die ihre Kinder verloren hat!‹ dachte er erbittert. Lisabetta, seine eigene Schwester, hatte im Laufe der Jahre sechs der zehn Kinder beerdigt, die sie zur Welt gebracht hatte. Im Moment erwarteten Lisabetta und Artemisia beide wieder ein Kind, und Pierantonio zweifelte nicht daran, daß diese beiden lange leben würden. Aber die Schreie und Tränen seiner Frau hatten ihn schließlich davon überzeugt, daß für ihn kein Platz im Haus war, daß er in ihrem Leben nichts zählte!

Artemisias Eintritt in die Akademie, die Ehre ihrer Aufnahme, die Konsequenzen ihrer Emanzipation trieben sie in zwei feindliche Lager. Sie hatte nun die Bürgschaft ihres Mannes für ihre berufliche Existenz nicht mehr nötig. Und Pierantonio wußte, daß er zu unwichtig, zu fragwürdig war, um ihr in die Höhen zu folgen, die sie nun erreicht hatte. Oder war es die Rückkehr Orazios ins Herz seiner Tochter, welche sie unerbittlich von ihrem Mann trennte?

Niemand hätte Orazio Gentileschi diesmal der Eifersucht auf seinen Schwiegersohn anklagen können, niemand konnte ihn der üblen Nachrede und Verleumdung bezichtigen, denn er sah Artemisia nicht wieder. Sie aber hatte beim Wiedersehen mit ihren Brüdern, als sie ihre Einsamkeit so schmerzlich zu spüren bekam, gefühlt, daß ihre Zuneigung und Zärtlichkeit für den jungen Marco, den sie nach dem Tod der Mutter aufgezogen hatte, und ihr geheimes Einverständnis mit Francesco, der ihrer Schönheit gegenüber so empfänglich war und sie wegen ihres Talents so bewunderte und beneidete, sich gegenüber früher in keiner Weise verändert hatten. Die Herzlichkeit ihres Wiedersehens hatte ihren Kummer gelindert und den Wunsch nach einer länger währenden und umfassenderen Versöhnung aller Mitglieder der Familie Gentileschi in ihr geweckt. Die Abreise der beiden verursachte eine neue Leere in Artemisia. Orazios Söhne – ihre Brüder –, sie fehlten ihr nun. Sie ließen sie allein mit einem Mann, der sich von seinem Unglück, seiner Unzufriedenheit und seinen Sorgen nur abzulenken wußte, indem er das Wirtschaftsgeld vergeudete. Ihr gesamtes Vermögen schmolz durch den Erwerb tausender kostspieliger Nichtigkeiten dahin.

Nach den Sitzungen der Akademie, den Versammlungen der Gelehrten bei Buonarroti, den Besuchen in Cristofano Alloris Atelier, am Ende solch herrlicher Stunden also kehrte Artemisia zum ehelichen Zwist zurück. Zu Schulden und Trauer. Klagen und Prozessen.

Am 5. Juni 1619 schrieb sie an Cosimo II.:

»Artemisia Lomi, verheiratet mit Pierantonio Stiattesi, legt hiermit Seiner Durchlauchtigsten Hoheit dar, wie ihr Ehemann eine Rechnung bei einem gewissen Kunsttischler Michael offenließ, der seinerseits daraufhin ein Urteil der Accademia del Disegno *gegen* Signora Artemisia erwirkte. Diese jedoch hat niemals etwas von dieser Angelegenheit erfahren, auch nicht vom Richterspruch gegen sie, da ihr Mann alle Vorladungen eigenhändig zugestellt bekam und sie vor ihr verbarg. Signora Artemisia bittet Seine Durchlauchtigste Hoheit auf Knien, sie von diesem Urteil zu begnadigen, welches sie dazu verdammt, Schulden zu bezahlen, die nicht sie, sondern ihr Mann gemacht hat, welcher bereits ihre Mitgift vollständig aufgebraucht hat …«

War dies das traurige Ende einer Liebe und ein schäbiger Streit um Geld? Oder war dies eine List, um der Pfändung zu entgehen? Die geheime Übereinkunft der Eheleute, um sich vor dem drohenden Debakel zu retten, indem sie ihre Güter und Belange trennten?

Jedenfalls sollte das Schicksal fünf Tage nach dieser Bittschrift erneut an die Tür des Ehepaares Stiattesi klopfen.

Der Tod eilte durch die Straßen von Florenz und trug auf seinem Rücken ihr Neugeborenes, die kleine Lisabella, welche von ihren Eltern am 9. Juni 1619 gleichfalls in der Kirche San Pier Maggiore beerdigt wurde. Giovanni Battista, Cristofano, Lisabella … Die Krankheit nahm ihnen ein Kind nach dem anderen. Strafte der Herr Artemisia für ihren zu raschen Erfolg, für ihren zu umfassenden Triumph?

Während all der Jahre ihres ungewöhnlichen Aufstiegs hatte sie mit schwerem Bauch unter ihren Ballkleidern getanzt. Sie hatte gearbeitet, während sich ihr Leib unter ihrer grünen Schürze rundete. Sie hatte von der Seite gemalt und manchmal lange Pinsel benutzt, um die Distanz zu überbrücken, die sie von ihren Bildern trennte.

In fünf Jahren hatte sie vier Kinder ausgetragen.

Sie hatte ihnen mächtige Paten besorgt – Angehörige großer Familien, berühmte Gelehrte: Cristofano Allori natürlich, aber auch den Satiriker Jacopo Soldani, die Frau des berühmten Dramatikers Jacopo Cicognini und den Cavaliere Enea Piccolomini d'Aragone, die über ihre Zukunft wachen sollten …

Ein einziges ihrer gemeinsamen Kinder sollte überleben, eine Tochter. Sie trug einen Namen, den Orazio Gentileschi sehr liebte. Einen geheiligten Vornamen: Prudenzia …

Artemisia Lomi und Prudenzia Stiattesi: Mutter und Tochter würden unzertrennlich sein.

* *
*

Düsterer Nebel kroch über die Dächer, hüllte die ganze Stadt ein und lastete auf Florenz.

Cosimo II. von Medici lag im Sterben. Und wenn man im Palazzo Pitti auch das Blut in seinem Taschentuch immer noch als »Zahnfleischbluten« bezeichnete, so wußte doch der gesamte Hof, daß die Lungenkrankheit ihn innerlich aufzehrte. Der Pontifex maximus in Rom bat den Großherzog inständig, »die mageren Zeiten zu fetten zu machen.« Er sollte trotz der Fastenzeit Fleisch essen, sich mit Backwerk vollstopfen und toskanischen Wein trinken! Bankette, Schlemmereien, Paul V. erlaubte alle Exzesse …

Aber Florenz gab sich keinerlei Illusionen hin. Die vom Papst gewährte Sondererlaubnis forderte nicht zum Vergnügen auf. Nicht Feiern und Tanzen sollte über Büßen und Fasten siegen. Die Qual triumphierte hier über Jugend und Glück. Kein Gelächter würde mehr in den weitläufigen Empfangsräumen des Palazzo Pitti widerhallen.

Nur die Stimme von Francesca Caccini erhob sich in der Stille und zerriß die Nacht.

Hinter den geschlossenen Türen des großherzoglichen Schlafzimmers modulierte die Sängerin die Arien, welche die Angst milderten und den Schmerz linderten. Sie psalmodierte die Verse von Buonarroti, sie rezitierte, sie phrasierte, sie vokalisierte die Seufzer der Liebe. Sie sang mit dieser engelsgleichen Stimme, sang bis zum Morgengrauen von Frühling und Leben.

Als dann eine fahle Februarsonne sich am toskanischen Himmel zeigte, verließ die Großherzogin Maria Magdalena von Habsburg das Krankenbett, um sich zu Füßen des Altars niederzuwerfen. Sie ließ die Türen all der bemalten Wandschränke in ihrer Kapelle öffnen und versank in der Betrachtung der Schatullen aus Bergkristall, die bis zur Decke reichten. Reliquienschreine, die mit Edelsteinen besetzt waren, Schmuckkästchen aus Elfenbein, Perlmutter und Ebenholz. Und die Reliquien, ihre kostbaren Reliquien. Ihr schien, daß die vielen Engelchen aus Gold und Silber, welche den Schatz der Christenheit bewachten, sich zu ihr neigten: Eines bot ihr den Zahn des heiligen Laurentius dar, ein anderes den Arm des heiligen Benignus, der mit einem Perlenarmband geschmückt war; ein drittes das blutige Laken der heiligen Cäcilie, der man den Kopf abgeschlagen hatte … Sie wollte die Reliquien berühren, sie küssen! Es waren die einzigen Mittel, um den Körper zu heilen und die Seele zu erlösen. Sie ließ in das Zimmer des Großherzogs die Ampulle bringen, welche die Muttermilch der Heiligen Jungfrau Maria enthielt, der Mutter Gottes …

Den ganzen Tag lang salbten die Geistlichen der Großherzogin den Leib Cosimos II. mit dem Öl aus der Lampe der heiligen Maria von Trapani. In der Dämmerung verabreichten seine Beichtväter ihm einen Tropfen der Madonnenmilch.

Während an diesem Abend 1620 aus einem der Höfe die Melodien der Lautenspieler erklangen, die der Kranke nicht mehr in seinem Zimmer ertrug, ruhte der erschöpfte Körper des Großherzogs unter allen Reliquien, die Florenz aufzubieten hatte.

Nur wenige hundert Meter vom Palazzo Pitti entfernt lag der alte Freund der Medici, Cristofano Allori, ebenfalls im Sterben. Er litt am Brand, der vom Fuß auf den ganzen Körper übergegangen war. Umgeben von Geistlichen hoffte er auf den Frieden des Herrn, bereute seine schlüpfrigen Malereien, seine wollüstigen Bilder und bereitete sich auf den Tod vor. Artemisia Lomi sollte er nie wiedersehen.

Sie blieb, eingeschlossen von Pierantonio, in ihrem Atelier. Ihr rasend eifersüchtiger Mann glaubte – wie seine gesamte Familie und die ganze Stadt –, daß die beiden berühmten Künstler eine Liaison hatten. Artemisias Vergangenheit, an die er während der ersten drei Jahre ihrer Ehe nur sehr selten gedacht hatte, ließ ihn nun nicht mehr los. Wenn sie sich vor ihrer Hochzeit Tassi hingegeben hatte, warum dann nicht auch anderen? »Hahnrei«, »Hure«, diese beiden Begriffe wogen in Florenz genauso schwer wie in Rom, und Pierantonio beschäftigte sich unablässig damit. Er fühlte sich von seiner Frau vernachlässigt und nicht geliebt.

Und nun ertrug Pierantonio auch nicht mehr Artemisias Talent, genausowenig, wie er sich mit seiner eigenen Mittelmäßigkeit abfinden konnte.

Orazios Prophezeiungen hatten sich erfüllt.

* *
*

Der einstmals so sanftmütige Pierantonio fing an, Artemisia zu mißhandeln. Er wurde von heftigen, tyrannischen Anfällen heimgesucht und sperrte Artemisia ein. Sie wehrte sich. Vorbei waren die Zeiten, da sie, verblendet vor Dankbarkeit gegenüber dem Mann, der sie aus der Hölle geholt hatte, sich alles gefallen ließ. Nun verachtete sie genau diesen Mann, da er schwach war und sie in die Katastrophe riß.

»Du kannst nicht alles haben«, hatte Orazio getobt, »du kannst nicht die Liebe deines Mannes haben und die Vervollkommnung deiner Kunst! Nein, du kannst nicht alles haben: das irdische Glück und die Unsterblichkeit.«

Am 20. Februar 1620 appellierte Artemisia Lomi ein letztes Mal an das Wohlwollen des sterbenden Großherzogs.

»Euer Hoheit«, schrieb sie ihm, »gewährt mir bitte die Gunst, einige Zeit bei meiner Familie in Rom zu verbringen ...«

In Rom! Bei ihrer Familie! Was erhoffte sie sich davon? Wollte sie ihre Brüder wiedersehen? Ihren Vater treffen? Sie vergaß, daß Orazio sie nicht sehen wollte.

Ja, lieber floh er vor ihr nach Genua, Turin, Paris und London – ans Ende der Welt! –, als noch einmal den Vergleich mit Artemisias Werk zu erleben, die Konfrontation des Künstlers mit seinem Double im Atelier in Florenz.

Wenn Orazio Gentileschi sehr viel älter gewesen wäre, wenn er bereits all die Bilder gemalt hätte, die er in seinem Inneren trug, dann hätte er vielleicht ertragen, daß sein Talent in der Kunst seiner Tochter aufging. Doch dieser Spiegel, Artemisias Malerei, die der seinen so ähnlich und doch ganz anders war, störte seinen Schaffensprozeß. Dieser Spiegel bedrohte seine Seele, veränderte aufs tiefgreifendste all seine Bilder ...

»[...] Infolge meiner zahlreichen Unpäßlichkeiten«, fuhr sie fort, »der nicht unbeträchtlichen Schwierigkeiten, die ich hier in meinem Haus und in meiner Familie durchgestanden habe, möchte ich eine Zeitlang in meine Heimat zurückkehren. Es handelt sich nur um einige Wochen.«

Artemisia irrte sich. Nach ihrer Abreise sollten ihre Freunde sterben. Am 21. Februar 1621 verschied Cosimo II. Und einen Monat später folgte ihm Cristofano Allori ins Grab. Ihr Tod läutete den Niedergang der Stadt ein. Florenz fiel in die Hände zweier Frauen, der Mutter und der Witwe des Großherzogs, welche in ihrer Bigotterie alle Macht ungebildeten Geistlichen übertrugen. In der Toskana war Artemisia nunmehr unerwünscht. Die Regentin Maria Magdalena von Habsburg sorgte dafür: Artemisias Bilder waren ihr immer ein Greuel gewesen.

Mit Pierantonio und ihrer Tochter ließ sich Artemisia in Rom nieder, in der Via del Corso – der Straße des Karnevals –, mitten im Künstlerviertel. Sie mietete ein kleines, zweistöckiges Haus nicht weit von der Via della Croce, wo sie einst vergewaltigt worden war. Es hatte eine rote Tür, drei Stufen und lag nur wenige Meter von der Via di Ripetta entfernt, wo ein berühmtes Unternehmen, das Atelier eines Künstlers, prosperierte, welcher die fürstlichen Empfangsräume der Ewigen Stadt mit Fresken ausschmückte: Agostino Tassi.

Artemisia kehrte also auf das Terrain all ihrer Kämpfe zurück, versehen mit Ehren und sich ihrer Identität sicher. Für sie war die Zeit des Wiedersehens und der inneren Versöhnungen angebrochen.

Nun war auch Schluß mit Artemisia Lomi und Signora Stiattesi! Sie nahm wieder den Namen ihres Vaters an und gab ihm den Glanz zurück, den Orazio nicht hatte erhalten können.

In Rom wurde sie zur »Gentileschi« und zum Oberhaupt dieser Familie.

Mit achtundzwanzig Jahren hatte sie sich einen sozialen Status erkämpft, vor allem jedoch einen gesetzlichen, Rechte also und juristische Befugnisse.

Von nun an fand man ihr Handzeichen unter notariell beglaubigten Urkunden; ihre Unterschrift bekräftigte Mietverträge und Verkaufszusagen. Niemals hatte eine Frau – außer sie war Witwe – derartige Vorrechte genossen.

Frei von jeglicher Vormundschaft, als Herrin über ihr Schicksal unterstand Artemisia nur noch sich selbst. In den Meldeverzeichnissen tauchte sie nun als *Padrona di casa* auf: »Artemisia Gentileschi, Malerin.«

Kapitel IV

DIE ALLEGORIE DER MALEREI: DAS SELBSTPORTRÄT

London, Venedig und Neapel
in einer Zeit, da Maler Spione waren
1621 – 1638

28
London

sechs Jahre später, Dezember 1626

»Vor ungefähr zwei Monaten ist hier aus Frankreich der Maler Orazio Gentileschi angekommen ...« So formulierte es der Agent des toskanischen Großherzogtums in London in seiner wöchentlichen Depesche, »... welcher nicht nur seiner Kunst nachzugehen, sondern sich vielmehr mit einer ganzen Reihe weiterer Dinge zu beschäftigen scheint, welche von höchster Wichtigkeit ...«

Die Angelegenheit »von höchster Wichtigkeit«, auf die Artemisias Vater all seine Aufmerksamkeit zu richten schien, war nichts anderes als der Krieg, den man später den Dreißigjährigen Krieg nennen sollte, das große Gemetzel, welches Europa mit Feuer und Blut überzog.

Es ging um die Vormachtstellung der Österreicher, um die Vorherrschaft der Habsburger – jener aus Wien und jener aus Madrid – eine Vorherrschaft, die England, Frankreich, Venedig und Rom um keinen Preis dulden wollten.

»... Meine Vermutung über die Rolle, die der Maler Orazio Gentileschi hier in London spielt«, so weiter der Agent im Dienste des Sohns von Maria Magdalena von Habsburg, welche vor Zeiten Artemisias Malerei in Florenz so verabscheut hatte, »diese Vermutung gründet sich auf die zahlreichen Unterredungen, die besagter Herr nicht nur mit Seiner Durchlaucht, dem Herzog von Buckingham, sondern auch mit dem König von England gehabt

347

hat. Von der Tatsache ganz zu schweigen, daß besagter Herr viele Briefe schreibt und erst kürzlich zu einer geheimen Mission nach Brüssel entsandt wurde ...«

Was zum Teufel machte ein italienischer Künstler wie Orazio Gentileschi in Brüssel? Der Konflikt suchte bereits Flandern und die Niederlande heim. Am Anfang des Blutbads stand die Absicht des deutschen Kaisers Ferdinand II. – eines Habsburgers der Wiener Linie –, die protestantische Ketzerei vom Erdboden zu tilgen und sein Reich, das Heilige Römische Reich, zu einem riesigen, katholischen, zentralistischen Staat zu machen. Seine Bemühungen wurden von Madrid unterstützt, das nach Beendigung des Waffenstillstands zwischen den Niederlanden und Spanien eine erneute bewaffnete Intervention in den Niederlanden gestartet hatte. Der Herrscher von Dänemark und der von Schweden – beide Anhänger Luthers – bereiteten sich darauf vor, ihren Brüdern im Glauben zu Hilfe zu eilen. Doch da sie Konkurrenten waren, fürchteten und bedrohten sie einander. Was Frankreich betraf, so hinderten es innere Unruhen zu der Zeit daran, gegen das Haus Habsburg in Wien und Madrid zu kämpfen, welches Frankreichs Grenzen von allen Seiten beschnitt und bestrebt war, es einzukreisen. Es sah sich daher gezwungen, mit den Gegnern der Spanier geheime Absprachen zu treffen, das heißt mit allen protestantischen Mächten. Ludwig XIII., der katholische König, und Richelieu, der Kardinal der Heiligen Katholischen Kirche, bekämpften also auf der einen Seite die Hugenotten im eigenen Land, während sie auf der anderen Seite versuchten, sich mit den von der Kirche abtrünnigen Nationen zu verbünden. Vor allem mit England. Als Zeichen seines guten Willens bot Frankreich England eine seiner Töchter an – eine katholische Königin ...

Die wechselnden Bündnisse, die Schicksalsschläge und überraschenden Wendungen – all die Verwirrung und der Verrat des Dreißigjährigen Krieges erklären sich nur durch dieses Paradoxon: In jenem Religionskrieg verteidigten die Nationen nur höchst selten den Glauben, den sie sich auf die Fahne schrieben. Sondern vor allem ihre unmittelbaren irdischen Interessen, die je nach den Umständen variierten.

So suchten auch die Spanier – die unerbittliche Gegner der Protestanten waren und Tod und Verderben in all ihre Staaten brachten – verborgene Winkel, um einen Nichtangriffspakt mit den ketzerischen Engländern zu schließen, einen Pakt, der ihnen erlaubte, ihre katholischen Freunde zu bekämpfen und zu besiegen: die Franzosen.

Solche Verhandlungen konnten natürlich nicht in aller Öffentlichkeit und durch offizielle Botschafter geführt werden.

Also engagierten Richelieu, Olivares und Buckingham – die allmächtigen Günstlinge, die Premierminister der Könige von Frankreich, Spanien und England – eine Gruppe von geheimen Botschaftern, Agenten und Spionen, die sie an alle ausländischen Höfe entsandten. Diese Männer mußten unter dem Deckmantel von Aktivitäten agieren, die so weit wie möglich von Politik und Diplomatie entfernt waren: als Musiker, Architekten und Maler beispielsweise … Welcher Ausländer konnte von einem Herrscher eine mehrstündige Audienz pro Tag erlangen, wenn nicht der Maler, der die Erscheinung dieses Herrschers unsterblich machte? Plaudereien in der vertraulichen Atmosphäre der Sitzungen, Anspielungen und Anregungen hinter verschlossenen Türen … Wer konnte besser als der Künstler, in diesen privilegierten Momenten, da sich der Maler sein Modell einprägt, das Tagesgeschehen erörtern, und zwar in einem günstigen Licht für die Nation, der er diente?

Als in sozialer Hinsicht hybrides Wesen zwischen dem Handwerker – dessen Wort nichts galt und dessen Rede vom niedersten Edelmann zurückgewiesen werden konnte – und dem genialen Schöpfer, dem Botschafter Gottes, der die königliche Persönlichkeit in Raum und Zeit festhielt, hatte der Künstler Zugang zu den Geheimnissen, welche das Gemüt der Großen bewegten, zu den Gerüchten und Vorhaben der Reichen und Mächtigen.

Jeder am Hof von Madrid und London wußte, warum Richelieu Rubens, dessen Talent er bewunderte, schnellstens den zweiten Teil des großen Auftrags wieder entzog, den die Königinmutter für ihren Palast erteilt hatte. Weil Rubens für die Spanier arbeitete! Weil Rubens, der gerade in Paris seine Bilder zum Ruhme von Maria von Medici anbrachte, es verstanden hatte, um sich herum alle Anhänger der spanischen Sache zu versammeln und zugunsten der Königin Anna von Österreich gegen Richelieu zu intrigieren und damit Frankreich in zwei Parteien zu spalten.

»Was Gentileschi betrifft«, fuhr der toskanische Agent fort, »so führen mich seine Reisen durch Europa, seine Briefe, all seine Agitationen zu der Vermutung, er sei von den Engländern beauftragt, die Verbindung zwischen London und den südlichen Niederlanden zu festigen und eine Übereinkunft zwischen den Stuarts und der Infantin Isabella zu erzielen. Die Tante Philipps IV. regiert Flandern in Madrids Namen. Über sie hätte Gentileschi mit Spanien Kontakt. Ich bin um so sicherer in meinem Verdacht, als daß ich den Herzog von Buckingham sehr mit dieser Politik geheimer Absprachen beschäftigt sehe. Doch ein derart heikles Unterfangen kann ohne die Autorität eines großen, unparteiischen und uneigennützigen Fürsten, wie Euer Hoheit es ist, nicht zu einem guten Ende gelangen.«

Wie konnte man glauben, daß ein Mann wie Orazio Gentileschi den Abgrund überwinden würde, der die Via della Croce und den englischen Hof voneinander trennte? Wie konnte man meinen, daß dieser in sich gekehrte, von seiner Kunst aufgezehrte Mensch der Vertraute von Königen, der Geheimbote im Dienste einer anderen Sache als der der Malerei werden würde? Und doch! Orazio Gentileschi hatte tatsächlich am 6. Oktober 1626 im Gefolge des Marschalls von Bassompierre London erreicht, welcher als Sonderbotschafter von Ludwig XIII. am Hof Karls I. fungierte und die Aufgabe hatte, den Krieg zwischen den beiden Nationen zu verhindern.

Die Ankunft Bassompierres in London war das Resultat eines diplomatischen Zwischenfalls, der sich zwei Monate zuvor zwischen England und Frankreich ereignet hatte: Der Herzog von Buckingham hatte das gesamte französische Gefolge der Königin, der katholischen Henriette Maria, Tochter von Heinrich IV. und Maria von Medici, aus dem Land weisen lassen. Diese Ausweisung der Franzosen, der »verdammten Papisten«, lief den Paragraphen des Heiratsvertrags zuwider. Zumindest behauptete Frankreich das. Auf dieses Argument antwortete England, daß in demselben Vertrag eine Summe als Mitgift festgeschrieben war, die nie vollständig gezahlt worden war.

Der Botschafter Bassompierre sah sich nun also damit beauftragt, die Rückkehr des katholischen Hofstaats der Königin nach England zu bewirken. Ohne jede Bedingung. Er brachte zwei Männer mit sich. Der erste, Achille Harlay de Sancy, war in London höchst unerwünscht: Die Protestanten hatten bereits Erfahrungen mit seinem religiösen Eifer und seinem Einfluß auf Henriette Maria gemacht. Was den zweiten betraf, so war er Italiener, Katholik. Schlimmer noch: Papist! Er hatte für den Vatikan gearbeitet, für Klemens VIII. und Paul V. Er hieß Orazio Gentileschi.

Zwölf Jahre lang, von 1612 bis 1624, war Orazio Gentileschis Leben nicht einfach gewesen. Rom, wo er alles kannte – die Kerker des Corte Savella und die Empfangsräume des Quirinalspalastes –, Rom und Florenz hatten ihn vertrieben. Also war er zum Arbeiten zunächst in die Marken gegangen und dann nach Genua. Zwei Jahre lang hatte er am Ligurischen Meer gelebt und die Kirchen, Paläste und Villen der Fürsten Sauli und Doria, der Mäzene von van Dyck, ausgeschmückt. Der Erfolg, der Ruhm des jungen Künstlers aus Antwerpen hatte den Italiener gezwungen, sein Glück woanders zu suchen, noch weiter weg.

Von Genua war Gentileschi weiter in den Norden gezogen. »Ich habe gedacht, ich könnte einen Empfangsraum im Palazzo San Marco ausschmücken«, hatte er einem General im Dienste der Venezianischen Republik geschrieben. »Ich weiß, daß sich ein anderer Maler aus Rom auch darum bewirbt. Aber ...« Aber es war schließlich der andere Maler gewesen, der den Auftrag erhalten hatte.

Als Orazio dann in die Dienste der Herzöge von Savoyen trat, war er nach Turin gekommen. Und dort, unter dem grauen Himmel des Piemont, war die göttliche Vorsehung offenbar geworden, hatte sein Schicksal sich gewendet. Im April des Jahres 1624 hatte Maria von Medici, die französische Königinmutter, ihrer zweiten Tochter Christine geschrieben, welche die Frau des Großherzogs von Savoyen war. Sie bat sie, ihr einen italienischen Künstler zu empfehlen, der in der Lage war, an der Ausschmückung des

Palais du Luxembourg in Paris mitzuarbeiten. Das war an sich keine außergewöhnliche Bitte: Seit Maria von Medici an die Macht gekommen war, erbat sie Rat von allen Höfen Italiens. Sie war versessen auf Luxus und wollte die besten Architekten, die besten Maler und die besten Bildhauer ihres Heimatlandes an den französischen Hof locken. Einige Jahre zuvor hatte sie sogar ihre Tante, die toskanische Großherzogin, um alle Baupläne des Palazzo Pitti gebeten, die sie für ihr grandioses Projekt, ihren persönlichen Wohnsitz, kopieren und bearbeiten wollte. Mittlerweile war ihr Palast fertiggestellt. Doch zu ihrer großen Enttäuschung weigerten sich die italienischen Künstler, sich nach Paris vorzuwagen, da sie wußten, es war mindestens genauso übervölkert wie Neapel, doch viel weiter von der Sonne entfernt … Maria von Medici verfügte also nicht gerade über eine große Auswahl. Sie mußte sich mit Gentileschi begnügen, der laut ihrem Schwiegersohn, dem Herzog von Savoyen, ein ausgezeichneter Maler und bereit war, die Reise auf sich zu nehmen. Von Turin aus hatte Orazio ihr einige Bilder gesandt, über die ihr Hofstaat nur Gutes sagte. Also hatte sie ihn eingeladen.

Im Frühjahr 1624 waren der Künstler und seine drei Söhne in die Räumlichkeiten des Louvre gezogen, die für das Personal der Königinmutter vorbehalten waren. Orazio Gentileschi sollte von seiner Landsmännin endlich die Bestätigung bekommen, die seine Begabung verdiente. Dieser Triumph sollte ein Jahr währen. Es war eine Zeit, in der der alte Gefährte Caravaggios sich mit allen Nationen, mit allen Fraktionen vertraut machte, die um die Königinmutter herumscharwenzelten, in der er in alle Ränke des französischen Hofs eingeweiht, in allen Intrigen eingesetzt wurde. Maria, die gegenüber ihren Schützlingen großzügig und redselig war, hatte Gentileschi in ihre verschlungenen Affären mit hineingezogen und sich des Künstlers bedient, damit er ihr auf der Leinwand huldigte. Und ihren Kurier spielte – er war ja Italiener – und ihr halbamtlicher Botschafter im Dunstkreis des päpstlichen Legaten wurde, beim Kardinal Francesco Barberini, der nach Paris gekommen war, um eine sehr schwerwiegende Meinungsverschiedenheit zu bereinigen, welche den neuen Papst Urban VIII. und Ludwig XIII. entzweite.

Ja, Orazios außerordentliche Beliebtheit dauerte ein ganzes Jahr, bis zum Mai 1625, als Paris die Allegorien von Rubens feierte, seine Bildern zum Ruhme Maria von Medicis ... Genau wie die Bilder des Mannes, der zweiundzwanzig Jahre zuvor in Rom Orazio Gentileschi in die Kerker des Corte Savella geschickt hatte, damit er über das besondere Los aller Verleumder nachdachte: Giovanni Baglione! Seit Beginn ihrer beider Karriere war Gentileschi der Meinung, daß kein anderer Maler in der Geschichte der Malerei so überschätzt wurde wie Baglione ...

Nach gutem Brauch war Baglione sozusagen als Zugabe an den französischen Hof gekommen, als Geschenk des Hofes von Mantua an Frankreich, im Austausch gegen eine kleine Gefälligkeit. Als Bestechungsgeschenk für die Königinmutter.

Die Gonzaga – Herzöge von Mantua, wo Baglione lange Jahre gearbeitet hatte – wünschten sich leidenschaftlich den Rang und Titel der Königlichen Hoheit, ein Vorrecht also, das ihre alten Rivalen, die Medici in Florenz, bereits genossen. »Königliche Hoheit«. Vielleicht wäre Maria bereit, ihnen diesen Gefallen zu erweisen, wenn Mantua ihr eine angemessene Entschädigung aus seinen hauseigenen Schätzen anbot? Eine Reihe Gobelins zum Beispiel. Oder einige antike Statuen? Oder auch Bilder für ihren Palais du Luxembourg ...

In dem Augenblick, da Rubens seine Gemälde in der großen Galerie anbrachte, schmückten Bagliones Bilder bereits das Studierzimmer der Königin. Zehn sehr freizügige Bilder, die die beflissenen Kunstliebhaber für besser hielten als die von Gentileschi und sogar als die von Rubens.

Wenn auch Artemisias Vater stumm ertragen hatte, mit dem großen flämischen Meister verglichen zu werden, wenn er seine Eifersucht auf das Genie von Rubens, seinen Rivalen, verschwiegen hatte, so hatten die Beweihräucherungen Bagliones ihm einen seiner unkontrollierbaren Wutanfälle beschert, einen seiner verbalen Ausbrüche gegen »die Trottel, die Gimpel und Spitzbuben, die sich von derartigen Machwerken blenden ließen«. *Du holst dir deine Scheiße hoch / zum Malen, eitler Geck Giovan.* Zwanzig Jahre, nachdem Gentileschi diese Worte geschrieben hatte, sollte seine Auflehnung gegen die von ihm schon immer gehaßte Mittelmäßigkeit ihm die furchtbare Rache der Günstlinge von Maria von Medici einbringen.

Im Mai 1625 hatten die Schikanen des Hofstaats der Königinmutter, Rubens Anwesenheit und Bagliones Triumph die Atmosphäre im Palais du Luxembourg für Gentileschi und seine drei Söhne unerträglich gemacht. Orazio war also den Angeboten des Herzogs von Buckingham nicht abgeneigt. Letzterer befand sich im Frühjahr 1625 ebenfalls in Paris. Der Günstling des englischen Königs sollte Henriette Maria, die jüngste Tochter der Maria von Medici, abholen, welche Karl I. durch einen Bevollmächtigten geheiratet hatte. Bevor der temperamentvolle Herzog die junge Königin auf seine Insel begleitete, sollte er die Zeit finden, den Hof zu bezaubern, sich in Anna von Österreich zu verlieben und sich von Frankreich einige Bilder anbieten zu lassen. Richelieu weigerte sich aber, ihm die *Mona Lisa* zu übereignen, und diese Abfuhr verstimmte Buckingham beträchtlich. Also versuchte er, Ludwig XIII. seine besten Künstler abzuwerben. Er hatte Rubens schon angeboten, seine Sammlung antiker Kunstwerke aufzukaufen; dann hatte er verschiedene Versionen seines Porträts in Auftrag gegeben. Von Gentileschi hatte er zwei Bilder gekauft, Nachbildungen von Werken, die einige Jahre zuvor für andere Auftraggeber angefertigt worden waren. Außerdem hatte er ihm die herrlichsten Aussichten vorgegaukelt: Gentileschi sollte ihm doch folgen und in London arbeiten! Die Reisekosten von Frankreich nach England für ihn und seine Söhne würden bezahlt werden; er bekäme ein Haus auf dem Grundstück des York House, des Wohnsitzes von Buckingham; ein Haus, vielmehr einen Palast, der auf Geheiß des Herzogs für bis zu viertausend Pfund Sterling ausgestattet werden würde – das entsprach dem damaligen Jahreseinkommen eines begüterten englischen Lords. Sein jüngster Sohn Marco würde als Page bei der »Herzogin Kate«, der Frau von Buckingham anfangen. Dieses Amt berechtigte den Jungen zu den größten Hoffnungen. Gentileschi selbst hingegen würde vom König ein Gehalt von jährlich hundert Pfund bekommen, zuzüglich der Entlohnung für die Bilder, die Karl I. von England und der Herzog von Buckingham bei ihm in Auftrag gäben. Welche Vergeltung für den Sohn eines Handwerkers aus Pisa, für den Maler aus der Via della Croce, den die Schande einer vergewaltigten Tochter ins Exil getrieben hatte!

Aber England? Gentileschi wußte nur zu gut, daß alle großen italienischen Maler grundsätzlich die Angebote aus England zurückwiesen. Und diese Zurückweisung hatte nichts mit dem Nebel zu tun, der die Insel einhüllte. Ja, alle – Guercino, Guido Reni – hatten sich geweigert, das Meer zu überqueren, um im Ketzerland zu arbeiten, alle hatten den verlockenden Angeboten eines antipapistischen Herrschers und seines Ministers widerstanden. Woher rührte die Versessenheit des Herzogs von Buckingham, Gentileschi nach London zu holen und ihn für sich arbeiten zu lassen? Der reiche, gutaussehende Buckingham war ein fieberhafter Kunstsammler, dessen Agent auf dem Kunstmarkt gern prahlte, daß er für ihn in fünf Jahren mehr Meisterwerke erworben hatte, als alle Fürsten in einem halben Jahrhundert angehäuft hätten – fast vierhundert Bilder! Dieser Kunstsammler also war es nicht gewohnt, daß man seiner Großzügigkeit widerstand. Und doch lehnten die zeitgenössischen Künstler seine Einladungen ab.

Im Sommer 1626, als die Beziehungen zwischen London und Paris sich verschlechterten, hatten englische Diplomaten in Frankreich ihren Angriff auf Gentileschi erneuert und das Angebot des Herzogs wiederholt.

Unschlüssig hörte Orazio sich das an und ließ die Offerten in die Höhe steigen. Die Schwärmerei der Königinmutter für seine Bilder hatte sicherlich stark nachgelassen; doch niemals hätte sie zugestimmt, diesen Italiener, den sie so mühsam an sich gebunden hatte, dem englischen Hof zu überlassen. Außer Gentileschi fungierte seinerseits als Entschädigung. Als Bestechung. Ja, vielleicht sollte sie ihn ihrem Schwiegersohn überlassen, vorausgesetzt natürlich, Karl gab Henriette Marias Bitten nach und ließ den Priester nach London zurückkommen – den Père de Sancy –, den Buckingham zuvor verjagt hatte.

Der Maler und der Beichtvater waren also zusammen im Gefolge des Marschalls von Bassompierre gereist, jenes Sonderbotschafters, durch dessen Geschicklichkeit in zwei Monaten die Freilassung von siebzig französischen Priestern aus den Gefängnissen Londons erreicht werden sollte sowie die Rückkehr der Katholiken an den englischen Hof. In seinem Tagebuch sollte der Marschall mit diesen Zeilen den Erfolg seiner Mission abschließend kommentieren:

»Am Samstag, den 21. November 1626, verabschiedete ich den dänischen Botschafter. Dann kamen zu mir zum Abendessen der Herzog von Buckingham, der Graf von Suffolk, der Graf Carlyle, der Graf Montaigu [...] und Gentileschi. [...] Nach dem Essen besuchten wir dann die Königin in ihrem Palast [...].«

* *
*

Der Abend brach über den weitläufigen Höfen von Hampton Court herein, jenes riesigen Palastes mit den tausend Zimmern, der einst Heinrich VIII. gehört hatte und den die ausländischen Botschafter hartnäckig als »Landhaus« bezeichneten. Die Backsteingebäude ließen zwölf Meilen von London entfernt am Ufer der Themse ihren Dschungel aus roten Schornsteinen in den Himmel ragen. Eine dichte Wolke hüllte die Zinnen, Türme und Dächer ein: der Rauch der unzähligen Feuer, die überall auf den Höfen, in den Küchen und Gemächern brannten. Obwohl dieser Ort als einer der gesündesten in ganz England galt, nahm der Geruch einem den Atem, dieser beißende Geruch nach Rauch, den der Dunst vom Fluß und die feuchte Dezemberkälte nur noch verschlimmerten. In der Stille krächzten die Raben. Man hörte die Schritte der letzten Höflinge, welche rasch durch die Arkadengänge zwischen den einzelnen Höfen schlüpften. Zu dieser Stunde nahm sich niemand mehr die Zeit, jemanden zu grüßen. Und doch hielt eine Stimme in einer Art Singsang einen Passanten an. Sie sprach italienisch.

»Der berühmte Signor Lanier?«

»In der Tat.«

Der Wind verfing sich in den Umhängen der beiden Männer, die sich in der Mitte des Base Court getroffen hatten, wo der Luftzug am schlimmsten war.

»Der Kirchenchorleiter des Königs, der Italien so gut kennt?«

»Und beabsichtigt, bald dorthin zurückzukehren«, antwortete

der Engländer munter, da er glücklich über die Gelegenheit war, die Sprache zu sprechen, welche er perfekt beherrschte.

»Wann reist Ihr ab?« fragte der Italiener liebenswürdig nach.

»Im Dienste Seiner Majestät so bald wie möglich. Darf ich fragen, mit wem ich die Ehre habe?«

Der Italiener zog seinen Hut und schwenkte ihn dreimal umher.

»Mit dem Hofmaler der französischen Königinmutter …«

Sein Hut fegte über die eisigen Pflastersteine.

»… Seiner Majestät, König Karl I. von England, und Seiner Durchlaucht, des Herzogs von Buckingham.«

Der andere zögerte keine Sekunde.

»Der berühmte Meister Orazio Gentileschi! Wie ich mich freue, Eure Bekanntschaft zu machen …«

»Und ich erst, Signor Lanier. Ich hatte die Ehre, Euch heute abend bei Seiner Majestät singen zu hören … Man trifft heutzutage nur selten Gentlemen, die wie Ihr alle Talente in sich vereinigen!«

Nicholas Lanier. Sein Großvater, ein Franzose, war der Hofmusiker von Königin Elisabeth gewesen. Seit 1561 stellte die sehr zahlreiche Familie Lanier für die Konzerte des englischen Hofes die größten Sänger und die besten Lautenspieler. Nicholas' Mutter, eine Venezianerin, gehörte ebenfalls zu einer berühmten Musikerfamilie, die sich vor mehr als einem halben Jahrhundert in London niedergelassen hatte. Er selbst galt als ein Virtuose, als der beste englische Bratschenspieler seiner Generation. Nunmehr war er oberster Lehrmeister der königlichen Musik. Nicholas Lanier hatte den italienischen Gesang in England eingeführt, das Rezitativ, wie ihn die Diva Francesca Caccini in Florenz praktizierte und wie ihn Monteverdi in Venedig komponierte … Sein Sinn für Künstlerisches und seine Weltläufigkeit hatten dem großen Höfling alle Türen in Italien geöffnet. Doch er gab sich nicht damit zufrieden, die Musikliebhaber unter den Fürsten zu betören. Zu ihrem und seinem größten Vergnügen malte er ihr Porträt und beschäftigte sich leidenschaftlich und sachkundig mit ihren Gemäldesammlungen.

Auch gehörte Nicholas Lanier zur kleinen Gruppe der Experten, die König Karl I., der Herzog von Buckingham und der Graf von Arundel – die drei höchsten Würdenträger des Königreiches – auf den Kontinent schickten, um antike Statuen und Gemälde von Meistern zu jagen. Diese Agenten, welche Italien, aber auch Griechenland und die Türkei durchkämmten, arbeiteten entweder gemeinsam für einen Mäzen oder gegeneinander für konkurrierende Mäzene. Die Geldmittel, über die sie verfügten, verliehen ihnen unbegrenzte Macht. Die Wahl dieses halben Dutzend Persönlichkeiten beeinflußte den Kunstgeschmack in ganz Europa – eine Tyrannei, die Orazio Gentileschi erbitterte. In seinen Augen waren einige der nach England geschafften Bilder ihren Preis nicht wert. Seit seiner Ankunft in London hatte Orazio stets und ständig diese Meinung lautstark verkündet. Seine Kritik brachte ihm den Haß des Bilderverwalters beim Herzog von Buckingham ein, dessen Wahl er stets mißbilligt hatte. Mit jedem Tag wurde dieser Mann ein gefährlicherer Feind. Er stand in der Gunst des Herzogs und des Königs und zahlte es Gentileschi mit gleicher Münze heim, indem er seine Arbeit systematisch herabwürdigte, seine Bilder diskreditierte und dahingehend Ränke schmiedete, daß Seine Majestät diesen nutzlosen Italiener zurückschickte. Um sich gegen solche Angriffe zu schützen, mußte Orazio sich der Unterstützung anderer auf dem Kunstmarkt einflußreicher Agenten versichern und die Symphatie aller Liebhaber italienischer Malerei in London suchen. Dieser Nicholas Lanier, dessen Geschmack bei Hofe für unfehlbar galt, war zweifelsohne der beste Verbündete, den er finden konnte. Der Zufall hatte sie zusammengebracht.

»Ich kann Euch gar nicht sagen«, fuhr Orazio herzlich fort, wie sehr ich Eure ungeheuren Kenntnisse schätze.«

»An mir ist es, mein Herr, Euch zu versichern, wie ich Euer Talent bewundere ... Und dann hege ich eine große Verehrung für Eure Tochter!«

»Meine Tochter?« Die Erregung entstellte mit einem Mal das Gesicht des Malers. Er versuchte, seine Überraschung zu verbergen und setzte sich mit knapper Geste den Hut wieder auf. »Ihr kennt meine Tochter?«

Die Jahre hatten Orazios Gesicht nicht ausgehöhlt, die Zeit hatte seine magere Gestalt nicht gebeugt. Er hielt sich sehr gerade im Wind der Themse und schien unbezwingbar.

Seit seiner Jugend wirkte er alterslos. Nun, mit dreiundsechzig Jahren, erfreute er sich einer robusten Gesundheit. Sein Blick brannte mit derselben Intensität wie früher, mit einer so düsteren Glut, daß sein Gesichtsausdruck die Lebhaftigkeit, Hitze und Leidenschaft der Jugend beibehalten hatte.

Und doch hatte sich Orazio Gentileschi verändert.

Wer ihn traf, bekam nicht mehr denselben Eindruck, hielt nicht mehr dieselbe Erinnerung wie früher zurück.

Er war stets einer dieser Menschen ohne besondere Kennzeichen gewesen, weder schön noch häßlich, deren Anblick unbemerkt bleibt. Nun aber wirkte er imposant. Die Vorstellung, die er sich von seinem Platz in der Welt machte, und sein täglicher Umgang mit den Mächtigen hatten dazu beigetragen, ihm die stattliche Erscheinung eines alten Edelmannes zu verleihen.

Ohne affektiert oder eitel zu sein, legte er größte Sorgfalt auf sein äußeres Erscheinungsbild und staffierte sich mit mehr Bändern, Spitzen, Schnüren und Federn aus als etliche englische Höflinge. Sein Aufenthalt im Louvre hatte zu dieser Verwandlung beträchtlich beigetragen. Frankreich war weiterhin tonangebend in der europäischen Mode. Und wenn Maria von Medici in Paris auch das italienische Zeitalter eingeläutet hatte, so waren die Italiener in Paris hingerissen von der französischen Anmut und Raffinesse. Der berühmte neapolitanische Dichter Marino, der im Viertel des Königspalastes wohnte, schrieb, daß die Männer in Paris sich gewaltsam die Spitzen und den Zierat der Frauen aneigneten. Daß sie trotz großer Kälte im Hemd umherliefen. Und es ihre größte Extravaganz sei, zuweilen die Weste *unter* dem Hemd zu tragen. Daß sie gestiefelt und gespornt umherspazierten, obwohl sie kein Tier im Stall hätten und auch nicht wüßten, wie man ein Pferd bestiege. »Ich glaube, aus diesem Grund spricht man vom ›gallischen Hahn‹«, schloß der Italiener spöttisch, »doch besser hieße es ›gallischer Papagei‹, denn die meisten laufen von Kopf bis Fuß in scharlachrot herum, um wie ein Kardinal zu wirken, die anderen aber tragen mehr Farben am Leib, als die Palette eines Malers aufweist …«

Auch wenn Orazio es nicht gewagt hatte, seine schwarzes Wams gegen bunte Kniehosen zu vertauschen, so hatte er aus dieser Welt doch die ungezwungene Eleganz entlehnt. Mehr als jeder andere italienische Künstler in Paris hatte er sich die ästhetische Sorgfalt vom Hof Ludwigs XIII. angeeignet. Hatte er nicht immer versucht, den Stoffen Üppigkeit, den Farben Raffinesse zu verleihen? Fand man die Suche nach der idealen Schönheit nicht in all seinen Bildern, in all seinen Bemühungen? Während der letzten vierzig Jahre hatte die dekorative Pracht seiner Bilder immer heftiger mit der Grobheit seiner Persönlichkeit kontrastiert; Anmut, Subtilität und Harmonie seiner Schöpfungen mit der Hitzigkeit seines Benehmens. Doch in dieser Dezembernacht des Jahres 1626 schien der Abgrund überwunden, der den Mann von seinem Werk trennte. Im Hof von Hampton Court gehörte dieser alte Gentleman, der sich in einen Zobelumhang hüllte und Maske und Muff in der Hand hielt, ebenso eng wie seine Malerei zur Welt der Paläste, zum Kreis der Könige.

»So kennt Ihr also meine Tochter«, wiederholte er hochmütig. Der Engländer wollte ihm entgegenkommen und fuhr eifrig fort:

»Kein Ausländer dächte daran, Rom zu besuchen, mein Herr, ohne den Versuch zu unternehmen, Eure Tochter zu sehen. Ein Besuch in ihrem Atelier ist für Kunstliebhaber ebenso unumgänglich wie der Besuch des Kolosseums.«

Wenn Orazio hörte, wie man Artemisia pries, bewirkte dies stets dasselbe Gefühl in ihm. Er hatte sich also nicht geirrt! Sie hielt, was sie versprach! Zeit und Entfernung hatten daran nichts geändert. Artemisia blieb seine Fortsetzung, sein Double – seine geliebte Tochter. Wie stolz er auf ihren Erfolg war, wie sehr er sie liebte und bewunderte!

»In Genua, Venedig und Mantua, in ganz Italien spricht man nur von ihrer Begabung«, fügte Nicholas Lanier hinzu.

Die Aufregung, die diese Worte bei dem Maler verursachten, konnte dem Musiker nicht entgehen. Er deutete sie auf seine Weise und erklärte:

»Ich erzähle Euch zweifelsohne nichts Neues … Ihr habt sicher in Paris die schöne Zeichnung bewundert, die französische Maler aus Rom mitgebracht haben, *Artemisias Hand führt den Pinsel* von

Pierre Dumonstier. Ich habe gesehen, wie es im Atelier der Signora angefertigt wurde, zu Weihnachten im Jubeljahr …«

Ja, sicher war Orazio Gentileschi stolz auf seine Tochter. Aber die Redseligkeit des Engländers und seine Begeisterung fingen an, ihn zu ärgern. Er runzelte die Stirn, während der andere fortfuhr:

»Besitzt Ihr einen der Stiche, die Jérome David nach ihrem Selbstporträt angefertigt hat? Ich habe leider nur den Entwurf des Stichs bekommen können, eine ziemlich genaue Arbeit, aber weit entfernt von der Qualität der letztendlichen Platte. Doch ich hatte das Glück, die Münze mitbringen zu können, die die deutschen Goldschmiede Eurer Tochter zu Ehren geprägt haben … Man sieht darauf ihr edles Gesicht im Profil, eingerahmt von einer ziemlich hübschen, lateinischen Inschrift. Erlaubt Ihr mir, mein Herr, sie Euch zum Geschenk zu machen? Ihr habt ein Mirakel erschaffen, Signor Gentileschi, das alle Dichter feiern wie das achte Weltwunder!«

›Was bildet er sich ein?‹ dachte Orazio. Mischte er, Gentileschi, sich etwa in die Bereiche von Gesang und Tanz? Sicher, der Engländer machte eine gute Figur, drechselte bezaubernde Komplimente, beherrschte perfekt die italienische Sprache. Aber was bildete er sich eigentlich ein? Diese Zurschaustellung von Kenntnissen, diese lange Liste von Künstlernamen, die er in seine Rede mit einfließen ließ! Sollte dieser Musiker die Malerei doch den Malern überlassen! Sollte er doch die königlichen Ohren weiter mit den Tönen seiner Bratsche entzücken, die er ja angeblich so unvergleichlich spielte! Dies zugegeben! Aber, noch einmal, sollte er die Malerei doch den Malern überlassen!

»Ihr habt den Ruf, ein Kenner zu sein, Signor Lanier«, gestand er mit plötzlicher Kälte ein. »Ich habe die Bilder gesehen, die Ihr für Seine Majestät aus Rom mitgebracht habt. Und die drei Bilder von Guercino, die Ihr gekauft habt. Wenn meine Tochter also eine so große Malerin ist, wie Ihr sagt, warum habt Ihr nicht ein Bild von ihr ausgewählt?«

»Leider ist Signora Artemisia viel zu teuer für mich, mein Herr! Seine Majestät hat mir damals noch nicht die Geldmittel zur Verfügung gestellt, die ich heute habe … Eure Tochter arbeitet nur für den Papst, seine beiden Neffen und deren Sekretär …«

»Ohne Zweifel sprecht Ihr von Kardinal Francesco und vom Cavaliere dal Pozzo«, unterbrach Orazio, der zeigen wollte, daß auch er die Mächtigen kannte. »Ich habe sie während ihrer Gesandtschaft in Paris kennengelernt. Ich muß Euch gestehen, daß wir mehr vom Krieg als von der Hand meiner Tochter gesprochen haben! Und jetzt bereitet Ihr Euch auf eine neue Reise nach Rom vor?«

»Nach Venedig.«

»Also werdet Ihr meine Tochter nicht sehen?«

»Wenn Signora Artemisia die Güte hat, mich zu empfangen, werde ich sie aufsuchen, wo immer sie auch ist. Und dieses Mal werde ich versuchen, von ihr die Meisterwerke zu bekommen, die die Wände Seiner Majestät neben Euren Werken schmücken werden … Vielleicht könnt Ihr sie dazu überreden, meine Einladung anzunehmen, hier am englischen Hof, an Eurer Seite, zu arbeiten?«

Woher aber rührte Orazios plötzliche Antipathie gegen diesen Mann? Dieser Lanier wollte Artemisias Porträts kaufen, er lud sie nach England ein, er stellte sie auf eine Stufe mit dem Maler des Königs, er unterwarf ihn, Orazio Gentileschi, einem Vergleich mit ihr … Stand dieser Laffe Artemisia näher, als er zu verstehen gab? Orazio nahm ihn schärfer ins Visier.

Nicholas Lanier war etwa vierzig Jahre alt … Ein gutaussehender Mann … Sehr bleicher Teint, blondes, ins Rötliche spielendes Haar. Er hatte helle Augen und einen harten Blick. Zwischen Schnurr- und Kinnbart ein etwas verkniffener Mund, dessen Schwung jedoch Genußfreudigkeit, ja Sinnlichkeit erahnen ließ. Und dieser leichte Anflug von Ironie, der ihn nie verließ, selbst nicht, wenn er sich begeisterte oder in Schmeicheleien erging, verriet eine Spottsucht, die nicht ohne Reiz war. Die eine Hand ruhte lässig auf dem Knauf seines Degens, welchen er an der Hüfte trug, die andere hielt seinen Hut und den Rand seines Umhangs. Die Seide der Puffärmel mit den breiten weißen, roten und schwarzen Streifen schimmerte in der Dunkelheit. Diese Ärmel – diese Streifen, diese Farben – riefen in Orazio plötzlich ein anderes Bild hervor: das von Agostino Tassi, der sich von der Decke des Quirinalspalastes abhob.

Da hatte Orazio eine Eingebung: Vor ihm stand der Geliebte von Artemisia! Diese plötzliche Gewißheit verursachte einen Schmerz in ihm, der der Übelkeit gleichkam … Die Vergangenheit wiederholte sich, unverändert … Artemisia gehörte einem anderen! Dieser Engländer, dieser Ketzer, gab die Seele seines Kindes der Verdammung preis und besudelte ihren Körper. Sie gab sich ihm hin, wie sie sich dem Teufel Tassi hingegeben hatte … Das erklärte alles: die Begeisterung des Engländers für die Kunst seiner Tochter und sein eigenes Mißtrauen gegenüber einer zweifelsohne übertriebenen Bewunderung.

In diesem Moment hatte Orazio Gentileschi vergessen, welche Bedrohung *Artemisias Hand* für sein Werk bedeutete. Er vermengte in ein und demselben Gefühl seine Angst als Künstler und seine Furcht als Vater, überdeckte mit letzterer die Unruhe, das Entsetzen, das er in Florenz vor einer Arbeit empfunden hatte, die der seinen so ähnelte – und doch seiner Vision so fremd, seinem Geist und seinem Streben so entgegengesetzt war.

Es blieb nur der Schmerz, die Frau verloren zu haben, die ihm am nächsten, am liebsten war. Seit dem Abend im März 1612, als der Notar Giovan Battista Stiattesi ihm in der *Osteria del Moro* den Verrat seines Kindes mit seinem besten Freund enthüllt hatte, war dieser Schmerz unverändert. Von neuem bewirkte die Eifersucht in ihm den widersprüchlichen Impuls, seine Tochter zurückzustoßen und sie so eng wie möglich an sich zu binden.

»Und mein Schwiegersohn?« fragte er nicht ohne Heimtücke.

»Der Gatte der Signora lebt nicht mehr bei der Familie.«

»Ist er tot?«

»Verschwunden …«

»Sie hat sich seiner entledigt.«

»Mein Herr, ich habe keinerlei Vertraulichkeiten Eurer Tochter bezüglich Ihrer Schicksalsschläge genossen«, versetzte der Engländer bissig. »Ich wiederhole nur, was man in Rom erzählt.«

»Und was erzählt man in Rom?«

»Daß Euer Schwiegersohn vor vier Jahren verschwunden ist. Er hatte Schwierigkeiten mit der Justiz. Angeblich hat er mit Hilfe einiger Freunde ein paar Spanier umgebracht, die vor seiner Haustür lagerten. Der Augenblick schien ungünstig gewählt, um

Streit mit Vertretern einer Nation zu suchen, mit der Euer Papst Versöhnung anstrebt. Das ist alles, was ich darüber weiß …«

»Sie hat ihn umbringen lassen!«

Nicholas Laniers Hand krampfte sich um den Knauf seines Degens. Mit eisigem Blick maß er Orazio.

»Ich sehe, mein Herr, daß Ihr immer noch schnell bereit seid, eine ehrenhafte Frau zu verleumden … Wäret Ihr nicht ihr Vater und der Diener des Königs, dann würde ich von Euch Genugtuung fordern.«

»Das ist nicht nötig, Signor Lanier. Ich entbiete Euch meine Entschuldigung und bitte demütigst, sie anzunehmen … Seht, ich komme aus einer Welt – meine Tochter und ich kommen aus einer Welt –, in der die Hände sowohl mit Gift und Dolch als auch mit dem Pinsel umzugehen verstehen.«

»Dann beachtet, daß diese drei Dinge sich nicht immer in denselben Händen befinden! Ich empfehle mich, mein Herr.«

Die beiden Männer grüßten sich knapp und gingen mit großen Schritten ihres Weges.

Unter dem Uhrturm drehte sich Orazio ein letztes Mal um. Sein Instinkt hatte ihn nicht getrogen. Er war sicher, sehr genau die Bindung eingeschätzt zu haben, die seine Tochter und diesen Engländer verband, diesen Nicholas Lanier, den obersten Hofmusiker des englischen Königs, seinen Agenten auf dem italienischen Kunstmarkt.

Was Gentileschi nicht wissen konnte, war, daß zweitausend Kilometer von Hampton Court entfernt Artemisia ihre Koffer packte und sich anschickte, Lanier zum verabredeten Zeitpunkt zu treffen. In Venedig. Und daß sie gemeinsam den größten Coup in der Geschichte der Malerei wagen sollten …

29

Auf der Straße zwischen Rom, Genua und Venedig

Winter 1626

Die schwarze Kutsche fuhr eine in die Felswand gebaute Straße entlang. Das kleine Mädchen saß entgegen der Fahrtrichtung und beobachtete die Reisende gegenüber. Seine Mutter. Es betrachtete das Gesicht, das sich über das Papier neigte, die Haarsträhnen an den Schläfen, in denen das Licht spielte, die Stirn, welche die Sonne beschien. Und diese muskulöse, kraftvolle Hand, die mit kühnen Bewegungen über das Papier eilte. Artemisias Hand. Das Kind, dessen Kopf bei jeder Unebenheit des Weges hin und her schaukelte, fragte sich, warum diese Hand nie zitterte oder ausrutschte. Sie betrachtete das Reiseschreibzeug und den Spiegel, den ihre Mutter waagerecht daran festgemacht hatte. Es war ein kleiner, ovaler Spiegel, in dem sich die Künstlerin sehen konnte, ohne den Blick zu heben. Prudenzia, die mit ihren neun Jahren schon alle Geheimnisse ihres kleinen Haushalts kannte, wußte, daß die Selbstporträts von Artemisia Gentileschi viel einbrachten, sehr viel, und daß es Aufträge geradezu hagelte. Immer die gleichen Bittschriften kamen aus Genua, Neapel und Venedig, die das Kind mit lauter Stimme vorlas, bevor es sie beantwortete. »Erweist mir doch die große Gnade, mir Euer Gesicht, von eigener Hand gemalt, zuzuschicken«, schrieben die Sammler. »So könnte ich Euer Talent rühmen und Euren Namen preisen. Denkt daran, daß es noch Menschen gibt, die daran zweifeln, daß Eure Bilder von einer Frau gemalt worden sind. Als ich Euer Bild *Johannes, der Täufer* den Herren meiner Umgebung gezeigt habe, konnte ich niemanden davon überzeugen. Doch mit Eurem Selbstporträt würde ich meine Sache ohne ein einziges Wort gewinnen. Euer schönes Gesicht fände einen Platz in meiner Galerie berühmter Persönlichkeiten … Und ich besäße zwei Mirakel auf einmal: die Frau und ihr Bild. Zwei Wunder: den Künstler und sein Werk.«

Die Kleine fuhr in ihrer Beobachtung fort und fragte sich, wie sie selbst ihre Mutter darstellen würde, wenn man ihr eines Tages den Auftrag dazu gäbe. Sicher nicht in dem Winkel, den der Spiegel warf! In seinem Bild erschienen die Nasenlöcher größer, das Kinn verkürzt … Im übrigen würde sie sie nicht zeichnen. Sie würde sie direkt auf Leinwand bannen, in einer Masse von Farben … Die weiße Haut, den tiefroten Mund …

Ihre Mutter trug einen weiten schwarzen Seidenrock, ein Mieder in derselben Farbe und mit langen, geschlitzten Ärmeln, ein Trauergewand also, mit dem sie – das wußte das Kind – ihre Umgebung täuschte, eine Rechtfertigung der Abwesenheit eines Ehemanns, Vaters oder Bruders gegenüber der Gesellschaft. Diese Witwenstrenge, die Artemisia bei gewissen Gelegenheiten zur Schau trug, wurde Lügen gestraft durch die Üppigkeit ihrer Frisur, durch die weichen rotbraunen Locken, die ihr bis zu den Augenbrauen und an den Wangen ins Gesicht fielen. Im Nacken waren die Haare zu einem Knoten zusammengefaßt, der hoch am Kopf festgesteckt worden war. Einige Löckchen ringelten sich im Nacken, waren jedoch verborgen durch einen riesigen karmesinroten Kragen, der ihren Hals umschloß. Vorbei war es mit den weißen Halskrausen und den sehr bescheidenen Spitzen vom Hof in Florenz. Heute breitete sich der Kragen bis über die Schultern aus, ließ sie breiter wirken und plazierte das Gesicht in einer Höhe, daß der Kopf wirkte, als würde er auf einem großen, blutroten Tablett präsentiert. Die Wirkung war einzigartig. Wenn Artemisia nicht in ihre Arbeit versunken war, dann fing sich das Licht auf ihrer Stirn, in ihrem Blick und auf ihrem Kinn, die zum Himmel gewandt waren. Und ihre Hände ragten aus den Manschetten aus roter Spitze hervor und schienen vor dem schwarzen Grund des Kleides weißer, länger und feingliedriger. Prudenzia hatte von ihrem Vater zwar die Vorliebe für schöne Stoffe geerbt, haßte jedoch Artemisias prachtvolle Aufmachung. Sie haßte diese raschelnden Röcke, die ihre Zärtlichkeiten abwehrten, und diese blutrote Farbe, die alle Blicke auf sich zog.

Auf den Ruhm ihrer Familie war die Kleine stolz. Doch wenn Prudenzia auch ohne weiteres akzeptierte, daß Artemisia von ihrer Arbeit aus ihrer trauten Zweisamkeit gerissen wurde, so verabscheute sie etwaige Eindringlinge. Auch für das Kind war die Malerei das Höchste – die Malerei ihrer Mutter und ihre Liebe.

Das kleine Mädchen erhob sich abrupt und warf sich auf der gegenüberliegenden Bank gegen Artemisia, die lächelte, ohne ihre Arbeit zu unterbrechen. Mit erhobenem Kopf fuhr das Kind mit seiner Beobachtung fort. Es sah, daß die Augenbrauen seiner Mutter gerade waren und die Augen so mandelförmig, daß die Haut am unteren Rand unter den Wimpern wie in Licht getaucht schien. Die geschwungenen Wangen warfen einen Schatten auf die Nasenlöcher. Im Profil wirkte die Nase kurz, wies jedoch eine leichte Erhebung auf. Und das Kinn? War klein und rund, sehr nahe am Mund und mit einem Grübchen versehen, das das Kind nicht sehen, sich aber vorstellen konnte. Die Intensität, mit der Prudenzia sich jeden Zug der mütterlichen Physiognomie einprägte, weckte schließlich Artemisias Aufmerksamkeit.

»Was machst du?« fragte sie lächelnd.

»Ich male dich in meinem Kopf.«

Die Mutter legte den Stift nieder und schlang einen Arm um die Schultern ihrer Tochter, die sich an sie schmiegte.

»Und was siehst du?«

»Ich sehe, daß du Ringe unter den Augen hast … Ich sehe, daß du müde aussiehst … daß du zuviel arbeitest.«

Artemisia lächelte wieder, räumte das Papier weg und schloß das Reiseschreibzeug. Sie empfand immer ein körperliches Wohlbehagen, wenn sie ihr Kind in ihrer Nähe wußte und seine Liebkosungen spürte, einen geistigen Frieden, seine Fragen zu hören, seine Kritik und, sehr häufig, auch seinen Rat. Nicht Artemisia hatte die Rolle der besonnenen Beschützerin eingenommen. Es war Prudenzia. Sie führte ihr Leben in dem Bestreben, ihre Mutter zu schützen. Dabei hätte niemand bei Artemisia Gentileschi Schwäche vermutet oder die geringste Zerbrechlichkeit gefunden. Mit dreiunddreißig Jahren war sie auf dem Gipfel ihrer Schönheit, in ihrem Zenit als Frau und Künstlerin. Das wußte sie. Sie war groß, kräftig und üppig, sie strotzte vor Gesundheit und verkörperte für alle außer für ihre Tochter den Inbegriff von Kraft und Sinnlichkeit. Ihr Temperament, ihre Schlagfertigkeit, ihre unermüdliche geistige Neugier, all dies war bezaubernd. Und das Kind unterlag wie jeder andere in Artemisias Umkreis diesem Zauber. Doch bei Prudenzia mischte sich die Bewunderung mit einer Art unbestimmter Furcht. Nicht, daß sie Angst vor ihrer Mutter gehabt hätte, sie fürchtete vielmehr, daß ihr etwas zustoßen könnte. Dies beklemmende Gefühl, daß über Artemisia eine Bedrohung lastete, daß überall Gefahr lauerte, färbte die Liebe des kleinen Mädchens.

Artemisia empfand dieselbe Angst in bezug auf Prudenzia. Doch bei ihr war dies natürlicher: Der Verlust ihrer drei anderen Kinder ließ sie zu Recht das Schlimmste fürchten. Jedenfalls bezeugten sich Mutter und Tochter ihre Zuneigung – das war selten zu Beginn des 17. Jahrhunderts – und teilten ihre Begeisterung für dieselben Dinge. Doch ähnlich waren sie sich nicht.

Prudenzia war zart und zerbrechlich und hatte die Trägheit ihres Vaters geerbt, seinen Sinn fürs Praktische und seine Beharrlichkeit. Wenn Artemisia auch versuchte, ihr das Zeichnen beizubringen, wenn sie sie – wie einst Orazio sie selbst – an alle Orte in Rom führte, wo sie sich mit den Meistern der Malerei vertraut machen konnte, so zeigte Prudenzia doch keine besondere Begabung für die Malerei. Bereitwillig, aber ohne Leidenschaft folgte sie brav den Anweisungen ihrer Mutter, zerstampfte träge die Farben, mischte langsam die Öle. Und gab sich mit einem sehr begrenzten Wissen zufrieden. Aber was machte das schon! ... Was machte das, wenn Prudenzia nie eine große Malerin wurde! Ihre Mutter würde ihr eine bessere Zukunft bereiten.

Gott wußte, wie stolz Artemisia auf ihre eigenen Erfolge war, auf ihre Unabhängigkeit, die sie sich mit ihrem Pinsel erkämpft hatte. Und welch erhabene Vorstellung von der Kunst sie beseelte. Für sich selbst wünschte sie nichts anderes, als ihr Bestreben fortzuführen. Jedes verkaufte Bild diente nur dazu. Weitermachen ... Sich in immer höhere Gefilde schwingen. Jedes Maß verlieren. Alle Schranken durchbrechen. Ihr Ehrgeiz war immer grenzenlos gewesen. Heute rechtfertigte der Ruhm ihre rauschhaften Träume.

Doch für ihr Kind erträumte sie ein einfaches Leben, Ehren, die ihr aufgrund ihrer Herkunft zuteil wurden, ein Schicksal, das Prudenzia den Kämpfen und Zweifeln, der Angst und dem Haß entzog. Kurz gesagt, den Qualen von Vater und Tochter Gentileschi.

Prudenzia hatte also Musikunterricht bekommen, sie konnte Spinett spielen, ihr Brevier lesen, einen Hofknicks vollführen und einige Ballettfiguren. Und sie hatte eine schöne Handschrift, aus der auch Artemisia ihren Nutzen zog.

»Du erinnerst mich an meine Mutter«, sagte sie zuweilen. »Der Herr wird dir das Leben geben, das sie verdient hätte.«

»Aber ich bin weniger hübsch als sie«, meinte Prudenzia affektiert, da sie nichts mehr liebte, als von Artemisia Komplimente zu bekommen.

»Für mich, mein Herz, kann niemand hübscher sein als du.«

»Und süßer? Und liebenswerter?«

»Du bist das liebenswürdigste Geschöpf, das ich kenne!«

Dann huschte ein zufriedenes Lächeln über Prudenzias Gesicht. Sie liebte diese Reisen, die ihre Mutter von der Welt abschnitten, sie mit ihr in der Kutsche einschlossen. Dann war es vorbei mit den Banketten bei den Kardinälen, den Bällen bei den Botschaftern und den endlosen Sitzungen in der Akademie. Das Kind legte seinen Kopf an die mütterliche Brust und ließ es sich wohl sein.

Die Wärme des kleinen, an sie gepreßten Körpers bewirkte bei Artemisia ein Gefühl von Frieden und Hingabe, das keiner ihrer Geliebten – und in den letzten Jahren waren es viele gewesen – bei ihr hervorgerufen hatte.

Wenn der Wind den Vorhang öffnete, den Prudenzia eben geschlossen hatte – hermetisch, damit nichts sie störte –, dann sah Artemisia durch das Fenster den runden Mond, der tief über dem Meer hing. Und am Rand der Felsenstraße Olivenbäume, Kastanien und Pinien, die ihre Zweige schwarz in die unendliche Weite streckten.

Prudenzia war eingeschlafen. Artemisia legte ihre Beine bequemer und dachte nach. Ihre Tochter war bald zehn Jahre alt. In ein paar Jahren würde man sie verheiraten müssen.

Die Mutter streckte die Beine unter dem Rock aus und rechnete. Seit Pierantonios Verschwinden legte sie ein Fünftel ihrer Einkünfte in einem Mitgiftfonds in Florenz an. Sie hatte seit vier Jahren gespart. Selbst mit Zinsen würden sich Prudenzias Rücklagen höchstens auf tausend Taler belaufen ... Es eilte also nicht.

Artemisia betrachte das runde Engelsgesichtchen; sie hörte auf den so regelmäßigen Atem. Ja, das perlgraue Gewand, das sie nach dem Muster ihres eigenen Rockes hatte schneidern lassen, kleidete die Kleine. Wie auch die auf dem Kopf festgesteckten Zöpfe, die die zarten Ohren freiließen, an denen zwei tränenförmige Perlen schwangen. Prudenzia erinnerte mit ihren regelmäßigen Zügen an ihren Vater.

Ihr Vater. Erinnerte sich die Kleine überhaupt an ihn? Artemisia hatte von Pierantonio seit vier Jahren keine Nachricht mehr bekommen. Lebte er überhaupt noch? Ach, war das denn wichtig? »Verschwinde! Dann verschwinde doch endlich«, hatte sie ihm so oft zugeschrien.

Seit ihrer Niederlassung in Rom hatte sich Pierantonio schweigsam, finster und untätig in ihrem Atelier in der Via del Corso eingeschlossen. Dann hatte er angefangen zu trinken. Wenn er betrunken war, wurde seine Eifersucht schlimmer. Er verfolgte seine Frau überallhin, war ihr immer auf den Fersen, tauchte aber nur aus dem Dunkel auf, um seinen Anteil am Erlös eines Bildes zu fordern. Er schlug sie nicht mehr. Aber der drohende Blick, der auf ihr und ihren Bildern lastete, traf sie schlimmer als ein Schlag. Manchmal brach er in Tränen aus und beschuldigte sie zwischen zwei Schluchzern, daß sie ihm Unrecht täte und er sich rächen würde.

Artemisia stieß einen Seufzer aus. Im Grunde hatte der Streit mit den Spaniern, der Pierantonios Ausschweifungen publik gemacht hatte, ihr gedient. Doch Gott wußte, wie sehr diese Affäre sie beunruhigt hatte. Wieder einmal wurden ihr Name, ihre Person, ihr Ruf befleckt. Pierantonio war verhaftet worden: Bald würde Artemisia Gentileschi einen Galeerensträfling zum Mann haben! Sie brachte die Sache ihrem Mäzen vor, dem Cavaliere dal Pozzo, einem Sekretär des Papstneffen, dessen Schutz sie genoß, und hütete sich wohl, zu erzählen, daß die Opfer ihres Mannes unter ihrem Fenster aus Leibeskräften gesungen, daß sie Gitarre gespielt und der »edlen Frau Malerin« ein Ständchen gebracht hatten ... Hahnrei ... Dieses Mal trug Pierantonio die Hörner, und das ganze Viertel wußte es. Durch wessen Indiskretion hatte er von der Liaison zwischen Artemisia und dem spanischen Edelmann aus dem Gefolge des Kardinals Borgia erfahren, an dessen Namen Artemisia selbst sich wirklich nicht mehr erinnerte? Zweifellos war Pierantonio ihr – einmal zuviel – bis zur Via dei Serpenti gefolgt, wo sie zwei Zimmer für ihren persönlichen Gebrauch gemietet hatte ... Artemisia empfand gegenüber ihrem Mann die heftige Abwehr eines Schwimmers, an den sich ein Ertrinkender klammert. Es war eine Frage auf Leben und Tod geworden, sich seiner zu entledigen.

Es war leicht gewesen, vom Cavaliere dal Pozzo – der ihr von allen Auftraggebern am nächsten stand – zu erwirken, daß er sie schützte, ihre Arbeit verteidigte und ihr den Frieden zurückgab.

Mit Geld hatte man Pierantonio Stiattesi dazu gebracht, das Feld zu räumen. Sollte er Lust bekommen, die päpstlichen Gefilde wieder aufzusuchen, dann wartete auf ihn der Galgen. Versehen mit einem hübschen Entgelt hatte Pierantonio gehorcht: Er war ganz gut davongekommen.

Von ihrem eigenen Anteil an dieser Episode behielt Artemisia dennoch gemischte Gefühle zurück. Das Bild des jungen Mannes, der sie in einer Zeit zur Frau genommen hatte, als niemand etwas von ihr wissen wollte, des jungen Mannes, der sie aus der Hölle in der Via della Croce geholt hatte, lebte in ihrer Erinnerung fort. Sie sah Pierantonio vor sich, wie er ihr zum ersten Mal erschienen war, an ihrer Seite vor dem großen Holzkruzifix in der Kirche von Santo Spirito in Sassia ... Aber dieser Mann existierte nicht mehr.

Nach fünf Jahren erbitterter Mühe konnte Artemisia sich rühmen, die Papststadt erobert zu haben. Sie verkehrte in den Häusern der angesehensten Prälaten. Sie war die einzige Frau, die bei den Konzerten des Kardinals Moritz von Savoyen empfangen wurde, die einzige Frau, die zu den Sitzungen der Accademia dei Desiosi zugelassen wurde, dieser gelehrten Freigeister, die sich jeden Mittwoch im Palazzo del Monte Giordano trafen, um über den Fortschritt der Wissenschaften und Künste zu diskutieren ... Und jetzt?

Instinktiv spürte sie, daß dieses Gefühl einer vollendeten Aufgabe für die Fortführung ihrer Kunst gefährlich werden konnte, daß diese Selbstzufriedenheit ihr Werk in Gefahr brachte.

Und jetzt? Ja, der Kreis hatte sich geschlossen, sie hatte von Rom all das bekommen, was möglich war. Sie hatte sogar Agostino Tassi wiedergesehen.

Das gesamte Künstlerviertel hatte seit dem Zeitpunkt auf diese Wiedersehensszene gewartet, da Artemisia Gentileschi sich auf dem Corso niederließ. Beide verkehrten an denselben Orten. Sie hatten denselben Farbenhändler, dieselbe Wäscherin, denselben Notar ... Ein Treffen schien unvermeidlich. Es hatte sich während eines Staus auf der Piazza di Spagna zugetragen, am Tag, als die Konklave der Kardinäle die Wahl von Urban VIII. auf den Heiligen Stuhl *urbi et orbi* verkündet hatte. Das war am 6. August 1623 gewesen. Die Räder ihrer Kutsche hatten sich einen Moment lang mit denen des Nachbarwagens verkeilt, und von Kutschenschlag zu Kutschenschlag hatte Artemisia auf der Stelle die Frau im anderen Wagen erkannt: Blond, blaß, wohlbeleibt: Costanza, Agostinos hübsche Schwägerin! Bei Artemisias Anblick hatte sie sich in den Fond geworfen. Dann erschien im Fensterrahmen Agostino Tassis Gesicht. Zunächst war Artemisia irritiert, ihn vollständig kahl zu sehen. Dadurch wirkte sein Gesicht dicker, seine braunen Wangen runder, voller. Ansonsten war Agostino der gleiche geblieben. Er räkelte sich im Wagen und strahlte denselben Hochmut von einst aus. Eine dicke, zweireihige Goldkette hing an seiner Brust. Er trug einen Ohrring.

Auch er erstarrte vor dem Ansturm der Gefühle. In dem bedeutungsschwangeren Blick, den sie wechselten, spiegelte sich zunächst nur eine beiderseitige Faszination wider, die die Vergangenheit wiederaufleben ließ. Artemisia fing sich als erste. Sie hatte Angst. Würde Agostino sie ansprechen? Sie von neuem verfolgen, angreifen, mit all der Gewalttätigkeit, mit der er sie einst überwältigt hatte? Sie regte sich nicht. Doch als Agostino seine Erstarrung abschüttelte und andeutete, zu ihr hinüberzukommen, da warf sie ihm einen Blick zu, der ihn an Ort und Stelle festnagelte. Ohne ein Wort erinnerte sie ihn daran, daß er gerade erst aus dem Gefängnis gekommen war; daß sich die Pforten des Corte Savella gerade erst hinter ihm geschlossen hatten; daß sein zweiter Prozeß wegen Inzests, angestrengt von seinen Rivalen – ein Prozeß, der wieder einmal sein sündiges Verhältnis mit Costanza zum Inhalt hatte und darauf abzielte, ihn doch noch am Galgen hängen zu lassen –, daß dieser Prozeß noch übel enden konnte; daß er großes Interesse daran haben mußte, nicht aufzufallen, sie nicht zu provozieren und sich ganz still zu verhalten.

Die nicht enden wollenden Skandale der letzten zehn Jahre hatten Agostino Tassis Karriere keineswegs geschadet; immer noch wünschten die großen Familien von Rom, daß er ihre Paläste ausschmückte. Doch er war nicht mehr Manns genug, Artemisia Gentileschi zu verführen oder sie herauszufordern. Das erkannten beide.

Die Erinnerung an Agostino Tassi, die Furcht vor ihm, würden Orazios Tochter nicht mehr in ihren Träumen heimsuchen.

Ja, sie hatte vollbracht, was in Rom zu vollbringen war.

Porträts, Stilleben, Historienbilder – sie hatte sich in allen Genres versucht und über alle Hindernisse triumphiert. »Und jetzt?«

Der Erfolg verlockte dazu, sich selbst zu plagiieren. Sie wiederholte eigene Kompositionen, kopierte ihre Farben, ihre Lichtgebung ... Die Zeit war also gekommen!

In diesem Winter 1626 hatte Artemisia mehrere gute Gründe, eine Zeitlang die Papststadt zu verlassen, Weihnachten in Genua zu verbringen und im Frühjahr bis nach Venedig weiterzuziehen.

Der erste Grund war, daß sie das Bedürfnis hatte, ihren Vater wiederzusehen.

Gestärkt durch das Bewußtsein, das sie heute von ihrem eigenen Wert hatte, trunken von der Gewißheit, daß sie in derselben Geschwindigkeit und auf derselben Grundlage wie er dem Ruhm entgegeneilte, wünschte sie leidenschaftlich diese immer wieder verschobene Konfrontation. Die letzten Werke, die Orazio in Italien angefertigt hatte, befanden sich auf dem Weg nach Venedig. Man munkelte, daß der Vater in Genua und die Tochter in Rom in gleicher Weise und im selben Moment dieselbe Meisterschaft ihrer Kunst erreicht hätten. Daß ihre, Artemisias, Bilder wie die keines anderen Malers die Schönheit des weiblichen Körpers priesen, während Orazio sich in seinen Studien der männlichen Anatomie selbst übertraf. Daß er in Ligurien ein Bild erschaffen habe, *Der schlafende Loth in den Armen seiner Tochter*, aus dem herzzerreißendes Gefühl sprach. Genau dieses Bild wollte Artemisia in Genua sehen: Das Drama eines Mannes, dem der Untergang von Gomorrha seine geliebte Frau geraubt hatte, das Drama eines Vaters, den seine Töchter dazu verführten, mit ihnen zu schlafen! Sie wollten, so erklärt die Bibel, »Nachkommen schaffen von unserm Vater«. In dieses Werk transponierte er all die Themen, die den Erfolg in der Malerei seiner Tochter ausmachten. Im Gegensatz zu Artemisias *Susanna* waren es hier zwei junge Frauen, die einen alten Mann begehrten! Orazio zeigte sie nicht vor ihrer Missetat, sondern friedlich nach ihrem Inzest. »Alles muß dieses Bild von einem meiner Bilder trennen ...«, dachte Artemisia voller Ungeduld und Neugier. Man hatte ihr gesagt, daß Loths Haltung – der liebende Vater, der sich in den Schoß seiner Tochter schmiegt – ganz genau die Haltung einer ihrer Figuren wiederholte: die von Sisera, dem General, der im Schoß seiner Feindin, der mutigen Yael, schläft. Doch während bei Artemisia sich die Hand der Frau hebt, um einen Nagel in die Schläfe des schlummernden Mannes zu treiben, verwandelt sich dieselbe Geste bei Orazio in eine beschützende Liebkosung: Loths Tochter streichelt das Haupt des Vaters, den sie gerade besessen hat ... Unermüdlich kehrten Artemisias Gedanken zu den Ähnlichkeiten, den Unterschieden, den Kritiken und Vergleichen zurück, über die ihre Bewunderer, die Verteidiger des einen oder der anderen, pausenlos debattierten. Nun würde sie ja sehen und selbst urteilen können ...

Orazios Abreise nach Frankreich, dann schließlich seine Niederlassung in England, die Furcht, niemals von ihm eine Antwort auf die Fragen zu bekommen, die sie quälten, hatten in ihr wieder die Ängstlichkeit des Kindes und die Unruhe des Künstlers freigesetzt.

Ein zweiter, noch zwingenderer Beweggrund hatte sie dazu getrieben, diese Reise zu unternehmen. Die Frau, die sich einst gesagt hatte: »Mein Herz ruht frei in meiner Brust, ich diene nie mandem und gehöre nur mir selbst«, diese Frau war verliebt in einen Fremden, der die Papststadt verlassen hatte: in den Engländer Nicholas Lanier.

Artemisia hatte ihn sechs Monate zuvor – im September 1625 – in Rom kennengelernt, im Palazzo del Monte Giordano, den die Familie Orsini an den Kardinal Moritz von Savoyen vermietet hatte. Zu der Zeit begann sie gerade ein Porträt des Kardinals, der sie jeden Tag pünktlich zur Mittagsstunde empfing.

Doch an diesem Tag hatten die Wachen sie oben auf der Treppe erwartet, sie durch den Saal der Reitknechte, dann durch das erste und das zweite Vorzimmer geleitet. Und danach baten sie sie, sich vor dem Audienzsaal ein wenig zu gedulden. Sie wartete fast drei Stunden. Sie sah hinter den Baldachinen und den leeren Sesseln, hinter den im Halbkreis aufgestellten Stühlen und den Schemeln in der Ecke, die alle durch Plazierung, Form und Farbe mit dem Rang der unterschiedlichen Besucher übereinstimmten, die schwere Portiere aus purpurrotem Samt, die das Schlafzimmer des Kardinals verschloß. Eine unbekannte Stimme mit ausländischem Akzent war aus der Ferne zu hören; dunkel und warm, unterbrochen von abrupten Pausen und Bratschenklängen. In der Zurückgezogenheit seiner persönlichen Gemächer bekam Moritz von Savoyen eine endlose Musikstunde …

Schließlich wallte die Portiere. Artemisia sah, wie der Kardinal den Vorhang entfernte und in den Audienzsaal schritt. Da begriff sie, daß Seine Eminenz den Gast bis zum Vorzimmer brachte – daß der Prälat seinen Lehrer hinausbegleitete! Im Code der Privilegien wog eine derartige Geste schwerer als ein Karren voller Gold. Sie war eigentlich den Botschaftern vorbehalten, zumindest ganz bestimmten Botschaftern. Der toskanische konnte durch ein Vorzimmer und die Hälfte des nächsten vom Audienzsaal aus begleitet werden. Doch die Botschafter von Bologna und Ferrara hatten nur Anrecht auf eine Begleitung durch die Hälfte des Vorzimmers. Für den Botschafter von Malta würde der Kardinal drei Viertel des Vorzimmers durchschreiten. Artemisia maß mit dem Blick die Strecke, welche die beiden Männer zurücklegten. Dieser Verstoß gegen die Etikette zeugte davon, wie sehr der Musiker geschätzt wurde. Eine derartige Strecke hatte der Kardinal von Savoyen erst einmal zurückgelegt, als Zeichen des Respekts vor einem anderen Künstler: Artemisia Gentileschi! Man stellte diesen Mann also auf die gleiche Stufe wie sie! Dieser Umstand machte sie neugierig und ein wenig ärgerlich. Der Unbekannte kam näher. Wie auch seine Stimme enthüllte sein Gewand den Ausländer. Doch trug der Mann keinerlei Attribut des Adels. Er war weder ein Ritter vom Christusorden noch einer vom Jakobsorden. Er trug weder das Kreuz der Malteser noch das Zeichen des Ordens vom Goldenen Vlies.

Als Nicholas Lanier sich Artemisia näherte, sah er sich seinerseits diese große Frau an, welche ihn fixierte. Sie hielt sich sehr gerade, wirkte wie eine dunkle Linie auf dem roten und goldenen Rankenmuster des Vorzimmers, das mit Leder aus Córdoba ausgeschlagen war. Der Kardinal flüsterte Lanier ins Ohr, daß sie ein Wunder der Natur vor sich hätten ... eine Künstlerin, die die größten Meister überragte.

Der Prälat verließ seinen Besucher im zweiten Drittel des Audienzsaales. Der Musiker stand nun neben der Malerin. Er sah sich vor der jungen Frau, grüßte, wurde jedoch nicht vorgestellt. Er sollte sie bald wiedersehen, lange brauchte er nicht zu warten: Sie gehörte zum kleinen Kreis, den der Kardinal bei seinen Konzerten um sich versammelte.

Interessiert aneinander, doch vorsichtig, ja argwöhnisch sahen sich Artemisia Gentileschi und Nicholas Lanier häufig aus der Ferne und verbrachten dann fiebrig den gesamten Herbst miteinander. Sie zogen sich an, versetzten einander in Erstaunen, amüsierten sich über ihrer beider Verführungskünste und genossen das Geplänkel, das sie nicht weiter vorantrieben. Am Ende des Jahres 1625 wurde Artemisia durch die Liebe und konkrete Interessen in den Armen eines anderen zurückgehalten: Sie war damals die Mätresse des spanischen Botschafters beim Heiligen Stuhl. Eine offizielle Liaison, die ihrem Stolz schmeichelte und ihrer Karriere gelegen kam ...

* *
*

Es wurde Nacht. Artemisia und ihre Tochter würden nicht vor der Sperrstunde in Genua ankommen. Draußen, an der Seite des Kutschers, thronte die junge Dienerin Dianora, die seit ihrem Umzug von Florenz nach Rom zu den Damen Gentileschi gehörte. Die Signora hatte sie mit einer Mitgift versehen und ihrem Kutscher zur Frau gegeben. Eine derartige Ausstattung – der Erwerb dieser Kutsche katapultierte die Besitzerin in den Rang großer Damen, welche die Kirche gemäß ihres glänzenden Standes im Licht von dreißig Fackeln beerdigte –, ein derartiger Luxus zeugte vom Wert der Reisenden und der Achtung, die man ihnen schuldete. Also passierte der Wagen der Signora ohne weitere Zollkontrolle die Pforten von Genua, nachdem die Pässe übergeben und die Gesundheitszeugnisse flüchtig überprüft worden waren. Artemisia besaß zudem Empfehlungsschreiben: Sie reiste im Schutz Spaniens, und Genua beugte sich unter das Madrider Joch ... Ihre Angelegenheiten waren also geregelt. Und wenn auch der Kutschenschlag keinerlei Wappen aufwies, so waren die Kissen doch mit dem Monogramm des Herzogs von Alcalà bestickt – des Botschafters von König Philipp IV. –, ihres einstigen Beschützers und Geliebten.

Durch die Abberufung des Herzogs nach Madrid war ihre Liaison genau in dem Moment unterbrochen worden, als Artemisia entdeckte, daß sie vom Botschafter schwanger war. Ein weiterer Grund, Rom zu verlassen. Sie würde dieses fünfte Kind in einer Herberge gebären, irgendwo zwischen Genua und Venedig. Wenn sie in die Via del Corso zurückkehrte, würde niemand mehr sich daran erinnern, wie viele Kinder ihr Mann eigentlich zurückgelassen hatte.

Diese neue Schwangerschaft verursachte ihr nicht etwa Sorge, sondern machte sie glücklich. Der Herzog von Alcalá würde dieses Kind zwar nicht anerkennen, aber seine Zukunft sichern, das wußte sie. Hatte er nicht schon drei uneheliche Kinder, denen der Papst gerade den Kardinalshut versprochen hatte? Daß das blaue Blut des ältesten europäischen Adels bald in den Adern von Orazio Gentileschis Nachkommen fließen würde – diese Idee, diese Aussicht entzückte sie. Ja, ihre Angelegenheiten waren aufs beste geregelt! Der Herzog von Alcalá hatte die kostspielig eingerahmten Bilder mitgenommen, die sie ihm verkauft hatte: zwei Originale von Artemisia Gentileschi und die Kopie ihres berühmten Bildes *Jesus segnet die Kinder*. Der Herzog wollte diese Bilder seinem König zeigen. Doch letztendlich hatte er den *David* für seine karge, andalusische Bleibe am Ufer des Guadalquivir vorgesehen. Und die *Schlafende Maria Magdalena* für die Kirche seiner Gemeinde, die Kathedrale von Sevilla. Artemisias Malerei würde also wie die ihres Vaters die Grenzen ihrer Heimat überschreiten.

In Rom überhäuften die Repräsentanten der Großmächte Artemisia mit den schmeichelhaftesten Ehrungen. Nicht nur Spanien, sondern auch Frankreich und England sahen in ihr eine außerordentliche Malerin, die dazu noch eine höchst begehrenswerte Frau war ... Madrid suchte wie London und Paris in Italien Informanten, die bereit waren, auf Sammlungen und Bilder hinzuweisen, die auf dem Kunstmarkt zum Verkauf standen. Die zudem in der Lage waren, über die politischen Geheimnisse der verschiedenen Staaten Auskunft zu geben und über die Gerüchte zu informieren, die in Rom, Florenz, Genua oder Venedig im Umlauf waren. Im Winter 1625 hatten sowohl der Herzog von Alcalá, der Botschafter des spanischen Königs, als auch Nicholas Lanier, der Agent seiner Majestät Karl I. von England, der Signora Gentileschi angeboten, als Spionin für sie zu arbeiten. Sie hatte beide Angebote zurückgewiesen. Und war doch schließlich beider Geliebte geworden ... Einer nach dem anderen ... Die beiden Männer hatten sich nur mit wenigen Stunden Abstand in ihrem Bett abgewechselt.

An diesem Tag im Februar 1626 hatte der Herzog die Papststadt verlassen.

Im Geleitzug, der den Botschafter bis zur Aurelianischen Mauer begleitete, in der Reihe von zweihundert Kutschen des Adels, kam Artemisias Wagen zum Schluß. Die Pferde der Malerin folgten denen ihres Mäzens von der Piazza di Spagna bis zur Porta del Popolo. Doch während die Rosse von Alcalá gen Norden galoppierten, kehrten Artemisias um und brachten sie friedlich bis zum Hof des Palazzo del Monte Giordano. An diesem Abend gab der Kardinal ein Konzert für die musikliebenden Prälaten von Rom, vor allem für seinen Freund, den Fürsten Vincenzo Giustiniani, der in seiner gelehrten Abhandlung über die Musik ein ganzes Kapitel dem Vergleich der Laute, der Bratsche und der Lira widmen wollte. Er würde einen englischen Virtuosen zu hören bekommen, der anläßlich des Jubeljahrs in Rom war … einen gewissen Nicholas Lanier.

Vor ihrer Liaison mit dem Herzog von Alcalá war Artemisia mehr Verbindungen eingegangen, als sie zählen konnte. Durchreisende Diplomaten, Maler und Architekten, die in Rom Abenteuer und Ruhm suchten. Die Liebe spielte sich hier in aller Diskretion ab. Und in aller Leidenschaft.

In der Via della Croce war Artemisia in eine gute Schule gegangen. Tassi rühmte sich überall, ihr die »Handhabung des Pinsels« beigebracht zu haben, und dies nicht nur im auf die Malerei bezogenen Sinne des Wortes. Sie verdankte seinen Unterweisungen die Entdeckung der Fleischeslust, die Kenntnis gewisser Geheimnisse und die Beherrschung einiger Spielarten, die beiden Vergnügen gebracht hatten. Als Artemisia heiratete, hatte sie geglaubt, auf diese Art Leidenschaft verzichten zu müssen. Seit Anbeginn ihrer Ehe hatte sich Pierantonio nur phasenweise für ihre Reize interessiert. Selbst in seiner Verliebtheit vernachlässigte er diese Seite von ihr. Aber das war nebensächlich. Die eheliche Liebe und die Mutterschaft hatten dies ausgeglichen.

Doch die mit anderen Männern geteilten Freuden, die Entdeckung der geistigen Sinnlichkeit bei ihrem Mäzen Buonarroti dem Jüngeren und bei dem Maler Cristofano Allori, die Erkenntnis ihrer Verführungskraft hatten ihre sinnliche Neigung und Neugier geweckt … Und, zum großen Bedauern ihres Mannes, ihre Eitelkeit.

Fünfzehn Jahre nach dem Prozeß, der in der Öffentlichkeit Artemisias angeblich so ausschweifendes Leben ausgebreitet hatte, erlaubte sich Artemisia einige Freizügigkeiten und sündigte in aller Unbefangenheit.

Sie gab jedoch acht, daß ihr Ruf Prudenzias Ehre nicht befleckte, daß ihr Verhalten nicht die herrliche Zukunft gefährdete, die sie für ihre Tochter erträumte. Was ihre Kunst betraf, so konnte kein Mann, keine Leidenschaft, keine Liebelei sie von ihrer

Aufgabe ablenken. Von all ihren Affären hatte nur die mit dem Herzog von Alcalá – wegen des Kindes unter ihrem Herzen – irgendwelche Konsequenzen ... Aber Nicholas Lanier?

Wenn auch ihr Mäzen nicht sah, wie sie gemeinsam am Abend nach der Abreise des Herzogs von Alcalá verschwanden, so bemerkte man im verrufenen Subure-Viertel sehr wohl in dieser Nacht die beiden Kutschen am äußersten Ende der Via dei Serpenti, wo Artemisia ihre Wohnung für ganz bestimmte Gelegenheiten hatte ...

Während ihrer kurzen Liaison – sie dauerte nur einen Monat – sollte Artemisia in dieser Gesellschaft das Glück wiederfinden, das sie einstmals mit ihrem Freund Cristofano Allori erfahren hatte: das geheime Einverständnis zwischen Künstlern, das Wetteifern ... Wie Cristofano schien Nicholas in allen Bereichen begabt. In der Musik, in der Poesie, im Tanz. Und in der Malerei. Doch im Gegensatz zu Allori, den seine vielen Facetten in der Schaffenskraft hemmten und beeinträchtigten, hielt Lanier stets den Blick fest aufs Ziel gerichtet und ging sicheren Schrittes darauf zu.

Er liebte Bilder und Frauen gleichermaßen. Alle Frauen. Seine Neigung zu ausgesuchten, unbefangenen Abenteuern für eine Nacht erregte die Leidenschaft vieler. Er hingegen blieb kühl. Bis zu dem Taumel, in den ihn die Schönheit, die Kraft und die Fremdartigkeit Artemisia Gentileschis katapultierte.

Auf dem Gebiet der Liebe war ihr Einvernehmen total. Die Erfahrung hatte sie beide zu wahren Kennern gemacht.

* *
*

Bei dem Gedanken an ihr Liebesabenteuer mit Lanier überfuhr Artemisia ein Schauer: Sie kauerte sich im Fond der Kutsche zusammen. Die Erinnerung an die Empfindungen, die sie vor kurzem in seinen Armen erfahren hatte, weckte ihre Erregung.

Sie kämpfte mit sich, richtete sich auf und warf einen raschen, schuldbewußten Blick auf Prudenzia. Das Kind schlief immer noch.

Artemisia zog sich wieder in ihren Winkel zurück, schloß die Augen und ließ sich treiben.

Sie träumte.

Sie sah wieder ihr Atelier in Rom vor sich, das große Eckzimmer, das über den grünen Bäumen im Park des *Krankenhauses der Unheilbaren* nach Norden wies. Sie sah vor ihrem Kamin die Staffeleien, auf denen Bilder trockneten. Und sie sah Nicholas.

Sie stellte ihn sich im Gegenlicht vor, eine kräftige Gestalt, die sich vom Licht des Fensters abhob. Von seinem Gesicht hatte sie nur den Ausdruck zurückbehalten. Dieser düstere Blick hatte etwas Fremdes, Distanziertes an sich, das ständig von Zärtlichkeit und Humor außer Kraft gesetzt wurde.

Mehr noch als ihre Leidenschaft hatte sie diese Freizügigkeit der Sinne und des Geistes in Erinnerung behalten, diese Phantasie und Heiterkeit, die sie nur mit ihm erlebt hatte.

»Ich schlage dir einen Handel vor: Tauschen wir doch mal die Rollen«, hatte er nicht ohne Ironie vorgeschlagen. »Du spielst die Musikerin, und ich werde dich als *Bratschenspielerin* malen ... Als Akt!«

* *
*

Ein Lächeln huschte über das Gesicht der Reisenden. Auf der unebenen Straße rief sie sich diese Szene in Erinnerung, die sie teuer hätte zu stehen kommen können, wenn man sie von der Straße aus gesehen oder gehört hätte ...

* *
*

Am hellichten Tage hatte er ihr vor dem Balkon, der zum Corso hinausging, die Schnüre gelöst und den Rock heruntergerissen. Sie hatte es geschehen lassen. Er hatte ihre Haare gelöst. Sie bei den Schultern genommen und sie vor sich hingestellt. Dann hatte er die Bratsche gegen ihren Leib gedrückt. Hatte ihre Hände genommen und sorgfältig auf dem Hals des Instruments arrangiert. Dann hatte er sich entfernt, um die Wirkung zu begutachten, hatte die Augen zusammengekniffen und alle Gesten von Artemisia während ihrer Arbeit nachgemacht.

»Nicht bewegen«, hatte er in dem sachlichen Tonfall angeordnet, den sie gegenüber ihren Modellen anschlug.

Doch Artemisia, in Verlegenheit gebracht durch diesen Blick, der abschätzte, ob ihre Anatomie auch vollkommen war, hatte es auf ihrem Platz nicht ausgehalten.

Er hatte ein Buch aus dem hinteren Teil des Zimmers geholt, es geöffnet und auf ein Pult vor ihr gestellt.

»Lies diese Worte und zwar nach der Melodie des Magnifikat der *Vesper der Heiligen Jungfrau* von Monteverdi ... So bleibst du ruhiger!«

Er drehte sich um und setzte sich vor die Staffelei.

Er legte Artemisias Palette auf den Arm und tauchte seinen Pinsel in die Farben. Dann hielt er ihn in der Schwebe. Aufmerksam betrachtete er ihre üppigen Brüste; die Farbe und Beschaffenheit ihrer Haut, die Schattierungen ihres Fleisches in den Beugen der Ellbogen und der Leisten. Er erforschte sie. Er sezierte sie. Sie errötete.

War sie durch ihre vier Schwangerschaften dicker geworden? Sie befürchtete es ... Sie machte eine Bewegung, als wollte sie sich wieder anziehen.

»Ich höre«, sagte er gespielt kühl.

Sie ließ den Stoff fallen, nahm sich zusammen und begann.

»Ich hasse diese Umarmungen, wo nur einer der Liebenden in den siebten Himmel gelangt«, intonierte sie auf Latein mit einer engelsgleichen und übertrieben sittsamen Stimme. »Ich hasse die Frau, die sich hingibt, weil sie muß, und die nicht feucht wird ...« Sie riß die Augen auf und brach in das schallende Gelächter aus, das Pierantonio so an ihr geliebt hatte. »Von wem sind diese Verse? Von Properz? Vergil?«

»Von Ovid ... *Lehrbuch der Liebe*, Band II ... Fahre fort.«

»... und die nicht feucht wird, weil sie vollkommen mit ihrer Bedeckung beschäftigt ist«, fing sie wieder an, diesmal aus voller Kehle. »Ich mag nicht, daß man mir aus Pflichtgefühl Vergnügen bereitet ...«

»Ich möchte hören, daß es gut ist ...«, fuhr er fort, ohne in seinem Malen innezuhalten. »Daß ich langsamer werden, mich noch zurückhalten soll ...«, modulierte er mit seiner warmen, kraftvollen Stimme, die so ausdrucksstark war, daß sie ihm die Bewunderung gekrönter Häupter einbrachte. »Ich mag es, sie im Rausch der Verzückung zu sehen, mit gespreizten Beinen hintüber in ihrem Bett ...«

Nicholas, der ganze Bücher mit lateinischen Versen kannte – nicht nur anstößige Gedichte, sondern auch die *Metamorphosen* und die gesamte *Äneis* –, sang auswendig. Ohne Artemisias Formen aus den Augen zu lassen, deren außerordentliche Schönheit er wiedergeben wollte, die Rundung der Hüften, den Schwung der Taille:

»Atemlos und mit ersterbendem Blick ...«

Sie hatte aufgehört zu singen. Ihre Nacktheit vor dem Musiker störte sie nicht mehr, im Gegenteil, sie begann ihr zu gefallen. Sie hatte Nicholas' Bewunderung bemerkt und das Spiel, das er mit seinem eigenen Verlangen spielte.

»Ich mag es, wenn sie um Gnade bettelt ...«, fuhr er fort.

Er warf ihr einen bedeutungsschweren Blick über die Staffelei zu. Sie stimmte wieder mit ein, in schelmischem Tonfall:

»Und ich mag es, wenn sie erschöpft mir verbietet, sie länger zu küssen ...«

Nun hielt es beide nicht mehr, sie ließen Pinsel und Bratsche fallen.

Das Bild blieb unvollendet.

Ton in Ton schwebten die bernsteinfarbenen Flächen einer Frauenfrisur und eines Musikinstrumentes über dem rotbraunen Untergrund der Leinwand.

Doch am 28. März 1626, einen Monat, nachdem der Herzog von Alcalá zurückbeordert worden war, mußte Lanier seinerseits durch die Porta del Popolo. Er hatte seine Abreise nach England so lange wie möglich hinausgezögert. Doch nun wollte ihn sein König am Hof zurück: Karl I. wurde ungeduldig. Und dann hatte Nicholas Lanier in dem Ort beim Schloß von Greenwich, wo seine Familie wohnte, eine Frau, die sich zu Tode langweilte.

Zwei Meere und ein vom Krieg und von der Pest heimgesuchter Kontinent sollten Artemisia Gentileschi bald von Nicholas Lanier trennen. Sie konnten nicht hoffen, sich noch einmal wiederzusehen.

Dieses Mal hatte sie ihn zu Fuß bis zur Piazza del Popolo begleitet. Sie waren einige Schritte, die letzten gemeinsamen, auf der langen, geraden Via del Corso gegangen. Sie schritten langsam. Lanier hielt sein Pferd an den Zügeln.

Ohne sich zu berühren, waren sie an der Tränke, am Obelisken und am Waschplatz vorbeigegangen. Schweigend waren sie der Klostermauer gefolgt, an der einstmals der Trauerzug für Artemisias Mutter entlanggegangen war. Sie waren ein paar Sekunden auf den Stufen der Santa Maria del Popolo stehengeblieben – wie damals Orazio und Artemisia Seite an Seite.

Als der Moment des Abschieds gekommen war, hatten sie sich umarmt. Dann, ohne Tränen, ohne Worte und ohne Versprechen hatten sie sich getrennt. Mit dem Rücken zueinander wie zwei Duellisten, die Arme eng am Körper, mit knappen Bewegungen hatten sie sich voneinander entfernt. Lanier durchschritt das Stadttor. Artemisia überquerte den Platz.

Als sie an diesem Abend nach dem traurigen Abschied ihr Atelier betrat, den Geruch des getrockneten Firnisses einatmete und sich über ihre unvollendeten Bilder neigte, stieß sie einen tiefen Seufzer aus, der Erleichterung auszudrücken schien. »Es ist vorbei ...«, dachte sie. »Es ist vorbei ... Ich kann also wieder anfangen.«

Während des vergangenen Monats hatte Artemisia nur ihre Pinsel in die Hand genommen, um Lanier die Geheimnisse ihrer Kunst zu zeigen. Sie hatte ihn in die Techniken ihres Vaters eingeweiht, in die Methoden, mit denen man die Farben und ihre durchscheinende Qualität konservieren konnte. Sie hatte ihm gezeigt, wie man auf der Palette einen Tropfen Bernsteinfirnis – diesen Absud, den nur die Geigenbauer zum Lackieren ihrer Instrumente benutzten – mit den Farben mischte. Zusammen hatten sie nach einem Mittel gesucht, die größtmögliche Haltbarkeit der Weißtöne zu erreichen. Eine Prozedur gegen das Vergilben. Eine Formel, ein Rezept, um zu verhindern, daß die Silbertöne im Licht dunkler wurden ... Doch in diesem Monat hatte Artemisia weder Zeit noch Lust gehabt, für sich, ihre Mäzene oder den Ruhm zu arbeiten. Nicht ein einziges Mal hatte sie Lust gehabt zu malen.

»Gott sei Dank kann ich jetzt wieder arbeiten wie früher. Gott sei Dank ist es vorbei.«

Sie irrte sich. Nichts würde sein »wie früher«.

Die Erinnerung an Nicholas Lanier, an seine Stimme und sein Lachen würde weiterhin ihr Atelier beseelen; während in Hampton Court Artemisia in den Musiksalons herumgeistern würde.

Jeden Abend des Sommers 1626 sollten Karl I. und der Herzog von Buckingham von Nicholas Lanier diese Arie, dieses Gedicht verlangen, die er nach seiner Rückkehr aus Italien erschaffen hatte, die Klage zweier entzweiter Liebender, den Trauergesang von *Hero und Leander*, die die Götter getrennt und auf gegenüberliegende Ufer gebracht hatten ... Lanier sang von ihrem Schmerz mit einem Lächeln, das die Damen entzückte.

Doch die Trennung lastete jeden Tag schwerer auf dem Gemüt des Musikers. In London wie in Rom wurden die Gefühle durch die Trennung stärker. Zu Beginn des Winters kam ein Brief aus England in der Via del Corso an. Lanier schrieb nicht von Liebe. Er erwähnte nur Orazio Gentileschis Aufenthalt in London, seine herrlichen Bilder und die Gunst, mit der Karl I. den alten Maler überhäufte ... Er kündigte seine Rückkehr nach Italien an. Nach Venedig. Für diese neue Mission bediente er sich zweier in London ansässiger Italiener: Francesco und Giulio Gentileschi. Artemisias Brüder ... Lanier schlug vor, daß sie ihn am Ufer der Lagune treffen solle.

Das Angebot kam im richtigen Moment. Sie hatte es angenommen.

Wenn Nicholas Lanier und Artemisia auch nicht zur selben Welt gehörten, so waren sie doch eines Schlages und eines Kalibers. Sie würden entdecken, welchen Scharfsinn der Kardinal von Savoyen besessen hatte, als er ihnen so sorgfältig dosiert ihre Privilegien gewährte.

30

Venedig, Insel Murano

Januar bis November 1627

Es war vier Uhr morgens, die Zeit, in der sich Venedig dem Schlaf ergab. Doch ein Liebeslied und die melancholischen Akkorde einer Bratsche störten die Stille über den Gärten von Murano. Zwischen dem Kanal und dem Meer, im obersten Stockwerk einer großen Villa, erzitterten die Flammen einiger Kerzen: Dort, im riesigen Zimmer unter dem Dach, feierten Nicholas und Artemisia in aller Heimlichkeit ihr Wiedersehen.

Einige Tage zuvor hatte Lanier sie in einer Kirche in Padua getroffen – oder eher überrascht. Das Treffen entsprach ihrer beider Erwartungen. Als sie sich im Halbdunkel des Kirchenschiffes erblickten, hatten sie zunächst Angst bekommen, so sehr schien die Gemütsbewegung, die sie überwältigte, ihr Leben ändern und alles mit sich reißen zu können. Einige Sekunden hatten sie sich aus der Ferne angesehen. Dann waren sie langsam aufeinander zugegangen; und ohne große Worte, ohne eine Erklärung hatten sie sich umarmt.

Sie fanden sich wieder, wie sie sich verlassen hatten.

Sie wollten sich nie wieder trennen. Seit achtundvierzig Stunden hatten sie sich in diesem Zimmer in Murano eingeschlossen und leidenschaftlich geliebt.

Mit seiner üblichen Energie und Effizienz hatte Nicholas diesen Schlupfwinkel organisiert ... Niemand in Venedig wußte davon. Noch nicht. Er genoß seine letzten geheimen Stunden allein mit Artemisia.

Erschöpft und zufrieden ruhte Artemisia auf dem zerwühlten Bett. »Welches Glück«, dachte sie, »hier einfach zu liegen, ihn zu betrachten und ihm zuzuhören ...« Mit halbgeschlossenen Augen schien sie mit kleinen Schlucken einen äußerst starken und süßen Wein zu trinken. Sie betrachtete den blassen Leib von Nicholas, der am Fuß des Bettes saß. Er hatte den Oberkörper gebeugt und sein Gesicht über sein bauchiges Instrument geneigt. Seine langen, weißen Hände mit den spitzigen Fingern glitten langsam und bedächtig über den Hals der Bratsche. Seine natürlich warme Stimme vibrierte vor zurückgehaltener Zärtlichkeit. Eine große Rührung schnürte Artemisia das Herz ab. Sie fühlte, wie ihr die Tränen in die Augen stiegen, und lächelte innerlich: »Ich gebe zu«, gestand sie sich ein und versuchte gleichzeitig, sich über sich lustig zu machen, »ich gebe zu, daß er mich mehr als die anderen berührt.«

Es war nicht Nicholas' gutes Aussehen, das sie derart anrührte, es waren auch nicht die Verse, die er so hingebungsvoll sang. Sondern der Gegensatz zwischen seiner Kraft – der phänomenalen Energie, der Vitalität von Nicholas Lanier – und der extremen geistigen Raffinesse dieser Musik. Artemisia konnte mittlerweile sehr gut ermessen, welche Kenntnisse es Lanier abverlangte, solche Partituren zu schreiben, welche Virtuosität, sie zu spielen. Ja, es waren die ausgeklügelten Spielereien des Gebildeten, die komplizierten Arbeiten des Gelehrten – verbunden mit der Kühnheit des Abenteurers –, die sie wehrlos machten.

Die Musik wurde fordernder. Das Tempo zog an. Nicholas fixierte Artemisia: Auch er schien wehrlos. Er hatte sich aufgerichtet und ließ sie nicht mehr aus den Augen. Sie kannte diesen ernsten, fast feindseligen Ausdruck des Verlangens, das anstieg und einen verschlang. Abrupt verstummten Bratschenklang und Gesang. Artemisia sah, wie Nicholas das Instrument beiseite legte. Dann schloß sie die Augen.

»Morgen wirst du mich begleiten«, murmelte Nicholas und preßte sie an sich. »Ich werde dir den Besitzer der Villa vorstellen. Die ersten Bilder sind angekommen …«

Sie verlor sich, begraben unter dem großen Körper dieses Mannes.

* *
*

»Mein Gott …«, murmelte Artemisia.

Sie ließ sich langsam auf die Steinplatten sinken, kniete sich auf den Boden des Lagerhauses, eines alten Salons, der sich unter den Arkaden der Vorhalle einer Villa in Murano erstreckte. Mit erhobenem Gesicht prüfte sie das riesige Gemälde, das ihr Gastgeber, der ausgekochteste Kaufmann von Venedig, für sie vor dem Turm der Kisten entrollt hatte: den *Tod Mariä* von Caravaggio.

Zwischen den Truhen und Ballen erhoben sich, wie ein goldener Hochwald, all die Rahmen, die man für den Transport der Bilder über die Lagune auseinandermontiert hatte. Statuen wiegten sich im feuchten Stroh in den Hüften, gespenstische Göttinnen, Fragmente von nackten Körpern … Die Luft war drückend und roch nach Schlick und Fisch. In der Ferne hörte man den wütenden Schrei der Möwen, in der Nähe das Klatschen der Wellen.

»Mein Gott«, wiederholte sie mit fiebriger Stimme.

Sie betrachtete den Körper der Madonna, der vor ihr gebettet war. Betrachtete ihr rotes Gewand und die riesige purpurfarbene Draperie über den Köpfen der Apostel. Und dann das Licht! Ein einziger Strahl fiel aus einem hochgelegenen Fenster und konturierte die Figuren, indem er an ihren Händen, ihren Köpfen und ihren Hälsen entlangfuhr.

»Mein Vater hat es erfaßt!«

Die drei Männer, die schweigend hinter ihr standen, tauschten einen fragenden Blick aus.

An diesem Augustabend im Jahre 1627 unterwarfen der Musiker Nicholas Lanier, der Botschafter von England und sein erster Sekretär das erste von mehreren hundert Bildern dem professionellen Urteil der Malerin Artemisia Gentileschi. Diese Bilder gehörten dem Herzog von Mantua, und der Kaufmann Daniel Nys wollte sie im Auftrag von Karl I. erwerben.

Artemisias Urteil hatte beträchtliches Gewicht. Die Summe, um die es bei dieser Transaktion ging, sollte das Geschäft zustande kommen, würde die der direkten Steuern übersteigen, welche während eines ganzen Jahres von einem Land etwa wie Irland gefordert wurden.

Der englische Botschafter, Sir Isaac Wake, beteiligte sich nur widerwillig an diesem Geschäft, das er mißbilligte. Doch er hatte den offiziellen Befehl seiner Majestät erhalten, dieses Unternehmen von Nicholas Lanier zu unterstützen. Der Kaufmann Daniel Nys war ebenfalls skeptisch, inwieweit sich der Einfluß dieser Frau, der Mätresse von Lanier, auf die Entscheidung der Käufer auswirken konnte. Da er den Umgang mit Künstlern gewohnt und ein großer Kenner der Malerei war, fürchtete er Artemisia Gentileschis Neid gegenüber den Werken ihrer Konkurrenten.

Artemisia hatte den Umhang zu Boden geworfen und die Kerze genommen, die der Kaufmann ihr hinhielt. Auf Knien ließ sie ihre Hand über die Oberfläche des Bildes gleiten. Ihre Handfläche strich über die Farben, ihre Finger betasteten die Erhebungen.

»Ich durfte dieses Bild niemals berühren«, murmelte sie. »Die Mönche von Santa Maria della Scala hatten es damals verboten ... Sie fanden, daß diese Heilige Jungfrau zu würdelos sei, uns zu nahe, zu menschlich. Aber mein Vater hat mich zu ihr gebracht, damit ich sie betrachten konnte. Sie war nur eine Woche lang ausgestellt. Er wollte, daß ich sie sah. Er liebte sie!«

Artemisia schwieg, versunken in ihre Erinnerungen.

»Wir haben meine Mutter allein gelassen, die jeden Augenblick niederkommen konnte, nur um dieses Bild zu sehen. Sie starb, während wir weg waren. Ich war zwölf Jahre alt ...«

Nach einem kurzen Schweigen fragte sie: »Rubens hat dieses Bild doch für den Herzog von Mantua gekauft, oder?«

»So ist es«, antwortete Lanier.

Wie Nys und der Botschafter beobachtete er sie unablässig.

Er konnte ihr zum Bild gewandtes Gesicht nicht sehen, doch er ermaß an der Bewegung in ihrer Stimme, wie sehr die Freude in diesem Augenblick mit der Nostalgie, der Bewunderung und der Angst in ihrem Innern wetteiferte.

»Gibt es in Mantua noch weitere Bilder von Caravaggio?« fragte sie und drehte sich zu ihren Begleitern um.

Die Kerze, die sie in der Hand hielt, tauchte ihre Augen in ein goldenes Licht.

Nicholas Lanier hatte Artemisia in ihrer prächtigen Aufmachung als Hofmalerin gesehen, mit Halskrause, Ketten und Perlen. Er sah sie jeden Tag in diesem venezianischen Lagerhaus, wo sie, wie eine Frau aus dem Volk, mit bis zu den Ellbogen aufge-

rollten Ärmeln die Nägeɪ ᵤ.ᵤ den Bilderkisten entfernte. Sie faßte die Marmorstatuen mitten um den Leib, hob und entrollte Bilder. Niemals, auch nicht bei der Liebe, hatte er ihren Blick so
strahlend, ihre Lippen so blühend und leuchtend gesehen. Sicher,
Artemisia zeigte in seinen Armen eine Begeisterung, die er bei keiner seiner Mätressen erlebt hatte. Aber er wußte nicht, daß sie vor
den Werken anderer eine derartige Erregung zeigen konnte. Sie
achtete nicht auf seine Antwort, sondern betrachtete wieder das
Bild ... Erinnerte sie diese Heilige Jungfrau an etwas? An das Bild
ihrer eigenen Mutter? An Prudenzia mit den gespreizten Beinen
und den nackten Füßen unter ihrem Kleid, wie Artemisia sie in
der Santa Maria del Popolo aufgebahrt gesehen hatte, bevor ihre
Leiche im Innern der Kirche verschwand? An ihre Kindheit erinnerte sie dieses Werk und an all die Unterweisungen ihres Vaters!

»Wir müssen rasch die anderen Bilder suchen«, erklärte sie,
»alle, die noch in Mantua sind, bevor sich Spanien oder Frankreich ihrer bemächtigt ...«

Die Szene, die sich hier in einem der tausend Lagerhäuser des
Inselreiches abspielte, hätte Richelieu im Kardinalspalast und Philipp IV. im Escorial sicherlich brennend interessiert.

»Kauft es! Kauft alles, was Ihr bekommen könnt«, wiederholte
sie und erhob sich. Sie blickte die vier Männer an. »Und was Ihr
nicht kaufen könnt, das kauft trotzdem!«

* *
*

»Verkauft es! Verkauft alles!« rief wie ein Echo Vincenzo von
Gonzaga, der Herzog von Mantua, zweihundert Kilometer von
Venedig entfernt aus. »Und was Ihr nicht verkaufen könnt, ver-
kauft trotzdem!«

Der Herzog meinte seine Sammlung von Bildern und antiken
Statuen, die in ganz Italien berühmt war. Eine Sammlung, die von
fünf aufeinanderfolgenden Herrschern, alles eifrige Mäzene, zusammengetragen worden war und neben Caravaggios Werken zig
Bilder von Mantegna, Giulio Romano, Correggio, Tizian, Raffael und Leonardo da Vinci enthielt. Die berühmte Sammlung, deren Konservator acht Jahre lang Rubens gewesen war.

Im Jahr 1627 waren die Einwohner von Mantua äußerst stolz auf diese Zusammenstellung, die sie nicht als Privatsammlung betrachteten, sondern als eine Art Nationalmuseum. Es war der Stolz ihrer Stadt. Mantua verdankte seinen Bildern, daß es als achtes Weltwunder betrachtet wurde. Die Einwohner von Mantua würden zurückstecken müssen! Der Staat war in einen finanziellen Engpaß geraten, der radikale Maßnahmen erforderte. Wären die anderen europäischen Herrscher an Stelle der Gonzaga gewesen, dann hätten sie Titel, Ämter, Pfründe und Privilegien verscherbelt; sie hätten Gelder geliehen, Hypotheken aufgenommen und Steuern erhoben – bevor sie ihre Macht schmälerten, oder das Zeichen ihrer Macht: ihre Reichtümer. Ihre Bilder. Doch die Herzöge, die zu der Zeit in Mantua regierten, waren nicht mehr die großen Männer der Renaissance. Der Zufall der Erbfolge hatte ehemalige Kardinäle auf den Thron gebracht, deren Passion nicht der Kunst galt. Sie kauften nichts als Reliquien; sammelten nichts als Papageien, Prostituierte und Zwerge.

England, Frankreich und Spanien kannten ihre Schwächen, warteten auf die Gelegenheit zur Plünderung und hielten alle drei ein wachsames Auge gen Italien gerichtet. Es war eine direkte Umkehr der Dinge: Früher war Italien auf Raubzug in Sachen Kunst gegangen. Der Papst hatte unmittelbar nach der ersten Niederlage der protestantischen Staaten seinen Archivar nach Heidelberg geschickt, in die von den Katholiken besiegte Ketzerstadt, damit er ihm berichtete, ob die Bibliothek des Schwagers von Karl I. unversehrt war. Alle Manuskripte und Inkunabeln sollten in den Bestand der vatikanischen Bibliothek integriert werden. Um den Transport der Bücher zu erleichtern, hatten die Schergen des Papstes alle Einbände entfernt. Sie hatten sogar die Exlibris beseitigt, um ihre Herkunft für immer der Vergessenheit anheimzugeben. Im September 1624 hatte Artemisia Gentileschi wie alle Einwohner von Rom den langen Zug der Maultiere gesehen, der die Porta del Popolo durchschritt und sich die Via del Corso hinaufbewegte. Eine Silberplatte baumelte am Hals eines jeden Maultiers: *Fero Bibliotecam Principis Palatini* – Ich trage die Bibliothek der Pfalzgrafen. Auf ihrem Rücken schwankte je eine der hundertsechsundneunzig Kisten mit Seiten ohne Einband, den nackten Trophäen aus der berühmtesten deutschen Bibliothek. Drei Jahre später sollte ein Ketzerstaat sich dadurch rächen, indem er versuchte, sich eine der schönsten Sammlungen im Besitz eines katholischen Herrschers anzueignen.

Dieses Mal allerdings handelte es sich weder um Raub noch um Plünderung. Sondern nur um eine rechtmäßige Transaktion. Doch durch die Aufregung, die dieser »Ausverkauf« in ganz Europa bewirken sollte, durch die Konsequenzen für den Dreißigjährigen Krieg und die Belagerung von La Rochelle, durch die direkte Verbindung mit der Tragödie, die sich kurze Zeit darauf bei Karl I. abspielen sollte, wurde dieser »Handel« einem Staatsstreich vergleichbar. Urheber, Haupttriebfeder und Sieger dabei war niemand anderer als der Hofmusiker Englands, Nicholas Lanier.

Lanier hatte Venedig zu seinem Hauptquartier bestimmt. Keine Stadt in Europa konnte ihm so viele Vorteile für seine Mission bieten. Die diplomatischen Beziehungen, die England und die Republica Serenissima di Venezia seit zwanzig Jahren verbanden, erleichterten den Handel. Das Band zwischen den beiden Nationen war so eng, daß London sich immer noch Hoffnungen machte, die Republik zum protestantischen Glauben zu bekehren. Besser noch: zum anglikanischen!

Seit dem Konzil von Trient spielte das Mißtrauen des Papstes gegenüber den Venezianern – ein Mißtrauen, das ihrem Patriotismus, ihrem Sinn für Unabhängigkeit und vor allem der traditionellen Autonomie ihres Klerus galt –, spielte dieser Argwohn des Heiligen Stuhls also England in die Hände. Die Mehrheit im Großen Rat der Republik war der Meinung, die Unabhängigkeit ihres Klerus sei durch die Tatsache gerechtfertigt, daß die Jesuiten, von denen es auf venezianischem Territorium nur so wimmelte, einzig den Schatten verdeckten, den Spanien bis nach Italien warf. Spanien aber war der Feind der Serenissima. Denn es zielte darauf ab, die Republik einzukreisen, und zog bereits an den Fäden der päpstlichen Macht.

Rom wollte Venedigs Widerstand durch die Forderung brechen, daß der Rat der Zehn zwei Geistliche auslieferte, die wegen

Mordes, Vergewaltigung und anderer Vergehen verhaftet worden waren. Diese beiden Männer, einfache geistliche Würdenträger, hatten noch nicht mal die Priesterweihe empfangen und unterstanden somit der normalen Justiz. Doch der Papst befahl, sie augenblicklich seiner Gerichtsbarkeit auszuliefern. Der Heilige Vater nutzte die Situation, um zu fordern, daß die beiden Gesetze, die den Bau von Kirchen, Krankenhäusern und geweihten Stätten auf venezianischem Territorium ohne die Genehmigung der zivilen Macht untersagten, unverzüglich außer Kraft gesetzt würden. Am 17. April 1606 verlas der Papst ein Ultimatum: Wenn die beiden Häftlinge nicht ausgeliefert und die Gesetze nicht aufgehoben würden, dann würde über die Domänen der Serenissima der Kirchenbann verhängt.

Einen Monat später war Venedig exkommuniziert.

Das Interdikt betraf die Abwicklung aller religiöser Handlungen, einschließlich der Verabreichung der Sakramente. »Wir betrachten Eure Exkommunikation als gegenstandslos«, entgegnete der Doge. »Da wir sie für nichtig erachten, übergehen wir sie einfach.« Trotz der Breven des Papstes, trotz seiner Drohungen und Verwünschungen ging das religiöse Leben weiter wie zuvor. Venedig zwang die Priester, die Messen abzuhalten. Mit Gewalt! Dem Vikar von Padua, der behauptete, er müsse auf die Eingebung des Heiligen Geistes warten, um die Messe zu lesen, antwortete die Signoria, der Heilige Geist habe bereits dem Rat der Zehn eingegeben, all die aufzuhängen, die sich als ungehorsam erwiesen. Und die Pfarrer, die sich weigerten, Neugeborene zu taufen oder die Letzte Ölung vorzunehmen, fanden vor den Pforten ihrer Kirche einen Galgen.

Dieser Kraftakt zwischen Rom und Venedig kam den Interessen der Reformation wunderbar zupaß! London goß Öl ins Feuer, indem es eine Allianz der Republik mit den protestantischen Kantonen der Schweiz vorschlug – eine militärische und moralische Allianz gegen Madrid. Und gegen den Papst … Ganz langsam glitt Venedig in die Arme der abtrünnigen Staaten.

Der Pontifex maximus wurde am Ende unruhig wegen der Konsequenzen der venezianischen Exkommunizierung. Wenn die Stadt der Reformation anheimfiel, würde Rom ein neues Schisma zu gewärtigen haben. In aller Eile hob Paul V. das Interdikt auf.

Die Republik hatte niemals ernsthaft daran gedacht, zum Protestantismus zu konvertieren, doch Englands Unterstützung, seine Hilfe in dieser religiösen Krisenzeit, in diesen Jahren moralischer und spiritueller Isolierung, hatte Bande zwischen den beiden Staaten geknüpft, die noch das ganze Jahrhundert halten sollten. Venedig wurde zum Treffpunkt der bedeutenden englischen Aristokraten, welche Italien bereisten. Und seine Universität und die von Padua empfing die Gelehrten von Oxford und Cambridge. Selbst ungebildete Emporkömmlinge wie Buckingham ließen sich – durch Venedig – vom Sammlerspiel mitreißen. Zu Beginn seiner Karriere hatte der Herzog nur Bilder gekauft, weil es Mode war, doch der Anblick der Bilder von Veronese, Tizian und all der venezianischen Meister machte aus ihm einen gewieften Kunstliebhaber, einen der ernstzunehmendsten Passionierten der Malerei. Als das Gerücht aufkam, der Herzog von Mantua könnte möglicherweise bereit sein, sich von seiner Sammlung zu trennen, wurde der Hof von England durch Lady Arundel benachrichtigt, der Frau von Buckinghams Sammlerkonkurrenten, der als der größte Experte in Sachen antike Statuen, Gemälde und Zeichnungen galt. Lady Arundel wohnte in Venedig und hatte die Sammlung der Gonzaga in Begleitung einer ihrer Schützlinge besichtigt: des jungen Malers Anthonis van Dyck. Durch dessen begeisterten Bericht war es zu Nicholas Laniers erster Reise nach Italien gekommen.

Lanier hatte diesen Aufenthalt dazu genutzt, sich das Wohlwollen des Kaufmanns zu erwerben, der kurz zuvor für den Agenten des Herzogs von Buckingham die Bilder von Veronese gekauft hatte. Die waren heute der Stolz des York House. Dieser Geschäftsmann war ein gefürchteter Unterhändler und selbst Sammler: Er kontrollierte den gesamten venezianischen Kunstmarkt. Man munkelte, er sei Protestant. Sein Name lautete Daniel Nys.

Daniel Nys kam ursprünglich aus Flandern und versorgte die rivalisierenden Parteien des Dreißigjährigen Krieges mit Waffen. Doch nicht nur mit Musketen und Büchsen, sondern auch mit Vasen, Schmuck, Parfums, Pelzen und »Raritäten« von allen Höfen Italiens. Er belieferte vor allem den Hof von Mantua. Unter dem Vorwand, den Gonzagas einen begabten englischen Künstler auf der Durchreise zu empfehlen, hatte Nys Nicholas Lanier Eintritt in die Große Galerie des herzöglichen Palasts verschafft. Zwischen seinen Konzerten konnte Lanier so die Bilder begutachten und eine erste Inventarliste aufstellen. Diese Liste hatte er in seinen Satteltaschen mitgenommen, zusammen mit den gravierten Porträts von Artemisia und den sechsunddreißig Bildern, die er in Rom im Auftrag des Königs erworben hatte ... Lappalien im Vergleich zu den Werken aus Mantua!

Von London aus hatte Lanier zu Nys Kontakt gehalten. Seine Instruktionen brauchten drei Wochen, um zu dem Kaufmann zu gelangen, der die Verhandlungen weiterführte und im Namen des englischen Königs jeden Schwur leistete, den Vincenzo von Gonzaga hören wollte: daß natürlich dieser Verkauf vollkommen geheimgehalten würde; daß weder die Medici in Florenz, noch die Savoyer in Turin, noch die Farnese in Parma auch nur ein einziges Bild in die Hände bekämen; daß die vollständige Sammlung nach London ginge ... Die Vorstellung, ein Objekt, das einmal den Herzögen von Mantua gehört hatte, könnte an der Wand eines rivalisierenden Hauses seinen Platz finden, diese Angst verzögerte den Verkauf, würde ihn vielleicht sogar ganz verhindern! Lanier hatte diese Befürchtungen sehr wohl verstanden: Wenn die Herzöge eines Tages tatsächlich dazu bereit wären, ihre Bilder zu verkaufen, dann wünschten sie, daß sie so weit wie möglich weggeschafft wurden, auf eine Insel jenseits des Meeres, in ein Land der Ketzer, wo kein italienischer Herrscher sie jemals sehen würde. Nys mußte sich also bemühen, das Herrscherhaus von Mantua zu beruhigen ... Doch Mantua war mißtrauisch: Wer konnte bezeugen, daß Nys wirklich im Auftrag Englands verhandelte? Also hatte sich der Hofmusiker von Karl I. angeboten, erneut nach Italien zu reisen. Nicholas Lanier kehrte nach Venedig zurück. An der Seite von Daniel Nys würde er mit den Gonzaga verhandeln und dann persönlich die riesige Bildersammlung bis nach London begleiten.

Doch seine Abreise auf den Kontinent hatte sich um viele Monate durch das Abkommen verzögert, das der Premierminister von Spanien und der französische Botschafter am 20. März 1627 unterzeichnet hatten, ein Abkommen, das die Invasion Englands durch Paris und Madrid vorsah. Dieser Angriffspakt verschloß alle Häfen für englische Reisende.

Dem listigen und tüchtigen Nicholas Lanier war es dennoch gelungen, im Juli 1627 nach Venedig zurückzukehren. Sechs Monate nach der Ankunft von Artemisia Gentileschi.

Die Pause, die die europäischen Kriege ihrer Liebe auferlegten, hatten der jungen Frau erlaubt, in aller Ruhe in einer geheimen Herberge in Padua eine kleine Tochter zur Welt zu bringen, welche sie in Erinnerung an ihre Freundin Francesca Caccini, die florentinische Sängerin, Francesca genannt hatte. Ihre Dienerin und ihr Kutscher hatten das Kind des Herzogs von Alcalá über dem Taufbecken gehalten. Doch Artemisia behielt sich die Wahl einflußreicherer Paten vor …

Nach den damaligen Bräuchen hatte sie dann ihr Kind bei einer Amme auf einem Gehöft in Venetien untergebracht und nur Prudenzia bei sich behalten.

Mutter und Tochter hatten sich bis zum Frühjahr am Ufer der Brenta aufgehalten. Arbeit hatte sie in den Villen von Freunden des Cavaliere dal Pozzo, des Kardinals von Savoyen und des einstigen Botschafters der Repubblica gefunden, der nun wieder in Venedig war. Der Schutz dieser drei Mäzene hatte ihr Zugang zu gelehrten Zirkeln verschafft, namentlich bei dem Erzieher aller jungen Aristokraten, einem gewissen Nicolino Colluraffi, der ihr gegenüber die allergrößte Bewunderung hegte. Er war der Gründer der Accademia dei Informati und hatte sie gebeten, das Emblem dieser Vereinigung zu entwerfen, die sich politischen Theorien widmete. »Ich möchte aus Eurer Hand«, schrieb er ihr, »die Zeichnung einer Bärin, welche ihr Neugeborenes leckt und ihm damit seine Form gibt. So wie der Geist die Materie reinigt und das Wissen dem Geist Glanz verleiht.«

Diese kleineren Arbeiten konnten Artemisias Prestige nur dienen: Sie entprachen auch vollkommen ihrem Zustand … Die

Mutterschaft hatte in ihr eine neue Verletzlichkeit bewirkt, ein Bedürfnis nach Geborgenheit, den Hang zur Heimlichkeit. Doch ihr Umzug mit Kind und Kegel – Baby, Amme, Tochter, Dienerin und Kutscher – nach Venedig in ein Haus der Gemeinde von San Fantino sollte großes Aufsehen verursachen.

Wenn auch die Frauen der Serenissima zurückgezogener lebten als überall sonst in Europa, wenn die jungen Mädchen die Welt nur durch Schießscharten sahen, wenn die Ehefrauen nur mit zwei Anstandsdamen zur Kirche gehen durften, so liebte diese Patriziergesellschaft, die sich angeblich so der Freiheit verschrieben hatte, nichts mehr, als über die Rolle und den Platz des schwachen Geschlechts auf der Welt zu debattieren. In mehreren Broschüren mit der Unterschrift dreier Venezianerinnen wurde für alle Frauen die Freiheit gefordert, zu studieren, zu reisen, ihr Leben zu gestalten und sich innerhalb von Familie und Gesellschaft weiterzuentwickeln. Eine junge Nonne, die mit sechzehn Jahren in ein Benediktinerkloster gesperrt worden war, entzückte mit ihrer Revolte die jungen Aristokraten, ihren Erzieher Nicolino Colluraffi und alle Intellektuellen, mit denen das junge Mädchen näher oder entfernter verwandt war. Ihre Bücher, *Die Klosterhölle* und *Die väterliche Tyrannei*, zirkulierten lange Jahre unterderhand und gaben Klatsch und Kontroverse neue Nahrung. Die Ankunft von Artemisia Gentileschi, der leibhaftigen Verkörperung aller Träume der armen Nonne, würzte die Diskussion. Doch das Gerücht von ihrer Liebschaft mit dem berühmten englischen Musiker Nicholas Lanier führte dazu, daß die Aufmerksamkeit von der ursprünglichen Frage abgelenkt wurde auf etwas, was die englische Botschaft zum Kochen brachte.

Gerade hatten die Glocken von San Marco die zweitausendfünfhundert Aristokraten von Venedig zur Sonntagssitzung des Großen Rates gerufen, und ihr Klang hallte bis zum weit entfernten Viertel von Cannaregio im Norden der Stadt. Dort ragte, ganz vereinzelt, die englische Botschaft in die Höhe.

Nicht weit von diesem Palazzo direkt gegenüber der Lagune hißte ein kleines Boot sein rotes Segel, um im Nebel zu verschwinden. Es fuhr an der Insel von San Michele entlang, an den schwarzen Eiben und den Mauern des gespenstischen Klosters. Dann überquerte es den Canale dei Marani, der aufs offene Meer hinausging, und wechselte die Richtung. Es fuhr in den Haupt-kanal der Insel Murano. Von dort aus bog es in die Fondamenta Navagero ein und bewegte sich nun nur noch mit Hilfe der Ru-der fort. Unter dem Geschrei der Möwen zerteilte das Boot das grünliche Wasser, in dem sich unbeweglich die Palladio-Villen spiegelten, die weißen Giebel, die Balkone, die hohen Fenster der Landhäuser der venezianischen Aristokratie ... Die Feluke hatte am ersten Ponton angelegt, von dort führten fünf Stufen bis zum Uferdamm vor der Tür zur Villa, die der Kaufmann Daniel Nys von der einflußreichen Patrizierfamilie des Dogen Loredano ge-mietet hatte. Es war ein geheimnisvoller, von Mauern umgebener Besitz zwischen zwei Fußwegen, die in die Tiefe der Insel führten. Man bemerkte hinter dem Haus hohe Bäume und die drückende Atmosphäre eines Gartens, der sich möglicherweise bis zum Meer erstreckte.

Drei maskierte Gestalten waren dem Boot entstiegen, hatten schnell den Uferdamm überquert, den Türklopfer betätigt und waren in der dunklen Vorhalle verschwunden. Über ihre Masken wunderte sich in Venedig niemand. Hier brauchte man nicht auf die Karnevalsnächte zu warten, um sein Gesicht zu verbergen. Selbst am hellichten Tage und mitten im August hüllten sich die Menschen in weite, schwarze Umhänge. Der Geschmack, die Tra-dition und die Notwendigkeit hielten die Patrizier dazu an, sich vor neugierigen Blicken zu schützen und ihre Identität zu ver-schleiern. Doch niemand stellte sich prahlerischer zur Schau, nie-mand zeigte Pracht und Pomp mit größerem Aufhebens als die ve-nezianische Aristokratie. Aber im Unterschied zum Adel in Flo-renz und Rom behielt sich die Serenissima dies für öffentliche Veranstaltungen vor. Für sich selbst, für ihr tägliches Leben be-vorzugte sie Stille, Genügsamkeit und sogar eine gewisse Form der Strenge. In dieser Hinsicht unterschied sich die Aristokratie der Republik von allen anderen in Europa.

Sicher, Venedig verachtete wie Florenz mittlerweile den Han-del, der diese Pracht erst möglich gemacht hatte. Und Venedig ließ sich wie Rom von einem gewählten Herrscher regieren, vom

Dogen. Doch der Adel hier interessierte sich im Gegensatz zu dem in Rom und Florenz weitaus mehr für Theorie und Praxis des Regierens als für die anderen Aspekte der Macht. Es begeisterte sich für die Politik, für das Studium und die Wissenschaft der Staatsaffären. Die Erziehung eines jeden jungen Venezianers war geprägt durch das Erlernen und Beherrschen von Verstellung und Verschleierung. Die oberste Tugend war und blieb die »Undurchsichtigkeit«, eine Tugend, die der Erzieher der bedeutenden Artistokraten rühmte, Nicolino Colluraffi, Artemisias Freund und der Lehrer von Gian Francesco Loredano, der Erbe dieser Villa von Murano, in der die maskierten Gestalten gerade verschwunden waren.

Wenn auch niemand das Geheimnis bemerkt hatte, mit dem sich die Personen umgaben, so hatte die Abwesenheit von Dienern, Schergen und einer bewaffneten Schutztruppe doch die Neugier der venezianischen Spitzel auf sich gezogen. In dieser Zeit extremer Instabilität ging man in Venedig nicht ohne Eskorte auf die Straße. Die verschiedenen Stadtviertel unterstanden rivalisierenden Familien, die sich bezahlte Mörder hielten. Diese *Bravi* überfielen aufs Geratewohl die Maskierten, welche sich auf ihr Territorium verirrt hatten. Doch wenn die Sicherheit verlangte, daß man sich nur im Trupp bewegte, zog dies doch die Verbreitung aller Geheimnisse nach sich. Gerede zwischen den bezahlten Armeen, Indiskretionen durch die unzähligen Diener, Enthüllungen durch die zahlreichen Sekretäre im Dienste des Großen Rats, des Senats und der Signoria und aller Staatsorgane, Denunziationen und Verrat, keine Macht in Europa kannte mehr »undichte Stellen« als die Republik. Die Staatsgeheimnisse verbreiteten sich zuhauf in allen Botschaften. Doppel- und Dreifachagenten, französische, spanische und englische Spione verkauften ihrerseits an die Agenten der Republik die Geheimnisse der ausländischen Politik. In Venedig mißtraute jeder jedem. Ein Grund dafür, warum die Villa, in der sich die fünf Gestalten trafen, vollkommen leer war.

In Erwartung der Bilder, deren Abtransport aus Mantua und Ankunft in Venedig geheim bleiben mußte, verbarg sich Artemisia dort zwischen den hohen Mauern allein mit Daniel Nys und

Nicholas Lanier. Gemeinsam hatten sie jede Nacht unten im Garten auf das Schiff gewartet, das die Wellen des offenen Meeres an die Ufersteine treiben würde. Es war eine gefährliche Stelle, wo man nicht anlegen konnte ... Durch die niedrige Pforte, die aufs Meer hinausging, hatten sie die Kisten bis zum Erdgeschoß der Villa gebracht, wo sie geöffnet wurden. Die ersten Exemplare der Sammlung hatten sich ihren geblendeten Augen enthüllt, nicht nur der *Tod Mariä* von Caravaggio, sondern auch *Die Grablebung* von Tizian und viele andere Meisterwerke.

»Wenn wir nicht bald die Überführung all der anderen Bilder aus Mantua erreichen, wird der Beauftragte von Kardinal Richelieu sein Gebot erhöhen«, sagte Artemisia unruhig. »Ich habe eben gesehen, wie der Agent des spanischen Königs um Eure Villa herumstrich, Signor Nys ... Woher weiß er, daß die Bilder hier in Murano sind? Habt Ihr noch einen anderen Käufer gesucht? Ich nehme an, daß Ihr großes Interesse an einem Konkurrenten hättet ... Je teurer Ihr verkauft, desto höher ist Eure Provision ...«

Der Kaufmann wechselte den Gesichtsausdruck. Er war sehr klein, genau wie der Botschafter und sein Sekretär, doch gedrungener, mit breitem Gesicht und hervorspringenden Wangenknochen. Daniel Nys hatte den Ruf, sich verteidigen, sich rächen und strafen zu können. Sein Vermögen erlaubte ihm, sich im Handumdrehen eines jeden zu entledigen, der sich ihm in den Weg stellte. Seit zwanzig Jahren verkehrte er mit allen Botschaftern in Venedig. Er selbst hatte das Amt eines Konsuls von Schweden inne, ohne daß er durch seine Herkunft oder seine Geschäfte dazu prädestiniert gewesen wäre ... Scheinbar. Denn Daniel Nys kultivierte aufs äußerste die Kunst der Geheimhaltung und des venezianischen Doppelspiels. Er lächelte und schien einen Moment unschlüssig, ob er aggressiv oder höflich sein sollte. Er entschied sich, auf die einzige Frage zu antworten, die man ihm nicht gestellt hatte.

»In der Tat«, bekannte er, »die Listen, die von meinem Bevollmächtigten in Mantua zusammengestellt wurden, entsprechen weder den Bildern noch den Statuen, die wir hier bekommen haben. Ich frage mich, ob Kardinal Richelieu Wind bekommen ...«

»Es fehlt«, unterbrach Artemisia, »*Der Tod Mariä* von Mantegna und *Die Heilige Familie* von Raffael …«

Mit starrem Blick und gestrafftem Oberkörper hatte sie sich zu Lanier und dem Botschafter gewandt. Sie durchschritt rasch den kleinen Salon – mit jenem Schritt, der auf den Steinplatten hallte und jeden daran erinnerte, daß sie nicht zur Aristokratie gehörte und keinen Benimmunterricht wie die großen Damen bekommen hatte. Sie erreichte die drei Männer, die sich um einen kleinen, runden Tisch gesetzt hatten, das letzte Überbleibsel aus dem Salon, den die Umstände in ein Lager verwandelt hatten. Nys schob ihr einen Sessel zu. Sie blieb lieber stehen.

»In der Tat fehlt *Die Heilige Familie*«, gab Nys zu. »Ich habe mich darüber in meinem letzten Brief an Seine Hoheit beschwert.«

»Es fehlen noch viele andere Dinge! Außerdem entspricht der Preis nicht den Vereinbarungen … Wollt Ihr mir ein Glas Wein geben?«

Während Nys einschenkte, näherte sich ihr der Botschafter.

»Glaubt Ihr, daß Mantua uns betrügen will?«

»Ich bin sicher, Euer Exzellenz. Und wenn es nicht Mantua ist …« Artemisia wandte sich zu Nys. »Mir scheint«, fuhr sie mit lauter Stimme fort, »daß die Kaufleute von Venedig nicht gerade die schönen Ansichten in die Tat umsetzen, die sie so gerne zur Schau stellen.«

»Warum sagt Ihr das, Signora?«

»Das wißt Ihr sehr gut«, entgegnete sie heftig. »Nicht nur entspricht die Liste, die Ihr in Mantua habt anfertigen lassen, nicht der, die Ihr mir heute ausgehändigt habt, sondern die Bilder *Die Erziehung des Amor* und *Venus entwaffnet Amor*, die angeblich von Correggio stammen sollen, sind auch noch Fälschungen! Mantua schickt uns Kopien. Und Ihr habt ihre Echtheit bestätigt.«

Als Lanier hörte, wie sie mit dem furchterregenden Händler stritt, fingen seine Augen an zu leuchten. So liebte er sie: feurig und leidenschaftlich! Und er hatte so recht gehabt, sich der Fähigkeiten von Artemisia Gentileschi für seine Mission und seinen König zu bedienen. Er hätte niemals gedacht, daß sie sich aus Liebe zu ihm derart auf den Verkauf der Sammlung von Mantua an die englische Krone einlassen würde …

Seit seiner Ankunft in Venedig dachten die beiden nur an eines: den Verkauf. Sie lebten in einer Art Raserei, besessen von der Angst, Spanien oder Frankreich könnte ihnen die Beute vor der Nase wegschnappen. Die Heimlichtuerei, das Geheimnisvolle, das Spiel, die Höhe des Einsatzes, all das erregte sie. Sie empfanden ein Vergnügen wie niemals mehr in ihrem Leben, nur durch das Gefühl, für die Historie zu arbeiten.

Während dieser ersten Zeit ihres Lebens mit Lanier fühlte sich Artemisia unglaublich glücklich und vital. Die Geburt ihres Kindes und die Anwesenheit von Prudenzia verstärkten das Glück ihres Wiedersehens.

Je besser sie Nicholas Lanier kannte, desto mehr liebte und bewunderte sie ihn.

Sie liebte ihn nicht nur um seiner selbst willen – wegen seiner Energie und seiner Heiterkeit, seiner Leistungskraft und intellektuellen Neugierde. Sondern auch, weil sie spürte, daß er sie anbetete. Ihre Besessenheit voneinander stellte für sie einen steten Quell neuer Freuden dar. Ihr Einvernehmen mit Lanier war wie ein Rausch.

In allem, was er unternahm, glaubte Artemisia ehrenhafte Absichten zu entdecken, ein großes Vorhaben, das ihn bewegte. Sie erschrak fast über ihre ungeheure Bewunderung und versuchte vergeblich, einen Fehler an ihm zu finden.

Er seinerseits war mit ihr ebenfalls vollkommen glücklich. Die Befriedigung all seiner Wünsche und dazu diese große Schlacht, um die schönsten Bilder in der Geschichte der Malerei zu bekommen, gaben ihm dieses Glücksgefühl, das er sich erhofft hatte, als er gen Venedig ritt. Er war so zufrieden mit Artemisia, mit ihrem Einvernehmen, ihrem Seelenbündnis, daß er manchmal vergaß, daß sie noch andere Wünsche und Interessen haben könnte. Doch eigentlich vergaß er es nicht. Vielmehr führte die Euphorie über die totale Verfügbarkeit seiner Gefährtin – eine Verfügbarkeit, die er nicht erwartet hatte –, über ihre Fügsamkeit gegenüber allen Erfordernissen ihrer Mission, über ihre absolute Hingabe ihm gegenüber manchmal dazu, daß Lanier wenn nicht Artemisias Leben selbst, so doch ihren Lebenssinn außer acht ließ: die Malerei.

Die junge Frau blieb nichtsdestoweniger der Mittelpunkt beständiger Sorge von Nicholas Lanier. Respektvoll und zärtlich, durchdrungen von der Ehre, die sie ihm erwies, weil sie ihr Leben mit ihm teilte, umgab er sie mit Aufmerksamkeiten und bedrängte sie mit Fragen. Doch die Lust überdeckte ihre Antworten. Mitgerissen durch ihren Taumel hörte Lanier nur noch das Tosen seiner Leidenschaft. Für Artemisia. Für die Sammlung. Und für den Verkauf.

Gutachten und Gegengutachten, Preislisten und Inventarlisten, Reklamationen und feierliche Versicherungen: Von Venedig nach Mantua durchkreuzten sie Italien, um durch ihren Ritt die Kuriere, die Meldegänger und die Eilboten zu überholen.

»In Beantwortung Eures Briefes vom 15. Juni«, schreibt Daniel Nys dem Ratgeber des Herzogs von Gonzaga am 10. Juli 1627, »habe ich mich bemüht, meinen »Geldgeber« [Nicholas Lanier] zu überzeugen, mehr als fünfzigtausend Taler zu investieren. Nach einigen Kämpfen haben wir uns geeinigt, »mein Geldgeber« und ich, daß wir nochmal nach Mantua kommen und an Ort und Stelle über den Preis diskutieren, um das Geschäft zu Ende zu bringen. Ich habe mich außerdem in diese Vasen aus Bergkristall und die Schalen aus Achat und anderem Stein verliebt und möchte für sie einen Pauschalpreis bezahlen, den Euer Gnaden selbst beurteilen soll.«

»Euer Gnaden schlägt vor, bei Ihm in Mantua zu wohnen«, heißt es zwei Wochen später weiter, »doch das ist eine zu große Gunst, die ich nicht verdiene. Ich würde sie dennoch mit höchster Freude entgegennehmen, wenn nicht dadurch die Gefahr entstünde, Aufmerksamkeit zu erregen und aufhorchen zu lassen. Ich glaube, es ist besser, wenn wir als anonyme Gäste in einer Herberge absteigen.«

»Wir sind Donnerstag am späten Abend in meine Villa in Murano zurückgekehrt, wo ich die zweite Ladung Bilder in Empfang genommen habe«, schreibt er abschließend am 4. September. »Ich werde die Gesamtsumme am Mittwoch Eurem Geschäftsträger Signor Crestino übergeben.«

»Daniel Nys weigert sich, mich zu bezahlen!« erklärt der Geschäftsträger von Vincenzo von Gonzaga in einer Nachricht, die er seinem Herrn am 6. September zukommen läßt. »Er schützt vor, daß ich nicht ermächtigt bin, solch große Summen im Empfang zu nehmen.«

»Ich äußerte gegenüber Daniel Nys meine Sorge darüber, daß die Neuigkeit vom Verkauf überall verbreitet worden sei«, beklagt er sich weniger als eine Woche später. »Selbst das Volk von Venedig äußert beleidigende Ansichten über diese Transaktion. [...] Darauf antwortete Nys mir, daß die Informationen nicht von ihm, sondern von Spionen im Dienste derer herrührten, die unsere Bilder begehren. Er gibt vor, selbst darunter zu leiden [...].«

Schließlich schickt am 22. September der Geschäftsträger der Gonzaga – zurück in Mantua – seinem Botschafter in Venedig tief betrübt diesen Brief:
»Ich habe mich zu Seiner Durchlauchtigsten Hoheit, dem Herzog Vincenzo, begeben, um ihn darüber zu informieren, daß ich Gerede gehört habe: über den Verkauf seiner Bilder, über den schweren Schaden, den dieser Verkauf seinem Ruf zufügen wird, und über die Verluste, die der zu niedrige Preis, den man vereinbart hat, seinen Finanzen bringen wird. [...] Seine Hoheit hat sich dies alles persönlich angehört und mich gebeten, Euch unter dem Siegel der allergrößten Verschwiegenheit zu schreiben, damit Ihr ermittelt, [...] ob es nicht Wege gibt, unsere Statuen, Objekte und Bilder zurückzubekommen. Vielleicht könnte man sie zurückkaufen? Sie mit Gewalt zurückbringen? In Murano rauben? Ihr könnt einen Brief an Seine Durchlauchtigste Hoheit schicken, der auf dem laufenden gehalten werden will. Legt Nachdruck auf den Schaden, den dieser Verkauf seinem Ruf zufügt. Ich habe ihm

schon persönlich gesagt, wie sehr wir, Ihr und ich, geweint haben, bittere Tränen geweint über diese Affäre und die betrübliche Art und Weise, in der sie durchgeführt wurde. Ich werde Euren Brief eigenhändig Seiner Hoheit übergeben, damit niemand von unserer Absicht erfährt. Seine Durchlauchtigste Hoheit hat sich in diese Zwergin verliebt, die ich ihm nach Eurem Bericht beschrieben habe. Er will diese Zwergin unbedingt, unter allen Umständen, und müßten wir sie entführen. Seine Hoheit schickt Euch eine Gruppe von Männern, die mit solcherlei Affären vertraut ist, dazu eine Kutsche und alles, was nötig ist. Im Namen Gottes ermöglicht es, daß Seine Hoheit diese Kreatur bekommt, damit sie ihn über diesen schrecklichen Verkauf hinwegtröstet und ihn vergessen läßt.«

Während seine Ratgeber Vincenzo von Gonzaga drängten, die Bilder, koste es, was es wolle, zurückzubekommen, während das niedere Volk seinen Unmut unter den Fenstern des herzöglichen Palasts in Mantua zeigte und die Bürger der Stadt Gelder aufbrachten, um die Sammlung zurückzukaufen, tauchten auch in Nicholas Laniers Leben neue Schwierigkeiten auf.

Dieses Mal kamen die Probleme aus London, in Gestalt der Gentileschi-Söhne, die doch wahrhaftig beabsichtigten, sich den Wünschen von Artemisias Geliebtem zu widersetzen.

Während der Abwesenheit Laniers hatte Orazio Karl I. davon überzeugt, eine zweite große Sammlung in Italien zu erwerben, die von einem neapolitanischen Kunstliebhaber in Genua auf den Markt gebracht worden war. Diese Information hatte Orazio von der Familie seines Bruders, des berühmten Malers Aurelio Lomi, der sich an der ligurischen Küste niedergelassen hatte. Also hatten sich Orazios Söhne Francesco und Giulio am 28. August 1627 eingeschifft, um wie vereinbart den Musiker in Italien zu treffen. Doch Francesco und Giulio hatten die Absicht, Laniers Autorität zu übergehen und seine Mahnungen und Ratschläge zu ignorieren. Gemäß den Befehlen ihres Vaters suchten sie die königliche Gunst dadurch zu erringen, daß sie ganz allein die Bilder für den englischen Monarchen erwarben. Schließlich waren auch sie gewiefte Kunstkenner. Zwei Künstler aus der Schule von Orazio Gentileschi. Zwei Maler, die eher als ein Musiker in der Lage waren, ein Bild zu begutachten.

Lanier hatte im Eiltempo Venedig verlassen und war nach Genua geritten. Er fürchtete, daß die Bilder, welche Artemisias Brüder kaufen wollten, nicht soviel wert waren wie die der Gonzaga und die königlichen Geldmittel angreifen würden, die er doch so nötig hatte. Wütend, weil er die Verhandlungen mit Mantua in einem derart entscheidenden Augenblick verlassen mußte, hatte er die vierhundert Kilometer in vier Tagen zurückgelegt.

Mit der für ihn typischen Energie blieb Lanier nur vierundzwanzig Stunden in Genua. So viel Zeit brauchte er gerade, um die Bilder zu begutachten, den Genueser Geschäftspartner des englischen Bankiers zu treffen und ein absolutes Verbot dahingehend auszusprechen, daß Francesco und Giulio Gentileschi auch nur das geringste Objekt erwarben. Er machte sich nicht die Mühe, die beiden Brüder zu treffen, und auch nicht, sie über seinen Aufenthalt in Genua zu benachrichtigen oder sie etwa von seiner Entscheidung in Kenntnis zu setzen. Spornstreichs ritt er nach Venedig zurück.

Artemisias Brüder aber waren nicht die Männer, die sich zurückweisen ließen. Wenn sie auch die Bevormundung ihres Vaters akzeptierten, wenn sie ihm auch überallhin folgten, seine Befehle ausführten und sich unter seine Autorität beugten, so ließen sie doch nicht zu, daß ein anderer sie derart behandelte.

Giulio setzte sich also auf Laniers Fährte. Er forderte eine Erklärung, eine Entschuldigung. Und vor allem wollte er Geld! Würde Lanier ihm die Reisekosten ersetzen? Sie für ihre Mühen entschädigen? Sie in Genua unterhalten?

Im November 1627 sollte Artemisia wieder mit ihrem Clan in Kontakt kommen: mit einem Clan, der lautstark, rachedurstig und gewinnsüchtig war.

31
Venedig, Cannaregio-Viertel
Palazzo der englischen Botschaft

am 28. November 1627

»Ich wurde auf Befehl Seiner Majestät nach Italien geschickt, um eine Sammlung zu kaufen«, donnerte Giulio und durchquerte einen der kleinen Audienzsäle, die Lanier für seine Geschäfte in Venedig nutzte.

Der Engländer, bleich vor zurückgehaltenem Zorn, stand hinter seinem Schreibtisch.

»Sicher, Signor Gentileschi«, preßte er zwischen den Zähnen hervor. »Aber unter meiner Kontrolle. Und mit meiner Autorisation. Aus welchen Gründen habt Ihr es unterlassen, mich zu befragen?«

Die Hand am Degen ging Giulio geradewegs auf ihn zu. Seine Schritte brachten die Lüster zum Klirren. Er war ein Mann in den Dreißigern, ziemlich gut aussehend. Aber roh. Sein Gang erinnerte an die Brutalität des Soldaten; und der gierige Ausdruck in seinem Gesicht an die Käuflichkeit des Söldners.

»Das wollte ich doch! Nur hatte man mir in London gesagt, Ihr wäret in Genua.«

»Wer: man?«

»Sir Thomas Cary«, knurrte Giulio, »der adlige Gentleman, der Euch den Befehl hat zukommen lassen, meinem Bruder und mir die Summe für unseren Unterhalt zur Verfügung zu stellen.«

»Wenn er Euch sagte, daß er mir dies geschrieben hat ...« Ein geringschätziges Lächeln huschte über Laniers Gesicht, »dann will ich Euch gerne glauben, daß Ihr mich gesucht habt.«

Sein Spott konnte Giulio nicht treffen, zu sehr war er damit beschäftigt, sich zu rechtfertigen.

»In Mailand erst«, fuhr er fort, »haben wir erfahren, daß Ihr Euch in Venedig aufhaltet. Um ganz sicher zu gehen, hat Francesco die Postkutsche nach Genua genommen, und ich bin hierhergeritten. Signor Daniel Nys hat mich unterrichtet, daß Ihr gerade abgereist wart, um uns zu treffen: Also bin ich Euch wieder gefolgt! Aber in Genua wußte niemand etwas über Euren Aufenthalt, mit Ausnahme des Bankiers, der sich weigerte, unsere Wechsel einzulösen.« Giulios Gesicht nahm einen drohenden Ausdruck an. »Und jetzt reicht es, *basta!* Bezahlt mich. Sonst …«

Hinter ihm öffnete sich die Tür: Artemisia erschien. Als sie hörte, daß ihr Bruder mit ihrem Geliebten stritt, blieb sie reglos auf der Schwelle stehen. Giulio bemerkte sie nicht.

»Sonst?« wiederholte Lanier.

Ein durchtriebenes Lächeln glitt über das Gesicht des jungen Mannes:

»Ich habe die schönen Bilder bewundert, die Ihr in Murano verborgen haltet. Und alle Statuen … Welch eine Beute! Ich bin sicher, dieser Schatz wird im höchsten Maße meine spanischen Freunde interessieren, die ich auf dem Weg hierher getroffen habe …«

Laniers Blick glitt über Giulio hinweg zu Artemisia.

»Hast du in meiner Abwesenheit deinen Bruder empfangen?« fragte er eisig.

»Ich habe ihn gesehen«, gab sie zu.

Lanier antwortete darauf nichts.

Giulios erster Besuch in Venedig, etwa zehn Tage zuvor, hatte Artemisia überrascht und aufgewühlt. Sie hatte ihn so verändert, so hübsch vorgefunden! Seit ihrer Hochzeit hatte sie sie diesen Bruder nicht gesehen. Gemeinsam hatten sie die Jahre gezählt: Es waren fünfzehn! Mit Sehnsucht hatte sie immer an ihr kurzes Treffen mit Francesco und Marco in Florenz gedacht und niemals vergessen, wie herzlich sie ihr am Tag nach dem Tod ihrer Kinder gegenübergetreten waren. Giulio war als einziger nicht mitgekommen. Als sie ihn umarmte, glaubte sie, den kleinen Jungen von einst zu umfassen. Sie hatte ihn mit Fragen bestürmt. Wie ging es ihrem Vater? Woran arbeitete er? Gefiel es ihm in England?

Giulio hatte Orazios Stellung bei Hofe, seinen Einfluß bei allen europäischen Herrschern und seine diplomatischen Triumphe herausgestrichen. Doch über Orazios Gefühle zu ihr hatte er nichts gesagt. Artemisia hingegen hatte sich mit Leib und Seele ausgeliefert. In ihrer Wiedersehensfreude hatte sie ihm ihre Geheimnisse enthüllt. Und die ihres Geliebten …

»Ihr werdet mich nun diesen Wechsel über fünfhundert Pfund Sterling einlösen lassen«, befahl Giulio Lanier.

»Also wollt Ihr nun nehmen, was der König für den Kauf der Genueser Sammlung vorgesehen hat …«, bemerkte Nicholas bissig.

»Ich möchte, daß Ihr ihn benachrichtigt, daß es auf Eure Verantwortung und Euren Befehl hin geschehen ist …«

»Daß Ihr in die königliche Kasse greift?« spottete der Engländer.

Artemisia wurde rot und erbebte.

Sie kannte Nicholas Lanier gut genug, um zu wissen, daß sein Spott nichts Gutes für ihren Bruder zu bedeuten hatte. Ihr Fehler, den sie begangen hatte, als sie Giulio Zutritt zu den geheimen Lagerräumen von Daniel Nys verschaffte, hinderte sie jedoch daran, für ihn zu bitten. Trotzdem hatte sie den Impuls, ihn zu verteidigen. Sie versuchte, ihm zu helfen.

Doch sie mußte auch zugeben, daß Giulio trotz seiner Spitzen, seiner Stiefel und seines Degens – die nur einem Edelmann zukamen – nicht mehr als ein Taugenichts vom Schlage eines Agostino Tassi war. Ein Taugenichts und ein Erpresser vom Schlage eines Cosimo Quorli.

Sie schämte sich.

»Ich muß mit meinem Botschafter darüber sprechen«, schloß Lanier hochmütig. »Kommt morgen wieder.«

Giulio kam am nächsten Tag wieder. Und am übernächsten. Und jeden Tag aufs neue. Doch seine Beharrlichkeit erbitterte nur seine Verhandlungspartner.

Nicholas dachte daran, ihn ins Gefängnis werfen zu lassen.

»Verschone ihn«, bat sie. »Er ist lästig, aber er hat doch nichts Böses getan.«

»Ach, nichts Böses getan? Er hat das Geld ausgegeben, das ihm für seine Reise bewilligt worden ist. Er hat versucht, mich in Genua zu übervorteilen. Er droht, die Sammlung von Mantua an Spanien auszuliefern. Er bestiehlt den König …«

Ein Ausdruck unsäglicher Verachtung auf ihrem Gesicht hinderte Lanier daran, seinen Satz zu beenden.

»Ich weiß«, gab sie zu. »Aber er ist mein Bruder.«

Laniers Liebe zu Artemisia entschied die Angelegenheit: Er war schließlich bereit, Giulios Aufenthalt in Italien zu finanzieren.

»Ihr könnt Euren Wechsel einlösen, Signor Gentileschi. Ich übernehme dafür die Verantwortung … Und jetzt schert Euch davon!«

Das ließ sich Giulio nicht zweimal sagen. Er reiste ab, um in aller Ruhe in Pisa zu überwintern, bei seinen Kusins der Familie Lomi, deren Vater Aurelio gerade im Sterben lag, während Francesco in Genua ihren undurchsichtigen Geschäften nachging.

Die Gewöhnlichkeit ihrer Familie brachte Artemisia gegenüber ihrem Geliebten in eine schwierige Lage. Doch sie hatte die Beharrlichkeit und aggressive Entschlossenheit ihrer Brüder bewundern können. Sie zweifelte nicht daran, daß Giulio und Francesco zu den Waffen gegriffen hätten, oder zu irgendeiner Form von Verrat an Lanier, wenn sie ihre Sache nicht gewonnen hätten. Die »Gentileschi-Männer« schreckten vor keinem Mittel zurück, um sich ihre Mühen bezahlen zu lassen.

Während der folgenden zehn Jahre sollte Artemisia sich ihre Dienste mit Orazio teilen. Doch wenn die beiden Maler sie an die Höfe von Rom, Paris oder Madrid schickten, um das Honorar für ihre Bilder einzutreiben, dann achteten sie sehr darauf, sie im Zaum zu halten.

Da Artemisia und Nicholas sich fürs erste ihrer Einmischung entledigt hatten, konnten sie sich aufs neue der Transaktion widmen, die ihre Zeitgenossen bereits als das »Jahrhundertgeschäft« bezeichneten.

32
Venedig und Mantua

Dezember 1627 bis April 1628

Die Vorsehung hatte es so gewollt, daß der Herzog Vincenzo im Dezember auf dem Krankenlager verschied. Sein Nachfolger, der Herzog von Nevers, mußte sehr bald seinen Thron gegen die Ansprüche Spaniens verteidigen: Mantua litt mehr denn je an Geldmangel, und sein Wunsch, den Verkauf rückgängig zu machen, schien nicht mehr aktuell. Doch wenn sich Lanier am Ende seiner Mühen glaubte, so irrte er sich. Ja, Mantua verkaufte. Aber London zahlte nicht!

Die Summe, welche Nicholas Lanier vom Bankier des englischen Königs forderte, belastete das Budget für seinen Kriegseinsatz gegen Frankreich und rief in London bei den Ratgebern ein ähnliches Gezeter hervor wie das in Mantua.

In dieser Zeit hatte Buckingham die Mauern der Ile de Ré umzingelt, in einer schrecklichen Belagerung, während derer es den Engländern an allem mangelte. Wenn Karl I. Ludwig XIII. besiegen wollte, dann mußte er neue Truppen aufstellen und sie mit Uniformen, Waffen und Proviant versehen ...

»Beiliegend die Beschreibung der Objekte, die mir Nicholas Lanier geschickt hat«, schreibt der königliche Bankier an einen Gentleman seines Abgeordnetenhauses. »Ich bitte Euch, mich wissen zu lassen, ob Seine Majestät dies billigt. Ich bitte Euch, mir zu sagen, wo ich die notwendigen Summen für den Kauf dieser Sammlung beschaffen soll. Wenn es sich um zwei- oder dreitausend Pfund Sterling handelte, könnten wir diese Ausgabe noch verkraften. Aber fünfzehntausend Pfund! Sollte Seine Majestät sich entschließen, diese Sammlung zu kaufen, dann wird es mir unmöglich sein, die Truppen von Mylord, dem Herzog von

Buckingham, mit Proviant und Waffen zu versorgen, und unmöglich, unsere Armeen zu unterstützen, ihnen endlich die Hilfe zukommen zu lassen, die sie so nötig brauchen. Ich bitte Euch, mich wissen zu lassen, was ich glauben soll.«

Ein kurzes Billett mit der Unterschrift des Königs sollte diese drängende Frage beantworten: »Kauft die Sammlung.«

Mit einem Schlag verlor Karl I. die Ile de Ré. Er gab La Rochelle auf. Er verscherzte sich das Vertrauen der Untertanen, denen ihr Glaube das Verbot religiöser Bilder vorschrieb, eines Volkes von Bilderstürmern, das Anbeter von Bildern haßte.

Wenn England auch die Niederlage eher auf die Nachlässigkeit des Herzogs von Buckingham als auf die fehlenden Mittel schieben konnte, so war die Nation von nun an vor einem Monarchen auf der Hut, der den Sieg seiner Leidenschaft für Kunstobjekte opferte.

Die Künste, die Malerei und Musik, Artemisia Gentileschi und Nicholas Lanier triumphierten.

Jetzt ging es nur noch darum, die Meisterwerke und die antiken Statuen sicher über das Meer zu bringen, den begehrlichen französischen und spanischen Schiffen zu entkommen, den räuberischen Piraten und enternden Türken; und den Unwettern und dem drohenden Schiffbruch … Das Abenteuer hatte also gerade erst begonnen! Doch zerstreute es seit Monaten Artemisias Vorsicht, ihren Argwohn gegen das Eindringen eines Mannes wie Lanier in ihr Leben.

Einer Entschlossenheit unterworfen, die der seinen gleichkam, fasziniert durch die ungeheuren Mittel, die er für die Realisierung ihres Vorhabens zur Verfügung hatte, lebte sie nur für seinen Traum … Sie hatte auf einen Schlag die Angst in ihrem Atelier in Rom vergessen, diese kurze Ahnung, daß die Vitalität von Nicholas Lanier sehr wohl die Schaffenskraft von Artemisia Gentileschi zerstören konnte.

Doch sie mußte nun zugeben, daß sie seit ihrer Niederlassung in Venedig nichts erschaffen hatte. Nicht ein einziges Bild. Nicht eine Zeichnung. Nur drei Entwürfe, drei Skizzen, die für Artemisia den letzten Beweis ihres verbleibenden Talents darstellten. Die

Lucrezia und die *Susanna*, die sie venezianischen Sammlern verkauft hatte und die die Poeten der Serenissima rühmten, waren
schon mehrere Monate vor ihrer Ankunft in Venedig eingetrof-
fen … Die Musen hatten sie verlassen. Ihre Inspiration schien erloschen … Schlimmer noch: Venedigs Pracht sprach nicht zu ihrer Vorstellungskraft.

Artemisia wurde auf einmal bewußt, daß die Ansicht der Bilder von Tintoretto und Bassano, daß die aufregende Entdeckung
all der Bilder bei Daniel Nys, die *Grablegung* von Tizian, die *Heilige Familie* von Raffael, keinen Einfluß auf ihre Vision hatten,
keinerlei Spur bei ihrer Arbeit hinterließen und ihr Werk in keinerlei Hinsicht prägten.

Wenn Nicholas gerade nicht da war, gelang es ihr, sich einige
Bilder ins Gedächtnis zu rufen, die sie gemeinsam im Lagerhaus
in Murano bewundert hatten. Vor allem den *Tod Mariä*. Aber
wenn sie auch noch einigermaßen klar beurteilen konnte, wie sehr
Caravaggio das Werk ihres Vaters beeinflußt hatte, wenn sie ermessen konnte, was Orazios Arbeit, die sie in Genua hatte bewundern können, von den Bestrebungen seines alten Rivalen
trennte, so hatte Artemisia doch jegliches Urteilsvermögen in bezug auf ihre eigene Arbeit verloren.

Gefangen in der Falle, die sie zu kennen glaubte – die Unmög-
lichkeit einer Koexistenz ihrer Liebe zu Lanier und ihrer Malerei –, kämpfte sie mit sich.

Sie fand nicht das geringste Bedauern über ihre verlorene Unabhängigkeit in sich. Sie fand auch keinerlei Freude, Sehnsucht,
Neugier oder Hoffnung. Nur die Leidenschaft ihrer Liebe, die all
die Bilder in ihrem Inneren unkenntlich machte. »Was bedeutet
das schon?« dachte sie. »Glück bedeutet, Nicholas zu lieben, nach
seinen Gedanken, seinen Wünschen, seinen Forderungen zu leben … Ja, Glück ist für mich, nur noch durch ihn zu existieren,
mit ihm zu verschmelzen …« Doch neue Gedanken und seltsame
Träume quälten sie, eine Art Schwindel, der sie stets begleitete.
Ihr schien, daß sich die Grenze zwischen Wasser und Stein in Venedig, zwischen ihrem und Nicholas' Körper auflöste. Sowohl in
der Gondel wie auch auf festem Untergrund hatte sie ständig das
Gefühl zu schwanken. Sie ging unter.

Zuweilen versuchte sie, in sich die Leidenschaft wiederzufinden, die sie ihr gesamtes Leben lang besessen hatte.

Wenn ihr Boot die Lagune überquerte und in den weichen Nebel der Kanäle eintauchte, betrachtete Artemisia die Serenissima. Ihr Blick verharrte auf den langgestreckten Inseln, ihr Auge erhaschte die Spitzen der Kirchtürme. Dann projizierte sie vor dem großen, unbefleckten Himmel von Venedig die Kompositionen der Bilder, die sie malen wollte. Im Geiste gab sie die Konturen der Kuppeln wieder, die Linie der Glockentürme, die Krümmungen und Rillen der Gondeln und Lastkähne. Sie erschuf aufs neue das Spiel der Lichter auf den weißen Steinplatten, die den Uferdamm mit Streifen versahen, und rief sich die Lektionen von Agostino Tassi in Erinnerung, seinen so wertvollen Unterricht in der Beherrschung der Regeln der Geometrie und Perspektive. Ein zufriedenes Lächeln erschien dann auf ihrem Gesicht. Sie studierte die Fluchtlinie eines Kanals, die Haltung eines Kopfes von unten gesehen, ein Bein aus der verkürzten Perspektive … »Das ist es«, dachte sie und kniff die Augen zusammen, während sie sich vorstellte, welche Gestalt sie wiedergeben würde. Sie sah den erhobenen Arm einer *Lucrezia* vor sich, die bereit war, sich umzubringen. »Das ist es, man müßte vielleicht die Hand ein wenig heben, ein bißchen das Messer und die Draperie im Hintergrund verändern …«

In Rom, zu Beginn ihrer Beziehung, hatte Nicholas sie unaufhörlich malen sehen wollen. Heute hielt er sie von allem fern, was sie von ihrem Verlangen und ihrer Leidenschaft ablenken konnte. »Genug gearbeitet«, sagte er, während er ihr zärtlich das Blatt Papier aus der Hand nahm. »Du mußt nicht so viel malen«, murmelte er die wenigen Male, da er sie beim Zerstampfen ihrer Farben, beim Mischen der Leime und Firnisse überraschte. »Ihr solltet nicht so viel malen …«, diese Worte hatte auch Agostino Tassi im Atelier in der Via della Croce am Abend der Vergewaltigung ausgesprochen. »Jetzt ist es genug mit der Malerei!« hatte er geschrien und ihr Palette und Pinsel aus der Hand gerissen. Um ihrer Liebe zu Nicholas willen ließ sie die Malerei gern im Stich. Die Mörser, die Kessel, die Näpfe, all die Werkzeuge ihrer Kunst lagen verwahrlost herum. »Schluß mit der Malerei!« Nach und nach erschien ihr die ästhetische Suche die Aufgabe anderer zu sein, wie die von Caravaggio und Orazio Gentileschi ... Die Schönheit war für sie wie eine verwirrende, beunruhigende Wesenheit. Ein Schmerz. Fast wie ein Gefühl der Reue.

»Woran denkst du?« fragte Nicholas, als er sie ertappte, wie sie ins Leere starrte.

»Immer an das eine ...«, seufzte sie sanft, »an dich.«

Er gab sich mit dieser Antwort zufrieden. Da er weder an sich noch an ihr zweifelte, war er sicher, Artemisia Gentileschi mit nach England nehmen zu können.

Einen Monat vor ihrer Abreise, im März 1628, machte er einen Fehler, der seine Hoffnungen gefährdete. Er wühlte in Artemisias Zeichenmappen. War ihm die Gewohnheit, alle Bilder, alle Objekte zu bekommen, die er begehrte, zu Kopf gestiegen?

Er fand die drei Skizzen, die sie aufbewahrt hatte ... Nichts Besonderes ... Nur die drei Entwürfe, mit deren Hilfe sie eines Tages die Lucrezia anfertigen wollte.

Da er sie für mittelmäßig hielt, hatte er sie gegen drei Statuetten, Fragmente römischer Göttinnen, eingetauscht, die Daniel Nys gehörten: Lanier beabsichtigte, sie dem Herzog von Buckingham zum Geschenk zu machen.

Dieser Tausch sollte ihn teuer zu stehen kommen.

»Hast du meine Zeichnungen weggenommen?« rief sie gekränkt aus.

»Das ist doch nicht so schlimm ... Sie waren nichts wert.«

Doch der Gesichtsausdruck der Frau, die er liebte, machte Lanier klar, welch schweren Schlag er ihr versetzt hatte.

»Artemisia«, beeilte er sich zu sagen, »Artemisia, ich flehe dich an, verzeih mir!«

Doch als er die Stimme hob, senkte sie zu Nicholas' Überraschung den Kopf. Diesen einstmals so eigensinnigen Kopf hätte sie bis zur Erde gesenkt.

»Ich wollte dich nicht kränken, als ich deine Entwürfe weggab«, flehte er. »Ich wußte nicht, daß sie dir so wichtig waren ...«

»Wenn ich ein Mann wäre, hättest du niemals gewagt, dich an meiner Arbeit zu vergreifen!«

»Wenn du ein Mann wärst«, antwortete er leichthin, »dann würde ich dich nicht lieben. Es waren nur Entwürfe, die ich genommen habe ...«

»Wenn die dunklen Stellen plaziert sind, wenn die Komposition und die Figuren auf dem Papier sind, dann ist die Ausführung des eigentlichen Bildes ein Kinderspiel. Die Vision – die Erfindung – ist alles! Mit den drei Entwürfen, die du Nys gegeben hast, kann jedermann meine Arbeit für sich verwerten.«

»Ich habe dich in den letzten sechs Monaten nicht eine Stunde malen sehen, daher dachte ich, daß diese Zeichnungen nicht wichtig seien ... Ich dachte, daß du selbst sie Nys geschenkt hättest, wenn dieses Geschenk uns sein Wohlwollen sichern sollte. Du weißt, wie sehr wir ihn noch brauchen. Der Bilderzyklus *Triumph Cäsars* von Mantegna ist noch in Mantua geblieben. Solange wir noch nicht diese Bilderfolge haben, haben wir gar nichts ... Was sind deine Zeichnungen im Vergleich zu den schönsten Stükken aus der Gonzaga-Sammlung?«

»Niemand hat das Recht, über mein Werk zu verfügen!«

»Ich habe geglaubt, daß du für den König von England ...«

»Der König von England kümmert mich einen Dreck! Und du ...« Sie hob den Kopf. »Und du kümmerst dich nur um deinen eigenen Ruhm!«

Ihr Streit war nur von kurzer Dauer. Doch er kennzeichnete den Anfang einer neuen Zeit in Venedig: Artemisia nahm wieder Kontakt zu den Akademien auf und ließ sich seltener in der Villa in Murano und in der englischen Botschaft sehen. Lanier empfand ihr Verhalten als Verrat. Doch was konnte er machen? All seinen Erklärungsversuchen setzte sie ein spöttisches Erstaunen entgegen, sie heuchelte Unbekümmertheit und blieb undurchschaubar.

»Ja, natürlich habe ich eingewilligt, das Porträt von Doña Inés zu malen ... Sicher, es ist die Tochter des spanischen Agenten ... Und wenn schon!«

Die Distanz zwischen ihnen nahm jeden Tag zu.

»*Right Honorable My Singular Good Lord*«, schrieb am 28. April 1628 Sir Isaac Wake, der Botschafter in Venedig, dem Staatssekretär in London.

»In Eurem Brief vom 26. März finde ich eine Klausel mit dem Befehl an mich, Seiner Majestät Bericht zu erstatten über Mister Lanier, über die Bilder, die er erworben hat, das Schiff, das diese Bilder und die Statuen transportieren soll, und das Datum ihrer Abreise.

Daher beeile ich mich, Euch mitzuteilen, daß Mister Lanier alle Sorgfalt und allen Eifer an den Tag gelegt hat, die für eine solche Transaktion erforderlich sind. Er hat die Bilder in vortrefflichem Zustand auf die *Margaret* aus London gebracht, welche dem Kapitän Thomas Brown untersteht. [...]

Ich habe nur gewissenhaft die Befehle von Mister Lanier ausgeführt. Meine Aufgabe in dieser Angelegenheit war die folgende:

Erstens: Ich habe den Dogen davon überzeugt, uns die Bilder ohne Zollgebühren ausführen zu lassen, die sich auf eine beträchtliche Summe belaufen hätten. Dank dieser Gunst müssen wir nichts bezahlen.

Zweitens: Ich bin selbst an Bord des Schiffes gegangen, um mit Mister Lanier zu überprüfen, ob die Kisten gut verstaut sind und die gesamte Fracht vor jeglicher Gefahr geschützt ist. Ich habe nichts entdeckt, was dem Zufall überlassen worden wäre [...].

Über Mister Lanier kann ich Euer Gnaden mitteilen, daß er Ende April von hier abreisen wird, zunächst über die Schweiz und Lothringen bis nach Brüssel.

Ich habe ihm einen Paß ausgestellt, um ihm seine Reise durch Graubünden zu erleichtern, und ich gebe ihm meinen Diener Olivier mit, damit er ihm bei diesem gefährlichen Unterfangen behilflich ist. Außerdem habe ich ihm einen vertrauenswürdigen Führer aus Bergamo besorgt. [...] Schließlich habe ich Mister Lanier meine eigene Barke geliehen, die ihn bis nach Padua bringen wird. Von dort aus fährt er mit der Kutsche nach Bergamo. Danach reist er allein zu Pferd weiter. Er nimmt die schönsten Stücke der Sammlung mit sich, vor allem die Werke von Correggio, die sich in der *Grotta* von Mantua befanden. Er befürchtet, daß diese

Temperastudien es nicht vertragen, so lange der Feuchtigkeit und der salzigen Meeresluft ausgesetzt zu sein, wie es eine Schiffsreise mit sich bringt.

Ich hoffe, Mister Lanier wird nicht mehr weit von Englands Küste entfernt sein, wenn dieser Brief Euch erreicht ...«

33
Venedig, Insel Murano

April 1628

In ihrem Schlafzimmer unter dem Dach der Villa von Daniel Nys fanden Artemisia und Nicholas keine Ruhe. Es war ihre letzte Nacht. Sie konnten nicht sprechen, sich nicht umarmen, sich noch nicht einmal berühren. Unbeweglich, nackt, Seite an Seite lagen sie da wie zwei ruhende Figuren im Halbdunkel. Der schmerzliche Gedanke an ihre Trennung hatte sie erstarren lassen. Man hörte keinerlei Geräusch. Nur ihren Atem, den sie vergeblich in Schranken zu halten versuchten. »Sie liebt mich nicht«, dachte Nicholas. »Sie hat mich nie geliebt ... Sonst käme sie mit mir, sie würde mich nach England begleiten!« »Wenn ich dich begleite«, verteidigte sie sich ihrerseits, »dann verleugne ich meine Kunst, ich falle und sterbe wie alle Frauen ... Ohne meine Malerei existiere ich nicht: In deinen Augen existiere ich nicht!« In diesen letzten Momenten mit ihm haderte sie, an sich selbst zweifelnd, mit ihren Gründen und ihrer Entscheidung. »Nein, ich brauche nicht zu befürchten, daß ich einen zu grausamen Entschluß gefaßt habe«, klagte sie. »Schon jetzt verachtet Nicholas mich. Er kann mich nicht mehr lieben, denn er respektiert meine Arbeit nicht ... Doch wie soll ich ohne ihn leben?«

Zu weit vorgerückter Stunde, als sie spürte, daß Nicholas' Körper an ihrer Seite schwerer wurde, als sie bemerkte, daß er eingeschlafen war, ging sie um das Bett herum, näherte sich ihm, hob ihre Kerze und betrachtete ihn lange Zeit.

Durch die Flammen der Kerze wirkte dieses Gesicht, das sich selbst im Schlaf nicht entspannt hatte, lebendig. Artemisia betrachtete die geschwungenen Lippen, die zarten, geschlossenen Lider, welche einen Blick bedeckten, dessen Autorität sie kannte.

Und diese helle Haut, an der sie so gerne roch, diesen Körper, den sie so gerne liebkoste. »Wenn ich zugebe, daß ich ihn begehre, dann ist das noch wenig ...«, gestand sie sich ein.

Sie weinte. Zog sich zurück. Wollte seine Hand halten und sie streicheln. Zog sich jedoch immer weiter zurück. Sie gab acht, daß ihre Bewegungen, ihr Schluchzen und ihre Tränen ihn nicht weckten. Dann hätte er sie mit strenger Miene angesehen und sie von neuem gefragt, warum sie nicht mit ihm nach London kommen wollte. Er hätte ihr vorgeworfen, daß ihre Malerei ihr wichtiger sei als er – ihre *Judith, Lucrezia, Susanna* und *Bathseba* – all ihre Bilder! Er hätte sie beschuldigt, ihn für ihren Ehrgeiz und ihren Ruhm zu opfern ...

»Es hilft nichts«, dachte sie. »Meine Liebe würde immer größer werden, seine jedoch nach und nach schwinden, und meine Kunst würde erlöschen ... Nein, es hilft nichts. Was sollte ich in London? Sein König, seine Musik, seine Frau würden ihn mir wegnehmen. Wenn er aufhörte, mich zu lieben, wenn er nur aus Mitleid freundlich zu mir wäre, wenn er sich in eine andere verliebte, – was sollte ich dann in London?« Sie versuchte, sich zu überzeugen. »Was könnte uns denn im besten Falle passieren? Nehmen wir an, der Herr würde Nicholas' Frau zu sich rufen, Pierantonio würde sterben und mein Vater verschwinden ... Nehmen wir an, wir würden uns verloben und heiraten: Niemals würde er mich weitermalen lassen! Und selbst wenn wir annehmen, daß er mich ermutigen und auffordern würde, weiterzumalen ... Dann könnte ich es nicht! Ich bin nicht stark genug: Meine Seele, meine Kunst, alles schwindet in seiner Gegenwart ... Ich habe mein Werk gegen eine andere Passion eingetauscht. Und ich beklage mich nicht über diesen Tausch. Aber es hilft nichts.«

»Und was soll ich jetzt tun?« fragte er schlicht und ernst, als sie ein letztes Mal den Weg im Garten von Murano entlanggingen.

Sie brachte dieses gezwungene Lachen hervor, das sie trennte, seit er ohne ihr Einverständnis ihre Skizzen weggegeben hatte.

»Bring deinem König die Bilder«, sagte sie leichthin, während sie die Stufen zur Anlegestelle hinunterstieg. »Gib gut acht, daß du dich nicht von den Franzosen erwischen läßt … oder auf der Straße umgebracht wirst!«

»Mehr willst du also nicht?« fragte er in bitterem Ton.

Sie zögerte. Er spürte, daß sie versuchte, ihm eine Antwort zu geben, daß sie jedoch eine andere im Kopf hatte, eine andere aussprechen wollte. Artemisias Augen füllten sich mit Tränen. Er nutzte dies, um sie beim Ellbogen zu packen und sie gegen das Geländer zu drücken.

»Ich will, daß du mit mir nach England kommst. Meine Liebe zu dir …«

»Wenn deine Liebe so groß ist …«, sie löste sich von ihm, »dann gib mir meine Kraft und meinen inneren Frieden zurück!«

»Aber du weißt doch gar nicht, was innerer Frieden ist, Artemisia! Ich sehe keinerlei Möglichkeit, inneren Frieden zu erlangen. Keinerlei Möglichkeit«, wiederholte er. »Weder für dich noch für mich. Geh mit mir nach London … Schließ dich deiner Familie an. Male an der Seite deines Vaters.«

Sie lachte höhnisch auf.

»Meines Vaters? Höchstens sechs Monate, und er hat mich unterjocht! Sieh dir doch meine Brüder an. Wie sie kann ich dann auch *für* ihn arbeiten!«

Er antwortete im selben Ton.

»Du unterschätzt dich …«

Sie wechselten einen langen Blick. Artemisia versuchte auszudrücken, was sie empfand.

»Wenn mein Vater nicht in London lebte«, gab sie zu, »würde ich vielleicht mit dir kommen.«

»Hast du etwa Angst vor ihm?«

Sie antwortete nicht. Er blickte sie scharf an.

»Du bist ihm ebenbürtig! Wovor hast du Angst? Wovor fürchtest du dich?«

»Aufzugeben!«

»Du hast weder Mut noch Ehre, Artemisia! Ich biete dir ein Leben, die Liebe, das Abenteuer und den Ruhm im Dienste eines großen Herrschers, und du läufst davon!«

»Ich fliehe, wie mein Vater flieht … Um mich nicht zu verlieren …«

›Mein Gott‹, dachte er zornig. ›In dem Moment, da sie bereit wäre, die meine zu sein, flieht sie schon wieder, und der andere bekommt sie.‹

»Dein Vater wird irgendwann nach Rom kommen ... Wohin willst du dann fliehen?« höhnte er.

Sie lächelte und sagte schelmisch:

»Nach London?«

»Artemisia, denk über das nach, was ich dir gesagt habe. Ich kann mich nicht von dir trennen. Und ich weiß, daß wir beide auch in deinen Augen eine Einheit sind ...«

Sie schüttelte den Kopf und berichtigte ihn:

»Die Malerei und ich sind eine Einheit.«

»Wenn du dich darauf versteifst, dann sehe ich für deine Zukunft und die deiner Töchter nur Not und Verzweiflung.«

»Wenn ich mich auf was versteife?« Sie hob heftig den Kopf.

»Auf diesen absurden Wettstreit, auf dieses Streben nach irgendeinem Ruhm, auf dieses Duell zwischen dir und deinem Vater ...« Er warf ihr einen düsteren Blick zu. »Ruhm und Ehre hast du bereits ... Du hast alles. Ich biete dir nichts anderes an, als weiterzumachen. Ich biete dir das Glück.«

»Und was für ein Glück?« fragte sie bissig. »Eine Rückkehr zu den Anfängen: Vater und Tochter Gentileschi vereint.«

»Weißt du, wie viele Bilder der König von England in drei Jahren gekauft hat? Die Inventarlisten seiner Sammlung weisen einundzwanzig Bilder seit seiner Krönung auf. Und jetzt fünfhundert. Rechne doch mal! In England wird deine Schaffenskraft auf keinerlei Grenzen stoßen!«

Sie wollte etwas sagen. Doch warf sie ihm nur einen Blick voller Hoffnungslosigkeit zu.

»Weil ich dich liebe, kann ich nicht mit dir kommen«, sagte sie.

»Ich weiß sehr wohl, daß dir meine Gegenwart unangenehm ist, also wirst du mich nicht wiedersehen«, sagte Lanier in entschlossenem Ton. »Aber unser beider Lebensglück hängt von dem einzigen Wort ab, das du einst so leicht ausgesprochen hast und das dir heute die Lippen zu verbrennen scheint.«

»Liebe«, gestand sie ein. »Wenn es mir die Lippen verbrennt, dann, weil es für mich eine schwindelerregende Bedeutung angenommen hat. Einer Liebe, wie ich sie jetzt empfinde, würde ich alles opfern. Für dich würde ich verleugnen, wozu ich bestimmt bin ...« Sie zögerte. »Für dich und meinen Vater. Also ...«

Mit ihrem weichen, raschen Schritt stieg sie die letzten Stufen zum Anleger hinunter, ging am Uferdamm entlang, am Gondoliere vorbei und in eine Kirche hinein.

* * *

Der Schaum wob ein Netz über das grüne Wasser und spiegelte zwischen seinen Maschen Nicholas Laniers Gestalt wider. Er stand vorne im Boot und suchte das Ufer nach Artemisia ab. Plötzlich entdeckte er sie zwischen den Fässern und Ballen auf der Mole, im Halbdunkel der Arkaden des Dogenpalastes. Reglos sah sie zu, wie er ein zweites Mal aus ihrem Leben verschwand.

Sie sollten sich zehn Jahre nicht wiedersehen.

Artemisia verließ Venedig bald darauf.

Im Februar 1629 wurde der Herzog von Alcalá, ihr einstiger Mäzen, Vizekönig von Neapel, das zu Spanien gehörte. Seit mehr als einem Jahrhundert nutzten die Madrider Habsburger Neapel als Militär- und Marinestützpunkt an den Grenzen zur päpstlichen Domäne: als Kolonie, die sie mit hohen Steuern ausquetschten.

Die Herrschaft über das Königreich beider Sizilien war das höchste Amt, dessen sich ein spanischer Grande rühmen konnte. In den fünf Jahren seiner Amtszeit standen dem Vizekönig alle Mittel zur Verfügung, Italien zu durchkämmen, seine Schätze zu plündern und für sich und Philipp IV. die modernsten Künstler arbeiten zu lassen: Also lud der Herzog von Alcalá »seine« Malerin nach Neapel ein.

Spanien, England: Artemisia, Orazio.

Vater und Tochter dienten also von jetzt an zwei Nationen und zwei Herren, deren Geschichte und Religion, deren Gier und deren Krieg sie in einen Wettstreit ohne Gnade katapultiert hatte.

Im Frühjahr brach Signora Gentileschi auf, um sich in der Domäne ihres mächtigen Auftraggebers niederzulassen.

34
Neapel

Juli 1629

»Neapel gefällt mir nicht«, murmelte die junge Prudenzia.
»Warum nicht?« fragte Artemisia. »Neapel übertrifft doch alle Erwartungen.«

Mutter und Tochter bewegten sich untergehakt durch eine Flut
von Menschen. Sie versuchten, sich einen Weg über die feuchten
Stege zu bahnen. Doch Bauern, Bettler und Spanier, die hier in allen Himmelsrichtungen über die Vorplätze der zahlreichen Kirchen, in den Sträßchen und Sackgassen umhergingen, rissen sie
immer wieder auseinander.

Vierhundertfünfzigtausend Personen in einem Umkreis von
zwanzig Kilometern. Die höchste Bevölkerungsdichte in Italien
und ganz Europa, eine Stadt, die nur mit Paris vergleichbar war.

Die Menge kesselte die beiden Frauen ein und hinderte sie daran, weiterzugehen. Sie ließen sich los, um sich wieder festzuhal-
ten, verloren sich und fanden sich wieder.

Schließlich verließen sie das Netz der kleinen Straßen und kamen auf die Via Toledo. Die Hauptschlagader der Stadt wimmelte von behelmten, spanischen Soldaten und Neapolitanern, die
sich die Madrider Mode zu eigen gemacht hatten. Der reinste
Ameisenhaufen. Auf der gesamten Straße, von den Hügeln bis
zum Ufer des Golfs ergingen sich Tausende von Spaziergängern.
Ein ungeheures Gedränge. Zu Fuß, zu Pferd, in der Kutsche, im
Karren tummelten sich Reihen und Reihen von Schaulustigen.
Wenn sie nicht in Lumpen waren, trugen sie Halskrausen und
große Umhänge, kinnlanges Haar und Spitzbärte.

Berauscht von dieser Turbulenz, diesem Gedränge der Massen, wußte Artemisia nicht, wohin sie zuerst blicken sollte. Sie

versuchte, in dem Getöse das Gespräch mit ihrer Tochter wieder-aufzunehmen, sie ein wenig dadurch zu beruhigen, daß sie ihre Begeisterung mitteilte.

»Wenn wir hier oder dort in eine der Kirchen gehen würden«, begann sie wieder, ganz außer Atem, »dann wäre auch sie voll von Menschen. Die Menge würde in den Kapellen und unter den Jochbögen hin und her gehen. Und alles wäre mit kostbarem Marmor ausgekleidet! Auf den Altären und den Grabstätten würdest du Jaspis und Porphyr und alle möglichen Mosaiken finden, wahre Meisterwerke!« begeisterte sie sich.

Prudenzia konnte diese Begeisterung nicht teilen: Sie blickte stur geradeaus, darauf bedacht, sich weder anrempeln noch von ihrer Mutter entfernen zu lassen.

Angesichts dieser ängstlichen Kindermiene hütete Artemisia sich zu erzählen, was sie noch mehr beeindruckte, nämlich der Kontrast zwischen Schatten und Licht, zwischen dem glitzernden Meer und der Sonne, die auf die schwarze Masse und die Höhlungen des Vesuv niederbrannte, zwischen den heißen Straßen und den feuchtkühlen Höfen. Der Gegensatz zwischen den riesigen Klöstern und den winzigen Baracken, die sich in den Sackgassen aneinanderdrängten, zwischen den Palästen und Hütten, den sechsstöckigen Häusern und den niedrigen Schuppen.

Halbfertige Bauten, Kathedralen und Klöster: Neapel war eine riesige Baustelle, in der der spanische Adel mit der neapolitanischen Aristokratie wetteiferte, sich die Oligarchie mit der handeltreibenden Bourgeoisie maß. Es war eine Hafenstadt mit Handelsverbindungen nach Spanien, natürlich; doch auch in den Orient, nach England und Flandern. Ein Staat, in dem die Priester, Mönche und Geistlichen noch zahlreicher waren als in Rom; wo der Klerus in dem Bestreben, seine Privilegien bis zum Äußersten auszudehnen und zu erhalten, nicht zögerte, sich gegen den Hof, den Palazzo Reale und die Habsburger aufzulehnen. Und dann das Volk! Es strömte in so großer Zahl vom Land herbei, daß nur einer von dreien hier ein Dach über dem Kopf und einer von sechsen eine Arbeit hatte. Hier lebte der notleidende, arbeitslose Pöbel in allen Winkeln und Höhlen, schlief auf den Böden der Loggien und in den Säulengängen.

»Ich hasse Neapel«, beharrte Prudenzia.

Eine Schar von Bettlern trennte sie. Ihre Stimmen verloren sich im Lärm.

Aus dem Inneren der Erde, unter all dem Geschrei und Gelärme, entstieg ein dumpfes Geräusch, das sich bis zum Vesuv verbreitete, ein ständiges Rumoren, das die Fremden vielleicht mit der Bedrohung des Vulkans in Zusammenhang brachten und in ihrem Reisetagebuch als das *Grollen von Neapel* beschrieben. Doch im Juli 1629 summte der Golf vor allem von einer Neuigkeit: Der scheidende Vizekönig – der Herzog von Alba – weigerte sich, die Macht an seinen Nachfolger, den Herzog von Alcalá, zu übertragen.

Die Sorgen von Artemisias Mäzen verschlimmerten sich noch durch den Unwillen der neapolitanischen Aristokratie, die ihn für die Verstöße gegen die Etikette während der Zeremonie seines Amtsantritts verantwortlich machte. Und durch den Argwohn der Justizbeamten, die sich gegen seine Absicht empörten, die Gültigkeit ihrer beruflichen Legitimationen zu überprüfen. Und durch den Zorn der Kaufleute, die sich weigerten, die von seiner Verwaltung auferlegten Steuern zu bezahlen.

Kurz, der Herzog von Alcalá fand in den Augen seines Reiches keine Gnade ... In denen seiner einstigen Mätresse im übrigen ebensowenig.

Die Dinge hatten sich nicht ihren Erwartungen entsprechend entwickelt. Artemisia war durch ihr Abenteuer in Venedig tiefer angerührt, als sie sich vorgestellt hatte, und konnte sich nicht entschließen, in aller Unbefangenheit mit dem Vizekönig das Lager zu teilen. Das Hofzeremoniell, welches den Herzog von der restlichen Welt separierte, ließ sie erstarren; Alcalás Stolz, seine Frömmigkeit und Gefühlskälte schüchterten sie ein, ohne sie zu betören. Er seinerseits wurde dieser Frau, die keinerlei Sinnlichkeit mehr in seinen Armen bewies, rasch überdrüssig.

Nach einigen Wochen verzichtete Artemisia darauf, ihre Staffelei in den Privatgemächern des Vizekönigs aufzubauen. Nach einigen Monaten stellte sie mit ihm nicht mehr die Inschriften über »ihren« Bildern zusammen.

Der Herzog von Alcalá behielt sie jedoch weiterhin in seiner Gunst. Da Artemisia schwor, daß die kleine Francesca sein Kind sei, garantierte er ihr eine bescheidene Unterstützung. Doch ihre Verbindung wurde lockerer.

Als Artemisia Neapel vor London den Vorzug gab, hatte sie sich gleichzeitig für die Unabhängigkeit entschieden. Das erste Mal in ihrem Leben sollte sie vollkommen auf sich gestellt sein.

Welchen Platz konnte eine Frau von siebenunddreißig Jahren – im 17. Jahrhundert das Alter der Reife – in diesem so disparaten Universum voller Maßlosigkeit und Gewalt einnehmen? Eine Frau ohne eigenes Vermögen? Ohne Ehemann, ohne Vater, ohne Bruder – ohne Mann –, der sie und ihre Töchter verteidigen konnte? Eine Fremde ohne familiäre Beziehungen, die sie an Neapel oder Madrid banden?

»Warum kannst du Neapel nicht leiden?« fragte Artemisia.

»Es sind zu viele Leute hier«, murrte Prudenzia. »Und außerdem …«

»Außerdem?«

»Bist du traurig.«

»Traurig! Ich?«

Ohne langsamer zu gehen, warfen sich Mutter und Tochter einen Blick zu. Diesen Gang bis zu den abgelegensten Klöstern unternahmen sie, weil sie Aufträge bekommen mußten. Sie suchten überall Kunden, bei den Kartäusern, Karmelitinnen, Dominikanern und Klarissinnen.

»Du ruhst dich niemals aus«, erklärte die Jüngere, »du reist von einem Palazzo zum nächsten … Du gehst nach Piedimonte d'Alife, um die Herzogin Caetani zu malen, kehrst hastig nach Chiaia zurück, um den Grafen Carraciolo abzubilden, eilst endlich zum Palazzo Reale, um das Porträt der Herrscherin fertigzustellen …«

»Prudenzia!« fuhr Artemisia empört auf. »Weißt du, wie viele Maler in Neapel von solchen Aufträgen träumen? Es bedeutet höchsten Ruhm, die Schwester des spanischen Königs zu malen! Und Zutritt zur …«

»Es geht immer nur um *Ruhm*!« entgegnete Prudenzia finster. »Malen, immer nur malen! ... Mal doch nicht soviel.«

Artemisia tauchte in die Menge ein, stieß einen Seufzer aus und wandte den Blick ab. Jetzt schleuderte ihr auch ihre Tochter diesen Satz entgegen, diesen Vorwurf von Agostino Tassi und Nicholas Lanier. Von ihren Geliebten hatte Artemisia ihn nicht hören wollen. Aber von Prudenzia? War es möglich, daß ihre Suche, ihr Kampf, um sich eine Ahnung der Schönheit zu entringen, sie derart auffraß, daß sie Prudenzia vernachlässigt hatte? Jedoch, wenn Artemisia an ihre Ankunft in Neapel zurückdachte, an ihre erste Unterkunft in einem Kloster, die Zimmer in diesem großen Gebäude auf dem Kalvarienberg, so war sie überzeugt, daß ihre beiden Töchter, Prudenzia und Francesca, sich stets im Mittelpunkt ihrer Existenz befunden hatten. War es nicht ihr Mann Pierantonio gewesen, der einst in Florenz gesagt hatte, daß keine Leidenschaft sich zwischen die beiden Seiten ihrer schöpferischen Kraft drängen könnte, zwischen ihre Malerei und ihre Mutterschaft, zwischen ihre Bilder und ihre Kinder? War es ihr Mann gewesen oder doch Nicholas Lanier? Drei Jahre nach ihrer Trennung verfolgte die Erinnerung an ihn sie immer noch, die Erinnerung an seine Stimme, an seinen Geruch und das Gewicht seines Körpers. Die Fragen, die sie sich im Augenblick der Trennung nicht hatte stellen wollen, suchten sie nun heim ...

Zweifellos würde sie eine alte Frau werden, die die Vergangenheit quälte. Die Geliebten wurden spärlicher. Ihre Berühmtheit gewährte ihr zwar eine große Auswahl. Doch niemandem gelang es mehr, sie wirklich anzurühren.

Sie hatte sich dennoch ihre Sinneslust bewahrt. Mehrere heimliche Gefährten hatten sich in ihrem Bett abgelöst: Schreiber und Sekretäre, die sie für ihre Geschäfte engagiert hatte. Sie schrieben Briefe nach ihrem Diktat, schützten ihr Haus und begleiteten sie durch die verrufenen Gegenden von Neapel, wenn sie spät von einer Porträtsitzung zurückkam. Die Lehrlinge in ihrem Atelier träumten allesamt davon, in der Belle Etage zu schlafen – Artemisia konnte dies nicht ignorieren. Ihre Anwesenheit erinnerte sie an die Gefahren der Versuchung und verstärkte ihre Wachsamkeit. Sie wachte über die Tugend ihrer Töchter. Schließlich wollte sie ihnen ein Schicksal zuteil werden lassen, das so weit wie möglich von dem ihren entfernt war. Dieses war das Prinzip, das über der Erziehung ihrer beiden Kinder schwebte.

Die Unterweisungen dieser Frau, die sich ihrer selbst und ihrer Entscheidungen so sicher und die so stolz auf ihre Triumphe war, beschränkten sich zu diesem Zeitpunkt auf zwei Grundsätze: »Benehmt euch nicht, wie ich es getan habe! Macht immer das Gegenteil von dem, was ich getan habe!«

Woran zweifelte sie? »An allem!« gestand sie sich ein. »Selbst an meinem Werk.« Was fürchtete sie?

Keine der Prophezeiungen ihres Vater hatte sich bewahrheitet. »Wenn du diesem Versager nach Florenz folgst«, hatte er ihr bei der Hochzeit mit Pierantonio vorausgesagt, »dann wirst du keine große Malerin.« Orazio hatte sich geirrt. Die Kunst von Artemisia Gentileschi war nie durch Mittelmäßigkeit bedroht worden. Sondern durch Bewunderung. Durch die Faszination für ein derart kraftvolles Wesen wie sie. Nicholas Lanier. Diese Liebe hatte Artemisia geopfert. Und von diesem Opfer erholte sie sich nicht mehr. »Was hätte ich anderes tun können? Was hätte ich anderes tun müssen?«

»Zu uns nach London kommen«, flüsterte Franceso Gentileschi ihr ein, der dreimal bis nach Neapel gekommen war, um ihr diese Antwort zu überbringen.

Francesco war ein ebenso gutaussehender Mann wie Giulio, sein jüngerer Bruder, doch gezierter, feiner und raffinierter, und er verstand es, geschickt die Familienerfolge auszunutzen. Die Gentileschi-Söhne ergänzten sich: Giulio war für die Gewaltstreiche und die körperliche Arbeit zuständig; Francesco für die Gespräche und Verhandlungen. Und der junge Marco sorgte für Respektabilität, da er Page bei der Herzogin von Buckingham war.

Während seiner wiederholten Reisen beschrieb Francesco seiner Schwester die Pracht der englischen Schlösser. Er rühmte die herrlichen Bilder, die ihr Vater für Somerset House, Greenwich und Hampton Court malte.

Beredt erzählte er ihr von Nicholas Laniers Reise und der Ankunft der Bilder aus Mantua in England – und von der schrecklichen Entdeckung, als das Schiff anlegte. Einige Bilder, die man sicher verstaut geglaubt hatte – weit entfernt von den Säcken mit Weinbeeren und den Fässern mit Quecksilber, welche die *Margaret* transportierte –, waren während der Überfahrt mit einem schwärzlichen Film überzogen worden. Ja, Lanier hatte an die schlimmsten Katastrophen gedacht, nur nicht an die Auswirkungen der Hitze und der Kondensation von Zucker und Quecksilber im Laderraum. Konnte er voraussehen, daß das Quecksilber sich verflüchtigen und die Aquarelle, die Zeichnungen und die Gemälde mit einer tintenfarbenen Schicht überziehen würde? Zum Glück hatte er die Kisten geöffnet, bevor er die Bilder seinem König zeigte! Mehrere Wochen lang hatte er sich bemüht, sie zu reinigen. Doch mit in Milch oder Hundespeichel getränkten Schwämmen – den üblichen Methoden also – hatte er dem gräßlichen Film nicht beikommen können. Nicholas hatte daraufhin einen Verwandten um Hilfe gebeten, Jérôme Lanier, einen großen Kenner der in der Malerei angewandten »Tricks«; danach die berühmtesten Alchimisten des Königreiches. Ihren Vorschlägen zufolge hatte er die betroffenen Bilder mit Branntwein abgetupft. Ohne Erfolg. Er hatte unter tausend Vorsichtsmaßnahmen Tropfen für Tropfen auf die stark verschmutzten Stellen gegeben. Ohne Erfolg. Dann hatte er auf brutalere Methoden zurückgegriffen und am Ende die schönsten Bilder mit viel Wasser abgewaschen. Seine Ausdauer, sein Glück und seine Beherrschung verschiedener Maltechniken mußten ihm erlauben, einige Meisterwerke zu restaurieren. Mehr denn je genoß er die Gunst Seiner Majestät …

Dann schwärmte Francesco, auf welch unerhörten Luxus ein Künstler in London Anspruch erheben konnte … Er rühmte Nicholas Laniers Haus, Nicholas Laniers Konzerte und Nicholas Laniers Wertschätzung bei Hofe.

Doch Francesco hütete sich wohl, über Orazios Schwierigkeiten zu sprechen: über den Haß englischer Künstler ihm gegenüber; die Rivalitäten bei Hof zwischen katholischen, protestantischen und anglikanischen Malern; den erbitterten Widerstand der Londoner Künstlergilde gegen Gentileschi.

Er verbarg vor seiner Schwester die Grausamkeiten einer noch gefährlicheren Verfolgung: der von Seiten des leitenden Konservators von Buckingham, des ehrgeizigen und rachsüchtigen Balthazar Gerbier.

35

London

1629 bis 1630

Als Maler und Architekt ohne Begabung, als künstlerischer Berater ohne Ausbildung, als diplomatischer Agent ohne Fein- und Ehrgefühl hatte Balthazar Gerbier alle europäischen Hauptstädte abgeklappert, um nach Kunstwerken für Buckingham zu suchen. Er war einer der Männer, bei denen sich schon die Zeitgenossen fragen, wie er an seine Ämter gelangen konnte. Gerbier kaufte in Rom, in Venedig und Paris. Er verhandelte direkt mit Sammlern und Malern. Seine Aufgabe war es, in Bilder zu investieren, die er für die englische Krone erwerben wollte, über die Preise zu verhandeln und für Farben, Leinwand und Pinsel zu sorgen. Ein Künstler, der sich gegen eine derartige Machtkonzentration empörte, verschaffte sich ein Leben in Not, voller Qualen und Demütigungen.

Orazio Gentileschi sollte davon nicht verschont bleiben.

Erinnerte ihn Balthazar Gerbier nicht an jemanden? Wie Agostino Tassi besaß Gerbier etwas, was Orazio nie bekommen würde: Charme und Eloquenz, eine gewisse Wendigkeit und Raffinesse und eine Gabe für Schmeicheleien. Wie Tassi wußte Gerbier mit den Machthabern umzugehen, wußte sie zu amüsieren, zu zerstreuen und zu überzeugen.

Nach dem Tod des Herzogs von Buckingham war Gerbier in die Dienste des Königs gekommen. Er bemühte sich, Seiner Majestät zu zeigen, daß er einen mittelmäßigen Maler wie Orazio Gentileschi nicht mehr brauchte. Der Italiener und seine drei Söhne sollten ihr Bündel schnüren! Damit wollte er eine alte Rechnung begleichen: Als Orazio in London ankam, hatte die Verwaltung des Herzogs von Buckingham Gerbier aus dem herrlichen Haus geworfen, das er auf den Ländereien des Herzogs bewohnte, damit die Familie Gentileschi dort leben konnte. Dieser Zwischenfall war der Beginn der Streitigkeiten, eines Stellungs- und Zermürbungskrieges, der die schöpferische Kraft Orazio Gentileschis aushöhlte, seine Vision abstumpfen und seine Begabung schwinden ließ.

Für diese Schlacht hatten die beiden Männer ein geeignetes Terrain gefunden: den Dreißigjährigen Krieg.

Ihre Rolle, die sie bei den halboffiziellen Verhandlungen zwischen England, Italien und Spanien spielten, verlieh ihren Schandtaten einen europaweiten Rahmen.

Sie wurden beide zwischen 1626 und 1628 nach Brüssel geschickt, um den Geheimbotschafter von Philipp IV. zu treffen, einen Künstler, den Orazio in Paris kennengelernt hatte: Es war sein Rivale Rubens. Bei seinem Besuch in London hatte der flämische Maler, der im Namen Spaniens verhandeln sollte, bei seinem *alten Freund* Balthazar Gerbier gewohnt. Er machte die Familie Gerbier auf einem Gemälde unsterblich, das er dem König schenkte. Orazio Gentileschi hatte also die erste Runde verloren. Gerbiers gesellschaftlicher Erfolg und sein diplomatischer Triumph raubten dem Italiener die Privilegien als Vermittler zwischen der katholischen und der protestantischen Welt.

Orazio holte zum Gegenschlag aus, indem er zwei Engländer nach Neapel entsandte, die er einer römischen Malerin im Dienste Spaniens empfahl: Artemisia Gentileschi. Wie Rubens hatten die beiden keinerlei offizielle Empfehlungsschreiben. Aber sie konnten im Namen ihres Königs sprechen. Orazio wollte, daß seine Tochter sie am Hofe des spanischen Vizekönigs einführte. Er forderte, daß sie ihnen die Pforten von Madrid öffnete.

Würden Vater und Tochter Gentileschi also mit vereinten Kräften den geheimen Wünschen von Karl I. und Philipp IV. dienen? Würden sie gemeinsam an der Allianz zwischen den beiden befeindeten Mächten gegen Frankreich teilnehmen?

In Orazios Augen war Artemisia in jeglicher Hinsicht dazu prädestiniert, als Geheimbotschafterin zwischen England, dem Königreich Neapel und dem italienischen Hof zu fungieren. Durch ihre Beziehungen, die sie weiterhin mit mächtigen Mäzenen wie dem Papstneffen aufrechterhielt. Durch ihre enge Freundschaft zu ihrem Mann des Vertrauens, dem Cavaliere Cassiano dal Pozzo – beides Beziehungen, zu denen noch die alten Bindungen an Florenz, ihr Briefwechsel mit dem Umkreis der Medici sowie der Schutz Galileis hinzukamen, den sie immer noch genoß. Vergangenheit und Gegenwart rechtfertigten, daß Orazio ihr diese Rolle antragen wollte. Unter diesem Vorwand fing er einen Briefwechsel mit ihr an.

Orazios Briefe enthielten keinerlei persönliche Nachricht. Er schrieb nicht über Kunst, erwähnte weder seine Bilder noch seine Erfolge. Doch seine kurzen Schreiben kündeten von einer Beziehung, die trotz Entfernung, Abwesenheit und Zeit andauerte.

Dieses Mal allerdings sah sich Artemisia nicht in der Lage, den väterlichen Erwartungen zu entsprechen.

Sie mußte in Neapel einer weitaus gefährlicheren Konkurrenz gegenübertreten als ihr Vater, der sich in London Schwierigkeiten und Schikanen ausgesetzt sah.

36
Neapel

1630 bis 1634

Malen, nur malen, mit diesem einzigen Ziel hatte sie sich nach Neapel begeben.

Porträts von Herzoginnen für deren Familiensitze, Stilleben für die Eßzimmer der Bourgeoisie, mythologische und anstößige Allegorien für die Kuriositätenkabinette der Prälaten: Artemisia wagte sich an alle Genres und verkehrte in allen Milieus. Ihre Herkunft, ihre Reisen und ihre Beziehungen öffneten ihr die Häuser florentinischer Bankiers und venezianischer oder Genueser Kaufleute; die der Aristokratie und des Klerus von Italien, welche ihre Ämter im Gefolge eines Nuntius, ihre Geschäfte im Umkreis eines Botschafters nach Neapel gebracht hatten. Die Ausschmükkung der neuen Paläste, die der Feudaladel sich in der Stadt errichten ließ, die Klöster, Kartausen und Kathedralen, welche die Kirche überall bauen ließ, eröffneten ihr grenzenlose Möglichkeiten. Der Künstler, der den Streichen seiner Rivalen in der Hauptstadt des Königreichs beider Sizilien widerstand, konnte hier ein gigantisches Werk hervorbringen.

Die Stadt war für Menschen gedacht, die hier zu überleben verstanden.

»Meine Konkurrenten sind bereits da und warten mit scharfen Zähnen nur darauf, mich zu zerfetzen [...]«, schrieb Il Domenichino, ein Maler, der zur gleichen Zeit wie Artemisia in Neapel war, an Cassiano dal Pozzo, ihren gemeinsamen Mäzen. »[...] Ich fühle mich, als wären meine Hände mit Eisenketten gebunden [...]«, fuhr er wie ein Echo der Künstlerin fort. »[...] Meine Auftraggeber zwingen mich, nur für sie zu arbeiten. Sie haben mich durch schriftliche, eidesstattliche Erklärungen in Vertragsform verpflichtet. Nun drohen sie mir schreckliche Strafen an, wenn ich ein anderes Werk anfange, bevor ich ihres beendet habe [...]. Ich sehe mich Qualen ausgesetzt, von denen die Hölle nichts ahnt.«

Mit den geringsten dieser Unannehmlichkeiten, mit Dolch und Gift, hatten schon andere vor Artemisia Gentileschi ihre Erfahrung gemacht. Nach einigen anonymen Briefen und Morddrohungen, die mit dem Messer auf seine Tür geritzt worden waren, fand der berühmte Guido Reni, der nach Neapel gerufen worden war, um eine Kapelle der Kathedrale auszuschmücken, seinen Hausangestellten mit zahllosen Messerstichen auf der Schwelle seines Ateliers. Zwischen zwei Schmerzenslauten überbrachte der Diener ihm folgende Nachricht: Dieser Überfall war nur eine Warnung ...

Guido Reni hatte seine Koffer gepackt.

Etwas später ging ein Schiff, das von den Geistlichen der Kathedrale geheuert worden war, um mehrere Maler aus Bologna herbeizuholen, deren Arbeit sie in Neapel bewundern wollten, mit Mann und Maus vor Ischia unter. Die Gerüste, welche die mutigsten unter den fremden Künstlern weiterhin aufstellten, brachen regelmäßig zusammen und begruben die Arbeiter unter sich. Die Werke von florentinischen Freskenmalern bröckelten auf geheimnisvolle Weise ab, ihre Farben und Konturen verblaßten. Jeder in Neapel wußte, daß bei diesen Streichen die *Cabala* ihre Hand im Spiel hatte, drei miteinander verwandte Maler – waren es Schwager oder Schwiegervater und Schwiegersöhne? –, die sich geschworen hatten, keinen Fremden im Schatten des Vesuv arbeiten zu lassen. Dabei waren die Mitglieder dieses furchtbaren Triumvirats selbst keine Neapolitaner! Der genialste, der berühmteste der Truppe behauptete, er sei Spanier. Er nannte sich Jusepe de Ribera, genannt *lo Spagnoletto*. Die Brutalität seiner Umgangsformen rechtfertigte die Strenge der Auftraggeber: Weder der Klerus noch der Adel gewährten fremden Künstlern, die sie für die Ausschmückung ihrer Kirchen und Paläste hatten kommen lassen, einen Aufschub bei der Arbeit, weil sie wußten, daß deren Zeit begrenzt war. Würden die Neuankömmlinge dem Druck der Cabala sechs Monate widerstehen können? Wie sollte man sie schützen?

Wie sie beruhigen? Die Angst vor Unannehmlichkeiten in Neapel trieb die Maler aus Rom oder Bologna dazu, alle Einladungen auszuschlagen. Wie sollte man sie gefügig machen? Wie sie anlocken? Die Geistlichen, die für die Ausschmückung der Cappella del Tesoro in der Kathedrale San Gennaro zuständig waren, beantworteten diese Fragen, indem sie ein – gleichwohl widersinniges – Dekret verkündeten: Die aus Neapel stammenden Künstler durften weder jetzt noch in Zukunft an den großen Verschönerungsarbeiten der Kathedrale teilnehmen. Die Kuppel, die Lünetten, die Wände dieser wunderbaren Kapelle, die dank öffentlicher Gelder im rechten Seitenschiff der Kathedrale gebaut worden war, waren somit für immer den Pinseln heimischer Maler entzogen. Die für die Neapolitaner wichtigste religiöse Stätte verdankte ihre Schönheit, Berühmtheit und Unsterblichkeit nur der Begabung von Fremden. Die Willkür eines solchen Erlasses und die daraus resultierende Diskriminierung verstärkte die Eifersüchteleien und steigerte die Graumsamkeit der Vergeltungsmaßnahmen. Ribera schrak vor keinem Mittel zurück. Er arbeitete seit nahezu fünfzehn Jahren für die spanische Aristokratie im Königreich beider Sizilien und genoß die Bewunderung von drei Vizekönigen in Folge. Daher konnte er sich einiges erlauben.

»Ein Werk von Jusepe de Ribera, Spanier, Ritter des Christusordens, der Apelles seiner Zeit«, schrieb er auf die Bilder für Alcalá, seinen neuen Auftraggeber.

Weder der Künstler noch der Herzog hatten irgendwelche Selbstzweifel: Apelles war für die Nachwelt der größte Maler der Antike, und sein Mäzen war kein geringerer als Alexander der Große gewesen!

Doch hatte der Vizekönig nicht das Format, seinen eigenen Ansprüchen gerecht zu werden.

Nicht einmal zwei Jahre widerstand er den Angriffen seiner Feinde. Der Herzog von Alba – der ehemalige Vizekönig – klagte ihn an, die Schwester ihres Herrschers Philipp IV. beleidigt zu haben. Seiner Meinung nach hatte der Herzog von Alcalá sie bei ihrer Reise durch Neapel sehr schlecht empfangen, hatte ihr weder ein neues Bett noch eine neue Kutsche angeboten, auf die sie als Kaiserin von Österreich und Königin von Ungarn doch An-

spruch hatte. Diese Behauptungen, die noch zu den Schwierigkeiten des Herzogs von Alcalá bei der Verwaltung seiner Domänen hinzukamen, sorgten für seine Abberufung nach Spanien.

Im Mai 1631 begleitete Artemisias Kutsche Alcalá ein zweites
Mal bis zu den Toren der Stadt. Lange sah sie zu, wie die Segel
seiner Schiffe am Horizont immer kleiner wurden: Der Herzog
reiste ab, um in Madrid für sein Verhalten geradezustehen. Doch
vorher hatte er die Meisterwerke an Bord bringen lassen, die er
in zweiundzwanzig Monaten angesammelt hatte: sechsundsiebzig
Gemälde, darunter mehrere Selbstporträts von Artemisia Gentileschi als *Muse* oder *Allegorie der Malerei*.

Er verließ das Original am Ufer des Tyrrhenischen Meeres,
doch überantwortete er die Künstlerin einem anderen Sammler,
der alle Möglichkeiten hatte, seiner Leidenschaft für Bilder zu frö-
nen: dem Graf von Monterrey, dem Schwager des Herzogs von
Olivares, welcher Premierminister und oberster Günstling des
spanischen Königs war.

Wenn der Graf Artemisias Bilder auch noch nicht kannte, so
sollte Madrid sehr bald darauf Orazios Begabung kennenlernen.

Im Mai 1633 brachte Francesco Gentileschi ein Bild dorthin, das
sein Vater Seiner Majestät Philipp IV. zum Geschenk machen
wollte. Der Herrscher wußte die Schönheit des Bildes und die
Großzügigkeit der Geste zu schätzen. Diesen Erfolg nutzte Francesco, um die Berater des spanischen Königs daran zu erinnern,
daß der Maler Orazio Gentileschi täglich mit Henriette, der Königin von England, sprach. Daß er Katholik und Florentiner war.
Daß er daher sehr wohl die Interessen seiner alten Mäzenin, Maria von Medici, im Blick hatte. Die Ex-Regentin war in Folge ihrer Niederlage bei der *Journée des Dupes* nach Brüssel verbannt
worden und schmiedete nun mit Spanien Ränke gegen Richelieu.

Vielleicht würde es genügen, daß ein Künstler wie Orazio Gentileschi, der sich in aller Ungezwungenheit mit Maria von Medici
und der Königin von England unterhielt, bei der einen wie bei der
anderen die Vorteile herausstrich, die beiden Parteien durch einen
Krieg gegen Frankreich entstehen könnten.

Der neue Vizekönig von Neapel setzte seinerseits auf die Blutsbande: Er rechnete damit, daß Artemisia sich mit ihrem Vater verständigte und an der Annäherung der Interessen von England, Spanien und der französischen Königinmutter arbeitete.

Monterrey sollte ihr alle Mittel zur Verfügung stellen, damit sie diese heikle Mission übernehmen konnte.

37
Neapel

1634 bis 1638

Der Besuch von Artemisia Gentileschis Atelier war für Reisende und Fremde in Neapel obligatorisch geworden. »Samstag, den 18. März 1634, haben wir uns nach dem Abendessen zur Signora Artemisia begeben«, schrieb in seinem Tagebuch der junge Bullen Rheimes, vormals Sekretär Isaac Wakes in Paris, welcher seinerseits während Nicholas Laniers Transaktion englischer Botschafter in Venedig gewesen war. »Die Tochter der Signora hat uns auf dem Spinett vorgespielt. Auch sie malt.«

In dieser Art politischem Salon diskutierten die Gäste über die Wechselfälle des Krieges, allerdings unter dem Deckmantel, über Malerei zu sprechen. Wie Rubens und Balthazar Gerbier, die während ihrer gemeinsamen Rundreise durch Holland im Sommer 1627 vorgegeben hatten, Bilder in Delft zu kaufen und die Wunderwerke von Amsterdam und Utrecht zu bestaunen, als sie die Unterzeichnung eines Friedensvertrags zwischen Spanien und England vorbereiteten, so versammelten sich die jungen Maler aus Rom, Venedig und Florenz um Artemisia Gentileschi. Sie überbrachten bei ihr Neuigkeiten der Höfe, die sie besucht hatten, plauderten Geheimnisse aus, die sie ausgekundschaftet hatten, und verbreiteten Nachrichten – wahre oder falsche –, die für Spanien bestimmt waren. Nach Jahren bitterster Rivalität schien »die Gentileschi« über die Cabala gesiegt zu haben. Ihre Persönlichkeit, ihre Malerei und ihr Atelier waren ebenso ein Teil von Neapel wie die von Ribera.

Bis zu diesem Zeitpunkt hatte Artemisia nur für private Kunstsammler gearbeitet. Ihre Bilder schmückten die Empfangsräume der Fürsten und die Betzimmer der Kardinäle. Aber die Affäre von Mantua, ihr Abenteuer mit Nicholas Lanier, hatte sie gelehrt, daß Kunstwerke auf Reisen gehen und jenseits der Meere verschwinden konnten; daß Sammlungen aufgelöst, zerstreut und verkauft werden konnten! Nur Altarbilder und öffentliche Aufträge blieben meistens *in situ*. Und diese Werke wurden nicht nur von den Gästen eines Prälaten bewundert, sondern von der Menge der Gläubigen, von all den Tausenden, die durch die Jahrhunderte hindurch Kirchen und Heiligtümer besichtigen würden.

Daher bemühte sich Artemisia von nun an um etwas, was ihr Vater sehr selten bekommen hatte: um Wandbilder in Kathedralen. Sie wollte für ihren Pinsel den Chor des neuen Domes in Pozzuoli.

Dank der Unterstützung am Hofe des Vizekönigs sollte sie ihn bekommen.

Artemisias Konkurrenten schrieben ihre Erfolge nicht ihrer Begabung zu, sondern ihrer Freundschaft mit Riberas Feind, dem großen Maler Massimo Stanzione: Die Cabala fürchtete ihn so sehr, daß sie eines Tages eine seiner *Pietàs* mit Säure zerstörte – zumindest erzählte man sich dies in Neapel. Man erzählte sich auch, daß Stanzione Artemisia schon aus Rom kannte, wo sie seine Geliebte gewesen sei. Die Wiederaufnahme ihrer Beziehung zehn Jahre später erklärte die plötzlich auftauchenden Ähnlichkeiten im Stil ihrer Bilder und das Vorhandensein eines Bildes der Gentileschi im Zyklus *Vier Szenen aus dem Leben Johannes des Täufers*, den Massimo Stanzione für Philipp IV. und seinen Palast Buon Retiro malte.

Es schien schon ein Gemeinplatz geworden zu sein, Artemisia Gentileschis Liebeleien in der Hauptstadt des Königreichs beider Sizilien zu erwähnen. »Die Frauen hier sind allesamt hübsch und wohlgestalt und alle äußerst frivol«, schrieb der Engländer John Evelyn.

Aber für Artemisias »Ausschweifungen« interessierte sich niemand, dabei hätten ihre Neider leicht diese Waffe schwingen können. Denn Artemisia Gentileschis Gegner hatten ein viel ent-

scheidenderes Argument, eine viel schärfere Waffe in der Hand.
Orazio!

Sie setzten Vater und Tochter in Konkurrenz. Bedienten sich
der Malerei des einen, um die Schaffenskraft des anderen zu vernichten. Betonten, daß sie alles von ihm übernahm – Sujets,
Zeichnungen und Farben. Wiederholten ständig, daß sie weder
Potential noch Phantasie hatte. Daß sie ihn bis zur Signatur pla-
giierte, daß ihre *Susanna und die Alten* in Rom und die *Judith* in Florenz, also ihre größten Erfolge, nicht von ihr gemalt worden sei-
en. Sie erinnerten daran, daß Orazio Gentileschi früher für den
Theatinerorden in Genua gearbeitet und Artemisia den Auftrag
für ein Altarbild in der Kirche von San Giorgio – der Kirche der
Genueser und der Theatinermönche in Neapel – nur wegen der
Begabung ihres Vaters bekommen hatte. Sie führten noch weiter
aus, daß die Mönche von ihr dasselbe Thema wie von Orazio verlangt hätten: eine *Verkündigung.* Und hoben hervor, daß Artemisia sich damit zufrieden gegeben hatte, seine Komposition umzu-
kehren, die Anordnung von Jungfrau und Engel zu vertauschen.
Sie beschieden, daß sie durch Entfernung des Dekors, durch Dra-
matisierung der Gesten und Verdunklung der Farben ihr eigenes
Bild jeglicher Religiosität beraubt habe.

Orazio Gentileschi lebte und arbeitete weit entfernt. Es kostete also nichts, Loblieder auf ihn zu singen. Dagegen wohnte Artemisia in Neapel und drohte, alle Aufträge an sich zu reißen …
»Die Gentileschi ist nichts als ein Mythos!« empörten sich ihre
Verleumder. »Ein Fehlgriff, der nur die Neigung der Spanier für
Monströses befriedigt. Sie schwärmen für die Frau mit Bart, für
den Zwerg mit Klumpfuß und für das Selbstporträt von Artemisia Gentileschi.«

»Da mein neapolitanischer Auftraggeber mit anderen Künstlern gesprochen hat, wundere ich mich nicht mehr über seine
feindliche Gesinnung mir gegenüber«, schrieb der Maler Lanfranco an einen römischen Kunsthändler. »Ich wundere mich
auch nicht mehr, daß der Monsignore, dem ich mein Bild zu sehen gab und den Ihr kennt, dieses Bild einen Scherz nannte, eine
Posse, eine Pfuscherei, die man für das Werk einer Frau halten
könne«, fuhr Lanfranco fort, der seinerseits für die spitzeste Zun-

ge von Neapel gehalten wurde. »Darauf habe ich geantwortet: Wenn mein Werk von einer Frau gemalt worden wäre, dann hätte er es gemerkt, denn es hätte ihn dreimal soviel gekostet!«

»Ich werde ihm zeigen, wozu eine Frau imstande ist!« antwortete Artemisia darauf.

Doch ihre Triumphe brachten ihr in dieser Zeit eine neue und noch gefährlichere Konkurrenz ein. Ihre meisterhafte Pinselführung hatte weibliche Künstler in Mode gebracht. Artemisia Gentileschi hatte in Neapel so viele Nacheiferinnen, daß sie potentielle Arbeitsstätten gegen ihre Geschlechtsgenossinnen verteidigen mußte. Der Maler Lanfranco übertrieb nur unwesentlich, wenn er behauptete, von Frauen gemalte Bilder seien dreimal so teuer wie andere! »Pfuschereien!« kommentierte er.

Artemisia hatte von einem solchen Urteil alles zu befürchten, denn es schloß sie in eine Gruppe mit ein, die nur durch die Launen der Kunstsammler existieren konnte. Sicher, sie nahm für sich eine »Cäsarenseele im Herzen einer Frau« in Anspruch, doch legte sie Wert auf ihre Einzigartigkeit. Die Absonderlichkeit ihres Talents blieb das wirksamste Förderungsmittel ihres Ruhms.

Sie entdeckte in sich Gefühle der Eifersucht und mißtraute jüngeren Frauen. Vor allem einer gewissen Anna de Rosa, einer Malerstochter – wie sie –, die mit Massimo Stanzione arbeitete – wie sie – und öffentliche Aufträge für Kirchenaltarbilder bekam. Ihre Werke konnten sich jedoch nicht mit Artemisias messen. Anna de Rosa hatte in Neapel nur wegen Stanzione Erfolg, der bei ihren Mäzenen für ihre Arbeit einstand. Artemisia verachtete sie. Hatten Angst und Neid, diese bei den neapolitanischen Künstlern so verbreiteten Untugenden, von ihr Besitz ergriffen?

Zur ihrer großen Erleichterung mußte ihre Rivalin sterben, ermordet von ihrem eigenen Mann, einem Maler, der sie des Ehebruchs mit Stanzione verdächtigte. Anna de Rosa blieb der Nachwelt nur auf dem Umweg dieses tragischen Skandals in Erinnerung.

Artemisia Gentileschi wußte nur zu gut, wie teuer einen solche Berühmtheit zu stehen kam! Sie hatte ihre beiden Töchter in ihrer Kunst ausgebildet, ermutigte sie jedoch nur zu fraulichen Betätigungen und hielt sie so weit wie möglich zwar nicht vom Kreis der Diplomaten in ihrem Atelier, doch vom Künstlermilieu fern. Im Bewußtsein ihrer Vergangenheit versuchte sie, sie vor den lüsternen Männern vom Schlage eines Agostino Tassi zu schützen. Sie ließ die kleine Francesca mit den jungen Damen des Großbürgertums im Orden der Unbefleckten Empfängnis erziehen; und die sanftmütige Prudenzia, die bei ihr blieb, erhielt Unterricht in Musik, Tanz und Benimm. Die junge Frau wurde bald zwanzig. Doch Artemisia schlug wie einstmals Orazio alle Anträge um ihre Hand aus. Wie er, konnte sie sich nicht entschließen, sich von ihrer Tochter zu trennen. Die Bewerber erschienen ihr niemals würdig, ihr Vermögen niemals solide, ihr Haus niemals ruhmreich genug für ihre Tochter ... Doch im Gegensatz zu ihrer Mutter wollte Prudenzia gar nicht heiraten: In ihr fand sich keinerlei Ungeduld oder Unruhe. Sie war unter der Fittiche ihrer Mutter zufrieden. Doch seit sieben Jahren wiederholte die junge Frau immer wieder dieselben Sätze:

»Warum bleibst du hier? Du bist doch nicht glücklich in Neapel ...«

Im Juli 1637 kam Francesco Gentileschi ein weiteres Mal, um seine Schwester im Namen von Karl I. einzuladen. Er sprach vor allem davon, daß der König von England vor nicht allzu langer Zeit Rubens und van Dyck in den Adelsstand erhoben hatte ... Warum sollte Seine Majestät für Vater und Tochter Gentileschi nicht dasselbe tun?

Francesco kam geradewegs aus Ligurien, wohin der Herzog von Savoyen und der englische König ihn geschickt hatten, um neue Bilder zu kaufen. Er hatte das Selbstporträt von Artemisia Gentileschi als *Allegorie der Malerei* für Karl I. gekauft. Dieses Bild hatte der Herzog von Alcalá 1631 mitgenommen, als er nach Sevilla zurückgekehrt war. Aber er hatte es bei seinem letzten Auftrag in Österreich wieder mitgenommen. Der einstige Vizekönig von Neapel war am 28. März 1637 in Villach gestorben. Dieser Trauerfall entzog Artemisias Tochter den väterlichen Schutz. In seinem Testament erkannte der Herzog von Alcalá fast dreißigtausend Dukaten Schulden an, eine kolossale Summe. Am Tag nach seiner Beerdigung hatten seine Gläubiger 130 seiner Bilder zur Auktion in Genua gebracht, darunter mehrere Werke von der Hand seiner Lieblingsmaler.

»Bring doch deine *Allegorie der Malerei* selbst dem König von England«, schlug Francesco vor. »Du bist das Modell, das Sujet und der Künstler seines neuen Bildes … Was hält dich noch hier? Sicher, du arbeitest für die neapolitanische Aristokratie. Aber du bist nicht der Hofmaler eines Monarchen. Sicher, du verkaufst deine Bilder dem Grafen von Monterrey. Aber du mußt jeden Auftrag mit deinem Pinsel erkämpfen. Spanien tritt in den Krieg ein. Der Kampf gegen Frankreich scheint noch zu dauern: Er wird die Schatztruhen des Königreichs beider Sizilien leeren. Neapel wird dies auch zu spüren bekommen. Und wie willst du dann mit deinen beiden Töchtern überleben?«

Die komplizierte und prestigeträchtige Heirat, über die Artemisia für Prudenzia mit einem Mitglied des neuen Amtsadels verhandelte, drohte sie zu ruinieren. Die Mitgift, die sie vollständig bei Unterzeichnung des Vertrags zu zahlen hatte, ließ sie finanziell am Ende zurück. Und traurig. Und allein …

»Du wirst außerdem noch weitere Pflichten haben«, insistierte Francesco. »Weitere Verpflichtungen. Du mußt zum Beispiel eine zweite Mitgift aufbringen, eine zweite Tochter verheiraten. Warum suchst du ihr nicht in England einen Mann? In England ist Frieden«, betonte er. »In England herrscht ein Mann, der die Staatsaffären zurückstellt, um die Schönheit eines Bildes zu genießen, ein Mäzen, der seine Künstler bewundert und sie mit einer Pension ausstattet …«

Wer würde Artemisia in Neapel mit einer Pension ausstatten? Ihr letzter Beschützer, der Graf von Monterrey, packte schon seine Koffer. Seine Amtszeit lief aus. Er brachte nicht vierundzwanzig Truhen nach Spanien zurück – wie der Herzog von Alcalá –, sondern vierzig Schiffe mit Schätzen, die er in Neapel und ganz Italien gesammelt hatte.

»Du wirst bei seinem Nachfolger wieder von vorne anfangen müssen«, brachte Francesco vor, »sieben Jahre Kampf umsonst. Du wirst das neue Gefolge des Vizekönigs betören müssen …

Dich bei den Spaniern behaupten, gegenüber anderen Künstlern, die sie aus Rom kommen lassen, durchsetzen müssen ... Wer weiß, ob du dieses mal den Streichen deiner Rivalen entgehst? In London hingegen ...«

In London arbeitete Orazio sich zu Tode. Ohne die Hilfe seiner Tochter würde er niemals sein Werk vollenden können. Francesco rief ihr in Erinnerung, daß ihr Vater für größere Unternehmungen zu alt war – vierundsiebzig Jahre immerhin – und weder die Kraft noch den Mut dazu hatte.

Er sagte, daß Orazio sie vor seinem Tode noch einmal sehen wolle. Daß der alte Künstler sie inständig bäte, ihm diesen letzten Wunsch zu gewähren. Daß nun der richtige Moment gekommen zu sein scheine, sich wieder zu treffen und zu versöhnen.

Fünfundzwanzig Jahre waren sie getrennt gewesen! Hatte Orazio auch nur ein einziges Bild von Artemisia betrachtet? Konnte er die Größe und Bedeutung ihres Werkes ermessen? Vor jedem ihrer Bilder hatte sie sich in den fünfundzwanzig Jahren diese Frage gestellt. »Was würde er davon halten?« Ihre Zweifel waren im Laufe der Jahre schlimmer geworden. Dieses Mißtrauen gegenüber ihrem Werk hatte sich durch ihren Erfolg nicht gelegt. Dieser eine, beklemmende Gedanke hatte ihren gesamten Schaffensprozeß durchzogen: »Was würde er dazu sagen?«

Sie betrachtete das Bild für den englischen König, welches Francesco ihr dagelassen hatte: die *Allegorie der Malerei*, die auf einer Staffelei im hellen Tageslicht stand. Ein Werk, das schon sieben Jahre alt war. Artemisia hatte es kurz nach ihrer Ankunft in Neapel gemalt. Damals hatte sie es für ihren römischen Mäzen entworfen, den Cavaliere dal Pozzo. Er hatte es bei ihr für seine Galerie berühmter Persönlichkeiten in Auftrag gegeben und die Maße vorher genau festgelegt. Doch der Cavaliere dal Pozzo hatte sich gedulden müssen, da sie das Bild dem Hofmaler des spanischen Königs, Diego Velázquez, hatte zeigen wollen. Velázquez hielt sich gegen Ende des Jahres 1630 in Neapel auf und fertigte zur selben Zeit wie Artemisia Gentileschi das Porträt der Schwester von Philipp IV. an, die beim Herzog von Alcalá im Palazzo Reale wohnte. Der Vizekönig hatte sich herzlich wenig für das Bild der Kaiserin interessiert, und seine Gleichgültigkeit war ihn teuer zu stehen gekommen. Aber er hatte die *Allegorie der Malerei* gekauft. Er wollte sie um jeden Preis! Er hatte sich dieses Bildes mit dem Argument bemächtigt, daß er niemanden beraube: Artemisia könne ja eine zweite Version für den Cavaliere dal Pozzo anfertigen …

Sie näherte sich dem Gemälde, das wie ein Spiegel vor ihr stand. Oberkörper und Gesicht gaben genau ihr Bild wieder. Sie war beruhigt, wie wenig sie sich in ihrer Haltung und Erscheinung während all dieser Jahre verändert hatte. Immer noch hielt sie ihre sehr langen Pinsel ganz nahe am Borstenansatz. Immer noch rollte sie ihren rechten Ärmel bis zur Ellbogenfalte, zog die Spitze so hoch wie möglich zurück. Sie benutzte immer noch die braune, fleckige Schürze, die rechteckige Palette. Immer noch ordnete sie die Farben in derselben Reihenfolge an – das Weiß nahe am Daumen, dann das Rot, das Braun, das Grün – ganz nach der Reihenfolge, die ihr Vater ihr beigebracht hatte. Was würde er von ihrem Porträt halten? Würde er nicht die lange Goldkette und den Anhänger in Form einer Maske an ihrem Hals erkennen, die er ihr anläßlich ihrer Vorstellung bei Kardinal Borghese im *Casino delle Muse* geschenkt hatte? Und ihr changierendes Kleid? Ihr wirres Haar? All die Attribute der Allegorie der Malerei eben, wie sie die Lehrbücher der Ikonologie für Maler vorschrieben … Was würde er von diesem Goldgrün halten, dessen Geheimnis er selbst kannte? Und von der Drapierung? Würde er die Meisterschaft erkennen, mit der sie, Pinselstrich für Pinselstrich, das Licht wiedergegeben hatte, das ihre Stirn beschien, und den Schatten der Halskette auf ihrem Dekolleté? Würde er die Originalität der Komposition zu schätzen wissen, die große Diagonale ihres Oberkörpers, die das gesamte Bild von oben nach unten, von einem Winkel zum anderen kreuzte? Um sich im Halbprofil malen zu können, hatte sie zwei große Spiegel rechtwinklig vor sich plazieren müssen. Im Gegensatz zu vielen Künstlern, die der Welt ein veredeltes Bild von sich selbst zeigten, im Gegensatz zu den Malern, die sich vor ihrer Staffelei sitzend, gut gekleidet und mit ruhigem, zum Betrachter gewandtem Blick präsentierten, erstreckte sich Artemisias Gestalt aufrecht über die gesamte Länge des Bildes, als wäre sie bei der Arbeit überrascht worden. Sie sah nicht den Betrachter an, sondern beugte sich über ihr Modell, ihr eigenes Bild in den Spiegeln. Kopf, Rumpf, der gesamte Körper waren in voller Bewegung, hingeneigt zu ihrer Schöpfung, die Arme ausgestreckt zwischen Palette und Bild, die Büste unverhüllt, das Haar in Unordnung. Sie schien mitten im Kampf. Sie malte.

Würde Orazio Gentileschi es anerkennen, daß seine Tochter die Malerei so zu verewigen wagte, wie sie in Wirklichkeit war? Als Krieg. Als Schlacht gegen die Materie. Als physischen, körperlichen Kampf mit Form und Idee.

Artemisias Atelier brachte jeden Monat zig Bilder hervor. Sie malte weniger nach ihrem eigenen Geschmack als nach den Forderungen der Auftraggeber. Sie beherrschte alle Techniken. Ihre Malerei konnte finster und dramatisch sein: »neapolitanisch«; üppig und farbenfroh: »florentinisch«; oder wie Caravaggios: »römisch«. Als Chefin eines Unternehmens hatte sie zahlreiche Lehrlinge in ihren Diensten. Der begabteste von ihnen, Viviano Codazzi, kam direkt aus Rom von der Via del Corso, aus dem Atelier von Artemisias früherem Lehrer: Agostino Tassi.

Sie hielt den Knoten der Vergangenheit in ihrer Hand, all die Fäden ihres Lebens.

»Aber ich muß noch meine ältere Tochter verheiraten«, schrieb sie im Oktober an Cassiano dal Pozzo. »Sobald ich mich dieser Pflicht entledigt habe, hoffe ich nach Rom zu kommen, um meine Heimatstadt zu nutzen, meine Freunde zu sehen und meinen Mäzenen zu dienen.«

War dies das Heimweh einer reifen Frau, die sich schmeicheln konnte, auch die verrücktesten Wetten gewonnen zu haben?

»Hättet Ihr die Güte und teiltet mir mit, ob mein Ehemann noch lebt?« hieß es in demselben Brief an Cassiano weiter.

Bedauern? Reue? Oder nur eine ganz einfache praktische Frage betreffs der Zukunftsplanung? Artemisia hätte die Einwilligung von Prudenzias Vater für diese Heirat gebraucht, die nur so schwerfällig vonstatten ging.

»Ich habe nicht mehr den Wunsch, weiterhin in Neapel zu bleiben«, gestand sie ihrem florentinischen Freund Andrea Cioli, dem

Staatssekretär der Medici, »ich habe keine Lust mehr, hier zu wohnen, wegen der unaufhörlichen Kriegsgerüchte, der zu hohen Lebenshaltungskosten und der Schwierigkeiten, hier zu überleben …«

Sprach hier ein Maler am Ende seiner Kräfte?

* *
*

»Laß mich nicht allein … Ich bitte dich«, flüsterte Prudenzia und preßte sich in der Sänfte an ihre Mutter. »Reise nicht!«

In dieser Karfreitagsnacht folgten die beiden Frauen der Prozession des Solitaria-Ordens. Durch diese Ehre waren alle Blicke in Neapel auf sie gerichtet. Keine andere Frau erschien in dem Zug. Die Kutschen der vornehmen Damen säumten beide Seiten der Straße. Ihre Wagen mit den schwarzen Pferden, den schwarzen Vorhängen und den schwarzen Federn zogen sich die gesamte Via Toledo entlang, vier Kilometer wartende Kutschen. Auf jeder Seite der Portieren hielten sechs Pagen große Fackeln in die Höhe: Sie beleuchteten eine lange Reihe weiblicher Silhouetten, die sich vor den Wagenfenstern abhoben. Auf diesem Feuerweg erschienen ihre gepuderten Gesichter wie Phantome. Als Witwen, die um Christus trauerten, trugen sie Schwarz, allerdings waren die schwarzen Gewänder mit Goldfäden durchwirkt, Hals und Ohren der Damen mit Edelsteinen übersät und ihre Haare mit einer blutroten Mantille bedeckt, deren goldenes Feston bis auf ihre Stirn fiel. Die Reiter ritten im Galopp vor ihnen hin und her und warfen Süßigkeiten in Form kleiner weißer Blumensträuße und winzige Marzipantotenköpfe auf ihre Knie.

Die Organisation dieser Prozession unterstand den Spaniern. In der Passionsnacht des Herrn zeigten sie die Mysterienspiele ihres Volkes, zwölf Szenen mit vielfarbigen Holzfiguren, mannshohen, als Römer oder Juden verkleideten Skulpturen mit gehässigen Gesichtern, die Jesus Christus schmähen, schlagen oder mit Steinen bewerfen. In Gruppen zu acht trugen die Solitaria-Mönche, verborgen unter langen braunen Kutten, diese Sinnbilder der Passionsgeschichte. Beladen mit ihrer schrecklichen Last schritten sie feierlich durch das Spalier der Fackeln.

Jedes Jahr luden die Spanier zwölf wichtige Persönlichkeiten von Neapel dazu ein, diese Mysterienspiele zu geleiten. So ehrten sie die Repräsentanten der alten Häuser, die Oberhäupter der großen Familien dieser Stadt. Im April 1638 hatten sie die Signora Artemisia und ihre *Casa* dazugebeten. An die dreißig Personen – Schüler, Lehrlinge, Schreiber und Diener – folgten ihrer Sänfte und schwangen in der Dunkelheit die großen weißen Wachskerzen, die sie ihnen gegeben hatte.

»Warum willst du abreisen?« fragte Prudenzia wieder.

Die beiden Frauen saßen aneinandergelehnt in der Zurückgezogenheit des verschleierten, kleinen Kastens und hielten sich bei den Händen. Sie hörten weit vor sich den Klang einer Trompete, den traurigen Ton vom Marsch der Verurteilten zur Hinrichtungsstätte. Und dann, ganz in der Nähe, regelmäßige Schläge: das Klatschen der Riemen auf den Schultern der Bußfertigen.

Die Spanier hatten die beiden Gruppen gemietet, die sich am Anfang und Ende des Zuges selbst geißelten. Pro Kopf zahlten sie ihnen dafür fünfzehn Sous. Sie sorgten auch für die Kutten, aus denen am Rücken ein Rechteck ausgeschnitten war, so daß die Menge das nackte Fleisch, die Wunden und das Blut sehen konnte. Den Bußfertigen, die eine mit Nägeln versehene Peitsche verlangt hatten, zahlten die Spanier zwanzig Sous.

»Warum willst du diese Reise unternehmen?« beharrte Prudenzia.

Die junge Frau war seit einem Monat mit dem Abkömmling einer mächtigen Juristenfamilie verheiratet. Die Hochzeitszeremonie war in allen Einzelheiten das genaue Gegenteil der lang zurückliegenden Hochzeit von Artemisia in der römischen Kirche Santo Spirito in Sassia gewesen. Brautgeschenke und Aussteuer waren fast eine Woche lang in der Wohnung der Braut ausgestellt gewesen, und im Malermilieu sollte man noch lange über die Pracht der Stoffe, Schmuckstücke und silbernen Gegenstände sprechen, die die Künstlerin ihrer Tochter mitgegeben hatte.

»Ich bitte dich, fahre nicht …«

»Ich komme ja zurück«, murmelte Artemisia. Sie drückte Prudenzias Hand an ihre Brust. »Ich schwöre es bei Gott. Ich komme nach Neapel zurück.«

»Und meine Schwester?«

»Ich zähle auf dich, daß du über sie wachst. In meinem Testament habe ich ihr ...«

»Du willst Francesca allein lassen?« empörte sich Prudenzia.

Sie zog ihre Hand zurück und zeigte damit ihre erste Geste des Widerstands in zwanzig Jahren. Sie sah nicht die Tränen in den Augen ihrer Mutter.

»Was könnte ich sonst tun?« fragte Artemisia. »Der Krieg und die Pest versperren alle Wege. Ich muß mich in Neapel einschiffen. Wie könnte ich Francesca solchen Gefahren aussetzen?«

»Gestern Abend, beim Nachtmahl, erzählte mir mein Gatte von den türkischen Piraten, die den Krieg nutzen, um spanische Schiffe zu kapern ...«

»Glaubst du, ich hätte keine Angst?«

»Dann laß meine Schwester nicht in Neapel zurück!«

»Und was geschieht, wenn die Berber uns schnappen? Ich kann ein solches Risiko nicht für sie eingehen!«

»Solche Risiken bist du aber für mich eingegangen«, antwortete die junge Frau knapp.

Artemisia warf ihr einen überraschten und beunruhigten Blick zu. Sie wußte nicht, wie sie diesen Satz deuten sollte. Warf Prudenzia ihr ihre Reisen vor? Hatte sie sich geirrt, wenn sie annahm, daß ihre Tochter nichts so sehr liebte wie ihre gemeinsamen Fahrten? »Aber ich habe dich nicht bis nach England gebracht«, verteidigte sie sich im stillen, »ich habe dich nicht zu den Ketzern geführt.«

»Gott weiß, wann ich London erreichen werde«, seufzte sie. »Wie viele Tage, wie viele Monate es dauern wird ... Ich werde zweifellos in Genua und Marseille haltmachen müssen ... Man sagt, daß die von anderen Nationen ausgestellten Gesundheitszeugnisse nichts mehr wert sind. Aus Furcht vor Ansteckung isolieren alle Städte die Reisenden in Quarantäneanstalten außerhalb ihrer Stadtmauern. Wenn ich gezwungen bin, in jedem Hafen vierzig Tage zu warten ...«

»Dann reise nicht!« unterbrach sie die junge Frau. »Es besteht keinerlei Notwendigkeit, diese Reise zu unternehmen.«

Ein schmerzlicher Ausdruck verfinsterte Artemisias Gesicht.

»Wenn ich an der Schwelle zum Tode stünde und dich riefe ...
dann würdest du doch kommen, oder nicht?«

»Ich würde tun, was mir der Herr befiehlt«, antwortete Prudenzia ruhig. Sie schwieg einen Moment, bevor sie hinzufügte:
»Und ich würde tun, was mir mein Gatte gebietet.«

Ein Lächeln huschte über das Gesicht ihrer Mutter: Prudenzia
hatte schon immer in einer anderen Welt als sie gelebt. Sollte
ihr junger Gatte sterben, dann würde sie sich zweifellos ihre
Haare abschneiden, wie es der neapolitanische Brauch wollte. Sie
würde ihr schönes Haar wegwerfen, mit ihren langen braunen
Flechten das Gesicht des Toten bedecken. Und ihre Liebe und
Treue gegenüber dem Verstorbenen bewahren, bis ihr Haar wieder bis zu den Hüften gewachsen wäre. Ganz wie es der Brauch
wollte ...

Artemisia griff zärtlich nach der Hand, die ihre Tochter ihr entzogen hatte, und betrachtete sie eine ganze Weile. Wie hübsch
Prudenzia so als Witwe des Herrn war! Die Trauerkleidung paßte gut zu ihrem Teint. Und dieser kleine, rote Schleier auf ihrem
Kopf ließ sie wie eine Dame der Aristokratie wirken. Artemisia
hatte es so gewollt. Prudenzias Heirat, ihr Eintritt in die vornehme Gesellschaft, ihre Zugehörigkeit zum neuen Amtsadel, der in
Neapel an Bedeutung gewann, trennte sie. In der Öffentlichkeit
siezten sich Mutter und Tochter.

Prudenzia senkte den Blick. Sie glaubte in diesem zu langen
und zu zärtlichen Blick die Liebe eines Menschen zu entdecken,
der einen zum letzten Mal ansieht. Artemisia wandte ihrerseits
den Blick ab.

Starr und schweigend dachten Mutter und Tochter an dasselbe. Beide hatten die letzte Abreise von Francesco Gentileschi und
seine symbolische Geste im Sinn: das Zurücklassen von Artemisia Gentileschis Selbstporträt, der *Allegorie der Malerei*, in Neapel.
Ohne Zweifel versuchte er, seine Schwester vor vollendete Tatsachen zu stellen. Artemisia hatte nun die Verantwortung, ihr Bild
dem König von England zu übergeben. Sie hatte diese Aufforderung zwar begriffen, war ihr jedoch noch nicht nachgekommen.
Sie hatte das Bild auch nicht zu seinem Besitzer zurückgeschickt.
Dabei hatten sich dazu vielerlei Gelegenheiten geboten, da zahl-

reiche englische Kaufleute in Neapel vor Anker gegangen waren, Gelegenheiten, die sie aber nicht genutzt hatte.

Den Winter 1638 hatte sie sich damit begnügt, ihre Angelegenheiten nacheinander zu regeln. Sie hatte die Heirat von Prudenzia vollbracht, die noch ausstehenden Bilder fertiggestellt und die Honorare bei ihren Agenten eingetrieben. Sie hatte sich auch lange Zeit mit ihrem Notar beraten, mit ihm eine Liste ihrer Besitztümer aufgestellt und die Einzelheiten ihres Nachlasses geregelt.

Hatten ihre Töchter schon lange Zeit, bevor Artemisia endlich einen Entschluß faßte, geahnt, daß sie plante abzureisen? Seit ihrer Kindheit hatte es sich Prudenzia vorbehalten, ihre Mutter zu durchschauen und zu deuten; und sich zur Pflicht gemacht, sie zu warnen, ihr gut zuzureden und ihr Vorhaltungen zu machen ... Schon als kleines Mädchen hatte Prudenzia unbequeme Fragen gestellt und mit ihrer eintönigen Stimme die Schwierigkeiten bestimmter Situationen aufgezählt. An einigen Anzeichen – an Artemisias brüskem Verstummen, an ihrer Schroffheit, ihrer vorgeblichen Ruhe und ihrer Sorge um Ordnung und Anstand – hatte sie die Zweifel und Ängste abgelesen, die ihre Mutter quälten. Sie hatte eine drohende Abreise und baldige Trennung vorausgeahnt. Artemisias Schweigen und ihre Gleichgültigkeit bestärkten diese Furcht. Seit Prudenzias Hochzeit hielt sie die Tochter auf Abstand. Sie nannte sie »mein Kind«, wie es die Gesellschaft verlangte, und bemühte sich, nur liebenswürdige und sanktionierte Floskeln mit ihr zu wechseln. War die Tochter verheiratet, war ihre Aufgabe vollbracht: Die Mutter ließ sie ziehen.

Prudenzia kannte sie zu gut, um ihr diese Gleichgültigkeit abzunehmen. Doch sie erkannte Artemisias ausweichendes Verhalten, ihre nicht einzuordnende Stimmung wieder: Es waren dieselben wie bei der Trennung von dem englischen Musiker. Diese Trennung hatte sich ihre Mutter selbst auferlegt! Prudenzia konnte also die inneren Kämpfe abschätzen, die die mütterliche Kühle überdeckten: War sie in Venedig nicht Zeuge von Artemisias Qualen gewesen, von ihrem heftigen Schmerz, als sie Nicholas Lanier verließ? Damals hatte das Kind alles geahnt und alles verstanden. Heute ahnte sie, welche Opfer dieses neue Vorhaben, diese erneute Abreise sie kosten mußten.

Artemisia konnte zwar vorgeben, daß sie Neapel nicht mochte, doch hatte sie hier ihre Freunde, ihre Beschützer – ihr ganzes Leben! Wie lange würde sie ihrem Atelier fernbleiben? Ein Jahr? Zwei Jahre? Fünf Jahre? Und war es vorstellbar, daß ihre Bewunderer, ihre Mäzene, ihre Schüler und Lehrlinge die ganze Zeit auf sie warteten? Ihre Rivalen würden sie mit Verleumdung und übler Nachrede überschütten, sobald sie aus Neapel verschwunden war. Ja, sie konnte ihrer Tochter wohl schwören, daß sie zurückkäme, sie konnte ihren Eid auf die Heilige Schrift leisten. Doch wußte sie eines ganz gewiß: Es würde ihr nicht mehr gelingen, sich in Neapel noch einmal zu etablieren, oder wenn, dann nur mit Mühe!

Kam Artemisia Orazios Ruf nach, dann verließ sie alles, was in ihrem Leben zählte. Sie verzichtete auf ihre Karriere. Sie trennte sich von ihren Töchtern ...

»Teure Mutter, seid dieses Mal nicht zu hart gegen Euch selbst«, bat Prudenzia.

Die junge Frau war in ihrer Hilflosigkeit so unangenehm berührt, daß sie zur von der Gesellschaft auferlegten Anrede zurückkehrte:

»Christus, der Herr, fordert von Euch weder den Verzicht auf Eure Kunst noch das Opfer derer, die Euch am Herzen liegen ...«

Artemisia fuhr auf. Die förmliche Anrede und die höflichen Formulierungen hoben nur noch deutlicher die Sicherheit ihrer Stimme und die Heftigkeit ihres Tons hervor. Die sanfte, so fromme und passive Prudenzia sprach im Namen des Herrn und schien genausogut wie Er die Pläne des Allerhöchsten zu kennen:

»Wenn Gott Euch nicht so gewollt hätte, wie Ihr seid, dann hätte er Euch nicht diese Begabung gegeben, dann hätte er Euch die Liebe Eurer Kinder verweigert«, beharrte sie. »Gewiß, die Pflicht ruft Euch ans Krankenlager Eures Vaters. Aber sie hält Euch noch gewisser hier, bei Euren Töchtern, die Euch lieben ...«

Gerührt blickte die Mutter ihr Kind an. Prudenzia wußte alles von der Liebe und vom Leiden. Sie nutzte diese edle Sprache, die Förmlichkeiten, Bräuche und Konventionen nur, um ihre Leidenschaft zu zügeln. Hatte Artemisia sie jemals verstanden? In dieser Nacht schien sie zum ersten Mal das Gesicht ihrer Tochter wirklich zu sehen. Wie hatte sie je denken können, daß Prudenzia ihr nicht ähnelte? Auf einmal erkannte sie in dieser kleinen, durchscheinenden Person an ihrer Seite, in diesem bleichen Teint, diesem reinen Oval ein vertrautes Gesicht. Ihr Gesicht. Prudenzia hatte das gleiche Stirnrunzeln, den gleichen Schmollmund, die gleiche Heftigkeit, Wut und Hitze wie sie. Bei Artemisia entzündeten die Emotionen den Blick und röteten Mund und Wangen. Bei Prudenzia brannte das Feuer im Innern.

»Sei vernünftig«, mahnte die junge Frau, die in dem Wunsch zu überzeugen zu der Vertraulichkeit früherer Tage wiederfand. »Der Kriegslärm, über den du dich in Neapel ständig beschwerst, ist im Norden Italiens noch viel lauter. Westfrankreich, sagt man, liegt in Schutt und Asche. Wie willst du nach England gelangen? Wenn du jetzt dem Ruf deines Vaters nachkommst, wenn du dich jetzt entscheidest, eine derartige Expedition zu wagen, dann ist deine Geste ebenso großzügig wie verrückt. Muß ich dich daran erinnern, daß Reisen einer Person deines Geschlechts und deines Alters nicht angemessen sind?«

Artemisia kniff die Lippen zusammen. Mitgerissen von seinen Gefühlen putzte ihr Kind sie herunter. Sie entschied sich, nicht darauf zu reagieren. Die beiden Frauen saßen mit den Händen auf den Knien und starrem Blick schweigend da.

Konnte sie sich ihr anvertrauen? Prudenzia war so weit davon entfernt, die Größe ihres geplanten Abenteuers zu ermessen. Mit fünfundvierzig Jahren beabsichtigte Artemisia, ganz Europa bis nach Flandern zu durchqueren. Sie würde dort die einstige Mäzenin Orazios treffen, die Königinmutter von Frankreich, Maria von Medici. Diese war mittlerweile überall unerwünscht, verbannt von ihrem Sohn Ludwig XIII., zurückgewiesen von ihrem Schwiegersohn Philipp IV., und wollte nun Karl I. dazu bringen, daß er sie in seinem Königreich aufnahm.

Der Zug der Bußfertigen, der die Karfreitagsprozession abschloß, ging am Meer entlang. Die ersten »Mysterien« erreichten den Hof des Palazzo Reale. Signora Artemisia, ihre Tochter und ihre Familie mußten unter den Baldachinen zwischen dem Gefolge des

Vizekönigs Platz nehmen. Ihre Pflicht würde sie bald voneinander entfernen. Sie hatten nur noch wenig Zeit.

»Ich sehe, dein Entschluß ist gefaßt«, seufzte Prudenzia bitter. »Ich kann dich nicht davon abbringen. Ich kann dich nicht halten«, fügte sie traurig hinzu. »Doch schone dich wenigstens! Lege dir nicht zu große Opfer auf. Fordere nicht selbst etwas von dir, das dir alle Kraft raubt, die du brauchst, um nach London zu gelangen. Verzichte dieses Mal nicht auf die, die dir etwas bedeuten …«

Die beiden Frauen tauschten einen liebevollen Blick aus. Doch die Jüngere befahl abschließend:

»Nimm Francesca mit.«

* *
*

Quer durch die halbe Welt – auf dem Rücken der Maultiere, in der Kutsche, zu Schiff, auf den Lagern schmutziger Herbergen und dem Stroh der Lazarette, in denen die Reisenden ihre Quarantänezeit abwarteten – hatte Artemisia ein elfjähriges Kind bei sich. Genau wie Orazio sie, als sie in dem Alter war, in den Wäldern der Albaner Berge, in entlegenen Klöstern, deren Kapellen er ausschmückte, bei sich gehabt hatte.

Ende Oktober 1638, nach einer viermonatigen Reise, gingen Mutter und Tochter in Den Haag auf eines der Schiffe aus der Flotte von Maria von Medici. Mit einer ganzen Eskorte von Äbten, Priestern und Zofen segelte Artemisia Gentileschi gen England.

Kapitel V

TRIUMPH DES FRIEDENS UND DER KÜNSTE

London in einer Zeit, da die Bilderstürmer Gemälde verbrannten 1638–1641

38
London

November 1638

»Müssen wir jetzt sterben?« fragte Francesca ruhig ihre Mutter. »Das wird der Herr nicht zulassen: Wir haben noch so viele Aufgaben vor uns, unsere Zeit ist noch nicht gekommen ...«

»Und für sie?«

Das Kind blickte auf die Hofdamen und die Schar der Zofen um sich herum, die sich ohne jede Scham auf dem Schiffsdeck erbrachen. Die Königinmutter reiste mit dem ersten der Schiffe, dessen Heck Artemisia und ihre Tochter vor sich die Dünung der Wogen hinunterstürzen sahen. Bei jedem Windstoß hörten sie das Wiehern der Pferde, das entsetzte Kreischen der Affen und Papageien und das Knarren der Taue, die die in ihrer Nähe untergebrachten Kutschen an den Rädern festhielten. Jeden Moment konnte der Hanf reißen, und dann würden die Wagen bis zur Reling rollen und sie beide zerquetschen.

Seit drei Tagen hinderte das Unwetter die königliche Flotte daran, wie vorgesehen in Dover anzulegen. Zwischen den Wellen und Blitzen sah man winzige Gestalten an Land, wahrscheinlich Angehörige des englischen Oberhauses, den Bürgermeister und die Honoratioren der Stadt, die geduldig die Ankunft Ihrer Majestät der Königinmutter abwarteten. Doch keines der blumengeschmückten Boote hatte es gewagt, den Hafen zu verlassen, um ihnen entgegenzufahren. Maria von Medici und ihr Gefolge wa-

459

ren von der Welt abgeschnitten und wurden ohne Aussicht auf Hilfe nur wenige Meilen vom Ufer hin und her geschüttelt. »So nahe vor dem Ziel«, dachte Artemisia. »So nahe!« Sie beobachtete, wie die Kähne gegen die Mole geworfen wurden, die Schaluppen an den Felsen zerbrachen und die Menschen am Ufer herumliefen. Vielleicht befand sich Orazio unter ihnen. »Und wenn ich es nicht mehr bis zu ihm schaffe?«

»Bist du sicher, daß wir nicht sterben müssen?« wiederholte Francesca.

Wie ihre ältere Schwester konnte sie zu Herzen gehende, unbequeme Fragen stellen. Doch sie besaß nicht Prudenzias Phantasie und kannte deshalb keine Furcht, weil sie nur selten die Gefahr ermessen konnte. Auf der Schwelle zum Erwachsenenalter war Francesca schon so groß wie Artemisia; sie erschien nur deshalb größer, weil sie magerer war als ihre Mutter in ihrem Alter. Sie hatte das kantige, strenge Gesicht einer Spanierin.

»Sieh mal«, beharrte sie. »All die Damen, die sich nicht erbrechen müssen, beichten beim Kaplan. Sie verzeihen einander, umarmen sich und weinen. Also bereiten sie sich doch auf den Tod vor.«

Artemisia wandte sich nicht um.

Der Wind schlug ihr ins Gesicht, rötete es jedoch nicht, weil sie seekrank war. Ihr Haar erschien dunkler als sonst, fast schwarz durch den Regen. Kein Silberfaden zeigte sich darin.

Durch das Alter war sie üppiger geworden. Sie war im Juli fünfundvierzig Jahre alt geworden, hielt sich sehr aufrecht, und ihre Augen strahlten wie ehedem. Allerdings verriet ihr unruhiger Blick, der über die Menschenansammlung am Quai hinwegeilte, der ängstliche Ausdruck ihrer dunklen Augen, die wie durch einen Tränenschleier glitzerten, viel mehr als Ungeduld: Es war eine Art Fieber, die der Panik nahe war.

Am Ende legten sie nicht in Dover an, sondern – drei Tage später – im Hafen von Harwich in Essex. Maria von Medici erholte sich hier eine Woche, bevor sich ihr Hofstaat mit großem Gepränge zur Hauptstadt bewegte.

Karl I. kam höchstpersönlich an die Stadttore von London, um seine Schwiegermutter zu empfangen. In der Gruppe der Edelleute fehlte sein Hofmaler. Orazio ließ seiner Tochter ausrichten, daß er sich im Schloß von Greenwich aufhalte. Er würde sie am Ufer der Themse in einem Palast erwarten. Der alte Künstler zögerte den Moment des Wiedersehens, vor dem er sich sein ganzes Leben lang gefürchtet hatte, noch etwas hinaus.

Sicher, Orazio hatte sie zu Hilfe gerufen. Er brauchte Artemisia – wie Agostino Tassi es einst vorausgesehen hatte –, er brauchte sie zur Fertigstellung seiner Arbeit, zur Neugründung des »Ateliers Gentileschi«, zur Vollendung des gigantischen Unternehmens, welches er angefangen hatte. Doch dieser Wunsch war nur ein Vorwand. Es ging um ihre Versöhnung, die Orazio sich voller Erhabenheit vorstellte und die er seit Monaten vorbereitete und in Szene setzte. An der Schwelle des Todes wollte er ein Treffen, das ihrer beider Größe entsprach. In dieser Hinsicht war ihm Artemisia um einige Schritte voraus: Als sie sich in Den Haag Maria von Medicis Gefolge angeschlossen hatte, hatte sie nur ihren alten Rivalen beeindrucken wollen. Nicht als anonyme Reisende, zerschlagen und niedergeschmettert durch die Unannehmlichkeiten einer endlosen Reise wollte sie ihren Fuß auf Ketzerboden setzen. Sondern als große Dame im Hofstaat einer – gleichfalls italienischen und katholischen – Königin, als Aristokratin, die feierlich einer der mit Federn geschmückten Karossen entstieg. Sie zog gen London im Klang der Hörner, gefeiert auf dem Weg durch die Städte Englands, eingeführt bei Seiner Majestät Karl I. nicht durch ihren Vater, sondern durch die Mutter und Schwiegermutter dreier Könige.

Orazio und Artemisia: Beide wollten – mußten – den anderen mit ihrer Größe zermalmen. Und beide konnten mit einem gut gerüsteten Gegner rechnen. Wenn auch die Liebe Artemisia auf diese verrückte Reise geschickt hatte, so war dies nur eine Facette ihrer Beweggründe.

Denn es stand auch noch ein letztes Duell zwischen ihnen an! Sie riefen um ein Gottesurteil, um den letztendlichen Richterschluß ... Der Herr selbst sollte entscheiden und endlich die quälende Frage beantworten: Wer von beiden, Lehrer oder Schülerin, Vater oder Tochter, würde sich als der bessere Maler erweisen?

Für diesen Kampf, für diese Wahrheit, die Artemisia seit ihren ersten Erfolgen in Florenz suchte, hatte sie alles auf sich genommen.

* *
*

»Die Engländer sind ein rätselhaftes Volk [...]. Das Meer, welches Ihr überquert habt, um sie zu besuchen, ist ein Sinnbild ihres Wesens«, so schrieb Papst Urban VIII. in einer warnenden Note an seinen päpstlichen Nuntius, dessen Bericht über die freie Ausübung des katholischen Glaubens in London er zu optimistisch gefunden hatte.

Übermäßiger Optimismus schien im übrigen eine Untugend zu sein, die den gesamten Hof Karls I. beherrschte. Der Dreißigjährige Krieg wütete auf dem Kontinent, und Maria von Medici landete an den Küsten Englands. Doch der König wähnte sich als der glücklichste Monarch der Christenheit. Das sah er ganz richtig: Er lebte in einer Art Verblendung. Durch die Förderung der Künste und die Sammlung von Meisterwerken verwirklichte Karl I. seinen Traum: Er kontrollierte die Formen und Symbole einer unwandelbaren Gesellschaft; er isolierte sein Reich vom Krieg und vom Geschrei und Getöse der Welt; er regierte über ein Universum von ihm abhängiger Künstler, wie er über ein ihm ergebenes Parlament von England regieren wollte.

Bei ihren zahlreichen Maskenbällen am Hof – jenen großen Festen, auf denen Theater, Ballett, Musik und Poesie miteinander verbunden wurden – stiegen König und Königin in allegorischen Kostümen wie die Götter vom Olymp auf die Bühne, zwischen Blitzen, Donnerschlägen und Spezialeffekten, die der berühmte Hofarchitekt Inigo Jones für sie vorbereitet hatte. Letzterer hatte auf Verlangen von Henriette Maria die spektakulärste aller apostolischen, römisch-katholischen Kirchen erbaut, die England seit Heinrich VIII. gesehen hatte: Somerset Chapel.

Goldene und silberne Reliquiare, Kelche und bestickte Stolen: Die Pracht der Messen – der strahlende Beweis für die Überlegenheit des wahren Glaubens – sollte die Herzen berühren und die Seelen bewegen. So zumindest behaupteten es die Kapuziner der Königin. Henriette Maria hatte schließlich Frankreich nur deshalb verlassen, um ein Ketzerland zu regieren und zu bekehren. Ihre Heirat war nicht nur eine politische Verbindung, geschweige denn eine Privatangelegenheit, sondern eine religiöse Mission. Eine Berufung. Rom und Paris erwarteten nichts weniger von ihr, als daß sie England zu Gott zurückführte. Als Urban VIII., Henriette Marias Pate, den Dispens unterzeichnete, der ihre Verbindung mit einem Protestanten erlaubte, hatte er von ihr gefordert, daß sie zur »Esther ihres unterdrückten Volkes«, zum Schutzengel der Katholiken würde. Damals hatte niemand daran gedacht, daß sich Karl I. und Henriette Maria ineinander verlieben und nur noch gemeinsam jedes kleinste Detail ihres Daseins planen würden. Die eheliche Zuneigung bewirkte beim König weitaus mehr als die Frömmigkeit: Somerset Chapel war ein Geschenk Karls I. an seine geliebte Frau.

Der König war durchdrungen von guten Absichten und ermaß nicht, wie schmal sein Handlungsspielraum war, friedlich zwischen all den religiösen Fanatikern hindurchzusteuern, die Europa und auch sein eigenes Land aufrührten. Sicher, seit nahezu einem Jahrhundert war der anglikanische Glaube in England Staatsreligion. Doch blieb diese von Heinrich VIII. eingeführte Religion umstritten: Eine große Anzahl englischer Calvinisten sah darin nur einen unstatthaften Kompromiß gegenüber dem Papst. »Puritaner« nannte man die Angehörigen dieser sittenstrengen Gruppierung – Anhänger eines orthodoxeren Christentums –, die nur die Bibel anerkannten, den König als geistiges Oberhaupt zurückwiesen und alle Künste des Hofes verdammten. In ihren Augen verzauberten Malerei, Musik und Poesie die Sinne und verdarben die Seelen. Schönheit war nur eine Falle, ein Trugbild des Teufels, um die Menschen ins Verderben zu ziehen.

Während am Ende des Jahres 1638 die religiösen Konflikte in einen Bürgerkrieg zwischen den königstreuen Anglikanern und den presbyterianischen Schotten mündete und die Londoner Puritaner Königin Henriette für alle Mißstände im Lande verantwortlich machten, zog Maria von Medici mit ihren vierhundert Pferden, sechs Staatskarossen und ihrem Gefolge aus Markgräfinnen und Freifrauen, Zwergen, Mönchen und Beichtvätern in die Stadt ein. Ihre Anwesenheit und ihr Benehmen wirkten wie eine ungeheure Provokation gegenüber den Protestanten. In ihrer so ausgeprägten Frömmigkeit wandelte sie ihr Betzimmer bereits in eine Kapelle voll brennender Kerzen um und erklärte jedem, der es hören wollte, daß sie sich die Bekehrung ihres Schwiegersohns zur Aufgabe gemacht hätte … Nun war aber eine mögliche Konversion von Karl I. genau das, was England seit der Heirat des Herrschers mit der Katholikin Henriette Maria fürchtete. Das Mißtrauen der englischen Untertanen, seine Absichten betreffend, hatte sich an der Einschiffung der Sammlung aus Mantua entzündet. Nun blickten die Anglikaner und Puritaner argwöhnisch auf die zahllosen nackten Statuen in den Parks, auf die heidnischen Göttinnen in den Schlössern, auf die Altarbilder, Engel und Kruzifixe in den Galerien Seiner Majestät.

Was sollte man von all diesen Objekten halten, die die Staatskasse derart viel gekostet und so entscheidend zur Niederlage der Protestanten bei La Rochelle und auf der Ile de Ré beigetragen hatten? Seit vier Jahren schon beschäftigte die Londoner ein Strom von Kisten aus Rom, die Ankunft der Bilder und Statuen, die der Papst aus seinen Schätzen freigegeben hatte. Bedeutete das Erscheinen all dieser Meisterwerke, daß der König seine Seele dem Teufel verkauft hatte?

Die Hoffnungen der Katholiken und die Befürchtungen der Protestanten überflügelten allerdings bei weitem die Absichten Karls I. Auch wenn er sich für die Frage interessierte, welche Rolle die Schönheit bei religiösen Zeremonien zu spielen hatte, so war ihm die Idee zu konvertieren nicht gekommen. Er hatte nicht die geringste Lust, auf seine Privilegien als geistiges Oberhaupt seines Reiches zu verzichten, nicht die geringste Absicht, sich dem Papst zu unterwerfen. Doch dies begriff niemand: Katholiken und Protestanten glaubten weiterhin übereinstimmend, daß seine Gattin sein Herz betörte und die päpstlichen Geschenke seine Seele verführten. Betörung durch die Liebe und Verführung durch die Kunst – in den Augen der einen Hilfsmittel des Teufels, in den Augen der anderen Hilfsmittel Gottes –, die Leidenschaft des Königs für Gemälde, für Märtyrerszenen, für die *Besessene Maria Magdalena* und die *Erhabene Jungfrau* war in London zum Synonym der Versuchung geworden … Maria von Medici hatte derart an die Macht der Malerei über den Geist ihres Schwiegersohns geglaubt, daß sie ihm einstmals Orazio Gentileschi überlassen hatte und ihm heute einen weiteren begabten Künstler zuführte, katholisch, aus Rom … Was maßte sie sich an? »Wer Votivgebilde aus dem Vatikan, Medaillen und ähnliche, vom Papst geweihte Gegenstände nach England bringt sowie Altarbilder, Gemälde mit frommen Szenen und Kruzifixe, wird der Majestätsbeleidigung für schuldig befunden«, bestimmte das unter Elisabeth I. verkündete Gesetz. Danach wurde der katholische Götzendiener ins Gefängnis gesteckt; sodann durch eine Senke gezogen und an den Galgen gebunden. Wenn er fast erstickt war, schnitt der Henker den Strick durch, legte den Verurteilten neben einem großen Feuer auf den Boden, zog ihn aus, schnitt ihm ab, was die Scham zu nennen verbietet, und warf es in die Flammen. Dann schlitzte ihm der Henker den Leib auf, riß seine Eingeweide heraus und zeigte das noch zuckende Herz dem Volk von England mit dem Ruf: »Seht, das Herz eines Verräters!«

In einem Land mit derartigen Traditionen, wo der Papst als Antichrist, der Katholik als Judas und der Maler als Gotteslästerer galt, vollendete Orazio Gentileschi das Meisterwerk seines Lebens, neun riesige Gemälde für die Decke des Ballsaals im Lustschloß der Königin Henriette Maria in Greenwich.

Während der langen Reise zu ihrem Vater hatte Artemisia die Angst gequält, ihn nie mehr wiederzusehen. Sie stand auf dem Deck des Schiffes, das sich den Mauern von Dover und Harwich näherte, und hatte das Ufer abgesucht. Als sie ihren Bruder Francesco erkannte, sah, wie seine hochgewachsene Gestalt auf sie zukam – an Stelle des Mannes, auf den sie gehofft hatte –, da bestand für sie kein Zweifel mehr: Sie kam zu spät. Orazio war tot. Der Schmerz, ihn verloren zu haben, war derart heftig, daß ihre Traurigkeit nicht mehr verschwand. Ein großer Schauer durchlief ihren ganzen Körper. Selbst nachdem Francesco ihr versichert, ihr geschworen hatte, daß es ihrem Vater den Umständen entsprechend gutging, daß er wie ein Besessener arbeite und nicht eine Minute seiner Zeit opfern konnte, daß er all seine Kräfte auf sein Werk verwandte, wollte Artemisias Schmerz nicht weichen … Wie? Sie durchquerte ganz Europa, um seinem Ruf nachzukommen? Sie setzte ihr eigenes Kind den schlimmsten Gefahren aus? Sie verließ ihr Atelier in Neapel? Und ihr Vater geruhte noch nicht einmal, sie persönlich abzuholen? Wollte er sich über sie lustig machen? In ihrer Wut und Enttäuschung wies sie brüsk die neuerliche Einladung des alten Künstlers zurück: Sie würde ihn nicht in seinem Atelier in Greenwich aufsuchen.

Vater und Tochter lebten nun schon zehn Tage in einer Entfernung von wenigen Kilometern am Ufer der Themse, ohne daß einer von beiden sich herabgelassen hätte, die kleine Jolle zu besteigen, die sie in weniger als einer Stunde zusammengebracht hätte.

Durch die hohen Fenster der Bear Gallery im Palast von Whitehall in London betrachtete Artemisia den Fluß. Zu Füßen des Schlosses versperrte ein Wald von Schiffsmasten jede Aussicht. Die engen Gassen der Stadt schlängelten sich zum grauen Wasser hinunter. Stromabwärts legten breite Schleppkähne, beladen mit Steinblöcken und Baumstämmen, vor den Lagerhäusern an. Auf dem offenen Meer ließen die Briggs ihre Kanonen zu Ehren eines Botschafters ertönen, und die Salven vermischten sich mit den Schreien der Austernverkäuferinnen, den Flüchen der Kaldaunenhändler und den Beleidigungen der Kutscher. London schien nichts als ein ungeheures Gelärme zu sein.

Artemisia preßte ihre Stirn ans Glas und konnte ihren Blick nicht von dem belebten Uferstreifen der Themse abwenden, die die Hauptverkehrsader der Stadt darstellte. Kähne, Boote und Schaluppen, eine ganze Flottille aus kleinen Wasserfahrzeugen, kreuzten von einem Ufer zum anderen, da die Londoner nur so den Fluß überqueren konnten. Denn diese Stadt, die größte des Königreichs, verfügte lediglich über eine einzige Brücke, die London Bridge, welche stets mit Bauten und Verkaufsbuden zugestellt war und auf deren Tor die Köpfe der zum Tode Verurteilten auf

466

Spießen steckten. »Er wird nicht kommen«, dachte sie und meinte ihren Vater. »Es hat keinen Zweck, noch länger zu warten … Ich kenne ihn, lieber stirbt er ganz allein, als sich herabzulassen und den ersten Schritt zu tun.« Resigniert ließ sie die Vorfälle durch ihren Kopf ziehen, die sich einstmals im Künstlerviertel zugetragen hatten, als zwei Maler in der Überzeugung, bedeutender zu sein als der andere, sich geweigert hatten, als erster zu grüßen. Sie erinnerte sich an die Begegnungen zwischen Gentileschi und Baglione auf der Vial del Corso, die einander gegenüber gestanden und darauf gewartet hatten, daß der Rivale zuerst den Hut zog. Diese Frage, wer bedeutender war und als zweiter den Hut ziehen mußte, hatte bis zu einem Prozeß wegen Verleumdung geführt. »Er wird nicht kommen.« Artemisia stieß einen Seufzer aus. Wenn der Winter nicht verhindert hätte, daß sie sich wieder einschiffte, dann befände sie sich jetzt schon auf der Rückreise. Nicht, daß sie nicht würdig vom englischen Hof empfangen worden wäre! Der König, seine Frau und die Königinmutter überhäuften sie mit Gunstbezeugungen. Sie wohnte mit ihrer Tochter im St. James's Palace in den Gemächern, die für die Hofdamen von Maria von Medici vorgesehen waren. Dort konnte sie die Bilder von Tizian bewundern. Ihr Selbstporträt hing bereits in der königlichen Residenz von Hampton Court. Zweimal täglich defilierte der Hofstaat an Artemisia Gentileschis Bild vorbei. Sie selbst war gerade am Porträt von Nicholas Lanier vorbeigegangen. Das Bild des Musikers, angefertigt von van Dyck, hing an der Wand hinter ihr. Unter den fünfunddreißig Bildern der Bear Gallery in Whitehall galt dieses Gemälde als Meisterwerk. Artemisia hatte lange nicht gewagt, es zu betrachten. Denn wenn die Gesichter von Artemisia Gentileschi und Nicholas Lanier auf den königlichen Gesimsen einander auch an Schönheit zu übertreffen suchten, so hatten sich die beiden Modelle noch nicht wiedergesehen. Floh Nicholas Lanier seine alte Liebe und die damit verbundenen Gefühle? Seit ihrer Ankunft hatte Artemisia Erkundigungen eingezogen … Mit seinen fünfzig Jahren galt Nicholas immer noch als kühner Mann und exzellenter Musiker. Er hatte keine Kinder; durchreiste weiterhin die Welt, kehrte jedoch stets zu seiner Frau zurück, der sanftmütigen und verläßlichen Elisabeth, einer geistreichen Frau vom Schlage derer, die klug genug sind, im Hintergrund zu bleiben. Wie sah er wohl heute aus? Artemisia hielt es nicht länger, sie verließ ihr Fenster und näherte sich dem großen Gemälde.

Das Bild mußte aus der Zeit ihrer Liaison stammen, wahrscheinlich als Lanier kurz nach dem venezianischen Abenteuer nach Antwerpen gereist war. Sie erkannte das Wams mit den roten Streifen wieder, das er damals getragen hatte, und den Umhang, den er über seinen Arm schlang und ihn sich dann über die Schulter fließen ließ. Und seinen Siegelring am kleinen Finger. Sie fand all die in ihrer Erinnerung verankerten Züge seines geliebten Gesichts wieder, den intensiven, harten Blick aus seinen grauen Augen, die er fragend zu ihr herabzusenken schien. Sie ging einen Schritt näher heran, um die Abänderungen an seiner linken Hand zu begutachten: Van Dyck – oder vielleicht Lanier selbst – hatte die Bratsche übermalt, die er früher in der Hand hielt, und sie durch einen Degen ersetzt. Die Höflinge erzählten sich, daß die Qualität dieses Bildes die Begeisterung Karls I. für dessen Maler geweckt hätte. Er hatte van Dyck eingeladen, sich in England niederzulassen, mit einer Dotierung, die die bereits ungeheuren Bezüge Orazio Gentileschis um das Doppelte überstieg.

Über Artemisias Gesicht huschte ein Lächeln. Wie hatte sie dieses Detail übersehen können? Sie erkannte an diesem Werk des Malers aus Antwerpen gewisse Formen, gewisse Techniken wieder, die ihr sehr vertraut waren. Das Modell – Nicholas – stand aufrecht vor einer großen, braunen Mauerfläche. Zur Linken wurde ungefähr ein Viertel des Bildes von einer Landschaft, von Ausblicken auf den Himmel eingenommen. Auf der Grenze zwischen Wand und Himmel erinnerte die Zeichnung der Steine und Pflanzen, die in den Zwischenräumen wuchsen, und der herabhängenden Blätter an den Stil ihres Vaters, an ein typisches Motiv seiner Werke. Es war nicht überraschend, daß Gentileschi einen Maler vom Format eines van Dyck hatte beeinflussen können: Die beiden Maler hatten sich fast fünfzehn Jahre zuvor in Genua kennengelernt. Doch die Entdeckung, auf einem Bild Nicholas' Gesicht und Orazios Technik gleichzeitig wiederzufinden, berührte Artemisia unerwartet stark. Sie verspürte das Be-

468

dürfnis wieder, welches sie zu dieser Reise bewogen hatte. »Morgen werde ich mir seine Arbeit ansehen.« Aus heiterem Himmel traf sie diese Entscheidung. Sie würde sich zum Schloß von Greenwich begeben. Ein einziges Mal. Sie würde das Werk ihres Vaters prüfen und den Umfang der Aufgabe, die er ihr zugedacht hatte, und dann über ihr Leben, über ihre Vergangenheit und Zukunft befinden. Morgen würde sie sich die quälende Frage beantworten: Welchen Wert hatte Artemisia Gentileschis Kunst?

Im Nebel hallte ihr Schritt über die Planken. Rasch stieg sie einen der langen Anleger bis zum Wasser hinunter. Die Themse hatte sich weit zurückgezogen, es war Ebbe.

Trotz ihrer plötzlichen Entscheidung, Orazio zu treffen, trotz ihrer Hast seit dem frühen Morgen, die an eine Anwandlung von Zuneigung denken ließ, hatte Artemisia nicht vergessen, was auf dem Spiel stand. Sie hatte sich gut vorbereitet. Vor allem ihre Aufmachung. Sie hatte sie mit der peinlichen Sorgfalt einer Frau ausgewählt, die ihren Liebsten trifft. Kälte und Wind zwangen sie, sich in einen Zobelpelz zu hüllen. Dies kam ihr zupaß. Durch ihre glänzende Pelzkapuze, die sich an ihre Locken schmiegte, wirkte ihr Blick weicher. Man sah nur ihre Augen, denn sie trug eine Maske, nicht wie in Venedig, um sich vor den Spionen zu verbergen, oder wie in Rom, um in der Karnevalsmenge aufzugehen, sondern wie alle englischen Aristokraten, die so ihr Gesicht vor Rötungen und Frostbeulen schützten. Ihr Rock war in demselben Braunton gehalten wie ihr Muff. Sie hatte ihr weites Gewand nach vorne gerafft. Durch den Faltenwurf wurde die schöne Linie ihrer Hüften betont und die Rosette und der hohe Absatz ihrer Schuhe enthüllt. Sie rief eines der zahlreichen Segelboote herbei, die auf dem Fluß kreuzten.

Artemisia setzte sich zwischen dem Deck und der Plane, welche die Fahrgäste vor Regen schützte, auf eine Bank und überließ sich der letzten Reise, die sie ihrem Vater näherbringen würde. Aus den Kaminen über den Dächern von London stieg schwarzer Rauch steil in die Höhe. Dies waren die Ausdünstungen der Kohle aus den Minen von Newcastle. Seit nahezu zwanzig Jahren heizten alle Häuser mit Steinkohle. Die Verschmutzung, der beißende Geruch und der Ruß, die durch die Verbrennung der Kohle entstanden, waren so schlimm geworden, daß die Bäume erstickten und abstarben. Gegen den Gestank und zur Reinigung der Luft hingen in jedem Haus an den Griffen der Schränke kleine Säckchen mit Jasmin oder Rosmarin. Diese kleinen, farbigen Beutel schaukelten auch am Ende der niellierten Silberschlüssel, welche die Galerien des englischen Königs öffneten. Jeden Augenblick seit ihrer Ankunft in London verglich Artemisia unbewußt das, was sie hier vorfand, mit dem, was sie in Italien zurückgelassen hatte. Es handelte sich dabei weniger um Bedauern oder Heimweh, sondern um eine systematische Auflistung dessen, was sie umgab. Sie verzeichnete die Kälte des Lichts, die Kraftlosigkeit der Farben, die Grobheit der Baustoffe und die Tristesse, die von all diesem Backstein und Holz ausging. Langsam fuhr sie an den riesigen neuen Palästen vorbei, an der ganz mit Marmor verkleideten Residenz von Whitehall, den Toren und weißen Treppen, die vom Ufer bis zum Park reichten. Doch dieser Luxus, diese Schönheit berührten sie nicht. In ihren Augen blieb die Landschaft schwarz und hart. Selbst das Ebenmaß der Gärten, die netzförmige Anlage der kleinen Mauern, die Reihen der Pappeln, die Linien der Kirchturmspitzen und die perfekte Symmetrie der beiden Türme von Westminster erschienen ihr beklemmend. Sie fand in allem, was sie sah und hörte, in den Bewegungen, im Leben von London, etwas Bedrohliches, als lauerte irgendwo eine Gewalt, derer sie nicht Herr werden konnte. Und das Krächzen der Raben, die über ihrem Kopf kreisten wie einst die Vögel über dem Tiber, erschien ihr wie das unheilvolle Echo der Möwenschreie in Rom. Ständig kam ihr die Stadt ihrer Kindheit in den Sinn – viel häufiger als der Golf von Neapel, die Geheimnisse von Venedig oder die Raffinessen von Florenz. Das Licht von Rom ließ sie nicht mehr los – war für sie zum Symbol ihrer Vergangenheit geworden. Die durch die Ebbe an den Ufern gestrandeten Kähne, ihre umgedrehten Rümpfe, die umgelegten Masten, die kleinen Gestalten im gleichförmigen Rot, welche zu Füßen der Boote hin und her huschten und ihre Netze reparierten oder Nägel und Würmer in Gefäßen sammelten, erinnerten sie an ein vertrautes Bild: an eines der großen Seestücke, die Agostino Tassi einst gemalt hatte.

Artemisia versuchte, ihre Erstarrung abzuschütteln und sich vorzustellen, was sie bei der Gegenüberstellung im Schloß von Greenwich erwartete. Orazios Ausbleiben in Harwich hatte ihr Wiedersehen jeglicher sentimentalen Komponente beraubt, zumindest machte sie sich das vor. Sie glaubte, bei seinem Anblick nichts mehr zu empfinden. Sie konnte ihn sich noch nicht einmal mehr vorstellen. Früher, in einer ihrer Anwandlungen von Zärtlichkeit gegenüber dem fernen Vater, hatte sie ihn immer gesehen, wie er zum Zeitpunkt des Todes ihrer Mutter gewesen war. Ein würdiger und zartfühlender Mann, der unter einem kühlen Äußeren alle Liebe dieser Welt verbarg. Sie hatte von ihm dieses sehr alte Bild eines äußerst fürsorglichen Vaters in Erinnerung behalten, eines Lehrers, der sie so liebte, daß er sie immer um sich haben wollte. Doch diese beruhigende Gestalt konnte sie durch eine andere austauschen, durch einen innerlich zerfressenen Mann mit bleichen, schmalen Lippen und fiebrigen Augen; einen Mann, den Artemisia getäuscht und betrogen hatte und dessen Vertrauen und Liebe sie um jeden Preis wiedergewinnen mußte. All diese Bilder flossen im großen Spiegel der Themse und im Nebel zusammen, und dies wertete sie als Gleichgültigkeit.

Obwohl sie dieses Wiedersehen seit fast einem Vierteljahrhundert gewünscht hatte und obwohl sie sich während der langen Monate ihrer Reise darauf vorbereitet hatte, rechnete Artemisia doch nicht mit den heftigen Emotionen, die dieses letzte Treffen auslösen sollte.

39
Schloß von Greenwich
Residenz der Königin

November 1638

Ein großer Pavillon, eingefaßt von einer Brüstung; ein Stockwerk
nur, vierzehn hohe Fenster mit kleinen Scheiben: Das Lustschloß
in Greenwich ragt weiß zwischen den Biegungen des Flusses und
den Hügeln hervor. Eine Palladio-Villa unter einem regengrauen
Himmel. Der Wohnsitz eines italienischen Fürsten vor dem dunklen Hintergrund eines englischen Parks.

Der Palast, der genau an dem Ort errichtet wurde, wo Sir Wal-
ter Raleigh, der Favorit von Königin Elisabeth I., seinen Umhang
ausgebreitet hatte, damit die königlichen Schuhe nicht schmutzig
wurden, ist immer noch eine riesige, unbewohnte Baustelle: Auch
Artemisias leichte Schuhe bleiben in den Vertiefungen der Wa-
genspuren stecken. Sie fröstelt und eilt die Allee hinauf. Durch
ihren Bruder Francesco hat sie ausrichten lassen, daß sie kommt.
Sie weiß, daß ihr Vater sie diesmal erwarten wird, oben an der
zweiläufigen Treppe in der Great Hall. Sie weiß ebenfalls, daß
Orazio dort die hundertvierundvierzig Quadratmeter Decke aus-
malt, die in neun Kassetten unterteilt sind. Eine *Allegorie vom
Triumph des Friedens und der Künste*, welche die Krone von England
in Auftrag gegeben hat. Frieden und Kunst, dieses ikonographi-
sche Programm scheint auf die Verfassung von Vater und Tochter Gentileschi zu antworten. Orazio schließt den Kreis: Erinnern
die neun weiblichen Figuren, die er für die *Tondi* und Einfassun-
gen seiner Decke vorgesehen hat, nicht an die Gestalten, die er
einst für den Kardinal Borghese im *Casino delle Muse* anfertigte?
Damals ähnelten Orazios Musen seiner Tochter, der siebzehn-
jährigen Artemisia, die durch die väterliche Eifersucht dem Ver-

langen seiner Mitarbeiter preisgegeben wurde. Wird Gentileschi sein Werk beenden, wie er es begonnen hat?

Artemisia reißt ihre Maske herunter, geht die Treppe hinauf und an der Balustrade entlang, die die Terrasse umgibt. Sie geht die kurze Strecke bis zur Eingangstür. Einen Moment lang bleibt sie davor stehen, dann tritt sie in das riesige Vestibül. Die weiße, würfelförmige Halle nimmt zwei Etagen des Palastes ein. Zwischen den Fenstern sieht man auf sechs vergoldeten Holzsockeln die Marmorstatuen von Mantua: Artemisia erkennt sofort die Diana, die sie bei dem Kaufmann Daniel Nys gesehen hat. Ihre Absätze klappern über den schachbrettartigen Steinboden. In der Stille hört man ihren Schmuck leise klirren. Ihre Röcke rauschen. Kein Möbelstück, kein Teppich, kein Wandbehang belebt den Saal. Im ersten Stock verläuft an der Wand eine große Galerie aus Holz mit vergoldeter Brüstung entlang. An der Decke wiederholen breite Balken äußerst genau die geometrischen Linien des Bodens: die Rosette in der Mitte, die Quadrate in den Ecken und die Rechtecke an den Seiten. Der Schatten der Balken wirft graue Linien auf die Wände. Dies ist die einzige Andeutung von Farbe. Denn in den Kassetten: nichts! Leere Rahmen! Orazio Gentileschis Werk bleibt für Artemisias unruhig umherschweifende Augen unsichtbar. Wird er sich von neuem entziehen? Wird er ihr wieder entkommen?

Mit erhobenem Kopf ist Artemisia mitten im Saal stehengeblieben, genau unter dem schwarzen Zentrum der Rosette. Auf der Galerie hört man einen Riegel zurückschnappen. Eine kleine Tür zwischen zwei Fenstern öffnet sich. Auf dem Balkon erscheint eine Gestalt im Profil. Orazio Gentileschi. »Immer ganz in Schwarz«, so beschrieben ihn 1612 die Zeugen im Vergewaltigungsprozeß. »Von mittelgroßer, feingliedriger, magerer Gestalt.« Er sieht immer noch genauso aus. Nur sein Bart, der früher gerade grau wurde, ist nun ganz weiß. Auch die Haare mit den weichen Kinderlocken sind weiß. Doch der strenge Blick, den er auf Artemisia senkt, der Argwohn des Lehrers gegenüber seinem Schüler sind gleichgeblieben. Erkennt Orazio sie eigentlich wieder?

Eingemummt in ihren Pelz, umhüllt von ihren Samtgewändern, mit der großen Perlenkette am Hals, den Schmachtlocken

473

an den Schläfen und den Broschen und Schmucknadeln wirkt sie wie eine vornehme Dame auf einem der Bilder von van Dyck, wie eine Aristokratin aus Genua oder London. Nichts hat diese Patrizierin mehr gemein mit dem vergewaltigten Mädchen aus der Via della Croce. Orazio zögert. Sie ist immer noch schön, ja, Francesco hat es ihm oft genug erzählt. Aber von einer kunstvollen, seidenweichen, von aller Ungeschliffenheit gereinigten Schönheit. Und vor dem Urteil und der Überlegenheit einer solch mondänen Dame hat er gezittert?

Auch sie zögert; auch sie beruhigt sich. Er hat sich nicht verändert! Trotz seines Wamses und seiner Schleifen ist Orazio Gentileschi eine asketische Gestalt geblieben. Ohne das imposante Auftreten eines Edelmannes. Auf seinen Reisen durch die Länder, auf seinen Abenteuern an den europäischen Höfen hat er nichts dazugelernt. Von der Welt und vom Leben hat er nichts begriffen. Und wenn er noch Angst einflößt, wenn Artemisia unter seinem Blick schwankt und kleiner wird, so ist dieses Gefühl nur von kurzer Dauer.

Schon richtet sie sich wieder auf. ›Hier bin ich!‹ ruft sie im stillen. Sie versucht, einem Blick standzuhalten, den sie nicht findet. ›Du hast mich um Hilfe gerufen: Ich bin gekommen.‹ Sie wird feststellen: ›Du hast ja noch nicht mal mit der Arbeit angefangen, um deretwillen du mich hast rufen lassen!‹ Sie wird ihm vorwerfen: ›Warum hast du mich überhaupt gerufen?‹

Doch er kommt ihr zuvor. Er zieht sich zurück, entweicht in den Schatten und ruft:

»Zieh dich aus!«

Artemisia ist durch diesen Satz, den ersten nach fünfundzwanzig Jahren, aus der Fassung gebracht und versteht nicht. Sie bleibt reglos stehen.

»Runter mit diesem lächerlichen Aufzug! Dir wird warm werden«, erklärt er. »Du wirst schwitzen! Wenn du fertig bist, gibt es Arbeit genug.«

Er schickt sich an, den Balkon zu verlassen.

Im prunkvollsten aller Schlösser bleibt Artemisia allein zurück ... Vierzig Jahre Kampf, um hier zu enden: bei der Grobheit eines Cosimo Quorli! Der Brutalität eines Agostino Tassi, der

Dummdreistigkeit eines Orazio Gentileschi! »Zieh dich aus!« Vierzig Jahre Kampf, um in die Niederungen des Künstlerviertels zurückzukehren.

»Runter mit diesem lächerlichen Aufzug, du schwitzt.«

Artemisia hat den Kampf verloren, und es ist der letzte. Sie hat alles erreicht, Ruhm und Freiheit, doch sie bleibt in den Niederungen verhaftet. Sicher, sie hat eine große Begabung für die Malerei, dies ist eine seltene Gabe bei einer Frau ... Das weiß sie. Sie weiß jedoch auch, daß ihre Seele und ihre Kunst nicht gemeinsam mit der Seele und der Kunst Orazio Gentileschis bestehen können. Die Hand ihres Vaters hat die ihre geformt, und die Malerei des Lehrers wird die des Schülers überleben.

Mit lauerndem Blick hat Orazio die Ratlosigkeit seiner Tochter wohl bemerkt. Er ahnt, daß es ihr nicht gelingen will, die Entfernung zwischen ihm persönlich, dem ungebildeten, geistlosen Handwerker ohne Herzensbildung, und dem Künstler zu überschauen, der solche Madonnengesichter zaubern kann. Er wartet nur auf den Moment, da er sie vor sein Werk setzen kann: »Arbeit gibt es genug.«

Er zieht sich noch weiter zurück und verschwindet. Der Riegel der kleinen Tür rastet hinter ihm ein.

Artemisia wirft ihren Umhang auf die Steinplatten und rafft ihren Rock. Sie durchquert die Halle und tritt zur Linken durch die erste Tür. Rennt die große Treppe hinauf, die bis unters Dach führt. Steigt wieder in die Halle hinunter, geht in einen anderen Gang, über eine andere Treppe. Sie steuert geradewegs auf das Licht zu, landet auf der Terrasse und zögert. Dann wendet sie sich nach links zur Loggia. Sie stößt eine Tür auf. Ihr Gefühl hat sie nicht getäuscht: Die Gemächer der Königin beherbergen noch die Werkstätten der Steinmetze, die den Marmor für die Kamine bearbeiten, und der Zimmermänner, die die Dachbalken, die Podeste und Bilderrahmen an Ort und Stelle zuschneiden. Und die Ateliers der Maler ... Orazio, Francesco, Giulio und Marco: Sie alle sind da, die Männer des Gentileschi-Clans, und sehen, wie sie näher kommt. Ohne ein Wort oder einen Blick für sie marschiert sie geradewegs zu der Wand, wo umgedreht neun Bilder trocknen, die letzten neun Bilder von Orazio Gentileschi.

Artemisia breitet die Arme aus, nimmt ein Bild und dreht es um … Endlich wird sie wissen, wer von ihnen unsterblich sein wird. Sie beugt sich über das Bild. Durch die Überraschung, den Schock über das, was sie vor sich sieht, bleibt sie wie angenagelt stehen. Der Schlag fühlt sich an wie Verrat. Ihr Vater hat sie verraten, er hat sie bestohlen. Wo ist die unbeschreibliche Zartheit seiner Gesichter geblieben, das Ebenmaß seiner Kompositionen? Die Harmonie seiner Farben? Die Transparenz seines Lichts? Vor sich sieht sie nur eine große Figur ohne jeden Ausdruck, ohne Anmut und Kraft, die sich in einer durch nichts gerechtfertigten Pose verrenkt. Das allgemeinste Grundwissen des menschlichen Körpers reicht aus, um die Fehlerhaftigkeit dieses Aktes zu erkennen: Der Arm ist zu kurz, der Kopf überproportioniert … Und dieses widersinnige Spiel von Licht und Schatten! Artemisia kann es nicht fassen. Hat sie nicht erst kürzlich einige Bilder ihres Vaters in London gesehen, *Joseph und Potiphars Frau* und *Die Auffindung des Moses*, die Veronese, Raffael und Caravaggio in sich zu vereinigen schienen? Von neuem wirft sie einen Blick auf das Gemälde, das sie vor sich hält. Die schwache Zeichnung entspricht dem trüben Licht und den häßlichen Farben. Alles ist kraftlos und seicht … Vielleicht ist diese Arbeit ein Mißgeschick? Ein Fehlversuch? Ein gescheitertes Werk? Hat sie nicht auch schon Ähnliches erlebt? Fieberhaft greift sie nach den anderen Bildern. Sie begutachtet sie. Vergleicht sie. Doch das Entsetzen will nicht weichen. Wo, bei welchem Anfänger, hat man schon unbeholfenere und schwerfälligere Draperien gesehen als in diesem Bild? Diese Stoffe bedecken nur Formen ohne Volumen. Diese Arbeit kann nicht von Orazio Gentileschi sein … Natürlich! Warum hat sie nicht gleich daran gedacht? Sie glaubt nun Francescos Ungeschicklichkeit darin zu entdecken. Marcos Unfähigkeit. Giulios Ahnungslosigkeit. Sie hat den Blick erhoben, erfaßt das Gesicht ihres Vaters und sieht große Furcht und den Tod.

Auf diesem durch die Zeit versteinerten und durch die Angst aufgelösten Gesicht erkennt sie, daß das Ideal der Schönheit, dem Orazio alles geopfert hat – seinen Seelenfrieden, sein Glück, seine Tochter und Gott –, sich ihm heute entzieht. Daß es entschwindet, bereits verschwunden ist. Nicht nur sein Körper verrät es, seine zitternde Hand, sein verschleierter Blick. Sondern auch seine zurückweichende Seele. So sehr er auch in sich sucht, sich im tiefsten Innern seines Seins befragt, er findet nur alte Formen, alte Schatten, ferne Echos einer Welt aus Farben, die er nicht mehr sieht.

Artemisia begreift, daß sie sich vor seinen letzten Werken befindet: Orazio hat zu den Pinseln seiner Söhne Zuflucht nehmen müssen, doch niemand anderer als er hat diese Bilder erschaffen. Sie erkennt in den Augen ihres Vaters, die so streng gegenüber den Bemühungen anderer sind, auf seinem Mund, der so schnell zu Kritik bereit ist, eine leidenschaftliche Bitte. Der alte Maler beschwört sie, ihm die Wahrheit zu verschweigen. Er bittet sie inständig, seine Mittelmäßigkeit zu verbergen, die Nichtigkeit seiner Existenz zu verschleiern und den Abgrund seines nahen Todes.

Plötzlich begreift sie, warum er weder in Dover noch in Harwich war … Warum er sie nicht an der englischen Küste empfangen, warum er sich seiner Tochter nur drei Meter über ihr auf einem Balkon präsentieren konnte. Warum er so brutal und grob wie früher sein mußte, um sie zu erniedrigen, zu demütigen. Er versuchte, sie ein letztes Mal zu beeindrucken. Sie ermißt, wie sehr es ihn schmerzen mußte, sie in London zu wissen, bewundernd und fasziniert vor den Bildern von »Orazio Gentileschi.« Wann wurden diese große Werke gemalt? Vor fünf Jahren? Zehn Jahren? Sie erahnt das Leid des Künstlers, der sein Werk nicht mehr mit dem seiner Kollegen und dem seiner Tochter vergleicht, sondern mit seinem eigenen. Die Angst des Künstlers vor dem Abgrund, der die einstigen Meisterwerke von den heutigen Erzeugnissen trennt.

Orazios schwache letzte Bilder diskreditieren seine Arbeit, seine Kunst und sein Andenken. Artemisia weiß, daß dieser letzte Mißerfolg sein gesamtes Werk in Frage stellen wird. An diesem Abend noch, morgen schon werden die neun Musen aus dem Zyklus vom Triumph des Friedens und der Künste für immer verschwinden. Am Ende eines langen Lebens voller Bestrebungen und Kämpfe hat die Mittelmäßigkeit über Orazio Gentileschi gesiegt.

Die Verzweiflung des Vaters wühlt die Tochter auf: Sie akzeptiert den Handel, den er von ihr erfleht. Artemisia wird Orazios Werk vollenden. Sie wird die Fackel von ihm übernehmen, und ihrer beider Name wird weiterbestehen. Durch sie werden der Ruhm und das Genie ihres Vaters der Nachwelt in Erinnerung bleiben.

Artemisia hat nun endlich die Antwort auf ihre Frage. Und es ist ein zärtlicher Blick voller Mitleid und Nachsicht, den sie auf ihren Vater richtet.

40

Schloß von Greenwich
Atelier von Orazio und Artemisia

Januar 1639

»Ich dachte mir eine Symphonie aus Grün, Gold und Lavendel«, murmelt Orazio. »Sechsundzwanzig Figuren verteilt auf neun Feldern ... Kannst du mir folgen?«

Im großen Kamin des Ateliers brennen unter dem Kessel mit dem siedenden Öl die neun Bilder, die er ohne sie angefangen hat. Das riesige Feuer erhellt den ganzen Saal.

»Ich hatte mir vorgestellt, daß die Musen einander gegenübersitzen würden«, fährt er mit zögernder Stimme fort.

Artemisia zeichnet. In den Sprechpausen hört man das Graphit kratzen. Langsam nimmt die Vision des Vaters unter der Hand der Tochter Gestalt an.

» Und dann, im mittleren Kreis, vor einem blauem Himmel wie dem in Rom hinter den Kirchenkuppeln, soll eine Frau in einem Strahlenkranz sitzen: Der Frieden ...«

Vater und Tochter haben die Türen des Ateliers verriegelt und ihre Staffeleien nebeneinander aufgestellt. Francesco, Giulio und Marco sehen zu, wie sie gemeinsam vor den Leinwänden stehen, die so hoch und schwer sind, daß sie umzukippen und sie zu erschlagen drohen.

Um Zeit zu sparen, teilen sie sich die Arbeit. Jeder arbeitet gleichzeitig an mehreren Bildern. Artemisia zerstampft die Farbpigmente von Orazio, versieht seine Bilder mit der *Imprimatura* und trägt die Grundierung auf. Während diese trocknet, geht sie schon mal an die erste Farbschicht, überarbeitet einen Schatten und trägt eine Lasur auf.

Die großen Kittel, die sie zum Schutz vor Flecken und Kälte angezogen haben, bedecken sie vollständig. Ihre Körper versinken in den Falten, unter den Flecken; sie sind nun geschlechtslose, alterslose Wesen. Sie gehen einen Schritt vor und treten wieder zurück: immer aufrecht, um ihre Arbeit zu überprüfen. Ab und an schwanken sie und verlieren das Gleichgewicht. Dann stellen sie einen Fuß vor den anderen, richten den Oberkörper lotrecht zum Bild, legen eine Hand auf den Rücken oder stemmen sie auf die Hüfte. Wie Duellisten wagen sie einen Ausfallschritt. Doch sie kämpfen nicht mehr gegeneinander. Mit ausgestrecktem Pinsel fechten sie nun Seite an Seite gegen dieselben Feinde: die Mittelmäßigkeit und das Vergessen.

Artemisias Brüder, die sie beobachten, erkennen die Leidenschaft der beiden Maler aus der Via della Croce wieder. Ganz Ohr für den väterlichen Befehl, fügsam gegenüber seinen Weisungen, gehorsam gegenüber seinen Anordnungen, scheint Artemisia in die Willfährigkeit ihrer Kindheit zurückgefallen zu sein.

»Nimm Leinöl und mische es mit Nuß- und Mohnöl ...«, verlangt er.

Von ihm akzeptiert sie alles, auch, daß er ihre Arbeit signiert. Die Gentileschi-Söhne dagegen ertragen nur schwer den Anblick dieser Frau, die freiwillig auf all ihre Errungenschaften, auf Freiheit und Ruhm, verzichtet. Sie halten ihre Unterordnung für Entsagung. Orazio nicht. Er weiß nur zu gut, daß es nun keinen Lehrer und keinen Schüler mehr gibt. Auch nicht Vater und Tochter. Sondern nur noch zwei Künstler, die ein Werk, das sie sich vorgenommen haben, in der wenigen Zeit vollenden, die ihnen noch bleibt.

»Zuerst den Pinsel ... Nein, nicht den«, ruft er ungeduldig, »den dünnen! Tauche ihn in den Firnis. Vermische den Firnis mit dem Grün ... Ja, direkt auf der Palette. So ist es gut. Und jetzt trage es auf, schnell ...«

»Auf das Gelb? Aber das Gelb ist noch nicht trocken ...«

»Das Grün, schnell, sag ich!«

»Aber wenn ich jetzt das Grün auftrage, werden die Farben sich vermischen ...«

»Rasch! Tu, was ich dir sage!«

Artemisia gehorcht. Dann führt sie den Pinsel wieder zur Palette, dreht seine Spitze in dem Napf und schickt sich an, sorgfältig eine neue Farbschicht aufzutragen.

»Nein. Nicht noch mehr Farbe, du wirst die Nuance verderben. Zeig mir, was du gemacht hast.«

Fügsam präsentiert sie dem Vater ihre Arbeit.

»Der Schatten unter dem rechten Auge ist noch viel zu grün«, jammert er. »Trage noch etwas Zinnober auf.«

Sie wischt ihre Farbe am Lappen ab und nimmt etwas Zinnober.

Sie spüren bald weder die Winterkälte noch die Feuchtigkeit, noch den englischen Nebel. Sie ignorieren, daß draußen die Pest wütet und täglich vierhundert Menschen sterben; daß der König neue Steuern erhebt und diese Abgaben ganz England gegen ihn aufbringen; daß er die Schlacht gegen die Presbyterianer verliert und das Volk die Kapellen aller katholischen Botschaften bedroht. Schon im Morgengrauen findet man die Gentileschi im Schloß von Greenwich bei der Arbeit. Und tief in der Nacht arbeiten sie immer noch. Gejagt von der Zeit und dem nahenden Tod teilen sie *einen* Traum und *eine* Vision.

Doch Orazios Hand zittert, rutscht aus und fällt herab. Die Energie seiner Tochter laugt ihn aus. Die Anstrengung, die sie ihm auferlegt, erschöpft ihn zutiefst. Gern würde er sich ausruhen. Doch Artemisia gönnt sich keine Unterbrechung. Sie ißt nichts, zieht sich nicht um und schläft nicht. In zwei Monaten hat sie bereits vier ihrer Bilder fertiggestellt, die vier größten.

»Zu schnell ... Du arbeitest zu schnell!« klagt er.

Sie gewährt ihm niemals eine Ruhepause. Gierig zehrt sie Orazio aus, nimmt sie seine Unterweisungen, seine Zeichnungen auf. Absorbiert sein Licht, seine Farbe, seine Substanz.

»Warte!« fleht er. »Ich kann dir nicht folgen! Warum dieses Rot? Und woher kommt dieses Grün? ... Ich verstehe dich nicht!«

Wenn in Artemisias Seele auch jeglicher persönliche Ehrgeiz zu einer bloßen Erinnerung verblaßt zu sein scheint, so läßt ihre Hand, von der die Dichter einst sagten, sie könne Wunder vollbringen, weder die Mörser noch die Pinsel, noch die Bilder mehr los. Zwanzig Jahre Technik, zwanzig Jahre Praxis. Artemisias Hand malt ganz von selbst. Ihr Arbeitstempo steigert sich noch. Es ist eine Art Raserei.

Doch ihre Musen ähneln immer weniger den Frauen, die ihr Vater malen würde. All diese Frauen mit den nackten Busen, diese kräftigen Frauengestalten, die hinter den Türen von Greenwich trocknen, gehören nicht zu Orazio Gentileschis Welt. Leidenschaftlich, dramatisch lasten Artemisias Figuren gewichtig im Raum. Sie bewegen sich. Sie sprechen. Sie schreien.

Ohnmächtig muß Orazio mit ansehen, welche Wendung sein Werk nimmt. Was er einst im florentinischen Atelier so gefürchtet hatte, scheint sich nun zu verwirklichen: Artemisia plündert ihn aus! Vielleicht hinterläßt sie der Nachwelt die Kompositionen, die er vorgibt, die Farben, die er aussucht. Doch jede Farbe, jede Form, jeder Schatten, jeder Pinselstrich von ihr erzeugt in Wahrheit eine Wirkung, die die von ihm gewollten ins Gegenteil verkehrt. Ein letztes Mal begehrt er auf:

»Für das Fleisch mischt du mir Silberweiß mit Ockergelb, und dazu gibst du Zinnober. Für die dunkleren Schattierungen der Haut nimmst du Ocker und Rot.«

Sie gehorcht. Doch kann sie ihren Instinkt weder verleugnen noch bezwingen. Er sieht nur zu gut, daß sie ihm sein Werk entzieht! Doch selbst das ist jetzt nicht mehr wichtig.

Ausgestreckt auf einer behelfsmäßigen Bank, die sie ihm aufgestellt hat, liegt Orazio mit weit aufgerissenen Augen und betrachtet sie ein letztes Mal. Ihr Haar ist in Unordnung geraten … Er sieht sie von hinten, ihr Unterarm ist nach vorn gestreckt. Dort ruht ihre große schwarze Palette direkt auf der Haut. Zwischen Daumen und Zeigefinger hält sie zehn, zwölf Pinsel, die im Licht wirken wie die Stengel eines großen Blumenstraußes. Sie wendet sich um.

»Du schläfst nicht?« fragt sie überrascht und peinlich berührt durch den Blick, den sie spürte.

»Nein. Ich betrachte dich schon lange. Du bist schön.«

Sie errötet, als ob dieser Satz, dieser Blick sie an alte Gefühle erinnerte.

»Ich will dich besser sehen. Komm näher.«

Er streckt die Arme aus und zieht sie an sich. Die Geste scheint so einfach, so vertraut. … Als hätte Orazio nie damit aufgehört.

»Gott wird uns nicht richten …«, murmelt er. »Gott weigert sich, zwischen uns zu wählen.«

Sein Blick trübt sich. Seine Worte hallen in ihr nach, als wäre er bereits nicht mehr. Sie denkt an andere Worte, die sie einander früher hätten sagen können.

»Aber der Herr trennt uns. Er entfernt uns von uns selbst … Schwöre mir nur, daß du diese Tür nicht öffnen wirst, bevor das gesamte Werk vollendet ist.«

Muß er das wirklich noch von ihr verlangen? Orazio senkt die Lider. Überwältigt von einem Gefühl nie gekannter Sicherheit läßt er sich treiben: Er hat sie wieder, seine eifrige, begabte Tochter, so wie er sie gemacht hat. Sein Double. Es ist die Artemisia vor dem Zusammentreffen mit Agostino Tassi, aus einer Zeit, da sie Schönheit nur durch die Augen ihres Vaters sah, als das große Abenteuer des Seins sich noch an der Spitze ihres Pinsels abspielte.

41

London, Somerset Chapel
Orazio Gentileschis
Beerdigung

am 11. Februar 1639

»Tod, o Tod!« singen die vermummten Gestalten in der Kapelle der Königin.

Der Atem der Musiker läßt die Tücher, unter denen sie verborgen sind, unheimlich erzittern.

»Kommt zum Sarg herbei«, locken die furchterregenden Stimmen, »seht, arme Sünder, mit dem Stolz ist's vorbei.«

Der langsame Zug der zwölf Kapuzinermönche von Henriette Maria wandelt um den Katafalk zu Füßen des Hochaltars. Er folgt feierlich den geometrischen Linien des Bodens, der großen Marmorrosette, die an das schwarzweiße Muster im königlichen Lustschloß erinnert, so wie ja auch die Decke der Kirche die neun vergoldeten Kassetten der großen Halle im Schloß von Greenwich wiederholt.

Dort erstrahlen *Der Frieden und die Künste* in einer Symphonie aus Grün, Gold und Lavendel, ganz wie Orazio es erträumt hatte. Im Herzen der Komposition thront der Frieden in den Strahlen der Sonne, welche die Wolken durchtränken. Das Licht breitet sich wie eine Schwingung über den Gesichtern aller Göttinnen aus. Durch die meisterhaften Effekte wird die künstliche Welt der Allegorie mit der fühlbaren Welt in Einklang gebracht. Diese Schönheit verrät weder den Prunk, der für Orazio so wichtig war, noch die Echtheit, das Blut, das Leben, welches Artemisia in allem fordert. Auf diesem Deckengemälde wird eine geeinte Vision unsterblich: die von Vater und Tochter Gentileschi.

Im Chor der Kirche bildet der schwarze Zug der Kapuziner einen Halbkreis. Nacheinander stellen sich alle Mönche vor den beiden Stuckgestalten auf, die die sterblichen Überreste des Malers bewachen.

Orazio Gentileschis majestätisches Begräbnis, seine Beerdigung in der Krypta der Somerset Chapel und der Grabstein, der unter dem Altar einer Königin eingemauert werden wird, all dieser Pomp, diese Pracht öffnen ihm die Pforten der Ewigkeit. Doch was zählt nun noch die Ewigkeit? Von der Tribüne aus, die über den Chor hinwegragt, ruht Artemisias Blick unentwegt auf dem Sarg. Mit ihrem Vater, ihrem Lehrer, dem schöpferischen Mann, den sie am meisten geliebt hat, trägt sie auch ihre Rache, ihre Wut und ihren Traum zu Grabe. Im Sarg, unter dem Baldachin des Katafalks, erstarren Judiths Schwert, Yaels Hammer, Lucrezias Dolch, Kleopatras Schlange, all der Zorn und die Vitalität von Artemisias Heldinnen. Besänftigt, beruhigt kann sie verzeihen. Sie entsagt. Mit Orazio verschwinden die alptraumhafte Vision und das Ideal der Schönheit. Für beide, für Vater und Tochter Gentileschi, hat die Stunde geschlagen. Wird Artemisia jemals die Leidenschaft ihrer Eroberungsjahre wiederfinden, als sie nur durch die Ansprüche eines fernen Vaters, ihres Rivalen, malte?

»Doch Ihr werdet die Werke sehen«, wird sie bald schreiben. »Sie sprechen für sich selbst.«

Die Mönche heben den Arm und schwenken dreimal ihre Weihrauchfässer über den Totenköpfen. Ein weißer Dunst hüllt die Skelette, die Sense und die Sanduhr ein. Die ganze Kirche wird in Weihrauch getaucht; in Spiralen erhebt er sich bis zur Galerie. Unter ihrem Schleier nimmt Artemisia nichts wahr, auch nicht das Verströmen des heiligen Weihrauchs, des göttlichen Geruchs. Doch das Lösungsmittel in ihren Kleidern, der Leim in ihren Röcken, das Harz in ihren Haaren, die Essenzen, Firnisse und Öle auf ihrer Haut, diese Gerüche durchdringen sie bis zu den Knochen. Nur dies nimmt sie wahr: den Geruch der Malerei. Und nichts, nicht das Dröhnen der Orgel, nicht das Geschrei der Puritaner, die vor der Kapelle gegen diesen Prunk für die Beerdigung eines Malers protestieren, nichts lenkt sie ab von der kleinen Melodie in ihrem Kopf: einem kaum hörbaren Kratzen, einem leichten Hin und Her, dem Reiben von Roßhaar, dem Schaben und Streichen auf Stoff. Der Pinsel auf der Leinwand. Und dann und wann ein metallisches Klingeln, das Anschlagen des Pinsels im Farbtiegel.

Was aus ihnen geworden ist

ARTEMISIA GENTILESCHI: bleibt nach Orazios Tod noch knapp zwei Jahre in England. Sie malt dort Porträts, über deren Verbleib wir nichts wissen. Sie hat keine Zeit, zwischendurch nach Italien zurückzukehren. Ihre Brüder nehmen ihr abenteuerliches Leben wieder auf, das sie bis in die Kerker Portugals bringt. Mit vierundsechzig Jahren kann sich Francesco als Hofmaler des Königs von Frankreich bezeichnen und heiratet in Angers ein blutjunges Mädchen.

In England beginnt der Bürgerkrieg mit einer symbolischen Geste: mit der Plünderung der Somerset Chapel. Die Volksmassen brechen die Pforten auf, zerstören die Statuen, zerfetzen die Bilder, reißen das Altarbild des Hochaltars herunter und werfen es in die Themse. Und dort liegt es immer noch: ein Werk von Rubens.

Das Wüten der Puritaner gegen die Maler und Katholiken zwingt Artemisia, auf den Kontinent zurückzukehren, vielleicht mit Maria von Medici 1641. Sie reist nach Neapel zurück. Dort findet sie unverändert ihr Atelier – und ihre Konkurrenten – vor, als hätte das englische Intermezzo nie stattgefunden. Doch ihre Malerei hat sich verändert. Die wenigen Bilder, die die Historiker auf die zweite neapolitanische Phase von Artemisia Gentileschi datieren, haben mit den großen Werken aus Florenz und Rom nichts mehr gemein. Sind diese ihr zugeschriebenen letzten Bilder überhaupt aus ihrer Hand? Oder wurden sie von ihren Schülern gemalt? Stammen sie aus ihrem Atelier? Hat sich Artemisia der Mode unterworfen? Oder den Anforderungen des Geschäfts? Jedenfalls verdient sie weiterhin mit der Malerei ihren Lebensunterhalt und verheiratet ihre jüngere Tochter, Francesca, mit einem Ritter des Jakobsordens.

Sie stirbt mit sechzig Jahren – 1653 ein respektables Alter – und ruht sehr wahrscheinlich in der florentinischen Gemeinde in Neapel. Die Archive verzeichnen nur eine Inschrift ohne Familiennamen und ohne Grabplatte, die die ihre sein könnte: *Heic Artemisia.* Hier ruht Artemisia.

NICHOLAS LANIER: Kurz nach Artemisias Abreise zwingt der in England ausbrechende Bürgerkrieg den Hof, London zu verlassen. Der loyale Lanier folgt dem König und läßt sich dann auf dem Kontinent nieder. Sein ständiger Wohnsitz wird Antwerpen, doch durchkreuzt er im Dienste der Königin Henriette Maria ständig Frankreich. Kurz nach der Hinrichtung Karls I., zwischen Oktober 1649 und November 1651, veranstalten die Puritaner Cromwells die größten Auktionen in der gesamten Geschichte der Malerei: Die Auflösung der königlichen Sammlungen. Der König von Frankreich und der König von Spanien kaufen durch die Vermittlung ihrer Agenten, Bankiers und Botschafter insgeheim zahlreiche Bilder: Schamlos halten sie sich an der Hinterlassenschaft ihres enthaupteten »Cousins« gütlich. Daher befindet sich der *Tod Mariä* von Caravaggio – das Bild, welches Lanier in Venedig bewunderte – heute im Louvre. Bei diesen Auktionen kauft Nicholas auch sein eigenes Porträt von van Dyck für die Summe von zehn Pfund Sterling zurück. Artemisias *Selbstporträt* erzielt die doppelte Summe und geht an einen Gläubiger des Königs, einen Juristen namens Jackson.

Als der Sohn von Henriette Maria, Karl II., die Macht in England übernimmt, erwirbt er einige Bilder seines Vaters zurück. Vor allem Werke von Orazio und Artemisia Gentileschi. Das *Selbstporträt* gehört immer noch zur königlichen Sammlung von England und befindet sich im Schloß von Hampton Court.

AGOSTINO TASSI: bleibt in Rom, wo seine Karriere unverändert steil verläuft. Mit sechzig Jahren lebt er immer noch auf dem Corso, zusammen mit einer sehr jungen Frau, von der er zwei Kinder hat. Durch Arthritis bewegungsunfähig stirbt er 1644, fast zehn Jahre vor Artemisia. Er ist in der Kirche Santa Maria del Popolo beerdigt.

DIE WERKE: Die Decke der großen Eingangshalle in der königlichen Residenz in Greenwich wurde 1711 abgenommen und im Marlborough House in London wieder angebracht. Orazios und Artemisias Bilder sind in den größten Museen der Welt zu sehen, vor allem im Louvre, im Prado und im Metropolitan Museum in New York.

Rom, Januar 1998

(

INHALT

ZWEITER TEIL: MASSLOSIGKEIT
WAR IHR MASS

Kapitel III: Holofernes
Florenz zur Zeit Galileis 1613–1620

Kapitel IV: Die Allegorie der Malerei:
Das Selbstporträt
London, Venedig und Neapel in einer Zeit,
da Maler Spione waren 1621–1638

Kapitel V: Triumph des Friedens und der Künste London in einer Zeit, da die Bilderstürmer Gemälde verbrannten 1638–1641